马克思共同体视域中的正义思想研究

A Study of Justice Thought from the Perspective of Marx's Community

巩永丹　著

中国社会科学出版社

图书在版编目（CIP）数据

马克思共同体视域中的正义思想研究 / 巩永丹著. --
北京：中国社会科学出版社，2024.8. -- ISBN 978-7
-5227-3995-3

Ⅰ. A811.64

中国国家版本馆 CIP 数据核字第 20247NS898 号

出 版 人	赵剑英
责任编辑	程春雨
责任校对	王佳玉
责任印制	张雪娇

出　　版	中国社会科学出版社
社　　址	北京鼓楼西大街甲 158 号
邮　　编	100720
网　　址	http://www.csspw.cn
发 行 部	010-84083685
门 市 部	010-84029450
经　　销	新华书店及其他书店
印　　刷	北京君升印刷有限公司
装　　订	廊坊市广阳区广增装订厂
版　　次	2024 年 8 月第 1 版
印　　次	2024 年 8 月第 1 次印刷
开　　本	710×1000　1/16
印　　张	25.75
字　　数	358 千字
定　　价	138.00 元

凡购买中国社会科学出版社图书，如有质量问题请与本社营销中心联系调换
电话：010-84083683
版权所有　侵权必究

出 版 说 明

　　为进一步加大对哲学社会科学领域青年人才扶持力度，促进优秀青年学者更快更好成长，国家社科基金 2019 年起设立博士论文出版项目，重点资助学术基础扎实、具有创新意识和发展潜力的青年学者。每年评选一次。2022 年经组织申报、专家评审、社会公示，评选出第四批博士论文项目。按照"统一标识、统一封面、统一版式、统一标准"的总体要求，现予出版，以飨读者。

全国哲学社会科学工作办公室

2023 年

序　言

自古以来，正义始终是思想家们关注的重要政治哲学范畴，也是人们孜孜向往的美好社会的价值追求。在思想史上，很多学者在讨论正义问题时，往往将之与真理、美德、公义、自由、平等和权利等概念关联起来，并将正义视为"社会制度的首要价值"和"社会冲突的最终裁决者"。

在人类思想的长河中，马克思是"千年第一思想家"，他对正义问题的论说和研究，代表了一种全新的路向，即从历史唯物主义和政治经济学批判的视域揭示了正义的本质和原相。然而，在马克思逝世后，当人们再次直面正义的话题时，总会在马克思和正义的关联上产生种种诘难和困惑。有人认为，马克思拥护和赞成正义；有人认为，马克思拒斥和反对正义；有人认为，马克思在正义问题上似是而非、模棱两可、自相矛盾。由此便产生了长达半个多世纪的"马克思与正义"的争论。马克思学说中有没有正义？他主张何种正义？

从理论来看，作为思想家的马克思，究竟以何种态度对待他那个时代的种种正义言说，不同立场的人们会得出不同的结论。但总体来说，马克思对正义问题的讨论离不开历史唯物主义这个"总坐标"。在历史唯物主义的宏观逻辑中，人类社会发展按照"人的依赖关系"向"物的依赖性"再向"自由个性"的历史逻辑向前跃升，人类共同体也按照"自然共同体"向"虚幻共同体"再向"真正共同体"的逻辑序列依次发展。与此相一致，正义也随着共同体的历史演变从"朴素正义"向"抽象正义"再向"实质正义"的历史序列依次生成，这构成马克思历史唯物主义和共同体视域中的正义形态。

从文本来看，马克思论著中的正义具有多重语境，他既从历史唯物主义视角把正义作为"事实判断"，也从阶级利益和道德观念视角把正义看作"价值判断"；他既从批判哲学的视角对传统正义观进行了"清算"和"解构"，又从新唯物主义和"人类社会"的视角对共同体的正义进行了"辩护"和"建构"；他既对资本主义社会基于资本所有权的剥削深恶痛绝，又对未来社会基于人的劳动所有权和人的自我实现的正义褒扬赞赏。所以，只有深入经典文本的具体语境，才能走出"马克思正义空场"的迷思，进而认清马克思正义思想的全貌，还原马克思的正义形象。

从现实来看，改革开放40多年来，中国的经济发展取得了举世瞩目的成就，生产力得到空前提升，社会公平正义保障更为坚实。但是，在全体人民实现共同富裕的过程中，人民群众对民主、法治、公平、正义、安全、环境等方面的需要日益增长，实现中国特色社会主义的公平正义目标依然任重道远。党的二十大报告指出："共同富裕是中国特色社会主义的本质要求，也是一个长期的历史过程。我们坚持把实现人民对美好生活的向往作为现代化建设的出发点和落脚点，着力维护和促进社会公平正义，着力促进全体人民共同富裕，坚决防止两极分化。"物质贫困不是社会主义，精神贫乏不是社会主义，两极分化更不是社会主义。新时代新征程，实现物质富足和精神富有，促进物的全面丰富和人的全面发展，需要激活马克思共同体视域中的正义思想，建构全体人民共同富裕的现代正义。

从未来看，马克思的"自由人联合体"和"真正的共同体"作为人类共同的思想文化遗产，对世界各国的政治解放和人的解放具有前所未有的积极效应，是表征人类历史进步、世界和平大同的思想旗帜。在构建人类命运共同体的背景下，从马克思的真正共同体思想中，我们可以挖掘实质正义、全球正义的思想资源。面向未来，马克思的世界历史理论、未来社会构想以及群体本位价值观，是携手构建人类命运共同体的价值指引，也是实现全球正义的实践目标。

巩永丹同志的《马克思共同体视域中的正义思想研究》一书，从历史唯物主义和政治经济学批判出发，聚焦共同体的历史形态和发展趋势，对其中内蕴的正义问题作了深刻的分析，在一定程度上解答了马克思与正义、共同体与正义、历史唯物主义与正义、共产主义与正义等一系列问题，对于澄清"马克思拒斥正义"的迷思，确证马克思的正义思想，无疑具有重要学术价值。该书从共同体的历史形态研究正义的发展序列，对于建构中国特色社会主义正义理论具有一定的学理意义和实践价值。

巩永丹是我指导的硕士生、博士生，他的博士论文在毕业盲评中获得"全优"，在 2021 年度获得校级优秀博士论文，在 2022 年度获立国家社会科学基金博士论文出版项目，现又通过中国社会科学出版社严格审稿，获得出版机会，非常值得祝贺。这也是师门值得高兴的事情，他请我作序，我欣然提笔，是为序。

徐 斌

2023 年 9 月 4 日

摘　　要

　　正义究竟为何物？这是跨越千年的人类之问。有人将正义喻为"普罗米修斯之火"，它驱散阴暗，带来光明；有人称正义为"普罗透斯之面"，它变幻无常，捉摸不定；也有人把正义比作"阿基米德之点"，它均布曲直，平衡事物。在不同时代不同思想家那里，正义有着不同的意蕴。马克思是千年思想家，是盗取正义之火为生民立命的伟人，他是正义的拥护者、建构者。但在马克思逝世近百年后，英美学界掀起了拷问马克思正义的热潮，以"塔克—伍德命题"为代表的观点认为，资本主义剥削正义，共产主义超越正义，马克思拒斥正义，为马克思贴上了反正义的标签。

　　实际上，任何一种正义都是历史中的正义，更是共同体历史逻辑中的正义。在西方政治思想史上，众多思想家在言说正义时，总是将之置于"自然状态""城邦共同体""契约共同体"以及"伦理共同体"中加以考察。应该说，没有共同体就没有正义，但他们把正义看作神圣、抽象、永恒的价值。历史唯物主义揭示了人类共同体演变的形态和规律，这是理解马克思正义思想的总钥匙。在历史唯物主义宏大幕布上，共同体按照从"自然—本源共同体"到"虚幻—抽象共同体"再到"自由—真正共同体"的逻辑序列依次运演，而正义也随之从"朴素正义"到"抽象正义"再到"实质正义"的历史序列依次生成，这构成马克思共同体的正义序列。离开共同体的历史逻辑，我们便无法寻获马克思正义的原相和本义，也无法走出"塔克—伍德命题"的迷雾。

"自然—本源共同体"是人的依赖关系阶段，是"劳动同所有"相统一的阶段，这个阶段是人类朴素正义的开显。马克思通过对前资本主义共同体及其内蕴的生产方式、所有权关系的考察，揭示了正义起源于共同体的生产方式和人的物质生活关系。尽管"自然—本源共同体"掺杂着奴隶制、封建制等专制制度，但这个阶段是以人为目的的阶段。无论亚细亚的共同"占有"关系，还是古典古代的部分"私有"关系，抑或日耳曼的个人"所有"关系，都内蕴着正义的重要论域：以自然条件为基础的天然正义、源于劳动分工的交换正义、基于公社成员身份的分配正义以及较为民主的政治正义。随着人口增长、领土扩展、分工细化和交往频繁，"自然—本源共同体"发生变革，劳动者与其客观条件逐渐分离，最终使"劳动与资本的对立"代替了"劳动和所有的同一性"。

"虚幻—抽象共同体"是物的依赖关系阶段，是"劳动同所有"相对立的阶段，这个阶段是所有权正义的异化。马克思通过对虚幻共同体的法哲学批判走向了对货币—资本共同体的政治经济学批判，从而揭示了资本主义生产方式的正义悖论。在资本逻辑主导下，"抽象共同体"的非正义性表现在它把"人的关系"贬黜为"物的关系"，把"人是目的"倒转为"人是手段"，把"自由劳动"扭曲为"异化劳动"，最终制造了"资本"与"劳动"之间无法弥合的裂缝。马克思对"虚幻—抽象共同体"的正义批判是在历史尺度和人的尺度的双重互动中展开的，这意味着他的正义理论已经与以往的思想家分道扬镳，即从"资本正义"转向了"劳动正义"，从"分配正义"转向了"生产正义"，从"抽象正义"转向了"具体正义"，从"法权正义"转向了"制度正义"。

"自由—真正共同体"是人的自由个性生成的阶段，是"劳动同所有"的复归阶段，这个阶段是劳动正义、需要正义的渐次实现。"自由—真正共同体"最终通向无阶级、无剥削、无异化的正义社会，这种社会与马克思正义概念的最高序列相互映衬，是高阶正义的实践表达。"自由—真正共同体"的正义是一个复合型的逻辑等级和历史性的更替次序，即由共产主义第一阶段的"按劳分配"向高级阶段的"按需分配"运演和发展。马克思以贡献原则批判权利原则，以需要原则批判贡献原则，他的正义沿着权利→贡献→需要的逻辑等级和历史次序依次更替。所以，共产主义与按需分配内在兼容、相互融通。

当代世界处于历史唯物主义所言明的历史大时代，但在共同体的表现形式上存在着两种不同形态：数字资本共同体和人类命运共同体，前者是资本逻辑主导的共同体，后者是人的逻辑主导的共同体，这两种共同体代表两种正义路向，前者是异化的正义，后者是真实的正义。因此，我们应该重审数字资本共同体的本质，反思数字资本主义的劳动形式及其造成的异化后果，从而在马克思的解放理想中探寻替代性方案。毋庸讳言，人类走向未来的正确道路是携手打造人类命运共同体，推进全球治理，跨越发展鸿沟，实现全球正义。

关键词：马克思；正义；共同体；历史唯物主义；正义批判

Abstract

What is justice? It is a question of mankind across the millennia. Some people compare justice to "the fire of Prometheus", which dispels darkness and brings light; some people call justice "the face of Proteus", which is capricious and unpredictable; others liken justice to "the point of Archimedes", which aligns and balances things. The meaning of justice varies from ideologist to ideologist, and from time to time. Marx is a millennial ideologist and a great man who steals the fire of justice for the people. He is the advocate and constructor of justice. However, nearly one hundred years after Marx's death, there is a hot wave of questioning Marx's justice in the British and American academia. The viewpoint represented by "Tucker-Wood Thesis" holds that capitalism exploits justice, communism surpasses justice and Marx rejects justice, so marx is labled as an anti-justice image.

In fact, any kind of justice is the justice in history. It is also the justice in the logic of community history. In the history of western political thought, many ideologists always probe into justice by putting it in the "Natural State", "City-State Community", "Contract Community" and "Ethical Community". It is well accepted that where there is no community, there is no justice. But they regard justice as a sacred, abstract and eternal value. Historical materialism reveals the form and the law of the evolution of human community, which is the master key to understand Marx's thought of justice. On the grand curtain of historical materialism, the community runs according to the following logical sequence: from "Nature-Origin Community" to "Illusory-Abstract Community" and "Freedom-Reality Community". Accordingly, the justice also follows a historical sequence from "simple justice" to "abstract justice" and then to "substantive justice". They constitute the justice sequence of Marx's community. Without the historical logic of the community, we can not capture the original truth and intention of Marx's justice, nor can we get out of the fog of "Tucker-Wood Thesis".

The "Nature-Origin Community" is the stage of the dependence of human beings, and the stage of the unification between "labor and possessions" as well. This stage is the beginning of human's simple justice. Marx reveals that justice originates from the mode of production of the community and the relationship between people's material life through the investigation of the pre-capitalist community and its inherent mode of production and ownership relations. Although the "Nature-Origin Community" mixed with slavery, feudalism and other autocratic systems, it is a stage that regards human beings as the purpose. No matter it is the common "possessive" relation in Asia, the partial "private" relation in Classical times, or the personal "ownership" relation in Germanic times, it contains the important domain of justice: natural justice basing on natural conditions, exchange justice deriving from division of labor, distribution justice basing on commune membership, and relatively democratic political justice. With the growth of population, the expansion of territory, the division of labor and frequent association, the "Nature-Origin Community" has been transformed. The laborers have been separated from their objective conditions gradually. Finally, the "opposition between labor and capital" has replaced the "identity between labor and possessions".

The "Illusory-Abstract Community" is the stage of dependence of objects. It is the stage of the opposition between "labor and possessions". This stage is the alienation of ownership justice. Marx revealed the justice paradox of capitalist mode of production by criticizing the philosophy of law towards the illusory community to criticizing the political economy towards the currency-capital community. Under the dominance of capital logic, the injustice of "abstract community" is manifested in it's degrading "human relation" as "object relation", reversing "human beings as aims" to "human beings as means", contorting "free labor" into "alienated labor", and finally, an unbridgeable crack between "capital" and "labor" is produced. Marx's righteous criticism of "Illusory-Abstract Community" is carried out in the dual interaction between historical scale and human scale, which means that marx's justice theory has separated from the previous ideologists, that is, from the "capital justice" to the "labor justice", from the "distributive justice" to the "productive justice", from the "abstract justice" to the "concrete justice", from the "legal justice" to the "institutional justice".

"Freedom-Reality Community" is the stage of the formation of people's free personality. It is the return stage of "labor and possessions". This stage is the gradual realization of labor justice and needed justice. "Freedom-Reality Community" eventually leads to a justicial society without class, exploitation and alienation. This kind of society is the practical expression of justice in the advanced stage, which contrasts with the highest sequence of Marx's conception of justice. The justice of "Freedom-Reality Community" is a compound logical hierarchy and historical changing order. That is to say, it moves from "distribution according to work" in the first stage of communism to "distribution according to need" in the advanced stage. Marx criticizes the principle of right by the principle of contribution. He also criticizes the principle of contribution by the principle of need. His justice follows the logical level and historical order of rights, contributions, and needs. Therefore, communism and need-based distribution are compatible intrinsically and connected mutually.

The contemporary world is in the great historical era as historical materialism declares. However, there are two different forms in the manifestation of the community: the digital capital community and the community of shared future for mankind. The former is a community dominated by capital logic, the latter is the community dominated by human logic. These two kinds of community represent two paths of justice. The former is alienated justice, the latter is true justice. Therefore, we should reexamine the essence of digital capital community and reflect on the laboring form of digital capitalism and its alienation, so as to explore alternatives in Marx's ideal of liberation. There is no denying that the right way forward for mankind is to work together to build a community of shared future for mankind, to promote global governance, to surmount development gap, and to realize global justice.

Key Words: Marx; Justice; Community; Historical materialism; Critique of justice

目　　录

第一章　绪论：马克思正义思想的"悖论"？ …………… (1)
　　第一节　研究缘由：英美学界的"正义争论"………… (2)
　　第二节　争论回顾：国外对马克思正义思想的辩护……(19)
　　第三节　研究检视：国内对马克思正义争执的回应……(36)
　　第四节　研究视角：回到马克思共同体的正义思想……(50)
　　第五节　研究方法：概念分析、文献分析、比较研究……(60)
　　第六节　创新之处：视角创新、思路创新、破解争论……(62)

第二章　马克思共同体正义的"前源"与"续果" ………(65)
　　第一节　"共同体正义"的理论之源与思想谱系 ………(66)
　　第二节　马克思共同体的"出场"与正义"在场" ………(86)
　　第三节　马克思共同体正义的当代辨议及理论补释 …(115)

第三章　"自然—本源共同体"与正义的雏形 ………(134)
　　第一节　前资本主义的共同体形式与所有权演变 ……(135)
　　第二节　"自然—本源共同体"内蕴的正义论域 ………(154)
　　第三节　"自然—本源共同体"解体与资本主义
　　　　　　关系萌芽 ……………………………………(174)

第四章　"虚幻—抽象共同体"与正义的异化 ………(189)
　　第一节　马克思对"虚幻共同体"的正义批判 …………(190)

第二节　马克思对"抽象共同体"的正义批判 …………（203）
　　第三节　"虚幻—抽象共同体"批判的正义"转向" ……（220）
　　第四节　"虚幻—抽象共同体"正义批判的双重尺度 ……（237）

第五章　"自由—真正共同体"与正义的重构 …………（250）
　　第一节　"自由—真正共同体"：人类解放的正义之路 ……（251）
　　第二节　"真正共同体"正义的逻辑等级与历史次序 ……（264）
　　第三节　共产主义高级阶段超越正义？ ………………（279）

第六章　马克思共同体的当代表现与正义探索 …………（296）
　　第一节　数字资本主义："虚幻—抽象共同体"的
　　　　　　当代形式 ……………………………………（297）
　　第二节　"人类命运共同体"："真正共同体"的
　　　　　　当代确证 ……………………………………（323）
　　第三节　信息时代超越资本共同体的替代性选择与
　　　　　　正义方案 ……………………………………（344）

结　语 ………………………………………………………（360）

参考文献 ……………………………………………………（365）

索　引 ………………………………………………………（385）

后　记 ………………………………………………………（391）

Contents

**Chapter 1 Introduction: The "Paradox" of Marx's Justice
           Thought?** ·· (1)
  Section 1 Reason for Research: "Justice Controversy" in the
           British and American Academia Circles ············· (2)
  Section 2 Review of Controversy: Foreign Scholars' Defense of
           Marx's Justice ·································· (19)
  Section 3 Research Review: Domestic Response to Marx's
           Justice Controversy ····························· (36)
  Section 4 Research Perspective: Return to Marx's Thought of
           Justice from the Perspective of Community ········ (50)
  Section 5 Research Methods: Conceptual Analysis, Literature
           Analysis, Comparative Research ··················· (60)
  Section 6 Innovation: Perspective Innovation, Idea Innovation,
           and Dispute Resolution ·························· (62)

**Chapter 2 The "Origin" and "New Achievements" of Marx's
           Community Justice** ································ (65)
  Section 1 The Theoretical Source and Ideological Genealogy
           of "Community Justice" ··························· (66)
  Section 2 The "Appearance" of the Marx's Community and
           "Presence" of Justice ···························· (86)

Section 3　Contemporary Debate and Theoretical Interpretation of Marx's Community Justice ……………… (115)

Chapter 3　"Nature-Origin Community" and the Rudiment of Justice ………………………………… (134)

Section 1　The Forms of Community and the Evolution of Ownership in Pre-Capitalism ……………… (135)

Section 2　The Domain of Justice Implied by "Nature-Origin Community" ………………………… (154)

Section 3　The Disintegration of the "Nature-Origin Community" and the Germination of Capitalist Relations ……… (174)

Chapter 4　"Illusory-Abstract Community" and the Alienation of Justice ……………………… (189)

Section 1　Marx's Critique of Justice on the "Illusory Community" ………………………………… (190)

Section 2　Marx's Critique of Justice on the "Abstract Community" ………………………………… (203)

Section 3　The "Diversion" of Justice in the Critique of the "Illusory-Abstract Community" ……………… (220)

Section 4　The Dual Scales of the Critique of Justice on "Illusory-Abstract Community" ………………… (237)

Chapter 5　"Freedom-Reality Community" and the Reconstruction of Justice ……………………… (250)

Section 1　"Freedom-Reality Community": The Justicial Path to Human Liberation ………………… (251)

Section 2　The Logical Hierarchy and Historical Order of Justice in the "Real Community" ……………… (264)

Section 3　Does the Advanced Stage of Communism Transcend
　　　　　　Justice? ·· (279)

**Chapter 6　The Contemporary Manifestation of Marx's
　　　　　　Community and the Exploration of Justice** ······ (296)
　Section 1　Digital Capitalism: Contemporary Forms of
　　　　　　"Illusory-Abstract Community" ······················ (297)
　Section 2　"A Community with a Shared Future for Mankind":
　　　　　　Contemporary Confirmation of "Real
　　　　　　Community" ·· (323)
　Section 3　Alternative Options and Judicial Solutions Beyond
　　　　　　Capital Community in the Information Age ·········· (344)

Conclusion ·· (360)

References ·· (365)

Index ·· (385)

Postscript ·· (391)

第 一 章

绪论：马克思正义思想的"悖论"？

在人类卷帙浩繁的思想著述中，没有哪一个哲学理念能像"正义"那样吸引世世代代的思想家们孜孜求索，"正义于人类"如同"阳光于大地"一般不可或缺，以至于康德强调："如果公正和正义沉沦，那么人类就再也不值得在这个世界上生活了。"[①] 在当代学界和人们的现实生活中，也没有哪一个词语能像"正义"那样总能牵引普罗大众的目光和思绪，以至于罗尔斯在《正义论》开篇就讲道："正义是社会制度的首要价值，正像真理是思想体系的首要价值一样。"[②] 同样，在人类星汉灿烂的思想长空中，没有哪一个思想家能像马克思那样高举正义的旗帜为全人类解放而终生奋斗，他是盗取正义之火而为生民立命的人间的普罗米修斯。可以说，"马克思"和"正义"之间总有着天然的无法割裂的关联性，以至于 G. A. 柯亨辩护道："正义在革命的马克思主义信念中占据着一种核心的地位。"[③] 实际上，要从理论上把"马克思"和"正义"衔接起来，绝非易

[①] [德] 康德：《法的形而上学原理》，沈叔平译，商务印书馆2017年版，第164页。

[②] [美] 约翰·罗尔斯：《正义论》，何怀宏等译，中国社会科学出版社1988年版，第3页。

[③] [英] G. A. 柯亨：《马克思与诺齐克之间》，吕增奎编，江苏人民出版社2008年版，第59页。

事。因为在马克思的诸多文本和语境中充斥着对正义的冷嘲热讽和激烈批评，有人据此将马克思塑造成"反道德"和"反正义"的哲学家。更有甚者认为，马克思不仅没有正义理论，而且马克思眼里的资本主义及其剥削也不是不正义的。这样就使得正义在马克思的思想轨迹中渐行渐远，从而在"马克思"与"正义"之间衍现了一条无法逾越的鸿沟，即罗尔斯所说的"马克思的正义观的悖论"①。然而，马克思究竟有没有正义的悖论？如何化解这个表面上似是而非的矛盾？马克思真的是拒斥正义的道德家吗？资本主义及其剥削究竟是否正义？共产主义是超越正义的社会吗？要回答这些问题，就必须重新检审英美学界长达半个世纪的"正义争论"，就必须再次回到历史唯物主义的理论界域，在历史演进的图谱中开掘马克思共同体的历史形态与正义的历史序列，从马克思共同体的理论视角探究并还原其正义思想的真相，以此破解"马克思与正义"之间的诸多疑惑。

第一节 研究缘由：英美学界的"正义争论"

自马克思逝世至今，有关其思想理论的争执、交锋、修正和曲解从未间断，但在诸多理论分歧和思想交锋中，关于"马克思与正义"的争论异常激烈、经久不息，至今仍未盖棺定论，其持续时间之长，参与学者之多，理论成果之丰，都是令人惊讶和震撼的。诺曼·杰拉斯（Norman Geras）曾经仅仅就20世纪70年代初至80年代中期英美学界的正义争论评价道：在过去的大约十年间，学者们对马克思的正义概念产生了浓厚兴趣，"写下了学术史上的浓重一

---

① ［美］约翰·罗尔斯：《政治哲学史讲义》，杨通进等译，中国社会科学出版社2011年版，第348页。

笔","鉴于需要审视的文献数量之巨……我所提到的每个实例都不得不经过归纳整理。"①他总结了当时针锋相对的各类观点,勾勒了整场争论的"总纲"和"全景图"。而今,这场正义争论早已跨越了英美学界,已在欧陆思想界和中国学界产生了声势浩大的影响,有关"马克思与正义"的著述似雪片持续涌现。就相关成果来看,虽然绝大多数学者认为马克思确实批判了正义,但在马克思究竟用什么尺度批判正义的问题上依旧存在分歧。这就需要我们把"马克思与正义"之争的始作俑者和原初景象全面铺开,系统回顾和梳理争论双方的主要命题和核心焦点,进而从马克思的文本语境出发重新确立研究视角,进一步框定正义批判的尺度和标准,以期重建马克思的正义思想。

一 伍德命题:资本主义"剥削正义"

艾伦·伍德(Allen W. Wood)是把马克思与正义相关联并将之推向"风口浪尖"的核心人物,是"剥削正义"论点的力主者,也是"塔克—伍德命题"的主要建构者。不过,罗伯特·塔克(Robert C. Tucker)却是塑造"马克思反对正义"的"先驱者"和"好事者"。之所以说塔克是"先驱者",就是因为他于1961年出版了在其博士论文基础上整理而成的《卡尔·马克思的哲学与神话》一书,这本书表面上论述马克思的哲学,但实际上是假借"哲学"与"神话"之名来消解马克思的正义形象。之所以说塔克是"好事者",就是因为他以不同寻常的思维模式和论证方法把马克思的学说确证为"神话",并以缜密的致思逻辑把马克思的形象塑造成"宗教思想家"。塔克指出:"可以公平地说……马克思并不是像他所宣称的那样是社会的科学家,而是一位道德家或者是宗教性质的思想

---

① [英]诺曼·杰拉斯:《关于马克思和正义的争论》,姜海波译,载李惠斌、李义天《马克思与正义理论》,中国人民大学出版社2010年版,第143—144页。

家。"① 塔克自认为他对马克思的这种评判是公允的,因为他相信马克思的思想里充满"强烈的道德呼声",这种道德呼声恰好表明马克思是名副其实的道德家。然而,塔克却自相矛盾地认为,马克思在很多场合拒绝以伦理体系来建构自己的学说,他对道德的疏离和拒斥表明:"道德家马克思却极其反对道德哲学。"② 其实,卡尔·波普尔(Karl Popper)曾以传统立场分析了马克思对资本主义的批判是一种基于"暗示"的道德谴责和讽刺,他指出:"马克思避免一种明确的道德理论,是因为他憎恶说教。"③ 在波普尔看来,正是因为马克思极度讨厌那些"挂羊头卖狗肉"④ 的道德家,所以他不愿意明确地形成自己的伦理信念。塔克甚至不同意波普尔对马克思道德理论的解释,认为波普尔在历史必然性原则上构筑的"道德未来主义"是极其站不住脚的。因为塔克相信,"创造神话或者关于现实的宗教观念的人都是道德家",而马克思的思维模式就属于宗教模式,所以马克思无疑是宗教方面的道德家,只不过马克思那里的"历史过程是革命的戏剧;救赎之路是革命之路"⑤。

塔克对马克思哲学的神话化论证旨在阐明"马克思是反正义的宗教思想家"这个潜在命题。或者说,他试图说明马克思并没有诉诸正义对资本主义发起道德批判,因为在塔克看来,马克思批判资本主义是一回事,而他批判正义是另一回事,二者之间并没有必然

---

① [美]罗伯特·C. 塔克:《卡尔·马克思的哲学与神话》,刘钰森、陈开华译,天津人民出版社2018年版,第2页。
② [美]罗伯特·C. 塔克:《卡尔·马克思的哲学与神话》,刘钰森、陈开华译,天津人民出版社2018年版,第7页。
③ [英]卡尔·波普尔:《开放社会及其敌人》第2卷,郑一明等译,中国社会科学出版社1999年版,第316页。
④ 原文为"peaches water and drinks wine",有人译为"宣讲圣水却自己喝酒",可引申为"挂羊头卖狗肉"。
⑤ [美]罗伯特·C. 塔克:《卡尔·马克思的哲学与神话》,刘钰森、陈开华译,天津人民出版社2018年版,第15页。

的直接关系。正是由于这个缘由，塔克抛出了他的一个核心观点："雇佣劳动本身并没包括任何的不正义。"① 其言外之意是，建立在资本主义大厦之上的雇佣劳动制度是完全正义的。并且，塔克特别申明自己得出这样的结论不是纯粹的主观臆测，而是与马克思、恩格斯笔下大量明确的"否定性证据"② 完全相符。塔克认为，马克思在《哥达纲领批判》中针对"围绕分配兜圈子"的庸俗社会主义者所做的批驳具有深刻的启迪意义，即"劳动收入的公平分配并非马克思的道德目标。分配正义的观念在马克思主义的精神世界里完全陌生"③。这样一来，塔克就顺理成章地割断了马克思与道德、正义之间的关系。塔克为何仅仅以个别段落为依据否定马克思的正义观呢？他在后文中进一步交代了马克思拒斥正义的"潜在原因"。在塔克看来，马克思关于"劳动和资本"之间的对立关系本身就是神话，"它是一个彻头彻尾说教的神话，它是一个善与恶的传说"，而正义的观念完全不适用于马克思所设想的这种冲突和对立关系，因而马克思才会对正义嗤之以鼻，因为马克思坚信"劳动与资本之间

---

① ［美］罗伯特·C. 塔克：《卡尔·马克思的哲学与神话》，刘钰森、陈开华译，天津人民出版社 2018 年版，第 9 页。

② 塔克在此主要列举了马克思恩格斯的三个"否定性证据"，并以此认定雇佣劳动是正义的。(1) 第一个证据是马克思在《资本论》第一卷中对劳动力价值的相关论述，即"劳动力使用一天所创造的价值比劳动力自身一天的价值大一倍。这种情况对买者是一种特别的幸运，对卖者也决不是不公平"。(《马克思恩格斯文集》第 5 卷，人民出版社 2009 年版，第 226 页。) (2) 第二个证据是恩格斯在《做一天公平的工作，得一天公平的工资》中的论述，即"社会的公平或不公平，只能用一门科学来断定，那就是研究生产和交换这种与物质有关的事实的科学——政治经济学"。(《马克思恩格斯全集》第 25 卷，人民出版社 2001 年版，第 488 页。) (3) 第三个证据是马克思在《哥达纲领批判》中对拉萨尔主义的批判："难道经济关系是由法的概念来调节，而不是相反，从经济关系中产生出法的关系吗？"(《马克思恩格斯文集》第 3 卷，人民出版社 2009 年版，第 432 页。) 实际上，塔克援引的这三个文本都是马克思、恩格斯对资本主义经济规律所作的事实性评价，而非道德论证。

③ ［美］罗伯特·C. 塔克：《卡尔·马克思的哲学与神话》，刘钰森、陈开华译，天津人民出版社 2018 年版，第 10 页。

的斗争是一场道德斗争,而且只有通过消灭资本才能结束斗争"①。可以看出,塔克之所以得出"马克思拒斥正义"的结论,最根本的原因在于他预设了一个前提:马克思的学说具有神话性质,这种神话与正义观念无法兼容,正义因为神话的熠熠生辉而暗淡无光。

为了重申"神话"与"正义"不可兼容,塔克在《马克思主义革命观》中延展了"马克思与正义"的关系。在他看来,马克思不仅是一个反道德的道德家,而且还是一个倡导"革命宗教"的革命家,因为诉诸革命的马克思必定会抛弃正义,正义也必然不会成为凝聚大众革命的动机,相反,推崇革命往往会消解正义。于塔克而言,正义与革命是相悖相离的,所以他假借谈论马克思的革命观之"名"剔除了马克思的正义观之"实"。塔克明确表示:马克思不会以不正义之名而"革"资本主义之"命","马克思是社会正义宣扬者这一通常形象是假象,主张分配正义是马克思主义的主要道德问题的那些人是错误的"②,因为马克思的哲学旨在追求一个"超越了公平作为平衡对抗性"的世界。为了让自己的论据严谨而缜密,塔克推出了马克思的生产方式概念。他强调"每一种生产方式都有自己的分配模式和公道形式"③,判断社会制度是否正义,最可靠的尺度只能是内在于该社会制度的生产方式尺度,尽管马克思谴责了资本主义剥削,但这种谴责并非与正义或不正义相关。所以,塔克振振有词地强调,不能简单地把资本主义的雇佣劳动描述为不正义的,因为按照与资本主义的生产方式、经济规律相适用的正义标准来说,"这完全是公平的或者说完全是公正的"④。更为重要的是,塔克把

---

① [美]罗伯特·C. 塔克:《卡尔·马克思的哲学与神话》,刘钰森、陈开华译,天津人民出版社2018年版,第220页。

② Robert C. Tucker, *The Marxian Revolutionary Idea*, London: George Allen & Unwin Ltd. , 1970, p. 37.

③ Robert C. Tucker, *The Marxian Revolutionary Idea*, London: George Allen & Unwin Ltd. , 1970, p. 46.

④ Robert C. Tucker, *The Marxian Revolutionary Idea*, London: George Allen & Unwin Ltd. , 1970, p. 44.

目光投向共产主义社会，认为这个自由王国也不是一个正义的王国，它在一定意义上是超越正义的。对此，罗尔斯在《正义论》中切中要害地评论道：尽管完全的共产主义"在某种意义上可以说是超越了正义的社会。它排除了必须诉诸正当和正义原则的理由"[①]。但是，在理想的情景中，正义论依旧具有重大作用，正义原则依旧有效，因为它"表达了与理想善相吻合的适当和谐"，因而可以和相当不同的制度相容。

伍德在继塔克和罗尔斯之后推出了一篇气势磅礴的文章，该文直接承袭了塔克关于消解马克思正义的所有观点，或因此之故，伍德以"画龙点睛之笔"将之命名为《马克思对正义的批判》，他并不像塔克那样打着"哲学""神话"和"革命观念"的旗号去割裂"马克思和正义"的关系，而是直截了当地表明要把正义从马克思的思想体系中彻底剔除。实际上，真正引发"马克思与正义"之争的是伍德的《马克思对正义的批判》这篇文章[②]。伍德在开篇就指出，马克思在其鸿篇巨制《资本论》中描述了资本主义生产方式所带有的对抗性、异化和剥削，这种制度给人留下的是不正义的印象，他对资本主义的描述本身蕴含着不正义的谴责。然而，一旦深入考究马克思这些描述，人们就会发现，"在他们的著作里……甚至没有明确声称资本主义是不正义或不平等的"[③]。相反，蒲鲁东、拉萨尔等思想家却明确批驳资本主义违反了正义，他们提倡以改良型的社会主义捍卫正义和平等。伍德果断地得出令人惊讶的结论："无论资本主义可能是什么，它似乎都不是不正义的。"[④] 这个看似草率的结

[①] [美] 约翰·罗尔斯：《正义论》，何怀宏等译，中国社会科学出版社1988年版，第282页。

[②] 段忠桥：《"塔克—伍德命题"辨析》，《中国人民大学学报》2023年第3期。

[③] [美] 艾伦·伍德：《马克思对正义的批判》，林进平译，载李惠斌、李义天《马克思与正义理论》，中国人民大学出版社2010年版，第3页。

[④] [美] 艾伦·伍德：《马克思对正义的批判》，林进平译，载李惠斌、李义天《马克思与正义理论》，中国人民大学出版社2010年版，第4页。

论，却成了"塔克—伍德命题"的核心要义。这个结论看似经不起推敲，却是伍德用异常缜密的逻辑思维进行严谨论证得出的结果。他的论证基于两个内在统一的视角。

一是生产方式视角。伍德首先把正义概念置于西方传统社会概念中加以考察，进而得出了颇具说服力的论断：自柏拉图以来，人类的社会生活总是和政治国家紧密相连，作为社会存在的个人总是无法脱离法律、权利而存在，人类的行为也总是受到法律、正义的约束和调节，因此法权是社会的根本原则和最高标准。伍德认为，在马克思、恩格斯那里，正义与法律和权利直接相关，"'正义'（Gerechtigkeit）乃是一个法权（juridical）概念或法定（legal／Rechtlich）概念"①，而马克思却拒绝接受这种法权概念，因为他在《〈政治经济学批判〉序言》中明显表达了对法权概念的不满，并且重新倒转了黑格尔关于"政治国家"与"人类生活"的关系，强调"法的关系正像国家的形式一样……它们根源于物质的生活关系"②，即法的关系（正义）依赖于物质生活关系（生产方式）。不仅如此，伍德还列举了马克思关于"物质关系决定法的关系"的若干文本，极力推崇生产方式的优先性，反复强调正义的依附性，最终把"生产方式"与"正义"置于相互对立的两极，从而为"马克思拒斥正义"找到了充分的证据。伍德沿着"正义依附于生产方式"的思路，进一步分析了正义概念对于社会理论和实践的"适当功能"：（1）正义的有效性和合理性取决于其在特定生产方式中的功能，判断一种社会制度是否正义，不能依据外在标准，而是取决于对该制度所依存的生产方式的整体理解和正确评价；（2）正义并不是衡量社会制度、人类行为或其他社会事实的尺度或标准，而是依附于生产方式并呈现在人类思维中的标准；（3）在马克思那里，正义的尺

---

① ［美］艾伦·伍德：《马克思对正义的批判》，林进平译，载李惠斌、李义天《马克思与正义理论》，中国人民大学出版社2010年版，第5页。

② 《马克思恩格斯文集》第2卷，人民出版社2009年版，第591页。

度或标准是一元的，评判一种社会制度是否正义，不是看它是否与法权或普遍性原则相一致，而要看"生产方式所提出的具体要求"；（4）一种行为或制度的正义，依赖于它在整个生产方式中的作用，而不是取决于"它给整个生产方式所带来的结果"①。伍德的论证环环相扣，紧紧围绕"生产方式"尺度，把马克思对资本主义是否正义的评价牢固地建立在生产方式的基座上，把"正义"和"生产方式"对立起来考察，从历史唯物主义的视角揭示了正义的依附性和历史性，从而为资本主义的正义性提供了基于历史唯物主义的事实性评价尺度。

二是等价交换视角。伍德之所以把正义作为依附于生产方式的法权概念加以分析，直接目的是说明资本主义的生产方式并没有违反资本主义的法权观念，从根本上论证资本主义的交易、分配和剥削不可能是不正义的。伍德在后文中首先转向了马克思对资本主义交换的论述，在他看来，资本主义的交换都是等价交换，都是用"等价物换等价物"的交易行为，这种交易行为是一种平等的行为，因而是完全正义的。并且，伍德还援引了"只要与生产方式相适应，相一致，就是正义的"②这个重要论述，并以此证明资本主义的交换是和它自身的生产方式完全一致的，因而资本家"不欠任何人一分钱"③。伍德死死地抓住"等价物换等价物就是正义的"这个传统观念，直接忽略了马克思的真正意图。其实，马克思并不反对资本主义的"工资交易"，甚至认为这种交易"对买者是一种特别的幸运，对卖者也决不是不公平"④，因为这种交易符合市场规则和价值规律。马克思在深入分析资本主义交易行为的基础上指出：这种交

---

① ［美］艾伦·伍德：《马克思对正义的批判》，林进平译，载李惠斌、李义天《马克思与正义理论》，中国人民大学出版社2010年版，第16页。
② 《马克思恩格斯文集》第7卷，人民出版社2009年版，第379页。
③ ［美］艾伦·伍德：《马克思对正义的批判》，林进平译，载李惠斌、李义天《马克思与正义理论》，中国人民大学出版社2010年版，第20页。
④ 《马克思恩格斯文集》第5卷，人民出版社2009年版，第226页。

易在本质上是"形式上的等价交换与内容上的无偿占有"的内在统一。从表面看，交易双方以契约的形式完成了劳动力和工资的"等价交换"，并没有违背"天然正义"原则。但是，从内容上看，"资本家用他总是不付等价物而占有的他人的已经对象化的劳动的一部分，来不断再换取更大量的他人的活劳动"①。可见，伍德以断章取义的方式曲解了马克思的等价交换原则，仅仅把正义作为平等原则套在生产方式的公式上，因而宣称劳动力交易后理应属于资本家，资本家有权占有自己购买的东西，资本家"对剩余价值的占有不仅是正义的，而且，任何阻止资本占有剩余价值的尝试都是绝对不正义的"②。这样，伍德就为"资本主义剥削是正义的"找到了"合法依据"。

塔克和伍德在资本主义的剥削问题上论证相似、"异曲同工"，他们不谋而合地把"马克思"和"正义"分割开来，最终成功地为马克思贴上了"拒斥正义"的理论标签，因其理论主张极其相似，艾伦·布坎南（Allen E. Buchanan）将二者的观点合称为"塔克—伍德命题"（"Tucker-Wood Thesis"）。自该命题被抛出来之后，就引发了学术界广泛而持久的讨论，尽管它曾一度被学者们诘难、驳斥和批判，但随着争论的深入推进和各种观点的涌现，伍德重申了自己的主张，再次加固了"塔克—伍德命题"。伍德在《正义与阶级利益》中指出，正义与否归根结底取决于行为、交易或分配制度与其赖以依存的生产方式之间的"功能性关系"，即一种交易或分配制度与生产方式之间的关系是否有功效。因此，只要资本主义交易与其生产方式是一致的，有功效的，即使"它们包含强制、压迫和剥削，它们依然可能是正义的"③。在伍德看来，马克思既反对以正义或权

---

① 《马克思恩格斯文集》第5卷，人民出版社2009年版，第673页。
② ［美］艾伦·伍德：《马克思对正义的批判》，林进平译，载李惠斌、李义天《马克思与正义理论》，中国人民大学出版社2010年版，第23页。
③ ［美］艾伦·伍德：《正义与阶级利益》，林进平、张娜译，《国外理论动态》2016年第1期。

利为尺度来评价资本主义,也拒绝把"阶级利益"和"正义"搭上关系,因为只有对阶级利益的追求才是有功效的,也是和马克思的革命实践观相契合的。在马克思那里,"对阶级利益论题的认可使得自觉的历史主体不再把正义(或公正的善)当作他们首要的关注对象"①。因此,伍德认为,马克思拒绝把正义作为凝聚阶级运动的"无私的善",至少对于无产阶级的特殊利益来说,正义是次要的,高扬了马克思的正义观念,就贬低了其革命实践观。伍德一以贯之地宣称马克思拒绝从正义的视角批判资本主义,并且认为这在马克思那里是"融贯的、动机十足的",他甚至明确表示"正义就是与生产方式相适应"②,从而在历史唯物主义的理论视野中以"生产方式"为屏障把"马克思"和"正义"隔离开了。

二 争论延伸:共产主义"超越正义"

"塔克—伍德命题"不仅割断了"马克思与正义"的内在关联,而且还割断了"共产主义与正义"的内在融合。在塔克和伍德看来,尽管马克思提出了共产主义共同体的"按需分配"正义原则,但不能由此把未来共同体看成正义的王国,因为共产主义共同体"主要不是围绕着分配兜圈子"③。"共产主义与正义"的关系问题作为"马克思与正义"之争的理论延伸,是塔克和伍德对马克思的正义问题进行后历史主义的论证时所涉及的一个核心焦点,它随着正义争论的不断扩展、升温而渐次铺开,现在已经形成了"疑窦丛生"的诸多难点:共产主义是正义的共同体吗?未来共同体是否超越正义?马克思是否基于未来共同体之正义而批判资本主义?正义观念是否

---

① [美]艾伦·伍德:《正义与阶级利益》,林进平、张娜译,《国外理论动态》2016年第1期。

② [美]艾伦·伍德:《马克思反对从正义出发批判资本主义——对段忠桥教授的回应》,李义天译,《中国社会科学》2018年第6期。

③ Robert C. Tucker, *The Marxian Revolutionary Idea*, London: George Allen & Unwin Ltd., 1970, p. 37.

如同国家一样在未来趋向消亡？面对这些疑问，西方学者承袭塔克和伍德的观点，在历史必然性意义上提出了共产主义的"正义多余论""正义消亡论"和"正义超越论"。

第一，共产主义正义多余论。有学者认为，马克思之所以批判资本主义的权利和正义，源于他默认正义和权利概念终将在共产主义社会中变得"多余"。R. G. 佩弗（R. G. Peffer）就沿用伍德的致思方法而将正义作为一个内在的法权概念使用，在他看来，马克思在很多场合都对法权和权利概念加以拒斥和批判，这种批判既是在一般性上作出的，也是在具体的社会形态语境中作出的。其中，"马克思对这种法权概念（即正义和权利的概念）的另一个批判似乎在于，随着共产主义的实现，它们将注定成为多余的"[①]。佩弗反复强调马克思眼里的共产主义是"无国家、无强制的社会合作形式"，这样的社会明显是一个冲突最小化的社会，因而个人之间基于正义的任何做法都将变得多余，甚至完全没有必要，所以，"在马克思看来，权利和正义也将变得多余。"[②] 实际上，佩弗深信马克思借用了休谟的正义条件理论[③]，而共产主义正好超越了适度的匮乏和人性自私，随着共产主义共同体的生成和到来，因而正义观念注定过时或变得多余。布坎南也认为，马克思并没有为共产主义划定正义的原则，而只是对未来社会作了"事实的方法描述"，因此，一旦正义的环境被超越，那么就不会给任何法权观念留下余地，共产主义的优越性并不在于它解决了关于分配正义的所有问题，"而在于它使分配

[①] ［美］R. G. 佩弗：《马克思主义、道德与社会正义》，吕梁山等译，高等教育出版社 2010 年版，第 340 页。

[②] ［美］R. G. 佩弗：《马克思主义、道德与社会正义》，吕梁山等译，高等教育出版社 2010 年版，第 349 页。

[③] 休谟曾在《人性论》中指出："正义只是起源于人的自私和有限的慷慨，以及自然为满足人类需要所准备的稀少的供应。"该观点通常被用于解释正义产生的条件。西方学者在解释共产主义超越正义时，大多以休谟的该观点作为引证依据。（参见［英］大卫·休谟《人性论》，关文运译，商务印书馆 2016 年版，第 532 页。）

正义的整个争论成为多余"①。在布坎南看来,马克思对资本主义的批判并非建立在共产主义分配正义的观念上,也没有任何证据表明共产主义的运行要以正义来规约,恰恰相反,马克思"更多的是以一种激进的方式宣称,一旦新的生产安排出现,将不需要正义原则来安排生产或分配"②。

第二,共产主义正义消亡论。伍德极力宣称,那些尝试从后资本主义的视角批判资本主义的做法都是错误的、缺乏依据的,因为马克思在《哥达纲领批判》中建构了未来社会的两个不同的发展阶段,这两个阶段的正义尺度或权利标准存在差异,就共产主义高级阶段而言,正义会在历史的终结点上趋向消亡,"随着阶级社会的终结,社会也不再需要那些容纳'权利'、'正义'等概念的国家机器和司法制度。"③ 伍德据此得出推论:马克思的真正的正义概念是虚幻的概念,换句话说,它"根本就不是一个概念"。实际上,伍德在讨论共产主义的正义问题时,依然把正义作为生产方式的依附因素看待,并且深信马克思不会以这样一种理想的或假定的正义原则去批判资本主义,也不可能把它作为凝聚革命意识的力量。事实上,在伍德看来,这种理想社会的正义观念既不可能成为引发当前革命的内驱力,也无法与马克思诉诸暴力革命的主张相融合,因而它无法充当无产阶级的革命动机,它依然是马克思所批判的意识形态的胡言乱语和陈词滥调。卢克斯(Steven Lukes)分析了由"塔克—伍德命题"衍生的各种论点,强调在完全的共产主义社会里,正义或非正义已经成为一个被超越的古语,因此,共产主义的"正义原则,以及更广泛意义上的法权原则,被认为已经消逝。用恩格斯的话说,

---

① [美]艾伦·布坎南:《马克思与正义》,林进平译,人民出版社2013年版,第76页。
② [美]艾伦·布坎南:《马克思与正义》,林进平译,人民出版社2013年版,第77页。
③ [美]艾伦·伍德:《马克思对正义的批判》,林进平译,载李惠斌、李义天《马克思与正义理论》,中国人民大学出版社2010年版,第28页。

在实际生活中，它们已经被忘却了"①。因为共产主义社会使整个社会中的利益和谐成为可能，也使人的利益与共同体趋于一致。罗尔斯也在此意义上认为，在马克思那里"并不存在具有普遍的可适用性或可以普遍运用于所有社会形态的正义概念"②，共产主义最大的优势是既没有异化，也没有剥削，更没有强制，也无须正义原则划定人们行为的边界，因而，"我们关于正当和正义的日常意识、关于道德义务的日常意识都消失了。"③ 罗尔斯试图把正义的消亡视为共产主义的理想状态，认为在劳动分工被克服、社会冲突最小化的完全的共产主义社会里，正义将不再有其社会价值。

第三，共产主义正义超越论。伍德一以贯之地认为，马克思并没有基于共产主义的正义而批判资本主义，他强调，"从'正义'出发对生产方式进行批判，只是意识形态的无稽之谈"④。他甚至认为，共产主义的正义既不可欲，也不可能。共产主义的实现将意味着正义的终结和超越。实际上，伍德的观点既赢得了一些学者的支持，也在一定程度上遭到人们的批驳和质疑。共产主义究竟是正义的超越还是真正正义的实现，不同立场的人们各持己见。在阿格妮丝·赫勒（Agnes Heller）看来，真正正义的社会是一个幻影，"一个超越正义的社会既不可能也不可欲；一个完全正义的社会是可能的，但却是不可欲的。"⑤ 因为一个超越正义的社会意味着没有任何正义概念可以适用。赫勒认为，马克思的按需分配原则在本质上是

---

① ［英］史蒂文·卢克斯：《马克思主义与道德》，袁聚录译，高等教育出版社2009年版，第104—105页。
② ［美］约翰·罗尔斯：《政治哲学史讲义》，杨通进等译，中国社会科学出版社2011年版，第353页。
③ ［美］约翰·罗尔斯：《政治哲学史讲义》，杨通进等译，中国社会科学出版社2011年版，第383页。
④ ［美］艾伦·伍德：《马克思反对从正义出发批判资本主义——对段忠桥教授的回应》，李义天译，《中国社会科学》2018年第6期。
⑤ ［匈牙利］阿格妮丝·赫勒：《超越正义》，文长春译，黑龙江大学出版社2011年版，第236页。

一个超越性正义原则，因为"真正共产主义的生产和分配将以超越正义的标准运作"①。与赫勒的观点相似，罗尔斯也多次强调，马克思的按需分配并不是一个正义原则或正当原则，毋宁说它是共产主义高级阶段的社会运转机制。罗尔斯据此推定，共产主义社会在一定意义上是正义的社会，但在另一种意义上，它是"超越了正义的社会"②。而且，罗尔斯认为，共产主义的成员不再是依据正义的观念行动的人，也不再被正义的原则和美德所打动，正因如此，正义也不再是共产主义制度的首要美德。可以看出，罗尔斯对共产主义超越正义的论证依然建立在休谟著名的正义环境理论的基础上，他所谓的共产主义超越正义的理论假设，就是把共产主义看作超越了休谟的适度匮乏和适度利己主义的社会，因为这样的社会将不再把正义作为人们日常生活的美德和规范。

三 结论与焦点：马克思"拒斥正义"

"塔克—伍德命题"不仅开创了解释马克思正义观念、道德观念、革命观念以及剥削观念的新视角，而且还充当了点燃"马克思与正义""共产主义与正义"以及"历史唯物主义与正义"等争论的导火索。自该命题诞生以来，各种火上浇油的观念频频出现，使"马克思与正义"的论战迅速升温，至今余温犹存。庆幸的是，反对"塔克—伍德命题"的一方，坚持历史唯物主义与正义内在兼容，提出了各种评判资本主义正义与否的尺度和标准，在一定程度上瓦解了"塔克—伍德命题"的证据链，重构了马克思的正义观，还原了马克思拥护正义的形象。就参与搭建"塔克—伍德命题"的学者所抛出的观点来看，其核心主张在于为"资本主义剥削合乎正义"辩护，并以此把马克思贬斥为拒斥正义或缺乏正

---

① Agnes Heller, "Marx, Justice, Freedom: The Libertarian Prophet", *Philosophica*, Vol. 33, No. 1, 1984, p. 88.

② ［美］约翰·罗尔斯：《政治哲学史讲义》，杨通进等译，中国社会科学出版社 2011 年版，第 334 页。

义的思想家。

德雷克·艾伦（Derek Allen）是"塔克—伍德命题"的极力推崇者，他宣称马克思仅仅以资本主义自身的标准来评判资本主义，并且，有产者和无产者之间的分配正义取决于工资交易是否正义。从马克思的语境来看，资本主义的工资交易是一种相等价值的交换，因而是一种平等的交换，"对于资本主义来说，作为被付给报酬的一方，工人实际上并未遭受不正义。"[1] 艾伦进一步认为，如果资本家付给了工人所创造的全部价值的工资，那么工人就不能创造出剩余价值，没有剩余价值就不会有资本主义，这与事实正好相反。他认为资本家不仅有权利获得剩余价值，而且马克思所谓的"掠夺"完全是一种修辞。乔治·布伦克特（George G. Brenkert）也是"马克思拒斥正义"的辩护者，他和伍德的观点相似，认为正义是生产方式的附属品，正义是和自身所依存的特定生产方式相适应的，这种正义原则就是这种生产方式本身的正义原则，"与一种社会或历史情境相关的正义原则不能适用于或不能被用来判断其他社会情境或历史情境"[2]。布伦克特在《马克思的自由伦理观》中揭示了马克思的道德哲学及其本质，重申了资本主义并没有违背它自身的正义原则[3]。

理查德·米勒（Richard W. Miller）也是"塔克—伍德命题"阵营的重要一员，他在《分析马克思》一书中强调马克思是反对道德的哲学家，马克思对道德宣判了死刑，他的目的在于"为马克思激进地违背道德观提出貌似可信的论证"[4]。米勒认为，道德是解决政

---

[1] ［加］德雷克·艾伦：《马克思恩格斯论资本主义的分配正义》，王贵贤译，载李惠斌、李义天《马克思与正义理论》，中国人民大学出版社2010年版，第131页。

[2] George G. Brenkert, "Freedom and Private Property in Marx", *Philosophy and Public Affairs*, Vol. 8, No. 2, 1979, p. 134.

[3] George G. Brenkert, *Marx's Ethics of freedom*, London: Routledge & Kegan Paul, 2010, p. 135.

[4] ［美］Richard. W. 米勒：《分析马克思——道德、权力和历史》，张伟译，高等教育出版社2009年版，第14页。

治问题的基础，人们也最善于将政治决策归属于道德，这种道德所内蕴的特殊性，表现为三个特征：（1）平等，即人们应受到同等关注，被赋予平等地位，每个人在选择制度和政治决策中被平等对待；（2）普遍准则，它是解决政治问题和化解政治冲突、利益纠纷的关键；（3）普遍理性，它是一种认识论的平等，指道德准则应该被任何能够理性思考的人所接受。米勒认为马克思就是对以上三条"政治上的道德原则"进行批判的人。马克思批判平等观念，是因为他倡导的社会制度将使人们获得更多的平等；马克思批判道德的普遍准则，是因为他看到普遍准则并不能评估所有社会，也无法用来解决不可调和的冲突，他"用各式各样的福祉代替了普遍准则"①；马克思批判普遍理性，是因为他意识到人们无法通过理性的劝告而在竞争中达成一致，他诉诸社会的普遍福祉以及历史的变革进程。米勒通过对马克思反道德的分析，进而顺利转向了马克思对正义的批判，他认为马克思拒绝使用正义、权利和平等的标准来评判社会，因为正义本身并不是判断社会制度的标准，也不能作为政治行动和社会选择的适当基础。米勒的论证结果和伍德的结论殊途同归，最终都为马克思贴上了反正义的标签，只不过米勒更侧重于通过正义在政治活动中的功能来阐释马克思对道德和正义的贬斥。此外，卢克斯也认为马克思批判了道德和正义，并且他一直试图证明马克思既是乌托邦主义者，也是反乌托邦主义者，他引用福兰德的话说道："一有人与马克思谈论道德，他就会放声大笑。"② 在他看来，马克思在正义和道德问题上存在一个"似是而非的矛盾"，即马克思一方面拒绝道德批判，另一方面又采用了道德批判。卢克斯据此认为，马克思在处理道德问题时既没有对正义作出足够的解释，也没有对不正义作出充分的回应。

---

① ［美］Richard. W. 米勒：《分析马克思——道德、权力和历史》，张伟译，高等教育出版社2009年版，第40页。
② ［英］史蒂文·卢克斯：《马克思主义与道德》，袁聚录译，高等教育出版社2009年版，第34页。

通过梳理可以看出，以塔克、伍德、艾伦、卢克斯为代表的西方学者围绕马克思"拒斥正义"这个中心问题，形成了诸多马克思拒斥、批判正义的论点，构成了学界指认马克思反正义的重要证据，概括起来主要有如下方面：（1）劳资交换是遵循等价原则的平等交换，因而是正义的；（2）正义作为法权关系，是由生产方式所决定的上层建筑的价值表象，因而，用来评判社会制度的正义标准只能是特定生产方式自身的正义标准，企图用外在于资本主义的正义标准批判资本主义是无效的；（3）正义属于意识形态范畴，仅仅反映特定的经济关系和经济结构；（4）马克思设想的后资本主义的需要原则实际上是超越正义的原则，因而会随着物质丰裕和人的自我实现而变得"多余"；（5）正义是一种分配价值，诉诸分配正义就是诉诸改良主义，这与马克思推崇革命的主张背道而驰；（6）马克思倾向于追求自由、人的自我实现和真实的共同体，这些价值并非与正义相关；（7）资本主义剥削发生在劳动力交换之后，资本家有权利处理自己购买的商品，假如没有剥削和剩余价值，就不会有资本主义，这显然不符合历史唯物主义；（8）正义在根本上就是与生产方式相适应、相一致。

由此可见，正方所抛出的以上论点基本建立在"自我所有权"以及古典正义原则（应得正义和等价交换）的基础上，他们几乎都停留在马克思关于道德、正义的直接断言上，并没有真正进入马克思政治经济学批判的语境和历史唯物主义的宏观视野，也没有真正体会和理解马克思的阶级情怀。实际上，反方在为"马克思赞成正义"的辩护中，提出了评判资本主义的多重标准和尺度，这些观点在一定意义上从道德哲学深入政治哲学、伦理学、人学以及经济学，从而为马克思存有某种正义理论开辟了可能的立论空间。

第二节　争论回顾：国外对马克思正义思想的辩护

面对"塔克—伍德命题"对马克思正义观的挑战及其对马克思正义形象的摧毁，部分反对者纷纷举起反正义批判的大旗，使"塔克—伍德命题"频繁遭到质疑、指摘和驳斥，甚至即将面临被摧垮的命运。纵观多年来的研究概况，参与构建马克思正义思想的学者众多，阵容强大，既有分析马克思主义的领军人物，也有欧陆激进左翼的思想先锋；既有英美政治哲学的理论巨匠，也有东欧新马克思主义的研究专家。他们从不同的论域、视角出发，回应了"塔克—伍德命题"的误区，重构了马克思的分配正义理论、剥削理论以及共产主义的正义原则，拨开了遮盖在马克思正义问题上的层层迷雾。

一 "将马克思带向正义"的尝试

在塔克和伍德对马克思及其正义思想发起理论围攻之际，西方学者尝试把"马克思"和"正义"之间的理论断裂弥合起来。其中，代表性的理论建构路径有两种：一种尝试"将马克思带向正义"，即将某种正义观念赋予原本正义"空场"的马克思；另一种尝试"将正义带向马克思"，即重新解释马克思原本具有的正义思想。这两种建构路径的最终目的是要让马克思和正义同时"在场"，进而从学理上推翻马克思与正义之间"势不两立"的所有观点，弥补马克思正义思想的"缺位"。

第一，为马克思的正义观念"正名"。马克思何以缺乏正义理论？赞成正义的马克思因何而立？这是质疑、反对"塔克—伍德命题"的学者首先申明的重要问题。为了让马克思的正义理论开显，诺曼·杰拉斯通过系统总结文献、挖掘文本，呼吁"将马克思带向正义"。在他看来，尽管马克思的著作中存在着否认正义的论述，但"他的著作中还隐含着更广泛的非相对主义的正义概念"①，马克思就是依据这个超历史的、非相对的正义原则对资本主义进行了控诉。因为马克思曾多次指控资本主义的剥削是一种"抢劫"和"盗窃"行为，这种行为在资本主义关系中表现为不平等交换，而这种交换在本质上已经违背了所有权原则和劳动贡献原则。肖恩·塞耶斯（Sean Sayers）在《分析的马克思主义和道德》一文中驳析了伍德和卢克斯否定马克思道德和正义的种种观点，强调马克思著作中的道德价值并非一种"伦理中立"或"自相矛盾"的理论，相反，马克思在解释道德和正义时运用了一种新的方法，开创了一种新的理论形式，即"把不同的道德看成是不同的社会历史环境的产物"②。马克思并非简单地批判道德，而是分析了道德和正义观念的社会价值，考究了不同道德对于不同社会历史环境的功能。在塞耶斯看来，尽管马克思把道德和正义视为意识形态，但这并不意味着马克思会将其视为纯粹虚幻的东西而加以批判，相反，他对道德和正义的解释完全是历史的和相对的，因而也更具现实性和实用性。正因为马克思采用了历史主义而非道德的方法，所以资本主义相对于封建社会来说，它无疑是一种进步，但"从更高社会形态的立场来看，它就是不合理和不道德的"③。与塞耶斯的观点相似，卡罗尔·古尔德（Carol C. Gould）从社会本体论的视角指出，"马克思有一个正义概念，尽管只是一个隐含的概念而已。"④ 他强调对马克思正义概念的理解必须把它置于具体的、有差别的历史情境和关系中，而不应该

---

① ［英］诺曼·杰拉斯：《将马克思带向正义：补充与反驳》，曹春丽译，载李惠斌、李义天《马克思与正义理论》，中国人民大学出版社2010年版，第248页。

② ［英］肖恩·塞耶斯：《马克思主义与人性》，冯颜利译，东方出版社2008年版，第148页。

③ ［英］肖恩·塞耶斯：《马克思主义与人性》，冯颜利译，东方出版社2008年版，第154页。

④ ［美］卡罗尔·C.古尔德：《马克思的社会本体论》，王虎学译，北京师范大学出版社2018年版，第160页。

把它理解为纯粹的描述性概念。在古尔德看来，资本主义的不正义恰恰体现在它在制度上造成了剥削关系和异化关系，因而这种制度在整体上就可以被断定为不正义的。正如法国哲学家雷蒙·阿隆（Raymond Aron）所指出的那样：马克思在不可救药的制度不公正中发现了资本主义必然衰亡的原因，只不过"资本主义的必然灭亡不是因为其固有的不公正，而是通过其固有的不公正"[1]。

第二，重新确立马克思正义批判的标准。为了全方位、多层次呈现马克思对待正义的态度以及马克思批判资本主义的尺度，西方学者尝试跳出"塔克—伍德命题"所框定的马克思批判正义所运用的单一的生产方式尺度，即在生产方式之外确定马克思批判正义和评判资本主义的标准。齐雅德·胡萨米（Ziyad Husami）率先分析了伍德对马克思正义观的评判是虚假的，因为伍德仅仅把马克思的个别段落和文本"抠出来"论证"剥削正义"，这显然是不公允的，也缺乏真凭实据。在胡萨米看来，即便如同伍德所宣称的那样，正义属于法权范畴和上层建筑要素，它也不可能仅仅由单一的生产方式所决定，它还应该受到特定社会的阶级结构所制约。也就是说，要对马克思的正义概念和道德观念进行起源性解释，首先应该"确切地说明它得以存在的生产方式，然后说明在这个社会中与该规范相联系的社会阶级"[2]。胡萨米实际上提出了马克思批判资本主义及其正义的第二个尺度，他认为马克思至少用后资本主义的标准或无产阶级的道德标准控诉了资本主义，并且，无产阶级可以站在未来社会的立场上控诉现存社会的不正义。胡萨米由此认为，马克思不仅仅把正义同生产方式联结了起来，他还把正义同生产方式内部的各阶级联系了起来，马克思的正义理论就是建立在无产阶级集体利益之上的批判性理论。另有学者认为，按需分配原则实际上是马克

---

[1] ［法］雷蒙·阿隆：《想象的马克思主义》，姜志辉译，上海译文出版社2012年版，第243页。

[2] ［美］齐雅德·胡萨米：《马克思论分配正义》，林进平译，载李惠斌、李义天《马克思与正义理论》，中国人民大学出版社2010年版，第45页。

思批判资本主义的核心尺度。戴维·麦克莱伦（David McLellan）把需要原则作为马克思评判资本主义的一项重要标准，他宣称"按需所得而不是应得才是他的共产主义社会的原则"①。斯图亚特·怀特（Stuart White）也认为，马克思设想的按需分配不仅预示了共产主义不会超越正义，而且，他对资本主义的批判也建立在这个原则的基础之上，怀特强调："需要原则实际上是马克思基于正义对资本主义批判的基础。"② 因为需要原则以人类的共同福祉和繁荣为核心，聚焦于人的自我实现，表达了一种个体互惠的规范，而这个原则已经彻底超越了资本主义的法权缺陷，是真正正义的共同体所必备的价值理念。正如罗伯特·范德·维恩（Robert J. van der Veen）所言："共产主义需要马克思的正义作为其必要条件之一。"③ 而这个正义就是马克思所勾勒的"得其想得"的按需分配正义。

第三，为"资本主义剥削不正义"辩护。"塔克—伍德命题"的内核是"剥削既合理又正义"，这个观点让绝大多数马克思的追随者们难以接受。G. A. 柯亨作为分析马克思主义的核心人物，在挽救马克思的正义理论方面可谓厥功至伟，他因极力捍卫马克思主义的立场和观点而被尊称为英美学界"最受尊重的马克思主义者"。面对塔克和伍德对马克思及其正义理论的"另类解读"和"猛烈攻击"，柯亨一贯坚称正义是马克思的核心信念。他从道德和正义的视角来批判资本主义的不正义性，论证了社会主义的正当性和必然性，从而维护了马克思的正义形象和正义理论。柯亨指出，"当且仅当资本家有权利去占有他们所占有的生产资料，资本主义才是正义的"④，

---

① ［英］戴维·麦克莱伦：《马克思传》第 4 版，王珍译，中国人民大学出版社 2008 年版，第 443 页。

② ［英］斯图亚特·怀特：《需要、劳动与马克思的正义概念》，林进平等译，载李惠斌、李义天《马克思与正义理论》，中国人民大学出版社 2010 年版，第 427 页。

③ Robert J. van der Veen, "The Marxian Ideal of Freedom and The Problem of Justice", *Philosophica*, Vol. 34, No. 2, 1984, p. 105.

④ ［英］G. A. 柯亨：《马克思与诺齐克之间》，吕增奎编，江苏人民出版社 2008 年版，第 63 页。

但事实表明，资本"来到世间"建立在不正义的基础之上，私有财产的原始起源在道德上是一种"盗窃"，资本主义由于这种特殊的盗窃性起源而必然成为不正义的。柯亨还认为资本主义的剥削关系在本质上也是一种强制关系，这种关系在一定程度上是资本家对工人的"偷窃"行为，偷窃意味着侵犯了他者的所有权，因而是不正义的。基于劳动盗窃论，柯亨认为，"劳动力买者与卖者之间的关系实质上等同于封建地主与农奴之间的关系"①，劳动力在一定意义上是受控制的，"受控制本身就是不正当的"。罗杰·汉考克（Roger Hancock）在《马克思的正义理论》中强调，正义是涵盖很多含义的术语，在马克思的语境中，应该遭到谴责的是资本主义制度，而不是资本家个人，因为资本家和工人在交易时双方是没有强制的，但资本主义制度本身是一种专制和奴役的制度，在这种制度下之所以产生不正义，"是因为工人和资本家的交易能力的不平等"，马克思之所以谴责资本主义制度，就是因为这种制度剥夺了劳动者的自由，"否认自由的结果就是不正义。"② 正如罗素所述，资本主义制度之所以令马克思深恶痛绝并让他拼尽全力加以批评，是因为马克思洞悉到了这种制度骇人听闻的残酷、剥削和虚假，他已然发觉"它的不公平必定引起无产阶级的反抗运动"③。可以说，资本主义的内在缺陷是根本性、本源性的，它的不正义性也是固有的、必然的。马克思从人类社会历史的大视野检视了该制度的合理性和不道义性，而塔克和伍德仅仅摘取马克思的个别断言为资本主义的正义性辩护，既缩略了马克思的宏大历史视野，也曲解了马克思正义批判的真实意图。

---

① ［英］G.A.柯亨：《马克思与诺齐克之间》，吕增奎编，江苏人民出版社 2008 年版，第 211 页。

② ［美］罗杰·汉考克：《马克思的正义理论》，臧峰宇译，载李惠斌、李义天《马克思与正义理论》，中国人民大学出版社 2010 年版，第 323 页。

③ ［英］罗素：《西方哲学史》下卷，马元德译，商务印书馆 2016 年版，第 376 页。

二 马克思正义理论的多层次建构

西方学者不仅尝试从理论上弥合马克思和正义之间的断裂，而且还尝试重构马克思的正义理论。以乔恩·埃尔斯特（Jon Elster）为代表的学者认为马克思不仅持有隐含式的正义理论，而且它还是一个多层次的复合型的正义理论，这种正义理论既在马克思对资本主义及其正义的批判中彰显，也深深熔铸于马克思关于"按劳分配"和"按需分配"的论述中。更为重要的是，他们一致认为，马克思的正义理论不仅是可能的，而且是可欲求的，它不是关于正义的乌托邦理论，而是基于历史必然性逻辑的正义的实践性理论。

埃尔斯特认为，马克思对资本主义的批判包括相互关联的两个始因，一个是异化，另一个是剥削，而这两种现象都是资本主义的内在缺陷，必须加以克服。在马克思看来，只有共产主义才能使人获得自我实现并消除异化，才能使剥削得以废除并实现真正正义。为此，埃尔斯特深入分析了《哥达纲领批判》的贡献和需要原则，并在此基础上指出："马克思具有的是一种关于正义的等级理论，根据这一理论，贡献原则提供了一种需要原则在历史还不适用时的一个次优标准。"[①] 他认为依据贡献和需要两个原则，资本主义是双倍的不正义，因为它同时违背了两个原则。在埃尔斯特看来，资本主义的剥削、异化引发的不正义能够为无产者提供变革社会的动机，也能够让无产者认识到资本家的不道德。但是，马克思的正义不是一种革命的动机，而是一种规范的动机，因为基于正义的社会变革会消解社会革命的激进性。"人们不可能基于正义去革命……只有当情况令人绝望时它才可能发生"[②]，但社会渐进的变革一定会受到正义规范动机的支持。作为分析马克思主义的一员，约翰·罗默

[①] ［美］乔恩·埃尔斯特：《理解马克思》，何怀远等译，中国人民大学出版社2016年版，第222页。

[②] ［美］乔恩·埃尔斯特：《理解马克思》，何怀远等译，中国人民大学出版社2016年版，第511页。

(John E. Roemer)也把分配正义作为马克思批判资本主义的重要论据,在他看来,社会主义之所以比资本主义更优越、更可取,原因在于社会主义的分配要比资本主义更优越。① 罗默实际上从资本主义的剥削理论和社会主义的分配理论的对比视角为建构马克思的正义理论提供了基础。杰弗里·雷曼(Jeffrey Reiman)也认为,建构马克思的正义理论是可能的,必须把马克思的正义置于历史的序列中加以考察,而马克思的两个正义原则(贡献和需要)本身具有前后相继的"历史次序",这个次序表明了正义的实现趋势和条件:"一旦物质匮乏被物质丰裕所代替,差别原则就会要求各尽所能,按需分配。"②

第一层级:基于贡献的正义理论。贡献原则是马克思设想的共产主义第一阶段的重要分配原则,这个原则是超越资本主义分配但又无法实现实质正义的次优正义标准,因为它仍然"带着它脱胎出来的那个旧社会的痕迹"③,依然是一种形式正义原则。尽管如此,马克思的"按劳分配"构想"通过废除剥削制度而确保了社会的正义",它通过建立劳动者的平等权利,要求每个劳动者使用劳动贡献这个相同尺度,在很大程度上超越了资产阶级的狭隘眼界,因此,"社会主义的正义是值得追求的"④。如果以劳动贡献原则来评判资本主义,其不正义性是显而易见的,因为资本家的不劳而获正是对贡献原则的侵犯和违背。从这个意义上说,否定马克思正义观的人们是错误的,因为他们忽略了资本家的不劳而获。当然,贡献原则也无法确保一个丧失了劳动能力的人获得报酬,它在根本上仍然是

---

① John E. Roemer, "New Directions in the Marxian Theory of Exploitation and Class", *Political and Society*, Vol. 11, No. 3, 1982, pp. 253 – 287.
② [美]杰弗里·雷曼:《马克思正义论的可能性》,臧峰宇、李新灵译,载李惠斌、李义天《马克思与正义理论》,中国人民大学出版社2010年版,第391页。
③ 《马克思恩格斯文集》第3卷,人民出版社2009年版,第434页。
④ [美]齐雅德·胡萨米:《马克思论分配正义》,林进平译,载李惠斌、李义天《马克思与正义理论》,中国人民大学出版社2010年版,第57页。

有缺陷的原则，因而需要以需要原则来补救。所以，贡献原则如同"一个双面神式的概念"，它一方面充当了把资本主义谴责为不正义的正义标准，另一方面又被更高的按需分配标准谴责为不适当的。[①] 但是，这个原则是马克思正义理论的表现和确证，也是马克思给未来社会勾绘的运行"草图"。

第二层级：基于需要的正义理论。需要原则是赞成马克思正义观的学者公认的正义原则，这个原则有时也被默认为马克思的实质正义原则或高阶正义原则。针对"塔克—伍德命题"对共产主义正义理论的消解，阿兰·桑德洛（Alan Shandro）从历史唯物主义和人的类存在出发，证明了马克思基于需要的正义理论的可能性，有力反驳了"共产主义超越正义论"。桑德洛认为，共产主义包含了共同体和自我实现之间的依存关系，在这种共同体中，作为"类"的个体会随着他者的发展而实现自我完善和丰富，并且，个体为了考虑他者的需要，将会自由自觉地调整自己的活动，使每个个体的需要趋向和谐状态。尽管如此，每个个体的需要仍然存在差异，个体之间不可能完全消除由需要差异所引发的冲突，这说明"他人自我实现的需要非但不意味着对正义情境的超越，它实际上在揭示正义问题会进一步分化"[②]。也就是说，即使在共产主义高级阶段，正义依然不可或缺，需要原则依旧有效。在凯·尼尔森（Kai Nielsen）看来，共产主义社会是一个无阶级和无分层的社会，但生活于共产主义社会的人们却存在需要的差别和角色的差异，这样的社会不应该按照平等和贡献来分配，而应按照人们的需要进行分配，即"当我们充分富裕的时候，分配的标准应当是需求，尽管不是唯一的标

---

① ［美］乔恩·埃尔斯特：《理解马克思》，何怀远等译，中国人民大学出版社2016年版，第222页。

② ［加］阿兰·桑德洛：《马克思主义的正义理论?》，王贵贤译，载李惠斌、李义天编《马克思与正义理论》，中国人民大学出版社2010年版，第370—371页。

准"①。并且，由于共产主义社会趋向于无阶级状态，与之相适应的根本分配理念应该是：在保持每个人的需要大体同等的情况下，人们对他们可共享的资源有权拥有平等的份额。

同时，尼尔森认为，共产主义并不是正义的超越，恰恰相反，它是马克思按需分配的高阶正义的真正运转和体现。在他看来，世界人口的增长意味着人们不可能彻底摆脱资源稀缺，因而，偶发的利益冲突和社会矛盾不可避免，这意味着共产主义"不可能完全超越正义的环境"②，因而需要一个正义观念作为调节偶发冲突的"权利制衡"机制。丹·布鲁德尼（Daniel Brudney）也强调，马克思相信共产主义是一种良善的社会，"一个良善的社会，也就是真正的共产主义社会将会提供某些条件，在这些条件下，每个人都能够自由地发展他们自身以及他们的才能。"③ 在这样的社会中，存在着某些规范性标准，如果以此衡量资本主义社会，那它一定不是良善的社会，因为它压抑了人性和人的发展。共产主义的规范性标准在一定意义上就是正义的标准，它是对人们彼此幸福的关切，是一种至高善的理念。

西方学者通过对马克思正义理论的分层级建构，在一定程度上回应和驳析了"资本主义剥削正义论"和"共产主义超越正义论"，为马克思正义理论的当代建构提供了可靠的论据，这些论点主要有：（1）资本主义的交换并没有违背等价原则，但马克思关注的是生产领域和整个资本主义制度，一旦从交换进入生产领域，资本主义的关系就是不正义的；（2）根据历史唯物主义的理论要旨，用外在于

---

① ［加］凯·尼尔森：《平等与自由：捍卫激进平等主义》，傅强译，中国人民大学出版社 2015 年版，第 66 页。

② ［加］凯·尼尔森：《马克思论正义：对塔克—伍德命题的重新审视》，林进平等译，载李惠斌、李义天《马克思与正义理论》，中国人民大学出版社 2010 年版，第 215 页。

③ ［美］丹·布鲁德尼：《罗尔斯与马克思：分配原则与人的观念》，张祖辽译，上海人民出版社 2017 年版，第 126 页。

资本主义的正义标准评判资本主义是有效的；（3）虽然马克思没有专论正义，但他经常使用"抢劫""盗窃""掠夺"等词汇谴责资本主义，基于"盗窃"而源起的社会制度本身就是不正义的；（4）马克思的正义理论是由贡献原则和需要原则构成的正义等级理论；（5）正义不仅和生产方式相关联，还与阶级结构和阶级利益相关联，无产阶级可以获得基于集体利益的共识，形成代表本阶级利益的正义观念；（6）马克思的正义与自我实现、自由平等的价值追求内在契合，不能机械地把正义和自我实现、自由平等割裂开来；（7）资本主义关系在本质上是一种强制关系和奴役关系，身处于这种关系中的工人是集体不自由的，侵犯集体自由的结果就是不正义；（8）正义在历史的长河中是不断由低阶走向高阶的过程，共产主义并不是正义的超越，而是马克思实质正义的运行和实现。

显而易见，反对"塔克—伍德命题"的一方通过把正义概念与马克思的自由理论、自我实现理论、人类解放理论、需要理论以及权利理论结合起来，从宏观上综合考察了马克思政治经济学批判及其蕴含的方法，为化解"马克思反对马克思"[①] 的矛盾提供了依据。

三 马克思正义形象的还原与重塑

就马克思留给世人的一般形象而言，他高举正义的大旗对资本主义发起猛烈批判，以毕生精力为无产阶级的幸福和解放事业而战斗，他理应是正义者的形象，也一定是满怀正义感的人，因为"斗争是他的生命要素"[②]。马克思如同普罗米修斯一般，不畏惧宙斯的

---

① "马克思反对马克思"由诺曼·杰拉斯在《关于马克思和正义的争论》一文提出，他在该文中全面勾勒了"马克思与正义"争论的正方和反方所提出的核心观点，其中，正方的观点认为马克思对正义持批判的态度，反方的代表性学者较多，其主要论著和观点认为马克思眼里的资本主义不是不正义的，由此形成了"马克思反对马克思"的悖论。（参见[英]诺曼·杰拉斯《关于马克思和正义的争论》，姜海波译，载李惠斌、李义天《马克思与正义理论》，中国人民大学出版社 2010 年版，第 145、154—165 页。）

② 《马克思恩格斯文集》第 3 卷，人民出版社 2009 年版，第 602 页。

暴戾，拼力盗取"天火"照亮世间，为人类立大同之言，为生民立解放之命，因而值得拥有"正义的革命者"形象。正如汉娜·阿伦特（Hannah Arendt）所言："马克思是伟大的学者，也是伟大的科学家、经济学家和历史学家"①，他是代表人类智慧、正义和良心的思想家。但是，塔克却把马克思的正义形象塑造成虚幻的假象②，伍德也把马克思的形象塑造成拒斥、否定正义的幻象，更有学者持折中主义的观点："马克思尽管频繁地使用内在批判，还是避免指称资本主义是不正义的。"③ 面对如此言论，西方学者尝试重新激活马克思的真实形象以及重塑其正义形象。

著名政治学家阿兰·瑞安（Alan Ryan）在《论政治》中比较公允地展现了马克思的真实形象，他认为，揭露资本主义的剥削是马克思思想体系的目标，很多读者却认为马克思关于剥削的论述"有着鲜明的道德含义"，并且一直争论不休，瑞安客观地辩护道："马克思的剥削理论的论点是，利润来自工人未支付报酬的劳动。这种情况是不公正的，因为它不是'等价交换'。马克思的理论巧妙地指出，根据资产阶级的正义标准，市场关系表面上看似公平正义，但根据同样的标准，掩盖在表面现象下的进程却是不公正的，这个进程就是利用工人的无偿劳动榨取剩余价值。"④ 瑞安还强调，马克思本人非常反感把社会主义建立在道德或伦理的基础上，社会主义是历史的必然和理性的要求，它的基础不可能是道德的决定，"在马克思想象的共产主义未来里，理性的要求与人的生产本性总是吻合得

---

① ［美］汉娜·阿伦特：《马克思主义与西方政治思想传统》，孙传钊译，江苏人民出版社2012年版，第83页。

② Robert C. Tucker, *The Marxian Revolutionary Idea*, London: George Allen & Unwin Ltd., 1970, p. 36.

③ ［美］艾伦·布坎南：《马克思与正义》，林进平译，人民出版社2013年版，第73页。

④ ［英］阿兰·瑞安：《论政治》下卷，林华译，中信出版社2016年版，第446—447页。

天衣无缝"①,这恰好是马克思比其他设计者的高明之处。罗伯特·L. 海尔布隆纳（Robert L. Heilbroner）高度评价马克思对人类历史的贡献,认为马克思在历史研究方面是最权威的人物,而他最终为人类指明了克服阶级统治和异化畸变的道路,这一研究模式既彰显了道德的意义,更体现了人类的自由倾向。在海尔布隆纳看来,"马克思对剩余价值的描绘表现了他被激怒的正义感"②,他揭示了"劳动"和"资本"的骗人假象,最终表达了对人类自由王国的向往,建立了社会主义信念。所以,马克思既是资本主义最深刻最尖锐的批评家,也是人类理想蓝图的勾绘者,但他并不是"从水晶球中窥探天机的占卜术士,而是一个谴责世间非正义的预言家"③。

  凯·尼尔森在《马克思主义与道德观念》文集中用大量的篇目论述了马克思的道德观念、意识形态及其与历史唯物主义的关系,在一定意义上弥合了正义、道德和历史唯物主义之间的裂缝,重新复活了马克思捍卫正义的形象。尼尔森试图讨论和证明以下核心观点:"马克思主义者能够在强调道德是意识形态的同时,依然前后一致地……批判资本主义而捍卫社会主义。"④ 在他看来,即便历史唯物主义的实质内容多么可靠,它也并没有瓦解道德客观性的信念,甚至历史唯物主义本身也蕴含了道德进步的信念。在历史唯物主义运演的链条上,迈向社会主义是人类更好的抉择,因为这样的社会使人类具有更多的自主、自由,并且可以获得更完备的正义体系。尼尔森批驳了那些把所有上层建筑信念归于意识形态的观点,在他看来,并不是所有信念都带有意识形态属性,有些信念（快乐、健

---

  ① [英]阿兰·瑞安:《论政治》下卷,林华译,中信出版社2016年版,第467页。
  ② [美]罗伯特·L. 海尔布隆纳:《马克思主义:赞成与反对》,马林梅译,东方出版社2016年版,第76页。
  ③ [英]特里·伊格尔顿:《马克思为什么是对的》,李杨等译,重庆出版社2017年版,第51页。
  ④ [加]凯·尼尔森:《马克思主义与道德观念》,李义天译,人民出版社2014年版,第4页。

康、自由）也并不与特定阶级利益挂钩，因此，即便在无阶级社会，人们持有这样的信念仍然是合情合理的，它们也不会消亡。所以，"历史唯物主义明确承诺一种语境主义……它并不排斥关于道德进步的信念。"[①] 在马克思那里，也没有任何理由表明，历史唯物主义会使道德和正义陷于崩溃。

四　从马克思的正义到"全球正义"

西方学界通过对马克思正义思想的挖掘和马克思正义形象的再塑，为我们复原了马克思正义概念的基本轮廓，从而为当代人类建构一个正义的共同体提供了诸多启思。然而，在一些学者看来，在科学技术和全球化纵深发展的现时代，马克思的正义观念已经无法为全球治理提供可行的秩序和方案，为此，他们试图把传统正义观念扩展到国际社会，开创了全球正义理论研究的新范式。

众所周知，实现全球正义和构建大同世界是马克思孜孜以求的理想，也是众多思想家理性思考的重要话题。古罗马所倡导的"万民法"和斯多亚派提出的"世界公民""世界城邦"等观念是全球正义的思想源流。近代以来，文艺复兴和启蒙运动激活了自然法观念，使人类平等的思想观念深入人心。康德则从历史经验视角在《永久和平论》中表达了世界主义的观念，论证了"国与国之间永久和平的先决条款"[②]。而马克思在历史唯物主义的宏大图景中揭示了历史演进的内在逻辑、基本矛盾、动力主体、发展趋势和规律，预测了全球化和人类历史从"民族史"向"世界史"的转变，在《德意志意识形态》以及《资本论》等著作中揭示了"世界市场""国际贸易""真正共同体"等问题，批驳了资本主义扩展引发的全球不公、生态破坏、人的异化等矛盾，构想了人类走向"自由人联

---

① ［加］凯·尼尔森：《马克思主义与道德观念》，李义天译，人民出版社2014年版，第49页。
② ［德］康德：《历史理性批判文集》，何兆武译，商务印书馆2017年版，第101页。

合体"的方案以及"人人互惠""人与自然和解"的普遍正义的"人类社会",是全球正义的理论表达和逻辑书写。尽管如此,资本的全球扩张在给人类带来物质丰裕和社会福祉的同时,也进一步催生了世界范围内的经济危机、生态恶化、贫富差距和幸福危机。"今时今日,我们已经达到了资本主义消极后果远远超过其积极物质收益的临界点。"① 也就是说,人类依旧处于资本逻辑主导下的全球不公的时代,我们依然面临着与日俱增的风险和层出不穷的挑战。而今,人类要摆脱资本逻辑强加的种种缠绕和消极后果,就必须探寻超越资本逻辑的替代性方案。

第一,作为"现实乌托邦"的国际正义。罗尔斯是把正义运用于国际社会的典型代表,他在《万民法》中提出了作为现实乌托邦的国际正义。在罗尔斯那里,所谓"万民法",是为万民社会制定并用它去解决国际正义问题的基本准则,"是指一种特殊的有关正当和正义的政治观念"②,是规制各人民间的政治关系的特殊原则。概括起来,罗尔斯的国际正义主要涉及人类个体的基本人权及其在国际环境中如何落实这个核心问题,其最终目的是塑造一个和平稳定、持久安全的国际秩序,让每个公民在他自身的人权获得有效保障的情况下能够与他者和平共处。他所思考的国际正义在于:"合乎情理的公民以及合乎情理的各人民,怎样才能在一个正义的世界里和平共处。"③ 然而,罗尔斯基于万民法的国际正义依然存在"张力":他一方面以古典社会契约论为基本预设,另一方面又引入了基本人权观念,而"这些人权的实现为限制使用契约进路作了铺垫"④,并

---

① [加] 埃伦·米克辛斯·伍德:《资本主义的起源》,夏璐译,中国人民大学出版社2016年版,第147页。
② [美] 约翰·罗尔斯:《万民法》,陈肖生译,吉林出版集团有限责任公司2013年版,第45页。
③ [美] 约翰·罗尔斯:《万民法》,陈肖生译,吉林出版集团有限责任公司2013年版,第2页。
④ [美] 玛莎·C. 纳斯鲍姆:《正义的前沿》,朱慧玲等译,中国人民大学出版社2016年版,第174页。

且，万民社会的重要任务是约束不尊重人权的"法外国家"，但罗尔斯认为万民社会可以通过诉诸宽容原则而允许"体面的等级制社会存在"，所以，罗尔斯的承诺是不一致的，也是不充分的。为此，玛莎·C. 纳斯鲍姆（Martha C. Nussbaum）提供了一种以结果为导向的能力进路[1]，即人类要通向一种真正的全球正义，一方面要"寻求其他的也有权过一种有尊严的生活的同类"，另一方面还需要人们关注"那些具有感知能力的存在"[2]。

第二，捍卫"世界主义"的全球正义。当代世界主义的著名代表托马斯·博格（Thomas Pogge）提出了基于道义论人权观的全球正义标准，他强调："由于个人才是道德关注的终极单元，世界主义的道德标准就成了评价和规定个人和集体行动的权威。"[3] 他把所有人的利益置于平等的地位考虑，继承了平等主义的核心理念。在戴维·米勒（David Miller）看来，民族责任和制度问题是全球正义的核心主题，他认为那些条件更好的人负有正义的义务给予弱者帮助，强者也要对那些弱者和所受伤害的人给予补偿，而全球正义问题就是"何种制度安排将能够使权利、机会和资源等在全球范围得到公平的分配"[4]。实际上，米勒主张全球正义的制度进路应该和个人伦理进路相互协调，但制度进路更具有优先性，我们应该全面审视各国人民身处其中的各种制度，并在此基础上探讨何种正义原则更适

---

[1] 能力进路"capabilities approach"是纳斯鲍姆提出的核心概念，能力进路是一种人权进路，也是集中于人类能力的进路，它以一种由具有人类尊严的直觉生活理念所赋予的方式，为基本的社会最低限度的理念提供最佳进路。纳斯鲍姆认为自己认同的一系列核心人类能力如下：1. 生命；2. 身体健康；3. 身体完整；4. 感觉、想象和思考；5. 情感；6. 实践理性；7. 依存；8. 其他物种；9. 玩耍；10. 对自身环境的控制。这一进路强调任何生命都有尊严并值得尊敬。
[2] ［美］玛莎·C. 纳斯鲍姆：《正义的前沿》，朱慧玲等译，中国人民大学出版社 2016 年版，第 288 页。
[3] ［美］博格：《康德、罗尔斯与全球正义》，刘莘、徐向东译，上海译文出版社 2010 年版，第 524 页。
[4] ［英］戴维·米勒：《民族责任与全球正义》，杨通进、李广博译，重庆出版社 2014 年版，第 9 页。

用于全球制度。查尔斯·琼斯（Charles Jones）提出了以维护所有人（无论其种族、阶级、性别、民族或公民身份如何）平等为道德价值目标的全球正义理论，旨在捍卫全球正义的道德世界主义进路。①在琼斯看来，世界主义的立场是普遍的、公道的，也是个体主义和平等主义的，这种立场不因民族身份和国籍的不同而变化，它以每个人的平等的道德价值和道德基础为出发点，对每个人给予关注并担负正义的义务。正如吉莉安·布洛克（Gillian Brock）所捍卫的全球正义观所表明："所有人都应有恰当的机会去过一种体面的生活，以便他们有能力去满足其基本需要……使他们能够依据公平的合作条款去参与集体的事业。"②这些理论为全球实现正义提供了补救性价值，但这些理论本身仍然不够彻底和革命，因而很难掌握群众。

第三，重建基于"帝国"批判的大同世界。近年来，西方激进左翼学者认为"资本主义正在向帝国转变"，为此他们基于马克思的理论发起了对当代资本主义的正义批判，以期建构一个正义的大同世界。哈特（Michael Hardt）和奈格里（Antonio Negri）指出，随着全球化的发展和推进，资本主义生产关系真正进入了资本对劳动的实质吸纳（即劳动对资本的实际从属）阶段，在此阶段，"资本似乎实现了梦寐以求的独立。随着其生产基地在第三世界的扩张、某些种类的生产从全球北方转向南方、市场无处不在、货币流通顺畅无阻，资本真正变得全球化了。"③在资本主导的后现代，一个新的主权形式正在崛起，它就是"持有巨大的压迫和毁灭的力量"④的

---

① ［加］查尔斯·琼斯：《全球正义：捍卫世界主义》，李丽丽译，重庆出版社2014年版，第268页。
② ［新西兰］吉莉安·布洛克：《全球正义：世界主义视角》，王珀、丁祎译，重庆出版社2014年版，第5页。
③ ［美］迈克尔·哈特、［意］安东尼奥·奈格里：《狄俄尼索斯的劳动：对国家—形式的批判》，王行坤译，西北大学出版社2022年版，第28页。
④ ［美］迈克尔·哈特、［意］安东尼奥·奈格里：《帝国——全球化的政治秩序》，杨建国、范一亭译，江苏人民出版社2003年版，第4页。

"帝国"，在它的统治下，唯有"诸众"是反抗帝国的力量，它能够"从帝国内部创造出一种替代性的全球社会"①，带领人类进入大同世界。齐泽克（Slavoj Žižek）也认为，当代资本主义对人类"共有物"（common）的肆意圈占已经给地球带来了毁灭性的后果，已经把人的主体性贬低为"无实体的主体性"②，使人类成为被排斥的力量。而人类要进入大同世界，必须把这些"被排除者"作为新的无产阶级，并使之担负反抗的责任，也就是"确保诸众成为革命性角色"③，重建新的世界秩序。由此，齐泽克反复呼吁："共产主义不是可能的选择，而是唯一的选择。"④ 除此之外，以朗西埃（Jacques Rancière）、阿甘本（Giorgio Agamben）为代表的西方左翼学者也对当代全球资本主义进行正义驳斥和激进批判，他们力主马克思"共产主义观念的复兴"，塑造了"无分者"⑤ 和"神圣人"⑥ 等新的政治主体，试图在现代资本主义的境遇中激活共产主义观念，走向马

---

① ［美］迈克尔·哈特、［意］安东尼奥·奈格里：《大众·序言》，陈飞扬译，《国外理论动态》2005 年第 2 期。

② Slavoj Žižek, *First as Tragedy, Then as Farce*, London; New York: Verso, 2009, p. 92.

③ ［美］迈克尔·哈特、［意］安东尼奥·奈格里：《大同世界》，王行坤译，中国人民大学出版社 2016 年版，第 128 页。

④ Slavoj Žižek, *Heaven in Disorder*, New York; London: OR Books, 2021, p. 221.

⑤ "无分者"是朗西埃对解放政治革命主体的塑造，类似于马克思的无产阶级概念。在朗西埃看来，"无分者"最大的特点就是"没有参与之分"，是不被计算在共同体之内的"组分"，政治活动就是借助"无分者之分"来打破那个界定组成部分及其有无份额的感知配置，使"无部分的部分"有位置，使"无份额者"有份额，使不可见的变成可见，最终实现和重归朗西埃所说的"无分者之分"（参见［法］雅克·朗西埃《政治的边缘》，姜宇辉译，上海译文出版社 2007 年版，第 129 页；［法］雅克·朗西埃《歧义：政治与哲学》，刘纪蕙等译，西北大学出版社 2015 年版，第 23—29 页）。

⑥ "神圣人"是阿甘本对政治主体的建构，以"神圣人"（Homo sacer）这个古罗马法中的个体为形象，塑造了寄生于当代资本主义世界中的赤裸生命，开启了资本主义批判的生命政治路向。在阿甘本看来，现代资本主义世界中的人已经类似于"活死人"，其"生命被排除在它本应受到保护的空间外。生命遭到了弃置，被缩减为赤裸生命（神圣生命）"（参见［意］吉奥乔·阿甘本《神圣人——至高权力与赤裸生命》，吴冠军译，中央编译出版社 2016 年版，第 35 页）。

克思设想的理想道路。

可以看出，面对后现代的危机、全球不公和治理困境，西方学者以马克思的正义观念为蓝本，并将之拓展开来，形成了全球正义理论，但这些理论尝试要么离开了历史唯物主义的论域，要么陷入了悲观主义的僵局，都没能从根本上开拓一条实现大同世界的新路。实际上，马克思大同理想及其内蕴的全球正义价值和人类美好生活信念，对于建构普惠人类共同福祉的生活方式依旧充满希望，也无疑最具吸引力。马克思以历史唯物主义宏大视野和悲悯的阶级情怀对资本主义发起正义批判，在批判中建构了适应于生产方式的人类劳动正义观，在谋求人类解放中表达了全球平等互惠的正义追求，在对未来共同体勾勒中呈现了人与自然和谐共生的全球生态正义图景，这无疑是我们今天反思全球问题从而推进全球治理和实现全球正义的思想明灯。

第三节　研究检视：国内对马克思正义争执的回应

改革开放以来，政治哲学逐渐成为"显学"，作为政治哲学第一概念的正义逐渐被中国学界关注，马克思的正义观念也随着全球化的深入推进而逐渐成为中国学界讨论的重要热点话题。与此同时，"塔克—伍德命题"及其引发的声势浩大的正义争论也在中国学界传播开来，这吸引了众多学者纷纷加入"马克思与正义"之争的阵营，促使我们持续不断深入反思马克思正义批判的文本语境、理论视角、核心论域及其主要方法，从而对马克思的正义理论进行补充解释、返本开新和多重辩护，由此形成了中国马克思主义研究视域下的正义话语体系和正义理论体系。有学者呼吁，我们"不应以对'塔克—伍德命题'的关注取代对'马克思与正义'问题的关注"①。实际上，尽管中国学界在研究马克思的正义问题时，往往以"塔克—伍德命题"为切入口，但大多数研究都统揽了"马克思与正义""历史唯物主义与正义"等问题，形成了许多具有代表性的学术成果。

一 厘定方法："事实"抑或"价值"

就西方关于马克思正义理论研究的范式和方法而言，他们通常坚持"事实—价值"二分的方法论，从而将马克思对正义的论述置于事实判断和价值判断相互对立的两极，以至于形成了"马克思反对马克思"的理论僵局。那么，正义在马克思的批判性理论框架中究竟属于事实判断，还是属于价值判断，抑或是事实与价值的统一？这是中国学者关注的重要问题，也是存在分歧最多的问题，对此问题的解答，能够在本源上澄清马克思正义理论的真实语境，从而为建构马克思的正义理论提供可能性依据。

第一，作为事实的描述性正义。正义作为一种事实或事实性判断，是指把正义作为一种与生产方式相适应的法权范畴，它由生产方式或历史必然性客观地决定，因而不具有主体的选择性意义和道德意义。西方学者在研究马克思的正义观时习惯性地将马克思的正义理解为事实判断，并把作为事实的正义理解为价值诉求，因而引发了诸多疑难问题和争论，而这种诠释偏差源于研究方法和立场的错位。为此，有学者提出在反思"马克思与正义"问题时应该坚持"面向事实本身"的方法，正视马克思拒斥正义的事实。② 中国学者在反思"塔克—伍德命题"时，首先意识到它的误区正在于坚持把正义作为事实判断来理解，即认为正义并不具有普遍性价值和规范

---

① 段忠桥：《"塔克—伍德命题"辨析》，《中国人民大学学报》2023年第3期。
② 林进平：《面向事实本身——反思"马克思与正义"问题的研究方法》，《马克思主义与现实》2013年第5期。

性意义，而仅仅"是对反映主导生产方式和交往关系的法权的事实陈述"①。这样就不难看出，那些把正义作为事实判断的西方学者实际上是在"生产方式决定正义"的怪圈里进退两难，也是在事实既定性预设下画地为牢，他们切断了历史唯物主义与正义之间的"纽带"。伍德的错误就在于，他"摒弃了马克思的历史主义方法，未能在事实与价值相统一的逻辑下理解马克思剥削理论与正义理论的内在统一性"②。事实表明，正义作为马克思运思历程中的"后台线索"，体现在他"改变世界"和"革命"的理论范式中③，这反映了正义和历史唯物主义是相互附生、内在融通的关系。

第二，作为价值的规范性正义。马克思视野中的正义究竟是事实性的描述还是价值性规范？对此问题的不同回答正是产生"马克思与正义"之争的根由。一方认为，正义属于事实描述，因而马克思是批判和拒斥正义的；另一方认为，正义属于道德层面的价值规范，因而马克思是赞成和建构正义的。双方据理力争，至今分歧犹存，尚未盖棺论定。段忠桥教授通过对马克思相关文本和论述的重译、推敲，提出马克思著作中的正义属于价值判断，即便马克思在《资本论》第3卷中所论述的"交易正义"④ 属于事实判断，但在他

---

① 谭清华：《马克思的正义理念：事实还是价值？》，《哲学研究》2015年第3期。
② 王新生、李琛：《马克思是否主张剥削是非正义的——对伍德重释马克思剥削理论的批判性考察》，《哲学动态》2023年第6期。
③ 李佃来：《马克思的政治哲学：理论与现实》，人民出版社2015年版，第198页。
④ 马克思在《资本论》第3卷中指出："在这里，同吉尔巴特一起（见注）说什么天然正义，这是毫无意义的。生产当事人之间进行的交易的正义性在于：这种交易是从生产关系中作为自然结果产生出来的。这种经济交易作为当事人的意志行为，作为他们的共同意志的表示，作为可以由国家强加给立约双方的契约，表现在法律形式上，这些法律形式作为单纯的形式，是不能决定这个内容本身的。这些形式只是表示这个内容。这个内容，只要与生产方式相适应，相一致，就是正义的；只要与生产方式相矛盾，就是非正义的。在资本主义生产方式的基础上，奴隶制是非正义的；在商品质量上弄虚作假也是非正义的。（注释：一个用借款来牟取利润的人，应该把一部分利润付给贷放人，这是不言而喻的天然正义的原则。）"（参见《马克思恩格斯文集》第7卷，人民出版社2009年版，第379页。）

第一章　绪论：马克思正义思想的"悖论"？　**39**

看来，马克思不可能既把正义作为事实判断使用，也同时把它作为价值判断使用①。那么马克思著作中这段仅有的"事实判断"为什么会出现？原因是中央编译局的这段译文"存在严重误译"②，周凡也曾怀疑这段译文"存在误译"的可能，特别是"存在诠释学的差异"③，只有重新翻译才能还原马克思把正义作为价值判断而非事实判断使用的真相。但是，在中央编译局的回应中，李其庆不但认为该段翻译不存在误译，而且进一步提出马克思"是从历史发展的必然性出发去说明和批判资本主义的"④。这就是说，马克思关于正义的事实判断是成立的，而且"证据确凿"，这样一来，马克思正义理论中"事实"与"价值"的分歧依旧没有化解。

第三，兼具事实和价值的正义。有学者批驳了把马克思正义观中的事实判断和价值判断割裂开来的做法，提出应该运用辩证思维方法分析马克思正义观的科学向度和价值向度，只有坚持二者的统一，才能真正理解作为价值表现的正义。⑤ 也有学者认为，"事实—价值"的辩证法是马克思正义论研究应当秉持的重要思维方法。⑥ 也有人系统考察了马克思正义思想存在理论分歧的原因：一方面是以伍德和布坎南为代表的学者坚持"历史必然性论证"；另一方面是以柯亨、胡萨米为代表的学者坚持"道德论证"，而这两种论证都割

---

　① 段忠桥：《马克思正义观的三个根本性问题》，《马克思主义与现实》2013年第5期。
　② 段忠桥：《马克思认为"与生产方式相适应，相一致就是正义的"吗？——对中央编译局〈资本论〉第三卷一段译文的质疑与重译》，《马克思主义与现实》2010年第6期。
　③ 周凡：《历史漩涡中的正义能指——关于"塔克尔—伍德命题"的若干断想》，《马克思主义与现实》2011年第3期。
　④ 李其庆：《关于马克思〈资本论〉第三卷一段论述的理解与翻译——对段忠桥教授质疑的回应》，《马克思主义与现实》2011年第1期。
　⑤ 马俊峰：《马克思主义公正观的基本向度及方法论原则》，《中国社会科学》2010年第6期。
　⑥ 臧峰宇：《"事实—价值"的辩证法与马克思的正义论》，《光明日报》2018年10月29日第15版。

裂了正义的"历史性和理想性"之间的本质关联，只有将二者统一于不断发展的实践，才能化解事实与价值的"戈尔迪之结"①。实际上，马克思对正义的批判是真实的，但这并不是说马克思没有正义理论，相反，他拒绝以正义去揭示历史、解释社会，他的正义理论是"以生产方式为基石、以按劳分配和按需分配为原则的正义理论"②。也有学者从唯物史观和政治哲学的关系切入，考察并论证了唯物史观并非单纯地对社会历史进行事实描述，它还以规范性方式揭示了人类历史的道义目标、美好生活信念及终极价值追求，而政治哲学的"硬核问题"就是以规范为基底的道义问题，只有坚持历史尺度与价值尺度、事实判断与价值判断相统一，"马克思政治哲学的批判性与建构性、事实性与价值性、理想性与现实性的统一才能得到合理的说明。"③ 也正是在此意义上，有学者强调"具有解释向度的历史唯物主义与具有规范向度的正义理论是并行不悖的"④，二者完全可以统一于马克思正义批判的整体论域。

第四，历史唯物主义与正义的关系之辨。中国学界不仅在马克思正义之"事实"与"价值"之间展开了辩论，而且还深入思考了历史唯物主义与正义之间的内在关联，重新梳理了它们对于理解马克思正义理论的重要意义。段忠桥对历史唯物主义与正义之间的关系作了精彩的分析，他认为如果把历史唯物主义作为实证性理论来理解，把马克思的正义作为规范性理论来理解，那么二者之间的关系就是："在内容上互不涉及、在来源上互不相干，在观点上互不否定"⑤，特别是在马克思和恩格斯的论著中，他们对于正义概念有两

---

① 赵伟：《解开历史与理想的"戈尔迪之结"——马克思正义思想的双重维度及当代启示》，《科学社会主义》2015年第2期。
② 王倩：《马克思正义观解析》，《社会主义研究》2013年第4期。
③ 王新生：《马克思政治哲学研究》，科学出版社2018年版，第72页。
④ 李旸：《马克思主义正义观的合法性问题辨析》，《中国特色社会主义研究》2012年第6期。
⑤ 段忠桥：《历史唯物主义与马克思的正义观念》，《哲学研究》2015年第7期。

种不同的用法,即"基于历史唯物主义的用法"和"基于不同阶级或社会集团的分配诉求"①。在他看来,历史唯物主义是从人的经验性事实出发对整体社会结构和历史发展进行的解释和考察,而马克思的正义理论既涉及对小资产阶级错误正义口号的批评,也涉及对社会主义分配模式的辩证扬弃和理性考察,二者之间并不是相互融贯、内在互通的。马拥军则反驳了段忠桥的见解,认为段忠桥的观点已经陷入了"抽象经验主义",属于"前黑格尔式见解的例证",他进而指出,正义本身属于历史现象,它首先是"事实",其次才是"观念"。他认定历史唯物主义并非一般意义上的"实证主义科学",而是"历史科学",它本身就蕴含价值判断,马克思的正义就源于他的历史唯物主义,事实与价值统一于特定的历史情境,正是"历史唯物主义的具体表现形式"②。林进平也认为段忠桥对历史唯物主义和正义之间关系的论述"缺乏依据、难以成立",在他看来,马克思的正义观深刻熔铸于他依据历史唯物主义而对资本主义及其正义所作的批判中,马克思的正义批判与宗教批判具有一致性,透过马克思的宗教批判可以更深入地理解其正义批判。③ 段忠桥回应:林进平把马克思的正义等同于宗教,把正义视为"鸦片",从而对正义进行批判,是"偷换概念",并且马克思既然把正义作为"宗教"和"鸦片",那我们今天就没有必要追求正义、构想马克思的正义观。④实际上,段忠桥的观点还受到李佃来的质疑,在李佃来看来,历史唯物主义可以从"市民社会所表征和指示的历史中确立起来",它与政治哲学不是互不涉及,而是内在融通,因为历史唯物主义与政治

---

① 段忠桥:《马克思和恩格斯对正义概念的两种用法——兼评伍德的两个误解》,《中国社会科学》2020 年第 6 期。

② 马拥军:《历史唯物主义的"实证"性质与马克思的正义观念》,《哲学研究》2017 年第 6 期。

③ 林进平:《从宗教批判的视角看马克思对正义的批判——兼与段忠桥先生商榷》,《中国人民大学学报》2017 年第 3 期。

④ 段忠桥:《马克思认为"正义是人民的鸦片"吗?——答林进平》,《社会科学战线》2017 年第 11 期。

哲学有共同的起点——自然，马克思的"市民社会"是二者融聚为一体的体现。① 可以看出，关于"历史唯物主义与政治哲学"的关系之辨是理解"马克思与正义"的重要锁钥，但二者的关系依旧存在争执。只有打通并理顺了"历史唯物主义和政治哲学"的本真关系，才能真正揭开马克思政治哲学及其正义批判之谜。

二 审视话语："解构"抑或"建构"

威廉·麦克布莱德（William McBride）曾信誓旦旦地指出，如果用一部精密的扫描装置搜寻马克思著作所牵涉的正义一词，其结果将会寥寥无几。② 其实，麦克布莱德之所以这样断言，是因为在他看来，马克思一方面把正义作为意识形态而"全盘否定"，另一方面又对正义的建构"非常稀少"。实际上，马克思在论述正义的方式上存在两种话语，一个是以拒斥、否定的口吻所形成的批判性话语，另一个是以赞成、肯定的口吻所形成的建构性话语，这两种话语在马克思的著作中是不对等的，表现为批判性话语要多于建构性话语，因而给人们造成了马克思批判、拒斥正义的错觉。中国学者在反思"塔克—伍德命题"的过程中，逐渐对马克思对待正义的两种话语进行归类分析，从而建构了马克思正义理论的当代范式，在一定意义上呈现了马克思正义思想的真实图景。正如王南湜所言，尽管马克思没有系统完备的正义理论，但如若在把历史唯物主义诠释为兼容规范性理论的前提下，"我们能够通过马克思所构想的社会主义社会之适合正义存在的条件而建构出一种马克思主义的正义理论"③。并且，这一理论能够在一定意义上超越康德道德哲学以及罗尔斯正义

---

① 李佃来：《再论历史唯物主义与政治哲学的关系——回应段忠桥教授的"质疑"》，《中国人民大学学报》2017年第1期。

② William McBride, "The Concept of Justice in Marx, Engels, and Others", *Ethics*, Vol. 85, No. 3, 1975, p. 204.

③ 王南湜：《马克思的正义理论：一种可能的建构》，《哲学研究》2018年第5期。

论的差别原则。

第一，马克思正义的解构性话语。马克思究竟是解构正义还是拒斥正义？这是马克思正义批判蕴含的两种不同的逻辑理路。西方学者一贯地认为马克思对正义持拒斥的态度，这是对马克思正义思想的过度解读。对正义的批判不完全等同于对正义的拒斥，这种批判"不是把事实和观念比较对照，而是把一种事实同另一种事实比较对照"[①]。马克思对正义的批判，以历史唯物主义的"事实描述"为参照标准，使之与历史相契合，与资本主义的生产事实相一致，其目的是揭示正义的界限、基础，为正义"祛魅"。而拒斥则是指纯粹地、机械地对正义加以否定。有学者强调，在马克思论说正义的文本和语境中，既有解构的逻辑，也有拒斥的逻辑，但"解构正义是马克思批判正义的主要目的和着力点"[②]。马克思之所以解构正义，还因为资本主义正义以永恒性掩盖了暂时性，以普遍性掩盖了阶级性。[③] 从解构的话语看，"马克思并不将道德观念的产生笼统地归于生产方式，而是着眼于以生产关系为核心的物质关系的复杂性和矛盾性来阐明生产方式、阶级与正义观念的具体联结"[④]。马克思对正义的解构逻辑与历史唯物主义是内在相容的，而拒斥的逻辑则是塔克和伍德等人故意把马克思对正义的解构无限夸大的结果，即认为马克思承认资本主义剥削是正义的，并且认为，处于历史唯物主义链条上的共产主义是超越正义的社会。实际上，那些秉持马克思拒斥正义逻辑的人们把正义置于虚无主义的视角，由于脱离了历史主义的情境，因而无法真正理解马克思的正义是合规律与合目的相一致的正义论，是基于人的自我实现的"超越正义

[①]《马克思恩格斯文集》第5卷，人民出版社2009年版，第21页。
[②] 林育川：《正义的解构与马克思主义正义原则的建构》，《中国人民大学学报》2016年第6期。
[③] 贾可卿：《马克思主义与正义》，《道德与文明》2011年第2期。
[④] 李旸：《历史唯物主义视域下的正义观念——兼评艾伦·伍德对马克思正义思想的根本性误解》，《国外理论动态》2021年第6期。

的正义论"①。

第二，马克思正义的建构性话语。如果说马克思对正义的解构是显性的，那么他对正义的建构则是内隐的。马克思对正义的建构性话语深刻体现在《资本论》及其手稿的叙事结构和方法中，体现在人类解放的正义追求和"人类社会"的正义图景中，体现在人类从必然王国向自由王国的历史跃迁中。基于此，国内学者尝试还原马克思关于正义建构的话语和思路。有学者提出，马克思的正义概念是以共产主义为视角的正义建构性概念，但它并非一种超历史的永恒的规范，而是一个实践性的概念。② 有学者认为，要解蔽和还原马克思的正义思想，必须坚持"整体性原则"，这个原则既是方法进路，也是价值预设，只有坚持这个原则，才能洞察马克思不仅批判正义，而且还建构了未来社会的正义原则，"批判—建构"的逻辑进路相互印证，构成了马克思正义的"整体面向"③。李佃来认为，马克思是在批判私有财产制度、阐发市民社会和人类社会的关系中介入和建构自己的正义论题的，这个总体性视角决定了他的正义理论是沿着"个人所有权—分配正义—人的自我实现"的理路自下而上、依次展开的立体结构。④ 也有学者认为，马克思对"正义"合法性的建构和奠基在于其"劳动本体论"，特别是在正义思想的发展史中，"马克思的独特理论贡献及其正义思想的伟大之处并不体现于对正义问题的具体阐释，而是在对正义本体论基础的反思中另辟蹊径，以劳动即现实个人的对象性活动以及由此而生成的人与人、人与劳动产品的对象性关系作为言说正义的合法性前提，从而为正义奠定

---

① 汪行福：《超越正义的正义论：反思"马克思与正义"关系之争》，《江海学刊》2011年第3期。
② 张文喜：《马克思对"伦理的正义"概念的批判》，《中国社会科学》2014年第3期。
③ 谌林：《马克思对正义观的制度前提批判》，《中国社会科学》2014年第3期。
④ 李佃来：《马克思正义思想的三重意蕴》，《中国社会科学》2014年第3期。

了坚实的本体论基石"①。而中国学界关于马克思正义理论的具体建构话语和视角，归结起来主要有以下维度：从人的需要的视角，可以将马克思的正义理论建构为追求按需分配的超越性正义理论；从资本逻辑批判的视角，可以将之建构为扬弃私有制的分配正义理论；从人的发展的视角，可以将之建构为基于人的自我实现的普惠正义理论；从批判劳动异化的视角，可以将之建构为基于劳动本体论的劳动正义论；从马克思对小资产阶级正义观的批判视角，可以将之建构为基于批判正义的批判性正义论。其中，把马克思的正义理论建构为分配正义理论，是中国学者最普遍的话语进路。

第三，马克思分配正义的重建进路。马克思的正义是基于实践存在论和历史主义的相对正义论。尽管"在历史主义视域中，马克思的正义原则并不是单一的，而是一个两层面、多层级相互关联的序列"②。但是，分配正义在马克思著作中最有特色，也最具代表性。因而，中国学者在建构马克思的正义理论时，着墨最多的就是马克思的分配正义理论。段忠桥在《马克思的分配正义观念》中指出，"马克思的正义观"泛指马克思对有关正义问题在不同时期、不同著作中所作出的相关论述，而"马克思的分配正义观念"特指他对分配方式的相关论述，即"给每个人以应得"，这主要"体现在他对资本主义剥削的谴责和对社会主义按劳分配的弊病的批评上"③。当然，在马克思的语境中，分配正义是不能脱离生产正义和劳动正义而存在的，对分配正义的讨论也不能仅仅停留在"得其应得"和"按劳分配"的理路上，而应该在历史唯物主义的宏大视域中展开。由于马克思在论述分配正义时是将之置于具体的社会制度中加以考察的，所以，要建构马克思的分配正义理论，就不能脱离

---

① 卜祥记、邹丽琼：《马克思对"正义"合法性的劳动本体论奠基》，《马克思主义与现实》2021年第4期。
② 王新生：《马克思正义理论的四重辩护》，《中国社会科学》2014年第4期。
③ 段忠桥：《马克思的分配正义观念》，中国人民大学出版社2018年版，第9页。

与之相适应的社会形态。王新生认为,在马克思那里,与资本主义制度相匹配的分配正义原则是"权利原则",与社会主义制度相匹配的分配正义原则是"贡献原则",与共产主义相匹配的分配正义原则是"需要原则",但从后者审视前者,权利原则和贡献原则都在一定的历史条件下存在"弊病",这正体现了马克思分配正义的"历史性"特征,它们在特定阶段是保障社会正义的"次优替代方案"①。林剑认为,正义作为一个社会的规范性要求,既具有阶级性,更具有历史性,应当从历史唯物主义的维度去把握正义的实质并将其作为评价正义的尺度和坐标。② 熊建生立足于当代中国分配格局的背景,主张重读马克思的分配正义思想。他认为,根据马克思设想的分配正义原则,只有消灭私有制,完善分配方式,才能实现分配正义。③ 黄建军认为,历史唯物主义视域中的分配正义并非仅指涉"得其应得"和"个人所有权",而是特定历史阶段生产方式的反映,是基于"物质生产方式"的事实原则和规范性价值,它与不同历史阶段的所有制形式、财产关系直接相关。④ 也有学者认为马克思的分配正义理论解决了三个核心问题:即"为谁分配""谁来分配"和"分配的依据"⑤,这三个问题为建构马克思的分配正义理论提供了参考。

三 重思剥削:"真相"抑或"假象"

"剥削正义"是"塔克—伍德命题"的实质和内核。但马克思究竟有没有直接或间接宣称资本主义剥削是正义的,这是西方学界

---

① 王新生:《马克思政治哲学研究》,科学出版社2018年版,第279页。
② 林剑:《论马克思历史观视野下的社会正义观》,《马克思主义研究》2013年第8期。
③ 熊建生、张振华:《马克思的分配正义观及其现实启示》,《马克思主义研究》2014年第5期。
④ 黄建军:《唯物史观论域中的分配正义及历史生成逻辑》,《中国社会科学》2021年第8期。
⑤ 史瑞杰:《马克思分配正义理论的若干思考》,《天津社会科学》2019年第4期。

和中国学界争论的焦点。在中国学者看来，剥削正义是那些妄图否定马克思正义理论的学者过度解读马克思著作中个别论断所得出的虚假结论，是一种由"工资交易符合等价原则"和"正义就是与生产方式相适应"等论断掩盖着的"假象"。在这种假象的笼罩下，马克思的剥削理论受到了曲解，甚至马克思的正义形象也受到了挑战，以至于"没有剥削就没有资本主义"的观点甚嚣尘上，一时间成为反马克思正义论者的话语霸权。在这样的情况下，中国学界重思马克思的剥削理论，试图还原剥削的"真相"，在理论上撬动"塔克—伍德命题"的根基。

其一，剥削正义是基于"所有权"和"等价交换"而推断出的假象。中国学者一致强调剥削蕴含着一种表面的虚假正义，但这并非马克思讨论的重点，马克思关注的是资本主义的源头是否正义和生产领域是否正义，即原始积累正义和生产的正义。王峰明认为，资本主义一方面以商品生产为基础，劳资双方是买卖关系，另一方面又以阶级剥削为基础，劳资双方是剥削关系。就前者而言，双方遵循等价交换，既是自由的，也是平等的，因而是正义的；就后者而言，工人无偿生产剩余价值，资本家不劳而获，双方既不平等，工人也不自由，因而是不正义的。由此可见，资本主义生产方式具有二重性（在正义和非正义之间），这就是人们通常所说的马克思正义的悖论性[①]。只有认识到这一点，才能真正认识"剥削正义"的假象。实际上，马克思本人也多次宣称，劳资双方的交换并没有违背契约和"天然正义"，但交易的内容则是他人的活劳动。这种基于所有权和交换承诺的正义当然不是真实的，因为从交换的内容和结果来看，资本家占有生产资料，而工人却一无所有，这种类似于"羊吃人"的情境本身就是不道德的。正如加里·扬（Cary Young）曾直接明言：资本主义关系的实质是奴役，所有的交换仅仅是虚假

[①] 王峰明：《资本主义生产方式的二重性及其正义悖论——从马克思〈资本论〉及其手稿看围绕"塔克—伍德命题"的讨论》，《哲学研究》2018年第8期。

的表象，即"自由表象，奴役实质"①。并且，剥削的不正义还体现在劳资双方的"交易具有强制性"，工人是被迫的，它再次违背了自觉自愿的原则。在韩立新看来，剥削的不正义恰好体现在"劳动和所有的分离"，即"工人劳动而不能所有，资本家不劳动却可以所有"②。

其二，剥削正义是伍德对马克思文本过度阐发和推论的结果。"塔克—伍德命题"的真正症结是什么？这是国内外研究马克思正义的学者一贯思考的问题。该命题一方面断言马克思拒斥正义，另一方面宣称"剥削合理且正义"，但它的核心问题域是"在马克思根据历史唯物论提出的正义观念同这种正义观念在资本主义条件下所具体展开的正义主张之间设定了一种未经反思的排他性关联"③。这种关联是伍德主观臆测和推断的结果，因而夹杂了伍德自己的"正义主张"。段忠桥在《对"伍德命题"文本依据的辨析与回应》中深入梳理和驳析了"伍德命题"的三个核心依据及其误区，在他看来，伍德的依据既不成立，还存在错误解读，因此，"剥削正义"的论断无法成立。④ 冯颜利也指出，无论人们如何看待马克思对正义的控诉，都不能像伍德那样在交易、分配和生产等环节寻找表面的标准，而应该深入整个资本主义经济制度的根源，因为马克思对资本主义及其正义的评价是在"生产正义和分配正义的有机统一"的逻辑下作出的，只有着眼于这种统一，才能看清马克思"批判资产阶

---

① ［美］加里·扬：《正义与资本主义生产：马克思和资产阶级意识形态》，杨婕译，《山东社会科学》2017年第8期。
② 韩立新：《劳动所有权与正义——以马克思的"领有规律的转变"理论为核心》，《马克思主义与现实》2015年第2期。
③ 李义天：《认真对待"塔克—伍德命题"——论马克思正义概念的双重结构》，《中国人民大学学报》2018年第1期。
④ 段忠桥：《对"伍德命题"文本依据的辨析与回应》，《中国社会科学》2017年第9期。

级抽象正义、解构资本主义生产方式与构建现实性正义"的有机统一。① 也有学者认为,马克思的《资本论》在本质上就是"正义论",《资本论》最终建构的是一种超越剥削的生产方式——"自由人的联合体",即探寻人类从资本逻辑中解放之途的"正义论"。马克思在《资本论》中不仅关注以"物"为表象的"分配正义",更追求以"人"的解放为目的的"生产正义"②,而以伍德为代表的学者却忽视了《资本论》在"资本批判"维度上所作的正义判断,即马克思由此确证了"基于平等的正义"逻辑,这也正是历史唯物主义在《资本论》叙事结构中的呈现。

综上所述,自20世纪70年代以来,国内外学术界围绕"马克思与正义""剥削与正义"和"历史唯物主义与正义"展开了旷日持久的讨论,从多角度、多层次、多方面论述了马克思的正义思想,从理论上扩充、丰富了马克思正义的内涵,加深了人们对"正义"概念的认识,化解了马克思与正义关系中的诸多疑难困惑,有利于我们在实践中更好地坚持正义理念。但是,从国内外现有的研究成果来看,争论的焦点依旧存在,甚至愈演愈烈:(1)马克思究竟有没有基于正义批判资本主义?如果有,那么这种批判会不会消解马克思的革命精神?(2)马克思的正义观念与他的革命观念究竟是什么关系?马克思在评判资本主义时为何言明它是一种"掠夺"和"偷窃"行为?(3)就人类历史而言,何种生产关系才是正义的关系?何种共同体才是正义的共同体?(4)资本主义的生产方式为何既是正义的又是不正义的?为什么马克思强调只要与生产方式相适应,就是正义的?(5)正义与阶级利益究竟有没有关系?在何种意义上,正义与阶级利益直接相关?(6)正义与历史唯物主义的对置关系是否意味着正义在社会历史发展中没有意义?正义与共产主义

---

① 冯颜利:《基于生产方式批判的马克思正义思想》,《中国社会科学》2017年第9期。

② 白刚:《作为"正义论"的〈资本论〉》,《文史哲》2014年第6期。

是否可以内在兼容、相互融通？（7）在人类历史发展的进程中，全球正义是否可能？（8）马克思批判正义的最根本的尺度是什么？劳动本体论视域下的劳动正义论是否可以充当正义批判的尺度？以上这些问题依旧没有达成共识。基于此，本文将以马克思的共同体演变为线索，深入探究马克思共同体中的"正义"概念，重点回应马克思是否存在正义"悖论"，并从共同体的历史形态考察马克思正义思想的历史序列、复合结构以及逻辑层次。

第四节 研究视角：回到马克思共同体的正义思想

通过回顾国内外学术界关于马克思正义思想的研究，我们发现，要化解马克思正义思想的悖论，深入理解马克思正义思想的真意，就必须将之置于历史唯物主义的总问题域，从人类共同体的演变历程中研究正义的历史序列、生成逻辑和实现机制。一方面，马克思对正义的论述从来都没有脱离生产方式和具体的社会形态，他是在共同体演变的历史序列中审视、批判和建构正义的；另一方面，正义是马克思所论述的共同体的核心价值，正义观念生成于自然共同体，发展于虚幻—抽象共同体，最终在真实的共同体中得以实现，正义的历史序列体现共同体演变的历史逻辑。所以，正义观念与所有权观念的生成和发展的过程映射出共同体衍生、裂变和发展的过程，共同体的演化过程在一定程度上推动了人类社会的正义观念逐步更新，而马克思对"本源共同体""虚幻共同体"和"真实共同体"的揭示，正好为我们理解正义概念和所有权观念的发展提供了逻辑线索，顺着这条逻辑主线，我们能够管窥马克思批判正义的真实缘由，也能探秘马克思正义概念的多重意涵。

一 马克思共同体的正义思想何以可能？

共同体是生活于其中的个体在共同条件下结成的集合体，是人类置身其中而存在的基本方式。裴迪南·滕尼斯（Ferdinand Tönnies）指出，"只要在人们通过自己意志、以有机的方式相互结合和彼此肯定的地方，就会存在着这样或那样的共同体形式。"① 自人猿揖别以来，共同体就是人类生活和存在的重要纽带，也是"哺育"个体生存的母体。可以说，人类在物质生产生活中所发生的一切关系，包括经济关系、政治关系、法权关系、人际关系、契约关系等，都无法脱离共同体而存在，这些关系都是特定共同体的共同意志的体现和反映。正如亚里士多德所述："所有共同体都是为着某种善而建立的"②，这种"共同体的善"在一定意义上就是正义、美德的表达，是共同体意志的"共同领会"。马克思曾说："人就是人的世界，就是国家，社会。"③ 在存在论意义上，人就是一种共同体存在，共同体是人的实践活动和交往行为的实现形式。"从根本上说，一切有机生命之间都能结成共同体，人类的理性共同体就存在于人们中间。"④ 所以，共同体构成了人类活动的底本，离开共同体言说人的存在方式、交往行为及其所结成的经济关系、法权关系，无疑会陷入虚无主义的泥沼。

在马克思那里，社会正义不是单纯的经济关系的衍生品，也不是抽象的法权关系的替代物，它是在一个既定共同体中处理整体的人类交往关系（特别是经济关系）的观念形态和实践形态的综合表

---

① ［德］裴迪南·滕尼斯：《共同体与社会》，张巍卓译，商务印书馆2019年版，第87—88页。
② 《亚里士多德全集》第9卷，苗力田编译，中国人民大学出版社1994年版，第3页。
③ 《马克思恩格斯文集》第1卷，人民出版社2009年版，第3页。
④ ［德］裴迪南·滕尼斯：《共同体与社会》，张巍卓译，商务印书馆2019年版，第105页。

征，是与特定共同体形态的生产方式相适应的伦理规范。从历史唯物主义的理论要旨和道德意义来看，马克思的正义概念不仅关乎共同体中的人权、法权、国家等问题，也关乎基于劳动、贡献、能力、交易和需要等尺度对社会财富的分配问题，更为重要的是，马克思的正义概念还关涉共同体的终极形态（真实的共同体）和个人的终极目标问题，即表达对人类美好生活、共同福祉的追索和对人的幸福、自我实现的关切。概言之，马克思的正义概念关乎作为"类存在的人"的求存法则和人类社会及共同体的人道关系，正是在这个意义上，有学者指出：马克思的经济理论首先是关涉正义和共同体的理论，"在马克思头脑当中的最主要的组成概念是正义与共同体"[1]。而马克思之所以赞赏资本主义以前的共同体"显得崇高得多"[2]，就是因为这种共同体以朴素的共同占有的形式维系了公正的社会关系；他之所以批判资本主义，就是因为这种制度在生产环节摧毁了迈向自由民主社会的共同体基础；他之所以展望和勾画未来"真正的共同体"，就是因为这种联合体实现了真正平等和实质正义。所以，马克思的共同体概念和正义观念相互融合、相互映射，这种共同体是涵括正义观念的共同体，这种正义是特定共同体中的正义，只有从共同体的视角透视正义及其生成逻辑，才能真正把握马克思视野中的正义的本真价值。

一方面，马克思是在共同体演变的历史序列中论说正义的，没有共同体及其发展变化，就没有正义及其发展变化。在马克思著作中，他在提及正义概念时往往将之作为"法的关系"或"法权"概念使用，无论是马克思德文论著中的"正义（Gerechtigkeit）"，抑或其英文论著中的"正义（justice）"，总是和法（law）以及法权（juridical）概念有着千丝万缕的联系。马克思本人曾反复提及法的关系

---

[1] ［美］乔治·麦卡锡：《马克思与古人》，王文扬译，华东师范大学出版社2011年版，第339页。

[2] 《马克思恩格斯文集》第8卷，人民出版社2009年版，第137页。

与生产方式的主次关系:"法的关系……根源于物质的生活关系"①,"法的关系,是一种反映着经济关系的意志关系"②,"法、道德、科学、艺术……是生产的一些特殊的方式"③,不是从法的关系产生经济关系,而是"从经济关系中产生出法的关系"④。他还强调,"只要与生产方式相适应,相一致,就是正义的"⑤。如此等等论述,不一而足。但这并不是说马克思的正义概念就是塔克和伍德所理解的法权概念,也不是说马克思的正义概念只能处于生产方式对立面的上层建筑"位阶"。相反,马克思的这些论述恰好为我们提供了理解法的关系(或正义)的线索。实际上,马克思的正义概念在这些论述中已经发生了"倒转",即他从历史唯物主义的视角把指涉自然法权的抽象正义直接倒转为指涉历史实在关系的正义,形成了关于正义的"起源学",这恰好开创了一种理解正义概念的新视角——历史唯物主义视角。在马克思看来,要理解正义,就必须要理解它所依存的生产方式,正义的研究必须走向"研究生产和交换这种与物质有关的事实的科学——政治经济学"⑥。事实上,马克思不仅从政治经济学批判的视角揭示了资本主义的生产方式及其法权关系,还研究了资本主义关系的历史起源,分析了前资本主义的共同体形式、所有制形式和内蕴的法权关系,形成了对资本主义生产方式的独到的见解。马克思将这种研究方法比喻为:"人体解剖对于猴体解剖是一把钥匙。"⑦"人体解剖"是指对资本主义共同体的分析,"猴体解剖"是指对前资本主义各种共同体的分析,尽管"人体"(资本主义社会)比"猴体"(前资本主义社会)复杂,且高于"猴体",但

---

① 《马克思恩格斯文集》第 2 卷,人民出版社 2009 年版,第 591 页。
② 《马克思恩格斯文集》第 5 卷,人民出版社 2009 年版,第 103 页。
③ 《马克思恩格斯文集》第 1 卷,人民出版社 2009 年版,第 186 页。
④ 《马克思恩格斯文集》第 3 卷,人民出版社 2009 年版,第 432 页。
⑤ 《马克思恩格斯文集》第 7 卷,人民出版社 2009 年版,第 379 页。
⑥ 《马克思恩格斯全集》第 25 卷,人民出版社 2001 年版,第 488 页。
⑦ 《马克思恩格斯文集》第 8 卷,人民出版社 2009 年版,第 29 页。

它从"猴体"演变而来。马克思的这种分析方法预指了共同体演变的历史形态：前资本主义本源共同体→资本主义虚幻的共同体→共产主义真正的共同体。这些共同体蕴含的生产方式、交换关系、法权关系和所有制形式，是我们开解马克思正义之门的"钥匙"。

另一方面，正义的历史序列体现共同体演变的历史逻辑。马克思的正义概念既涉及对前资本主义共同体蕴含的生产资料占有关系的揭示，肯定了古代人类朴素的正义观念，也涉及对近代市民社会和虚幻的共同体蕴含的剥削—异化关系的批判，表达了对基于所有权正义的不满，更涉及对真正共同体蕴含的扬弃了异化的社会关系的理性建构，表达了对共产主义第一阶段按劳分配的辩证否定和高级阶段按需分配的推崇。可以说，马克思所提及的古代朴素正义、近代基于权利的正义和未来社会的两个正义原则，都是对它们所依赖的共同体及其生产方式的价值映现，这种正义观念的历史演变序列对应着不同的共同体形态，是共同体演变形态和历史逻辑的价值表达。只有透过共同体运演的历史逻辑才能真正理解马克思关于"正义依存于生产方式"论断的真实意涵，才能体察马克思正义思想的魅力。

二 马克思共同体的历史形态与正义序列

马克思对人类历史的揭秘使他完全可以荣得"科学家"的称谓，列宁说："马克思的历史唯物主义是科学思想中的最大成果。"[①] 然而，马克思视野中的历史绝不是纯历史学意义上的"五种社会形态"的依次更迭史，他对历史的研究是为了解开资本的发生史（前资本主义及其向资本主义的过渡），并从中揭开资本主义及剩余价值的不合理性，从而论证人类跃迁到共产主义的历史必然性。也就是说，马克思在很大程度上是以资本主义社会为中心，按照"否定之否定规律"的三段论方法来探秘人类历史的过去、现在和未来的。望月

---

① 《列宁专题文集 论马克思主义》，人民出版社2009年版，第68页。

清司认为，马克思的历史理论的大致轮廓可以看作按照"本源共同体"→"市民社会"→"未来共同体"的逻辑依次展开，而人的发展状态则对应于这三种共同体轮廓并按照"人格的依赖关系"→"物象的依赖关系"→"自由个体性"依次展开。① 同样，所有制形式的历史谱系也按照"共同所有"→"私人所有"→"扬弃私有的公有和共有"的次序依次演变。透过马克思关于资本主义兴起、过渡和发展的历史，我们可以看到内蕴其中的逻辑主线，即社会演变的历史逻辑就是生产方式变迁的逻辑，其关键点在于生产力的发展所推动的社会分工的发展。由此，马克思的因果链条可以概括为："生产力的发展→分工的发展（专门化与合作）→脑体分工形式→阶级和财产关系（劳动资料、工具和产品的分配）。"② 马克思的正义概念就是在这个因果链条中呈现的，马克思对正义的批判也是在这个因果链条的宏大叙事框架下进行的，对资本主义是否正义的评价，不能仅仅依据马克思的个别论断，而应该依据马克思历史唯物主义的分析框架。

按照望月清司的分析，马克思对前资本主义共同体的分析蕴含三种形态，这三种形态（亚细亚、古典古代和日耳曼）可以统称为"本源共同体"。实际上，中国学界通常把这三种共同体形式统称为"原始共同体"，这样的称谓本身存在误区，因为古典古代的共同体和亚细亚共同体实际上已经不再具有"原始共同体"所指称的"原始"意义，而与奴隶社会和封建社会存在交叉，因而，我们遵循望月清司的说法，将之称为本源的共同体形式。由此，马克思的整个历史轮廓表现在共同体演变序列中就是：

---

① ［日］望月清司：《马克思历史理论的研究》，韩立新译，北京师范大学出版社 2009 年版，第 225、279 页。

② ［美］罗伯特·布伦纳：《马克思社会发展理论新解》，张秀琴译，中国人民大学出版社 2016 年版，第 3 页。

```
               ┌─亚细亚共同体（原始共同体）
本源共同体  ├─古典古代共同体
               └─日耳曼共同体 ⟹ 市民社会（虚幻共同体）⟹ 未来共同体（真实共同体）
```

马克思认为资本主义"雇佣劳动的前提和资本的历史条件之一，是自由劳动以及这种自由劳动同货币相交换，……另一个前提就是自由劳动同实现自由劳动的客观条件相分离"[1]，这个过程伴随着前资本主义各种共同体形式的解体，这些共同体解体的过程促使产权关系和财产关系发生了重要的变化，推动所有制关系进入市民社会的私有制阶段。在市民社会阶段，本源共同体的所有制形式、财产占有关系、分配关系发生了根本性的变化，使所有权取得了私人所有的统治地位，并得到了法律上的规定和承认。黑格尔评价道："市民社会是个人私利的战场，是一切人反对一切人的战场，同样，市民社会也是私人利益跟特殊公共事务冲突的舞台"[2]。在市民社会中，财产关系发生了异化，正义观念沦为维护统治阶级意识形态的虚假观念。马克思批判性地指出，在市民社会中，"人作为私人进行活动，把他人看做工具，把自己也降为工具，并成为异己力量的玩物"[3]。在这种虚幻的共同体中，人们通过缔结社会契约来调整人与人之间的法权关系和财产占有关系，市民社会因此成为黑格尔、霍布斯、洛克等哲学家为个体权利、自由、正义进行辩护的基础，也成为孟德斯鸠、伏尔泰、卢梭等思想家为永恒正义和永恒理性提供合法性论证的根据。所以马克思说："旧唯物主义的立脚点是市民社会"[4]。由于市民社会在本质上是私利的战场，使人人互为工具和手

---

[1]《马克思恩格斯文集》第 8 卷，人民出版社 2009 年版，第 122 页。
[2]［德］黑格尔:《法哲学原理》，范扬、张企泰译，商务印书馆 2018 年版，第 351 页。
[3]《马克思恩格斯文集》第 1 卷，人民出版社 2009 年版，第 30 页。
[4]《马克思恩格斯文集》第 1 卷，人民出版社 2009 年版，第 502 页。

段，使权利、正义、自由等观念以自然法权的形式获得了普遍性和永恒性，所以马克思恩格斯开启了一条不同于自由主义哲学家以抽象的、原子式的个人为前提来建构正义的方式，他将自己的哲学立足于"人类社会"，从现实的人的现实物质关系出发考察经济关系和法权关系的关系，最终与旧唯物主义分道扬镳并开启了政治哲学的新论域："一切社会变迁和政治变革的终极原因，不应当到人们的头脑中，到人们对永恒的真理和正义的日益增进的认识中去寻找，而应当到生产方式和交换方式的变更中去寻找"[①]。

因而，马克思对理性、正义、公平的批评始因于自由主义哲学家将之抽象化、神圣化的做法，他针对的是自由主义哲学家以市民社会为参照将正义观念的历史性置换为永恒性的行径。基于对正义、权利、公平等价值规范历史基础的考察，马克思顺理成章地将正义观念与共同体形态链接起来，开辟了研究正义的历史主义视角和共同体界域。所以，马克思全部正义问题的秘密暗含于历史唯物主义之中，而真正的答案关涉共同体历史形态界域下的不同的所有权关系和分配关系。实际上，马克思对正义问题的关注与对经济问题的关注是内在合一的，他的经济批判恰好为政治批判奠定了根基，可以说，马克思的政治哲学的正义概念与经济哲学的生产方式概念内在统一于他的政治经济学批判。这也正是马克思反复强调经济关系（生产方式）决定法的关系（正义）的深层动因。

历史唯物主义与政治哲学内在融通是我们理解马克思共同体视域下正义思想的前提，在历史唯物主义宏大幕布上，共同体按照朴素的"本源共同体"到异化的"虚幻共同体"再到扬弃异化的"未来共同体"的逻辑序列依次运演，而正义观念也随之从"朴素正义"到"抽象正义"再到"实质正义"的历史序列依次生成，这构成马克思共同体历史形态下的正义序列。在历史唯物主义内嵌的共同体逻辑中，马克思的正义概念是一个辩证层级式的结构，它"随

[①]《马克思恩格斯文集》第3卷，人民出版社2009年版，第547页。

着生产方式的改变而呈现出相互区别又不断发展的层级结构"①，离开了马克思的这个致思逻辑，我们便无法真正捕获正义的原相，也无法真正理解马克思正义批判与正义建构的理论旨趣。

三 从"共同体正义"到"正义的共同体"

黑格尔把历史研究的方法总结为三类：即"事实本身的历史""反省的历史"以及"哲学的历史"，他对历史的研究采用最后一种方法，即"历史哲学"的方法。在这种方法的指导下，他将历史定义为"精神的形态"，而"世界历史是理性各环节光从精神的自由的概念中引出的必然发展"②。在黑格尔看来，历史是"自由的必然发展"，为了论证自由诞生的可能性，他把世界划分为四个王国：（1）家长制基础上的东方王国；（2）有限与无限相统一的希腊王国；（3）完成了各种差别划分的罗马王国；（4）日耳曼王国。黑格尔认为，只有日耳曼王国代表了"所有人的自由"，因而率先进行宗教改革，最终经过革命打破了狭隘的封建共同体，进入了"人人皆商"的普遍开放的"市民社会"。

马克思对历史的研究在方法上与黑格尔相似，即"历史哲学"的方法。但在现实的历史叙事方式上，马克思直面市民社会，以经济史为视角，以商品为切入点，以资本为核心内容，对历史作出了唯物主义的重构。马克思开创的是"**历史**唯物主义，而不是历史**唯物主义**"③。在马克思的分析框架中，他批判的最多最深刻的就是资本主义社会及其意识形态，他之所以痛斥和揭露这种"冒充的共同体"，就是因为这种社会造成了普遍的不自由、不平等和不公正，充

---

① 李义天、刘畅：《马克思的正义概念及其辩证层级结构——凯·尼尔森的论证与意义》，《马克思主义与现实》2020 年第 1 期。

② [德] 黑格尔：《法哲学原理》，范扬、张企泰译，商务印书馆 2018 年版，第 399 页。

③ 《列宁专题文集 论辩证唯物主义和历史唯物主义》，人民出版社 2009 年版，第 115—116 页。

斥着普遍的剥削、异化和奴役。即使资产阶级鼓吹平等、权利、自由和正义，但这种平等实际上是"盲目重复那些反映商品生产关系的概念"①，这种权利也是"狭隘的、局限于自身的个人的权利"②，这种自由也不是把他者"看做自己自由的实现，而是看做自己自由的限制"③，这种正义更是现代资产阶级"虚伪的空话"④和虚无缥缈的幻觉。马克思深刻洞察到，诉诸资本主义虚幻共同体的虚假正义是完全不可取的，只有建立在"人类社会"基础上的共同体才能超越市民社会正义的局限，实现真正的自由、平等和正义。

也就是说，马克思通过研究共同体形态和正义的序列，表达了从"共同体正义"迈向"正义的共同体"的价值追求。无论是康德、黑格尔等构想的正义原则，还是霍布斯、洛克、卢梭等论说的契约社会和法权原则，他们都囿于现存社会的现实法权制度，期望在市民社会和资产阶级社会这种虚假的共同体的地基上建构自由、平等和正义等上层建筑，他们的正义理念依旧是为共同体进行合法论证的正义理念，依然是"共同体的正义"。相反，马克思不仅揭示了共同体正义的历史逻辑和真实形态，更为重要的是，他开创了一条通达"正义的共同体"的理想之途，即在实践中扬弃私有制，逐步实现生产资料"公有"和"共有"。所以，马克思说："从前各个人联合而成的虚假的共同体……不仅是完全虚幻的共同体，而且是新的桎梏。在真正的共同体的条件下，各个人在自己的联合中并通过这种联合获得自己的自由。"⑤所以，马克思既批判现实的共同体的正义，也建构超越现实的共同体的正义，从而迈向更高阶段的正义的共同体。在马克思那里，这个正义的共同体就是真实的共同体，就是使每个人实现自由全面发展的"联合体"。

---

① 《列宁专题文集 论社会主义》，人民出版社 2009 年版，第 162 页。
② 《马克思恩格斯文集》第 1 卷，人民出版社 2009 年版，第 41 页。
③ 《马克思恩格斯文集》第 1 卷，人民出版社 2009 年版，第 41 页。
④ 《马克思恩格斯文集》第 3 卷，人民出版社 2009 年版，第 461 页。
⑤ 《马克思恩格斯文集》第 1 卷，人民出版社 2009 年版，第 571 页。

可见，马克思共同体的正义与正义的共同体是两个不同的概念，共同体的正义是马克思通过揭秘自然—本源共同体、批判资本主义和建构真正共同体而对正义本质的历史主义揭示和还原，正义的共同体是整个马克思思想的价值目标。只有揭开了共同体正义的神秘面具，才能为建构真正正义的共同体提供方法论原则和路径选择。马克思对共同体正义的论证遵循了解构的逻辑，而对正义的共同体的论证遵循了建构的逻辑，前者是基于历史唯物主义的事实判断，后者是基于"人类社会"的价值诉求，事实与价值、解构与建构的统一，构成了马克思正义思想的核心逻辑。所以，马克思不仅批判了正义，而且在批判中厘定了正义的本质意涵，建构了自己的正义思想，只不过马克思对正义的批判是在历史唯物主义的视域中展开的。

第五节　研究方法：概念分析、文献分析、比较研究

本书紧紧围绕马克思政治哲学的核心概念"正义"展开研究，以马克思著作中有关正义的论述为出发点，以国内外对"马克思与正义""历史唯物主义与正义"以及"共产主义与正义"的研究为支撑，深入探究共同体的历史形态及其内蕴的正义序列，分析马克思正义批判所运用的尺度和标准，透析"正义"概念在马克思思想历程中的不同语境，最终化解剥削是否正义、共产主义是否超越正义、马克思是否拒斥正义、历史唯物主义是否排斥正义等一系列问题，从而阐释马克思共同体视域中正义思想的内在逻辑和演变理路，论证共同体与正义的内在关联。为此，本书采取以下方法进行研究。

概念分析法。概念是抽象和具体的统一。黑格尔说："概念虽说

是抽象的，但它却是具体的，甚至是完全具体的东西"①。在本书中，我们将对各种术语和概念进行历史分析、语境分析和文本分析，针对同一概念在不同历史时期、不同思想家和不同流派那里所指涉的内涵和外延的变化，确定马克思本人的文本语境和特定意涵。我们知道，正义概念在西方思想史上源远流长，其内涵丰富、外延广博，对它的研究应坚持历史的观点来分析，以便能够准确把握其实质。同样，马克思的共同体概念也极其复杂，他有时将共同体、联合体和社会加以区别开来运用，有时将共产主义作为"社会"概念使用时又特别指称它为"人的社会"。因而，马克思的共同体概念和正义概念本身就是在历史情境和语境中变化的。这就要求我们在研究中应该用简洁的语言准确表述相关概念和术语。

文献分析法。要研究马克思共同体视域中的正义思想，就必须回到马克思的文本，从马克思关于共同体形态和正义观念的论述中阐发其正义思想。马克思的正义概念和共同体概念是极其复杂的，他们既覆盖于马克思的《资本论》及其手稿中，也分布在马克思早期的哲学论著中，既涵括在《共产党宣言》《哥达纲领批判》等关于科学社会主义的论述中，更呈现在其晚年的历史学、人类学等笔记中。同时，20世纪70年代以来，由英美学界掀起的正义争论经久不衰，催生出了大量研究成果，既有分析马克思主义的代表性观点，也有欧陆激进左翼的重要著作，还有关于全球正义的当代建构。因而，唯有全面、准确地分析这些文献，才能挖掘并领会马克思的正义思想。

比较研究法。马克思是西方思想史上的重要人物，只有将他的正义思想置于西方的政治思想史和政治哲学传统中加以考察，才能从整体上厘定其正义思想的位置。本书在研究中，系统分析马克思共同体正义思想的"前源"与"续果"，考察"共同体正义"的理论之源与思想谱系，以及马克思共同体的"出场"与正义"在场"。

---

① ［德］黑格尔：《小逻辑》，贺麟译，商务印书馆2016年版，第337页。

通过把马克思共同体的正义思想与自由主义、共和主义、社群主义的观点进行比较和对照，从而凸显马克思共同体正义思想的真理性。同时，鉴于马克思政治哲学的复杂性和宏观性，本书兼收并蓄历史哲学、人类学、政治学、人学等研究范式和方法，从多视角、多维度探究正义问题，形成交叉研究。

恩格斯说："逻辑的发展需要历史的例证，需要不断接触现实"①。本书既坚持历史分析进行纵向比照，又坚持逻辑分析进行系统整合，以期在逻辑与历史的统一中真正体察马克思正义思想的独特魅力。

第六节　创新之处：视角创新、思路创新、破解争论

罗尔斯《正义论》的公开问世，使政治哲学在当代重新走向了复兴。当此之际，英美学界逐渐把马克思和正义关联起来，从而引爆了"马克思与正义"之争的"导火索"，展开了旷日持久的理论争鸣。并且，随着争论的深入推进，国内学界也拉开了研究马克思正义思想的大幕，形成了丰硕的研究成果。纵观国内外研究状况，已经形成了针锋相对的两个阵营，分歧至今犹存，并且有愈演愈烈之势。为了从理论上澄清马克思正义思想的内涵和深层要义，化解马克思与正义关系中的诸多疑难困惑，本书从三个层面作出理论尝试。

第一，研究视角之新。"正义具有着一张普洛透斯似的脸，变幻无常、随时可呈不同形状，并具有极不相同的面貌。"② 正义在思想

---

① 《马克思恩格斯文集》第2卷，人民出版社2009年版，第605页。
② [美] E. 博登海默：《法理学—法哲学及其方法》，邓正来、姬敬武译，华夏出版社1987年版，第238页。

史上是一个多面、多变的概念,也是一个极易引起争执的概念。正义在马克思的思想历程中亦是如此。马克思既从"解构—建构"的逻辑中言说正义,也从"事实—价值"统一的逻辑中评判正义,更从"道德—规范"的意义上嘲讽正义,正义在马克思那里具有多重面相。近年来,学术界选用不同的视角研究马克思的正义思想,有人从批判的视角将正义视为马克思拒斥的概念,有人从建构的视角将正义视为马克思倡扬的价值,也有人从唯物史观的视角论证"正义与生产方式""正义与无产阶级利益""正义与道德"的关系。这些研究视角和范式在一定程度上化解了分歧,为深入理解马克思的正义提供了思想资源,但也存在着"新酒装旧瓶"的研究进路,从而无法从根本上厘定正义在马克思思想中的位置以及马克思对待正义的真实态度。麦卡锡认为,"在马克思头脑当中的最主要的组成概念是正义与共同体"[1]。应该说,马克思的正义是历史的正义,但归根结底是共同体历史形态中的正义,要深入研究马克思的正义思想,就应该以共同体的形态、共同体的生产方式为突破口。尽管学界从道德、法权、生产方式、平等、分配等视角对马克思的正义作出了诠释,但几乎没有人从共同体的视角研究正义。本书则选此角度,分析马克思自然—本源共同体、虚幻—抽象共同体、自由—真正共同体中的正义观念、分配方式,尝试为阐释马克思的正义思想探索新的路径。

第二,研究思路之新。本书的研究思路具有鲜明的特色。一是立足马克思经典文本梳理各种共同体及其内蕴的生产方式,从共同体的生产关系、财产占有形式、阶级利益分析不同共同体形态中的正义状态和历史序列,从而揭示历史唯物主义与正义的内在关联,还原正义的历史原相和阶级意蕴。二是深化阐释马克思的"自然—本源共同体""虚幻—抽象共同体""自由—真正共同体"的演变历

---

[1] [美]乔治·麦卡锡:《马克思与古人》,王文扬译,华东师范大学出版社2011年版,第339页。

程、内在逻辑和发展方向,并以此为线索考察正义的起源、演变、异化和真正实现,最终解释马克思共同体正义的逻辑层次、复合结构和历史序列,重构马克思正义思想的逻辑体系和理论框架。三是分析马克思共同体的当代表现和迈向真正共同体正义的可能性方案。当代世界处于马克思历史唯物主义所言明的历史大时代,但在共同体的表现形式上存在着两种不同形态:数字资本共同体和人类命运共同体,前者是资本逻辑主导的共同体,后者是人的逻辑主导的共同体,这两种共同体代表两种正义路向,前者是异化的正义,后者是真实的正义,人类走向未来的正确道路是携手打造人类命运共同体,推进全球治理,跨越发展鸿沟,实现全球正义。

　　第三,所得结论之新。本书最主要的研究目的是破解"马克思与正义"的理论争执。通过对马克思共同体正义的开掘、分析和系统研究,我们得出几个结论,以期能够解疑释惑:(1)马克思的正义是批判性的正义,他并没有一味地否定正义,他对正义的考察坚持了"批判与建构""事实与价值""描述与规范"的统一。任何一种单一的解释方式都会肢解马克思正义的整体性和原生性。就批判的尺度而言,马克思坚持基于劳动正义的"元尺度"和阶级利益、人的逻辑的"次生尺度"的双重控诉。就建构的逻辑而言,他遵循权利原则、贡献原则和需要原则梯次推进,这是正义实现的逻辑理路,也是马克思共同体视域中正义变革的内在规律。(2)真正的共同体不会超越正义,也不会终结正义,正义与共产主义互为印证、内在兼容。(3)历史唯物主义的理论要旨不会消解正义,马克思对正义的解释既依赖生产方式又超越生产方式,他的正义思想实现了政治哲学史上的革命性变革:即从"资本正义"转向了"劳动正义",从"分配正义"转向了"生产正义",从"抽象正义"转向了"具体正义",从"法权正义"转向了"制度正义"。

第 二 章

马克思共同体正义的"前源"与"续果"

古今中外关于正义的话题源远流长,从荷马史诗"倾听正义之神的声音"到《圣经》"以眼还眼、以牙还牙"的神旨正义,从古代中国甲骨中的"正"和"義"到当代中国的正义价值观,从柏拉图"各安其位、各得其所"的城邦正义到近代"权利天赋、自然法则"的契约正义,从早期的人际正义、社会正义到近代的世界帝国、普世正义,从关涉交易正义、分配正义到关涉法律正义、政治正义,正义的历史可谓"与天地并存"。这些关于正义的神谱、诗篇、美德和类型,映射出了思想贤哲们敏锐的社会秩序呼求和正义意识。那么,正义究竟为何物?这是跨越千年的人类之问。有思想家将正义喻为"普罗米修斯之火",因为它能驱散阴暗、邪恶,带来光明、良善;有思想家称正义为"普罗透斯之面",因为它变幻无常,捉摸不定;也有人称正义为"阿喀琉斯之踵",即使它是"至高善",但也有"死穴",更有思想家把正义喻为"阿基米德之点",强调它均布曲直,是判断和衡量事物的核心标准和尺度。可见,在不同时代不同思想家的不同语境下,正义有着不同的内涵和外延。显然,在马克思那里,正义是贯穿共同体始末的重要价值,是处于历史唯物主义论域中的事实性和规范性相统一的概念,要真正把握马克思共同体正义思想的本质内涵,就必须将之置于西方政治思想史中加以考量,必须考察共同体正义的"前源"与"续果",从而理解马克思共同体正义何以"出场"。

第一节 "共同体正义"的理论之源与思想谱系

如果说法律比哲学古老,那么正义比法律更古老。正义究竟有多古老?我们不得而知,但它作为人类共同体中的核心观念,可以追溯到古希腊最古老的荷马史诗《伊利亚特》《奥德赛》中。荷马史诗把自然力人格化,描绘了奥林匹斯众神。诸神以宙斯为主神,其他各神专司其职,既有掌管宇宙秩序之神,也有专管日月星宿和山河海洋之神,还有掌管人间善恶、是非、正义、命运以及人类生产生活之神。更为重要的是,奥林匹斯诸神与人间凡人同形同性,他们以自己的意志和欲望主宰社会进程和人的命运。在荷马史诗所涉的神人共在的共同体中,充溢着秩序、规则、法度和正义,"如果我们要在荷马那里寻找一些最初被认为的'正义'原型,它可能就在那里。"[①]《伊利亚特》《奥德赛》在法律和道德层面提供了无文字时代荷马式"正义"的原型,是人类现实生活中的善恶、曲直、义利观念的神话式反映。

一 "神人共同体":源于神话的正义

如果说荷马是以口头诗歌传诵正义的先驱,那么,赫西俄德是第一个"书写"正义的人。如果说荷马的正义是"浪漫派",那么,赫西俄德的正义则属于"现实派"。他将正义从口述语变成了书面

[①] [英]哈夫洛克:《希腊人的正义观:从荷马史诗的影子到柏拉图的要旨》,邹丽、何为译,华夏出版社2016年版,第11页。

话，开创了后荷马时代正义的文字学。赫西俄德在《工作与时日》和《神谱》中把"正义"从茫茫宇宙移向广袤而坚实的大地，开启了从神启正义向人类追寻理性正义的转换，他破天荒把正义与人性密不可分地联系了起来，把神秘的正义安放在了大地之基上，从而开创了通向美德伦理的思想道路。

在古希腊神话中，正义是以神的形象呈现的，荷马和赫西俄德叙述了两位正义女神：一位是忒弥斯（Themis/Θεμις）女神，她是天神（"星空"）乌兰诺斯（Ouranos）和大地女神该亚（Gaia）所生，忒弥斯象征着神圣秩序和自然法则，掌管众神和人的命运，是秩序的创造者与守护者。她身披白袍、头戴金冠，象征道德无瑕；左提一秤，右举一剑，比喻裁量公平，铁面无私；她以布蒙眼，在调解仲裁中看不见争执者的面孔，既不会受到利诱，也象征不徇私情、不畏权势。可见，她是正义的代表和化身。只不过，忒弥斯体现的是宇宙自然法则和神人共同体共有的秩序、习俗。在《伊利亚特》中，忒弥斯体现的是人的自然本性，对人而言，男欢女爱就是合乎自然法则的，也是合乎正义（Themis）的[①]，这里的正义已经具有了抽象的道德意义。可以说，《伊利亚特》的正义不是一种普遍原则，而是一种代表特殊原则并依靠"竞争双方谈判的过程"[②]，代表合法、均衡的规则和要求。

另一位代表正义的女神是狄刻"Dike/Dikê"，根据《神谱》记载，"宙斯娶了容光照人的忒弥斯为妻，生下了荷赖（时序三女神），即欧诺弥亚（秩序女神）、狄刻（正义女神）和鲜花怒放的厄瑞涅（和平女神）。"[③] 狄刻是正义女神忒弥斯和宙斯的女儿，她的

[①] ［古希腊］荷马：《伊利亚特》，罗念生等译，人民文学出版社1994年版，第218页.

[②] ［英］哈夫洛克：《希腊人的正义观：从荷马史诗的影子到柏拉图的要旨》，邹丽、何为译，华夏出版社2016年版，第167页。

[③] ［古希腊］赫西俄德：《工作与时日·神谱》，张竹明、蒋平译，商务印书馆2018年版，第54页。

母亲掌管着诸神间的正义和公道，狄刻则是人间正义的执掌者，是人间正义的体现者和维护者。但宙斯是整个天地间正义的最高裁决者，他"了解真情，伸张正义，使判断公正"①。在希腊神话中，除了正义女神，还有不和女神和复仇女神，不和女神天性残忍，总是挑起罪恶争斗，她是粗暴残忍的，因而"没有人真的喜欢她"。复仇女神的任务是追捕、惩罚犯罪之人，哪里有罪恶，她们就必然出现在哪里。而正义女神"Dike"则"受到人们的敬畏"，对那些用狡诈的辱骂伤害她的人，她会"数说这些人的邪恶灵魂，直至人们为其王爷存心不善、歪曲正义作出了愚蠢错误的判决而遭到报应为止。"② 在古希腊神人共同体中，正义是一种拟人化的象征，它既具有具体的形象（女神），也具有抽象的倾向（代表公正、公道和应得）。

以荷马史诗和赫西俄德的《神谱》为代表的希腊神话把宇宙看作神人共存共在共荣的共同体，这个共同体映射的是具有等级次序的人间社会。但是，这些高高在上的神祇乃是贵族、领主的神祇，而不是广大耕种土地的农人的"丰产之神"。我们看到，神话史诗中的诸神完全具有人性，他们尽管是"不死"之神，并且具有超人的能力，但在道德上，他们都要服从"命运"的安排。就连"宙斯也要服从'命运'、'必然'与'定数'这些冥冥的存在"③。可以说，希腊神话世界的秩序的本质就是正义，即服从宇宙必然性意义上的正义。正如赫拉克利特所言："太阳不会偏离它的轨道，否则，正义的女仆将使它受到惩罚。"④ 因此，这些神话中的正义就是服从宇宙

---

① ［古希腊］赫西俄德：《工作与时日·神谱》，张竹明、蒋平译，商务印书馆2018年版，第1页。

② ［古希腊］赫西俄德：《工作与时日·神谱》，张竹明、蒋平译，商务印书馆2018年版，第9页。

③ ［英］罗素：《西方哲学史》上卷，何兆武、李约瑟译，商务印书馆2016年版，第12页。

④ ［美］麦金太尔：《伦理学简史》，龚群译，商务印书馆2019年版，第34页。

秩序，服从神祇的安排，服从命运的法则。遵从自然法则和神祇的安排，便是遵从正义。在古希腊神话史诗中，充溢着各种各样的主题，包括劳作、竞争、家庭、战事、邪恶、美德、劝诫以及和平等，在这些"大杂烩"中，讨论正义的诗歌和神话尤为突出，可以说，正义构成了希腊神话故事的重要组成部分。它表达着拟人化的"正义之神"从形象到抽象转变过程中表露出来的朴素的礼法和道德观念，记录着神人共同体的公正之事，象征着慷慨仁厚、刚正不阿的人类行为模式。

如果说古希腊神话中的正义是用来描述宇宙秩序和人间社会的隐喻，那么古希腊悲剧则将正义作为一种"报偿"，深刻体现了"血亲复仇"，正义被用来描述相互性的惩罚和报复。古希腊悲剧之父埃斯库罗斯（Aeschylus）① 的《俄瑞斯忒亚》三部曲②中再现了一场关于家族"复仇"的悲惨命运。通过这场家族诅咒和延续了三代人的血亲复仇，我们就会觉察到其中充溢着合理完善的诉讼和审判程序，其中暗含和呈现的是古希腊社会的相互性规则，这种基于"血亲复仇"的正义规则是纠正社会生活和事务中的失衡状态的重要原则，但"血亲复仇"本身却是《圣经·旧约》中"以眼还眼、以

---

① 埃斯库罗斯于公元前525年出生于希腊阿提卡的埃琉西斯，公元前456年去世。他是古希腊悲剧诗人，与索福克勒斯和欧里庇得斯一起被称为古希腊伟大的悲剧作家，有"悲剧之父""有强烈倾向的诗人"的美誉。代表作有《被缚的普罗米修斯》《阿伽门农》《复仇女神》等。

② 《俄瑞斯忒亚》的第一部出色的悲剧是《阿伽门农》。阿伽门农是远征特洛伊的希腊联军的统帅，远征军集中的时候，海上突然起逆风，船只无法开航。阿伽门农因此把他的女儿伊菲格涅亚杀死来祭女猎神阿尔忒弥斯，以平息神怒而获顺风。阿伽门农的妻子克吕泰涅斯特拉为了给女儿复仇，与埃吉斯托通奸，并在阿伽门农凯旋时，合谋暗杀了阿伽门农。第二部《奠酒人》写阿伽门农的儿子俄瑞斯忒斯长大后杀死自己的母亲，为父报仇，因为背负了弑母的罪名，受到了残酷无情的复仇女神的迫害。第三部《厄默尼德》写雅典城邦的庇护神雅典娜创立阿雷奥帕格法庭，审理复仇女神对俄瑞斯忒斯的控诉。雅典娜请求法官们投票表决，结果却是有罪与无罪的票数相同。于是雅典娜投出决定性的一票：宣判俄瑞斯忒斯无罪。雅典娜为了平息复仇女神的怨气，又建议雅典为复仇女神建立神庙，改为仁慈女神。

牙还牙"的报复正义的呈现。所以，在希腊悲剧中，正义这个概念已经由名词"Dike"逐渐向形容词"Dikaios"（公正的）和副词"Dikaiōs"（公正地）演变，而此时的"正义"尤其强调报偿，"也就是仅仅通过身体上的伤害和死亡施加的报复"①。只不过，在审理复仇女神中，正义已经不再是一种报偿和复仇，而是体现了一种正当的程序，表达一种超越了纯粹报复性行为的"矫正"的正义。埃斯库罗斯在《被缚的普罗米修斯》中描述了桀骜不驯的普罗米修斯为了人类的正义事业和福祉而牺牲自己，并被钉在崖石上的故事，马克思称其为"哲学历书上最高尚的圣者和殉道者"②。希腊悲剧生动反映了正义概念的最初演变，通过希腊悲剧我们可以看出，正义的一个基本意义就是血亲复仇，它是氏族社会的正义观念的集中表达。

二 "城邦共同体"：作为美德的正义

在希腊神话以及戏剧中，正义概念或多或少都披着荷马式神话的外衣。在古希腊城邦时代，正义发生了"内在化"转向，逐渐成为个人修养和人类社会的重要主题。此时，几乎所有哲学家都对正义概念有所思索，但最具代表性的是柏拉图和他的《理想国》。柏拉图通过把正义作为灵魂的一种"德性"，以正义来表征人性，通过"城邦共同体的正义"来推介"个人的正义"，使正义概念逐渐成为社会准则、灵魂德性、存在实体和政治制度的重要价值和原则。

在《理想国》中，柏拉图论辩了"什么是正义""什么是正义的城邦"以及"正义之人如何确保正义的社会运转"等一系列问题。也正因如此，《理想国》的副标题为"论正义"。这部以"正义"为核心论题的对话集，其开篇主要是苏格拉底和他的朋友对正

---

① [英]哈夫洛克：《希腊人的正义观：从荷马史诗的影子到柏拉图的要旨》，邹丽、何为译，华夏出版社2016年版，第355页。

② 《马克思恩格斯全集》第1卷，人民出版社1995年版，第12页。

第二章 马克思共同体正义的"前源"与"续果" 71

义的探讨。正义到底为何物？苏格拉底以反问的口吻指出："难道仅仅有话实说，有债照还就算正义吗？"① 显然，苏格拉底是在论说正义的定义，"有债照还"作为平等原则，在法律审判时，无疑是正确的。但是，如果 A 某向 B 某借了一把杀猪刀，后来，B 某得了疯病，随时可能用刀伤害自己，那么，此时"有债照还"还能算是正义的吗？至于"有话实说"，是否应该告诉 B 某他得了疯病呢？显然不能。苏格拉底接着说："正义就是给每个人以恰如其分的报答"②，这条原则实际上是关于正义的传统定义，即"每个人得其应得"，"这条原则讲的是操作的形式，但首先需要确定每个人应得的是什么"③，这也是苏格拉底存疑的地方。而辩论者波勒马霍斯回答说，正义就是"以善报友、以恶报敌"，朋友应得良善和好处，敌人应得伤害和惩罚。苏格拉底显然不同意此种说法，在他看来，难道医生做到"为朋友治病、把敌人毒死"才是正义的吗？难道水手"把朋友救起、把敌人淹死"就是正义的吗？苏格拉底反对"以善报友、以恶报敌"的传统正义观，他意识到每个人都应信奉正义，做正义之人，行正义之事。

接着，色拉叙马霍斯加入了辩论并指责苏格拉底胡说八道，他一口咬定："正义就是强者的利益"④。因为在现实生活中，强者按照自己的利益决定是非对错，统治者按照自己的利益确立法律和制度，每个人也按照自身的利益和需要确定正义的标准，也就是说，强者永远是游戏规则的制定者。苏格拉底辩论道，有强者，当然也有弱者，强者有自己的利益，弱者也有自己的利益，医生相对于病

---

① ［古希腊］柏拉图：《理想国》，郭斌和、张竹明译，商务印书馆 2019 年版，第 6 页。
② ［古希腊］柏拉图：《理想国》，郭斌和、张竹明译，商务印书馆 2019 年版，第 8 页。
③ ［英］阿兰·瑞安：《论政治》上卷，林华译，中信出版社 2016 年版，第 82 页。
④ ［古希腊］柏拉图：《理想国》，郭斌和、张竹明译，商务印书馆 2019 年版，第 19 页。

人是强者,但医生照顾的是弱者的利益,而不是自己的利益;船长相对于船员是强者,但他照顾的是全体乘客的利益,而不是自己的利益,因此,如果正义是统治者(强者)的利益,那么他应该关注被统治者的利益,而不是自身的利益。苏格拉底据此推定:正义是促进弱者的利益。色拉叙马霍斯嘲笑苏格拉底是"吃奶的孩子",他依旧宣称正义是符合强者的利益,因为弱者总是为强者效劳,而统治者推行的正义规则也专为约束弱者的言行。色拉叙马霍斯进而指出,不义之人总比正义之人多占便宜,而正义之人与狡猾无情的人打交道时往往会吃亏,甚至可以说,"最不正义的人就是最快乐的人;不愿意为非作歹的人也就是最吃亏苦恼的人。"[1] 色拉叙马霍斯实际上认为,正义与自我利益如果不一致,正义就不是美德。因为最后的结果是不义成了美德。换言之,越是不义之事,越可能使人获得利益和快乐。苏格拉底认为,无论在何种境遇,正义之人的灵魂才是完满的,他才能获得快乐和幸福。实际上,苏格拉底把正义与个人利益勾连起来,他所述的正义必须既符合个人利益,又不能违背共同体的利益。通过智者之间的对话,我们发现,他们在辩论"正义究竟为何"时,已经把正义与个人利益、幸福和美德紧密联系了起来,使之成了调整个体与共同体及其他者关系的指导性准则。

柏拉图深受苏格拉底关于"正义与幸福"这个难题的启发,他从《理想国》第二卷开始承接色拉叙马霍斯的论点,集中讨论了城邦共同体正义与个人正义之间的内在关联。柏拉图认为城邦源于相互合作之人的聚集而居,一方面是分散之人在有城墙保护的城中定居,另一方面是聚居之人在一个政治权威的统治下生活,这样就构成了一个城邦共同体。柏拉图明确表示,一个正义的城邦共同体只有有了明确的阶级结构才能高效运转,这个阶级结构就是他对社会等级的区分:从上到下依次为受过良好教育的统治者、坚守岗位的

---

[1] [古希腊]柏拉图:《理想国》,郭斌和、张竹明译,商务印书馆2019年版,第26页。

武士和普通劳动者。柏拉图把个人的灵魂也作了三重区分（理性、激情、欲望），灵魂包含着个人行为必须坚守的三原则：理性控制思想，激情支配合乎理性的情感，欲望支配肉体以达到趋乐避苦。个人灵魂相应地具有三种重要的美德，即智慧、勇敢和节制。那么，究竟什么是正义的人？什么又是正义的城邦呢？柏拉图把三个等级与个人的三重美德结合了起来，他指出城邦中的三种人"各做各的事而不相互干扰时，便有了正义"①，而"城邦也由于这三种人的其他某些情感和性格而被认为是有节制的、勇敢的和智慧的"②。在柏拉图看来，统治者的美德是智慧，守护者（武士）的美德是勇敢，而劳动者的美德是自控和节制，正义是最高的美德，就是这三种美德之间所达到的和谐状态，也就是城邦中的各等级各司其职，各得其分。实际上，柏拉图的正义概念包含了双重维度和指涉："作为社会道德的共同体正义，以及作为个人道德的灵魂正义"③。他把城邦共同体的正义与个人德性和幸福紧密结合起来，勾绘了一个具有乌托邦色彩的正义的共同体，使正义的内涵发生了根本性转向。尽管在柏拉图看来，正义的城邦能够实现全体公民的幸福，但一个由僭主统治的共同体，无疑不可能是正义的共同体，当然也不可能实现全体公民的福祉。正如罗素所言：在柏拉图的城邦中，"人人都关心自己的业务，这无疑是一条值得称道的教诫，但是它却很难与近代人很自然地所称之为'正义'的那种东西相符。"④

亚里士多德在承接柏拉图正义论的基础上继续对正义问题进行了深入的讨论，他从德性和政治两个进路入手揭示了德性正义和城

---

① ［古希腊］柏拉图：《理想国》，郭斌和、张竹明译，商务印书馆2019年版，第158页。
② ［古希腊］柏拉图：《理想国》，郭斌和、张竹明译，商务印书馆2019年版，第160页。
③ ［英］哈夫洛克：《希腊人的正义观：从荷马史诗的影子到柏拉图的要旨》，邹丽、何为译，华夏出版社2016年版，第396页。
④ ［英］罗素：《西方哲学史》上卷，何兆武、李约瑟译，商务印书馆2016年版，第143页。

邦正义。亚里士多德认为，城邦是由自然决定的存在，人们聚居在城邦是为了过"善的生活"。什么是善的生活呢？快乐的生活就是善的生活，快乐的目的是追求幸福，而幸福是"最高善"①，城邦的善是更重要、最完满的善，因为城邦的核心美德是正义。和柏拉图相似，亚里士多德认为善的城邦必须建立在正义的基础上，但他所理解的正义不同于柏拉图的美德，因为柏拉图把一切美德都归于正义。在亚里士多德看来，正义既是一种德性，也是一种品质，"这种品质使一个人倾向于做正确的事情，使他做事公正，并愿意做公正的事。"② 但是，作为一种德性，正义具有不同的类型，这种类型是"总体德性的正义"和"具体德性的正义"的统一。亚里士多德强调，正义的标准是多元的，正义和不正义的尺度具有多重意义。具体来说，守法的、公平的是公正的，违法、贪得和不平等的是不公正的，而"这种守法的公正是总体的德性"，它最为完全，也是德性之首，"因为它是交往行为上的总体的德性……最好的人就是不仅自己的行为有德性，而且对他人的行为也有德性的人。"③ 所以，守法的正义在本质上是一种普遍正义，意味着个体之善与共同体之善的统一。但是，亚里士多德发现，违法不完全等同于不正义，比如交易中既可能出现公平交易，也可能出现高利贷、欺骗等不合法行为，从作为总体德性的正义来看，前者是总体德性中的部分正义，后者是违法的不正义行为，但可能是出于自己的意愿，因而是部分不正义。这样，亚里士多德提出了"作为德性的部分的正义"，也就是具体正义，它涉及分配正义、矫正正义以及互惠正义三类。亚里士多德认为，分配正义就在于成比例或合比例，只有平等之人占有平等

---

① ［古希腊］亚里士多德：《尼各马可伦理学》，廖申白译，商务印书馆2019年版，第7页。
② ［古希腊］亚里士多德：《尼各马可伦理学》，廖申白译，商务印书馆2019年版，第139页。
③ ［古希腊］亚里士多德：《尼各马可伦理学》，廖申白译，商务印书馆2019年版，第143页。

的份额才算是正义的。而矫正正义涉及交易中是否违背意愿,是"得与失之间的适度",特别是违反意愿的交易中的得失适度,"它是使交易之后所得相等于交易之前所具有的。"① 互惠正义是在经济上根据等价原则实现互惠性交往,它处理的是交换关系。交换是一种共同体中的交往行为,互惠正义通过均衡机制使共同体达到统一、和谐的状态。互惠正义作为一种特殊正义,与分配正义和矫正正义不同,它"强调的重点不是德性或社会商品的分配,而是作为希腊城邦之根基的政治经济学。虽然它不是普遍正义,但它奠定了经济基础,没有经济基础,法律、德性和共同体就是不可能的"②。在亚里士多德对具体正义的论述中,其基础依然是德性,他所说的分配正义并不涉及财产关系,而是根据美德分配荣誉和政治地位。

除此之外,亚里士多德还专门论述了城邦共同体的政治正义。亚里士多德强调政治学的终极追求是善德,"也就是人间的至善。政治学上的善就是'正义',正义以公共利益为依归。"③ 在他看来,正义城邦的公民必须奉行正义,公民的生活必须符合德性,这样才能实现城邦共同体的正义。而"城邦的目的是在促进善德"④,即保障所有公民追求自足而且至善的生活,"全城邦可以得到自足而至善的生活,这些就是我们所谓人类真正的美满幸福。"⑤ 实际上,亚里士多德把作为德性的正义和作为政治的正义联系了起来,他认为缺乏德性就是缺乏创造美好生活和促进公共利益的能力,这样就不能

---

① [古希腊]亚里士多德:《尼各马可伦理学》,廖申白译,商务印书馆2019年版,第153页。
② [美]乔治·麦卡锡:《马克思与古人》,王文扬译,华东师范大学出版社2011年版,第91页。
③ [古希腊]亚里士多德:《政治学》,吴寿彭译,商务印书馆2017年版,第152页。
④ [古希腊]亚里士多德:《政治学》,吴寿彭译,商务印书馆2017年版,第142页。
⑤ [古希腊]亚里士多德:《政治学》,吴寿彭译,商务印书馆2017年版,第143页。

实现城邦共同体的最高善（幸福）。亚里士多德强调政治团体的存在就是为了人们美善的行为，就是为了实现共同体的至善生活，他把政治正义与德性正义内在融合，目的是建立"至善的城邦"。究竟什么是政治正义呢？亚里士多德认为，在不能自足且不平等的人们之间不可能存在政治正义，政治正义是以法律为依据并且存在于具有平等机会的人们之间，因此，"政治的公正是自足地共同生活、通过比例达到平等或在数量上平等的人们之间的公正。"① 政治公正的终极价值是促进城邦的共同利益和共同幸福，法律的实际价值也在于促成城邦共同体的正义，建立具备善德的永久制度。可见，要实现亚里士多德的至善生活，就必须使城邦公民奉行政治正义和德性正义，建立利益一致的共同体。亚里士多德虽然很少提到规则和制度，但他把正义作为在共同体内进行赏罚和补救过错的美德，"诸美德不仅仅在个人生活中、而且也在城邦生活中有其位置"②，从而弥补了柏拉图的理想国里只有"哲学王"才能真正达到正义的理论缺陷。

毫无疑问，亚里士多德是西方古代著名政治思想家，他的政治学说在系统性和完备性方面都超越了苏格拉底和柏拉图。就西方古代政治思想家而言，他们的政治思想始终与正义、美德、伦理等紧密相融，强调人们在城邦共同体中生活的终极意义是过德性的生活，追求至高善和美德。如果说西方古代政治思想家是为城邦共同体立论和代言的，那么西方近代启蒙思想家则为契约共同体立论和代言。他们摆脱了德性、伦理和至善的束缚，以自然权利学说为思想基础，高举自然法和契约论的思想大旗而"粉墨登场"，开创了西方近代政治学和政治哲学的新局面。

---

① [古希腊]亚里士多德：《尼各马可伦理学》，廖申白译，商务印书馆 2019 年版，第 161 页。
② [美]麦金太尔：《追寻美德：道德理论研究》，宋继杰译，译林出版社 2011 年版，第 190 页。

三 "契约共同体"：基于权利的正义

霍布斯是欧洲近代政治思想伟大传统的开山鼻祖，这是无可辩驳的。同样，马克思把欧洲近代政治思想的伟大传统推向了历史高峰，这也是无可辩驳的。在欧洲近现代思想史上，霍布斯、洛克、卢梭和密尔是政治哲学的重要人物，他们推出的自由、正义、平等、权利以及自然状态等观念对后来的政治哲学产生了极大的影响。从政治派别和理论性质上看，霍布斯、洛克和卢梭是自由主义和契约论的典型代表，而密尔则是共和主义和功利主义的典型代表。尽管他们的理论观点和政治派别有所差异，但他们基于自然权利和契约论而对共同体正义的塑造具有很大的相似性，他们几乎都把自由作为政治哲学研究和解答的核心问题。在契约论方面，他们一般认为人类起初生活在无国家的"自然状态"中，生而享有自然权利，并且受自然法的约束。由于人本身是群居和社会性的，人们为了保全生命，因而会"趋乐避苦""趋利避害"，进而会选择让渡权利，订立契约，组建共同体，以便能够更好地实现自由、平等、正义等权利。

霍布斯从人性论和人的动机出发，推出了人在自然状态中的自然权利，论证了自然法蕴含的正义原则以及通过订立社会契约所组建的共同体（国家）的最佳运行方式。霍布斯认为，人们结成共同体不是源于美德和仁慈，而是源于人对死亡的恐惧。人的本性也不是合群的，而是维护和保全自我生命，是恐惧、贪婪和自私无情。霍布斯从"人性本恶"出发，推出了人的自然权利就在于保全自然赋予人的生命、自由和平等，"就是每一个人按照自己所愿意的方式运用自己的力量保全自己的天性——也就是保全自己的生命——的自由。"[①] 这种自由既是"一种自然的自由"[②]，即每个人是生而自由

[①] ［英］霍布斯：《利维坦》，黎思复、黎廷弼译，商务印书馆 2017 年版，第 97 页。

[②] ［英］霍布斯：《论公民》，应星、冯克利译，贵州人民出版社 2003 年版，第 146 页。

的，也是一种"自然的平等"，即每个人是生而平等的，"自然使人在身心两方面的能力都十分相等"①。霍布斯把自由、平等视为每个人生而具有的自然权利，由此引出了"自然状态"概念。究竟什么是自然状态？它是国家产生之前人人相互为战的状态，是没有共同权力的状态，也是没有法律的状态，在这种状态下，也就没有公道和正义。因为在霍布斯看来，在自然状态中充满竞争、猜疑和荣誉引发的冲突，每个人都会为了自我权利而斗争，因此，自然状态就是充满战争的状态。

那么，人们如何在自然状态中保全自我？霍布斯认为，在这种状况下，"人只是被他的情欲所驱使"②，人们为了保全自我也受到理性的控制，于是，"每一个人只要有获得和平的希望时，就应当力求和平"③。这样一来，求和平、守和平就成为第一自然法；人们为了自保、和平和安全，也会放弃或相互转让一些自己的权利，从而订立契约，这是第二自然法；第三自然法蕴含正义的源泉，就是"所定信约必须履行"④，正义就是履约，不正义就是失约。因此，在霍布斯那里，正义就取决于是否遵守有效的契约。并且，霍布斯认为，国家和强权的出现能够强制人们履约，也能够以对等的方式来维护人们通过让渡普遍权利而获得的补偿性权利（所有权）。所以，没有国家和强权的出现，就不会有所有权。没有国家强权和所有权的规定，也就没有正义或不正义的事情发生。在霍布斯那里，正义与公共权力以及所有权紧密相关，而社会契约是国家、所有权产生的基础，在有了强权、法律和所有权之后，才会产生正义或不

---

① ［英］霍布斯：《利维坦》，黎思复、黎廷弼译，商务印书馆 2017 年版，第 92 页。
② ［美］麦金太尔：《伦理学简史》，龚群译，商务印书馆 2019 年版，第 197 页。
③ ［英］霍布斯：《利维坦》，黎思复、黎廷弼译，商务印书馆 2017 年版，第 98 页。
④ ［英］霍布斯：《利维坦》，黎思复、黎廷弼译，商务印书馆 2017 年版，第 109 页。

正义。同时，霍布斯把正义区分为两类：交换正义和分配正义，前者是"立约者的正义"，是指发生在买卖、雇佣、物物交换以及借贷等关系中的履行契约的正义，后者是"公断人的正义"，是一种"公道"和自然法，是指按照功过大小来实施奖惩。实际上，在霍布斯的分配正义中，已经摒弃了"美德"的决定作用，相反，他认为分配决定美德和德性。

洛克对自然状态、所有权以及契约的论述不同于霍布斯，他的自然状态既是一种平等状态，也是"一种完备无缺的自由状态"[1]，在这种状态下，人们的权力是对等的，没有人享有多于他者的权力，也无须听命于他者的意志。在洛克看来，自然状态不是主观臆测的虚假状态，而是真实的存在，它在逻辑上先于公民社会。在这种自由的状态下，"自然法"是人人应该遵守的法则，理性和公道是"上帝为人类的相互安全所设置的人类行为的尺度"[2]。洛克认为，所有人处于这种状态中，都享有担任自然法执行者的权力，也具有遵守自然法的义务。洛克以自然状态和自然法为基石提出了所有权和财产权理论。他认为，从自然理性来看，自然万物都是自然自发地存在的，人类生而具有共同占有和利用自然万物的权利，对自然物的共同占有和利用是人类最原始最合理的形式。那么，这种共有物如何变成私有物的呢？在洛克看来，尽管自然物是共有的，但人的身体是由自己支配的，由人的双手、肌肉、神经耗费所从事的劳动以及劳动产品也是由他自己正当地支配的，这样，"每人对他自己的人身享有一种所有权"[3]，这种所有权是由人的劳动促成的，劳动使自然共有物逐渐沦为个人私有物，使人获得了"财产"。洛克认为

---

[1] ［英］洛克：《政府论》下篇，叶启芳、瞿菊农译，商务印书馆2018年版，第3页。

[2] ［英］洛克：《政府论》下篇，叶启芳、瞿菊农译，商务印书馆2018年版，第5页。

[3] ［英］洛克：《政府论》下篇，叶启芳、瞿菊农译，商务印书馆2018年版，第18页。

在自然状态中还存在消极的权利和因素,在理性的指导下,人们愿意互相订立契约并让渡权利形成公共权力机构,组成政治共同体,其目的是保障"人民的和平、安全和公众福利"①。洛克在自然法的意义上提出了正义、公道等价值,并且认为这些价值在自然状态下就已经存在,在他那里,自然法是第一性的,自我所有权是合乎自然法的准则,是在自然法的基础上产生的正当权利。洛克使正义与自然法、所有权勾连起来,从而避免了霍布斯"正义起源于契约"的困境。

卢梭把契约共同体建立在"公意"和"道德自由"的基础上,他对私有制和阶级剥削深恶痛绝,提出了替代自由主义的共和主义方案,在一定程度上影响了马克思。卢梭对契约共同体的论述也是从自然状态出发,但他的自然状态特指原始人的野蛮状态,在这种状态中,野蛮人四处漂泊,居无定所,也无所谓道德和善良,"不会有多少情欲,只过着无求于人的孤独生活"②。卢梭认为,人类的自然状态既漫长又幼稚,从原始状态过渡到文明状态是漫长而重要的一步,也是偶然的一步,"谁第一个把一块土地圈起来并想到说:这是我的……谁就是文明社会的真正奠基者。"③ 对土地的占有促进人类跨入了早期文明社会,卢梭认为这个历史时期既超越了原始状态,但又不是私有制社会,因而是人类文明的"黄金期",也是"人世的真正青春"④。后来,人们逐步把先前"占有"的土地据为"私有",并且把拥有的私有财产一步步制度化、合法化,直接变成了一种赤裸裸的"天然权利",从而导致了私有制包裹下的不平等和不正

---

① [英]洛克:《政府论》下篇,叶启芳、瞿菊农译,商务印书馆2018年版,第80页。
② [法]卢梭:《论人类不平等的起源和基础》,李常山译,商务印书馆1996年版,第106页。
③ [法]卢梭:《论人类不平等的起源和基础》,李常山译,商务印书馆1996年版,第111页。
④ [法]卢梭:《论人类不平等的起源和基础》,李常山译,商务印书馆1996年版,第120页。

义，引发了社会剥削、奴役和战争。卢梭批判这种私有财产权是诱发社会冲突、对抗和斗争的根源。尽管卢梭、霍布斯和洛克都认为人性的首要法则在于保全自我，但卢梭对霍布斯和洛克的社会契约论持批判的态度，他对共同体的自由、平等和正义作出了新解。

在卢梭看来，"人生来是自由的，但却无处不身戴枷锁"①，人处在自然状态中是自由自在的，但在现实状态（现实社会）中却是不自由的。人的自然状态和自由状态已经一去不复返了，人类再也无法倒退到野蛮状态。那么，如何实现人的自由和平等呢？卢梭提出，通过订立契约建立真正的契约社会能够使人们重新获得一定的自由和平等。在卢梭看来，公意就是最大的正义，社会契约就是公意的表达，即每个人都将自身及其全部力量"置于公意的最高指导之下，而且把共同体中的每个成员都接纳为全体不可分割的一部分"②。这样，人们通过让渡权利组成了一个拥有统一人格和意志的共同体，这种共同体以"公意"为最高法则，"公意"代表了共同体的整体意志，因而是衡量共同体和个人行为的尺度。卢梭明确指出，这种由个人联合组成的共同体是道德共同体，具有"公共人格"，意指古希腊的"城邦"以及现代社会的"共和国"。卢梭的公意概念是共和主义的重要价值，是对个人主义的批驳、矫正和替代，因此，马克思高度赞扬卢梭"不断避免向现存政权作任何即使是表面妥协"③。实际上，卢梭在论证个人权利时，把"公意"作为共同体的核心原则，强调公意在共同体中的优先性，这是理解共同体正义的重要参照。

约翰·穆勒梳理了正义与功利的关系，对正义作了功利主义的诠释。在穆勒看来，正义在事实上与利益相关，但在观念上与利益对立，正义的含义是多重的。第一，剥夺任何他者的自由、财产或

---

① ［法］卢梭：《社会契约论》，李平沤译，商务印书馆2017年版，第4页。
② ［法］卢梭：《社会契约论》，李平沤译，商务印书馆2017年版，第20页。
③ 《马克思恩格斯文集》第3卷，人民出版社2009年版，第24页。

依法属于他者的东西，都是不正义的，正义就是尊重和履行法权。第二，由于可能存在不正义的法律，这种恶法可能侵犯人的道德权利（不同于法定权利），因此，正义就是对道德权利的尊重，不正义就是对道德权利的剥夺和侵犯。第三，正义与应得直接相关，正义意味着应得福利或善报，不正义意味着应得祸害和恶报。第四，正义就是信守约定、履行承诺，不正义就是失信和违背承诺。第五，正义就是为人公正、待人平等，不正义就是为人偏袒、待人有别。因为正义与平等密切相关，"平等是正义所必需的"①，平等也是正义的本质。穆勒不仅分析了正义的五种通常含义，还从词源学考察了正义的原初含义。他指出："构成正义这个概念的'原始观念'或原始要素，无疑就是遵从法律。"② 可见，正义概念源于法的约束和守法行为。但穆勒强调，正义也是道德要求的代名词，与其他美德相比，正义更具有约束力。因为正义本身就体现个人权利，包含着人的合理要求，而道德却与个人权利无关。在穆勒的功利主义框架中，处于最顶层的是"最大幸福"，它是指绝大多数人的幸福，而正义和道德规则处于中间层，处于最底层的是各种行为，各种基于正义的行为相持不下时，最终取决于"最大幸福"，即由功利来决定。

四 "伦理共同体"：隶属法权的正义

从亚里士多德开始，实践哲学就已经成为人们讨论的重要问题。康德也用实践概念来论证他的道德哲学。他认为"纯粹理性"是道德实践的基础，这种理性是能动的，也是纯粹的，它的意义指向就是自由。康德在《道德形上学探本》中构筑了自己的伦理体系，他说："一切道德的概念所有的中心和起源都在于理性，完全无所待于

---

① ［英］约翰·穆勒：《功利主义》，徐大建译，商务印书馆2019年版，第56页。

② ［英］约翰·穆勒：《功利主义》，徐大建译，商务印书馆2019年版，第58页。

经验，并且不特在于纯粹理论的理性，而且一样实实在在地在于人的极平常日用的理性。"① 人作为理性的存在物，是不受经验的因素支配和决定的，人的本性是自由的，只有自由的人才能有自觉的善行，也只有自觉的行为才具有道德意义。在康德的伦理体系中，自由、自律和实践理性是相互融通的。

在康德那里，实践理性高于理论理性，自由是道德实践的基础，而人的"善良意志"符合人的自由，因为人的自由意志具有趋善避恶的倾向，是绝对的自由。善良意志以自身为目的，为自己立法，也自己守法，这就是康德所说的"道德自律"。道德律就是绝对命令，它表明"一件行为是客观地必须实行的，就是说，不用说到其他目的，它自身就是必须实行的"②。绝对命令规定了道德规则的普遍形式，提供了区分道德的尺度和标准。对于康德而言，道德的最高目标是至善，为了达到至善，必须要靠绝对命令，但仅仅靠它还不够，还需要以"道德公设"③激励道德信心，培养道德情感，使人确信能够达到至善。在康德那里，正义就是从最高道德法则中引申出来的概念，是一种广义的道德，是"绝对命令"的影射。康德把"道德"和"法权"进行了区分，正义在论域上隶属法权领域。康德认为所有道德都源于理性，先天地寓于理性，人的理性既为自然立法，也为人自身立法，后者表现为内在立法和外在立法两个方面，内在立法就是"自律"，是符合道德的法则，外在立法是"他律"，是符合法权的法则。康德认为，道德的最高原则就是"意志的自律"，一切假道德原则源于"意志的他律"，而正义就是和强制直接相关的律令，就是通过外在立法强制地规约人

---

① [德]康德：《道德形上学探本》，唐钺译，商务印书馆2012年版，第27页。
② [德]康德：《道德形上学探本》，唐钺译，商务印书馆2012年版，第30页。
③ 康德提出的"道德公设"有三条，第一条是意志自由，是与具体道德处境下的欲望和情感联系在一起的意志；第二条是灵魂不朽，人必须相信灵魂不朽，以便能够在身后也能达到至善的目标；第三条是上帝存在，人们必须相信上帝具有惩恶扬善的能力，以便使人们的道德努力有希望。

的行为的权限和边界。这样看来，康德的正义概念是由道德推衍的结果，是建立在抽象的原子化个人的基础上的社会规范，他没有把正义置于具体的伦理规范中加以考察，而是赋予了其抽象的道德法则意义，因而，康德的正义只能是伦理共同体的"外在的自由"或"形式的正义"。

黑格尔也是从法权的视角来界定正义的，只不过他的正义概念的范围要比康德的正义概念更加宽泛。如果说康德以道德推衍正义，并把道德置于正义之先，那么黑格尔则把道德涵括在法权之内，认为正义比道德更具优先性。在黑格尔那里，正义隶属客观精神，他打破了康德把德性和法权分置的做法，而是以自由意志的三个发展阶段（"抽象法—道德—伦理"）来推衍法权和正义概念的。黑格尔的法权概念和正义概念是自由意志在三个发展阶段的体现，在他看来，人有意志就必然有自由，自由是意志的本质规定，人有了意志自由也就必然有与生俱来的权利。所以黑格尔说："自由意志的定在，就叫做法……法就是作为理念的自由。"[①] 自由是法权的本质规定性，抽象法阶段的自由是抽象的形式自由，道德阶段的自由是主观的自由，伦理阶段是主观和客观的统一，是意志自由的真正实现。在黑格尔那里，抽象法就是形式的法，它是自由意志的直接的体现，也是人际交往关系的最一般形式的再现，它的命令表现为一句话："成为一个人，并尊敬他人为人。"[②] 抽象法还有一个重要的禁令，即"不得侵害人格"。

黑格尔认为，所有权就是人对物的自由的直接体现，他人的自由首先表现为对物的占有的权利，尊重他人首先就应该尊重他对物的占有的权利，不得侵害他人的人格主要就是不能侵害他的私有财

[①] ［德］黑格尔：《法哲学原理》，范扬、张企泰译，商务印书馆2018年版，第41页。
[②] ［德］黑格尔：《法哲学原理》，范扬、张企泰译，商务印书馆2018年版，第53页。

产，因为"财产是自由最初的定在，它本身是本质的目的"①。尽管如此，但人们可以通过契约转让所有权（物品和财产）。黑格尔特别分析了所有权转让中的不法行为，这种不法包括犯罪、欺诈和"无犯意的不法"，它们都是对"自在的法"的共同意志的违背，因而需要通过刑法和报复来维护和恢复正义。在黑格尔看来，刑法是所有权的重要保障，只有通过刑法和报复对不法行为进行"否定"，才能实现正义。虽然黑格尔主张对"不法"进行报复，但他特别强调不能把"报复"与"复仇"等同起来，因为复仇是一种无休止的行为，是新的侵害，它不是正义的真正表现形式，只有刑法的正义才是合法的。在黑格尔那里，法权在道德阶段扬弃了抽象法，是自由意志在人的内部（主观内心）的实现，因而是"内心的法"，也就是主观意志（故意、意图和良心）的法。真正的良心是主观和客观的统一，而"主观的善和客观的、自在自为地存在的善的统一就是伦理"②。黑格尔把正义作为一种伦理精神，认为家庭、市民社会和国家是伦理的三个层级，其中，国家是客观自由的绝对合理的东西，也是客观精神的最高形态，"个人本身只有成为国家成员才具有客观性、真理性和伦理性。"③ 也就是说，如果个人不依附于国家，那么，他就丧失了作为市民的权利，也就丧失了自由。

黑格尔承认现代国家是神圣的存在，也是"合乎理性"的最高形态，在他那里，市民社会与国家是相互分离并且存在"二律背反"：现代国家以统治者的"经验单一性"为表现形式，而市民社会则以普通大众的"经验普遍性"为表现形式，这二者的对立表现在现实中就是君主和人民的对立。黑格尔强调解决君主和人民冲突

---

① ［德］黑格尔：《法哲学原理》，范扬、张企泰译，商务印书馆2018年版，第61页。
② ［德］黑格尔：《法哲学原理》，范扬、张企泰译，商务印书馆2018年版，第185页。
③ ［德］黑格尔：《法哲学原理》，范扬、张企泰译，商务印书馆2018年版，第289页。

的最佳政权形式是"君主立宪制",认为只有把王权、立法权和行政权有效结合才是绝对理念的真正体现。显然,黑格尔的国家观充溢着保守落后的思想要素,是为统治阶级进行辩护的重要工具。黑格尔体系的矛盾和伦理的悖论促使青年马克思走向了批判法哲学的道路,是马克思从对黑格尔的信仰逐步走向唯物主义的重要转折点。可以说,马克思整个政治哲学的出场都以黑格尔法权观念和王权社会为路基,马克思从"副本"走向"原本"批判的理路正是其政治哲学出场的线索证明,甚至马克思对经济问题的研究也是从"物质利益难事"过渡并迂回到黑格尔法哲学批判而开启的,正如有学者提出:"马克思的经济学研究在最初的出发点上,是以对黑格尔《法哲学原理》的重新吸收这样细心的准备工作为前提来展开的。"[①] 可见,马克思对黑格尔的法哲学的清算在他的整个政治哲学中具有十分重要的地位。

第二节 马克思共同体的"出场"与正义"在场"

任何高深的思想理论的诞生都不是偶然的,也不是一蹴而就的,总有其特定的思想渊源、时代条件和发展的内在逻辑。马克思的共同体理论及其蕴含的正义思想也不例外,它伴随着马克思思想理论的萌芽、形成、发展而不断开显和呈放。在马克思的思想历程中,他对共同体及其正义思想的认识经历了从追诉走向哲学范式归谬、从历史唯物主义奠基走向资本的发生史探秘、从政治经济学批判走向真正共同体展望的历史过程。在这个过程中,马克思通过市民共同体正义的"揭秘"、"自然—本源"共同体正义的追溯、"货币—

[①] [日]山之内靖:《受苦者的目光:早期马克思的复兴》,彭曦等译,北京师范大学出版社2011年版,第57页。

资本"共同体正义的解构以及未来共同体正义的勾勒，揭示了正义观念更新及其与共同体演变之间的内在关联，从历史唯物主义的视角把各种共同体的正义观念进行了复原和重构，并在批判中发现和构建，开辟了基于历史唯物主义和共同体理论而研究正义的新范式，最终形成了共同体序列中的正义观，指明了人类迈向真正共同体的道路和实现真正正义的可能性、可行性方案。

马克思的历史唯物主义是以解剖市民社会为中介而创立的，因为市民社会是西方理性主义在现实世界中构造的理想社会的"标本"。但市民社会是特定历史变迁的产物，是个人私利的集中体现和利益交换的"战场"，因而是私人利益和国家利益相矛盾的总根源。马克思以批判市民社会和揭露市民社会的虚假幻象为靶子，强调"对市民社会的解剖应该到政治经济学中去寻求"[1]，从而开启了研究共同体的三条路向：第一条路向即追溯"前市民社会"，分析人类历史如何从原始的本源的共同体过渡到市民社会。马克思认为，与市民社会相比，本源共同体是以血缘和地缘关系结成的社会关系网络，个体是本源共同体的依附物，本源共同体是个体交往的主体。在这样的共同体中，"交换手段拥有的社会力量越小……把个人互相联结起来的共同体的力量就必定越大"[2]。马克思就是从人的交往关系特别是交换关系入手考察本源共同体与市民社会之间的区别的，从而为我们提供了一把破解市民社会所有秘密的钥匙。第二条路向即揭露市民社会以及与之紧密相关的"货币—资本"共同体的本质、冲突和矛盾。马克思认为市民社会是一种人对物的占有关系，是"皆为利而来往"的虚假的共同体，"利益把市民社会的成员联合起来"[3]，使人的交往关系沦为一种全面的异化关系。马克思说："在'市民社会'中，社会联系的各种形式，对个人说来，才表现为只是

---

[1] 《马克思恩格斯文集》第2卷，人民出版社2009年版，第591页。
[2] 《马克思恩格斯全集》第30卷，人民出版社1995年版，第107页。
[3] 《马克思恩格斯文集》第1卷，人民出版社2009年版，第322页。

达到他私人目的的手段"①。在这种共同体中,货币和资本成为人与人关系的"牵线人",成为凌驾于人之上的万能之物,"而人则向它顶礼膜拜"②。第三条路向即展望替代市民社会的未来共同体及其社会运行原则。马克思把未来社会作为扬弃了社会异化和私有财产的真实的共同体,强调这种共同体使人真正占有自己的本质,使社会冲突和对抗真正解决,使历史之谜得以解答。

马克思通过解剖市民社会和批判资本主义生产关系,最终为理解人类共同体的过去、现在和未来提供了新视角。如果沿着马克思的这条线索来理解人类社会的生产资料占有关系、交换关系以及分配关系,那么我们就能真正理解共同体演变视域下的正义观念。实际上,马克思的共同体概念和正义概念就是在对市民社会的批判中形成的,也是在对人类社会的内在结构及其具体形态的解释中生成的。从马克思论著形成和思想历程来看,他对共同体及其正义观念的揭示大致经历了追诉(从大学时代到《莱茵报》时期)、归谬(从《黑格尔法哲学批判》到《巴黎手稿》)、批判(从《关于费尔巴哈的提纲》到《〈政治经济学批判〉序言》)、重构(从《资本论》到《哥达纲领批判》)等过程。在这个过程中,马克思由表及里、由浅入深对当时占主导地位的正义理念进行了"抽丝剥茧"式的批判,还原了共同体正义的本来面目,奠定了正义的历史唯物主义根基,明确了实现真正正义的路径。

一 法哲学范式归谬:市民共同体正义的"纠结"

马克思对共同体及其蕴含的正义观念的揭示,起始于他对市民共同体正义的"纠结"以及对黑格尔法哲学的归谬和批判。但是,引发马克思批判黑格尔法哲学的真正导火索是他在《莱茵报》工作时所遇到的"物质利益难事"。马克思为了解决物质利益诱发的苦恼

---

① 《马克思恩格斯文集》第8卷,人民出版社2009年版,第6页。
② 《马克思恩格斯文集》第1卷,人民出版社2009年版,第52页。

和难题,最终开始了对法哲学和市民共同体正义的驳斥,从而揭示了私有制是产生市民社会和政治国家的重要基础,理顺了黑格尔关于国家和市民社会的"颠倒关系"。然而,马克思的这一思想转向是在1842年至1844年开始和完成的,在此之前,马克思本人不仅是"博士俱乐部"的成员和黑格尔的追随者,还在思想上高扬自由理性的正义旗帜。

马克思在《莱茵报》工作期间表达了对现存社会制度的困惑和不满,在新闻出版工作中遇到的物质利益难题促使青年马克思走向了对自由、民主以及平等的关注和思考,从而使青年马克思的世界观发生了根本的转变。这一时期,他在《莱茵报》上发表的政论文章已经触及对现存制度不公正的批判,已经把人民的利益与法权、国家等联系在一起,从而为广大人民的自由、权利辩护。

《黑格尔法哲学批判》是马克思彻底清算黑格尔神秘主义以及市民社会和法权国家颠倒关系的重要著作,是马克思政治哲学的理论基点。在黑格尔那里,市民社会是"非政治的社会",是和政治国家相分离的形态。马克思认为市民社会和国家分离是真实存在的,但是,马克思认为导致市民社会和国家分离的原因是多样的,不仅包括私人利益和商品经济发展的影响,还包括资产阶级通过革命把旧的共同体摧毁,以新的共同体形式代替了旧的政治制度。黑格尔的法哲学在理念上把国家作为超越市民社会的最高形态,认为国家具有永恒性和现实的合理性,马克思一针见血地指出黑格尔意义上的国家是虚构的存在,"国家破坏了家庭和社会的意志……让脱离开家庭和社会的私有财产的意志得以存在,并承认这种存在是政治国家的最高存在,是伦理生活的最高存在"[1]。马克思看出了黑格尔国家观的漏洞和裂痕,认为黑格尔法权体系的最大破绽是观念和现实的矛盾,即"现实性没有被说成是这种现实性本身,而被说成是某种

---

[1] 《马克思恩格斯全集》第3卷,人民出版社2002年版,第124页。

其他的现实性"①。黑格尔把理性和观念作为主体,把家庭、市民社会作为观念的"衍生物"和内在活动,马克思批判黑格尔的这种做法没有把事实本身理解为事物本身,而是将事实神秘化、永恒化了。基于此,马克思重新梳理了家庭、市民社会和国家的关系,他说:"家庭和市民社会都是国家的前提,它们才是真正活动着的;而在思辨的思维中这一切却是颠倒的。"② 由此,马克思得出了与现存社会制度和社会生活相契合的结论:市民社会扬弃了古代共同体的所有外观,它先于国家存在并在根本上决定着国家和法。

在西方语境中,国家和法具有至高无上性,它们决定着人们的社会生活,作为法权关系的正义也通常被视为社会制度的首要价值和社会生活的根本准则。马克思在《〈黑格尔法哲学批判〉导言》中遵循现存世界的现实逻辑,引爆了从宗教批判到现存世界批判再到法哲学批判的理论武器,直接把批判的武器指向国家和法,把国家和法的根基立于市民社会的地基上。马克思认为,尽管青年黑格尔派也批判神学和宗教,但他们囿于资产阶级的立场,未能批判现实的世俗世界,从而未能超越和走出资产阶级所标榜的"政治解放"的狭隘眼界。在马克思看来,一切宗教产生的根源都可以归结为"市民社会",对宗教、神学的批判必须转向对法、政治的批判,因为宗教和神学观念无非是现存的颠倒的世界的颠倒的反映,只有以彻底的革命才能彻底消除市民社会和国家的分裂,从而实现"普遍的人的解放"。基于此,马克思认为,德国的现存制度就是一种"时序错乱","德国的国家哲学和法哲学在黑格尔的著作中得到了最系统、最丰富和最终的表述"③。因此必须"向德国制度开火!一定要开火!"④,只有摧垮现存制度并"消灭这个敌人",才能实现人的解放,而要消灭敌人,必须超越黑格尔的法权观念,让哲学成为人的

---

① 《马克思恩格斯全集》第3卷,人民出版社2002年版,第10页。
② 《马克思恩格斯全集》第3卷,人民出版社2002年版,第10页。
③ 《马克思恩格斯文集》第1卷,人民出版社2009年版,第10页。
④ 《马克思恩格斯文集》第1卷,人民出版社2009年版,第6页。

解放的"头脑",让哲学掌握无产阶级,最终成为无产阶级的"精神武器"。

可见,马克思对黑格尔法哲学的批判奠定了研究共同体正义的基本框架,即任何一种法权观念、正义理念和道德体系都不过是现存社会制度的产物,都不过是现存世界的阶级关系的映现,它根源于社会的物质方面。尽管马克思和黑格尔都相信市民社会的恶是不可避免的,但马克思比黑格尔走得更远,他既看到了法权关系背后的共同体关系,也看到了法权关系背后的阶级关系和物质利益关系,从而理顺了政治国家与市民社会的本真关系,为市民社会画上了边界。此外,马克思对黑格尔法权理论的批判在历史主义的视角疏通了人的权利和市民权利的关系,明确了人民主权原则,进而从共同体演变的视域把人及其自由从抽象还原为具体,明确了研究人及其自由的立足点。正如布坎南所述:"对于马克思来说,唯一的选择是试图说明所有使法权关系成为必要的因素都是专属于阶级分裂的社会"[1]。马克思诉诸的真正目标也不是法权,而是法权背后的物质动因。

《论犹太人问题》是马克思对市民社会批判的继续和深化,也是马克思与鲍威尔哲学彻底"分道扬镳"的标志,更是马克思揭示政治共同体及其与宗教压迫和人的解放之间关系的核心文本。马克思在这篇文章中严格区别了政治解放与人的解放的关系,考察了政治共同体和政治权利的关联,区分了人权、人的权利和公民权利等基本概念,把人权作为最基本的范畴,把人的权利以及公民权利作为个体在政治上获得解放的核心权利。鲍威尔曾在《犹太人问题》中把世俗问题转化为神学问题,把人的解放看成"观念"的解放,把犹太人的解放等同于宗教解放,看成资产阶级的"政治解放"。马克思对鲍威尔的观念进行了深刻批判,他指明了一条相反的解放路径,

---

[1] [美]艾伦·布坎南:《马克思与正义》,林进平译,人民出版社2013年版,第17页。

即神学问题在本质上是现实问题,人的解放在本质上是"世俗"的解放,而犹太人的解放就是从世俗和金钱中解放出来,是无产阶级的"人的解放"。马克思认为"只有对政治解放本身的批判,才是对犹太人问题的最终批判,也才能使这个问题真正变成'当代的普遍问题'"①。鲍威尔最大的错误在于把批判的矛头指向了"基督教国家",他忽略了对"国家本身"的批判。马克思认为,"政治解放对宗教的关系问题已经成了政治解放对人的解放的关系问题"②。只有批判政治国家的世俗基础和世俗结构,才能真正看到国家在宗教上的软弱与无能,而实现国家从宗教中的解放就是实现从宗教中解放人。马克思深刻阐释了政治共同体和市民社会的关系,并以此说明人在现实共同体中的异化境遇以及实现人的解放的核心要义。在马克思看来,政治国家在本质上是人的物质生活的对立物,它的前提"存在于市民社会之中",而在政治国家诞生的地方,所有人无论在思想中还是在现实中,"都过着双重的生活——天国的生活和尘世的生活。前一种是政治共同体中的生活……后一种是市民社会中的生活"③。这两种生活使人们面临着双重的命运:政治共同体中的生活把人确证为社会存在物,但人只是想象的共同体中的虚构的成员,人的现实生活在本质上却是非现实的;市民社会中的生活使人成为"私人",成为工具,最终沦为一种"异己力量的玩物",而人作为尘世存在物,在市民社会中也是一种不真实的存在。

马克思认为,真正的解放就是使人的各种关系(政治共同体和市民社会中的关系)回归于人自身,就是"一方面把人归结为市民社会的成员,归结为利己的、独立的个体,另一方面把人归结为公民,归结为法人"④。也即是说,只有人真正成为现实的个人并以自己的现实关系结成社会存在物,把异化的关系还原为人所固有的关

---

① 《马克思恩格斯文集》第1卷,人民出版社2009年版,第25页。
② 《马克思恩格斯文集》第1卷,人民出版社2009年版,第27页。
③ 《马克思恩格斯文集》第1卷,人民出版社2009年版,第30页。
④ 《马克思恩格斯文集》第1卷,人民出版社2009年版,第46页。

系，才能实现人的彻底解放。马克思在《论犹太人问题》中通过犹太人的解放问题表达了对基督教和现代国家的肯定，即认为"共同体"是现代社会的主要优点。有学者认为，在马克思那里，"共同体不仅反映在基督教的'天堂'中，在那里每个个体都被认为是共同体的一员；还反映在现代国家中，他称其为'共同体的范围'，在这里个体'与其他人共生'"①。尽管青年马克思很少论及共同体问题，甚至对共同体的阐释不够清晰，但他在思想转变时期把共同体与现代国家联系起来，在一定程度上再现了共同体与现代国家、市民社会的关系。在马克思看来，共同体是指涉共同利益而非特殊利益的范畴，而个人在市民社会条件下成为共同体中异化的成员，人的解放就是把人从共同体的"非人性的生活"中解放出来。

二　历史唯物主义奠基：政治共同体正义的"揭秘"

"市民社会是全部历史的真正发源地和舞台"②。马克思对市民社会的批判和黑格尔法哲学的归谬开启了对历史唯物主义的探寻之旅，也触发了他对人们所依赖的"物质生活关系"的批判性思考。马克思通过对市民社会、私有财产、犹太人解放等问题的清算，逐渐开辟了一条破除自由主义迷雾、解决人的解放和扬弃私有财产的道路。马克思倒转了黑格尔的思路，在市民社会和政治国家中发现了私有财产权的危害，它使共同体与个体相分离，使人们彼此之间沦为纯粹的工具。为此，马克思揭秘私有财产的缘起、探索替代"市民社会"的"人类社会"之途，最终奠定了历史唯物主义的理论根基，为共同体及其正义的出场开辟了崭新的道路。

《巴黎手稿》是青年马克思论及私有财产的主要著作，也是青年马克思对市民共同体私有财产权进行深层批判的展开。马克思在

---

① [英]大卫·利奥波德：《青年马克思》，刘同舫、万小磊译，中山大学出版社2017年版，第142页。

② 《马克思恩格斯文集》第1卷，人民出版社2009年版，第540页。

《巴黎手稿》中探索了一条不同于国民经济学家对私有财产事实揭秘的批判道路,直接摒弃了私有财产演变的抽象的一般公式,真正揭示了私有财产的缘起、实质和命运。在马克思看来,国民经济学家在论述私有财产权时总是将之置于虚构的共同体中,洛克就认为在原始状态中人人共有自然之物,"劳动使它们脱离原来所处的共同状态,确定了我对于它们的财产权。"① 亚当·斯密更是认为,人的劳动是确证私有财产的核心尺度,是私有财产的主体性本质,于是,人作为主体就被设定在私有财产的规定中,人的劳动就转化为创造私有财产的正当行为。马克思批判他们没有看到"分工和交换之间的必然关系"②,仅仅像神学家用"原罪"来预设"恶的起源"那样设定"私有财产的起源",他们这样的做法只会使"问题堕入五里雾中"③。马克思认识到国民经济学家忽视了人的劳动与劳动产品的关系,从而掩盖了劳动本质的异化。为此,马克思认为分析私有财产的真正出发点只能是研究"国民经济事实即工人及其生产的异化"④,因为这种异化的或外化的劳动使工人生产出自己之外的劳动关系,生产出资本家,生产出私有财产。在马克思看来,在现实的共同体中,工人的劳动既有创造性的一面,同时又有摧残人的本性的一面,即劳动成为控制人的异己的力量。具体来说,工人的劳动发生了"四重异化":(1)工人的劳动产品成为与工人直接对立的异己的力量,工人劳动力量耗费得越大、越多,工人越是积极劳动,他亲手创造出的凌驾于他之上的异己的力量就越强大;(2)劳动作为人的自由自觉的内在本性,却在生产过程中成了外在的、强制的东西,工人的劳动不再是出于自觉自愿,而是变成了自我牺牲、自我折磨和丧失自身;(3)人的类意识、类本质和类生活被贬损为仅

---

① [英]洛克:《政府论》下篇,叶启芳、瞿菊农译,商务印书馆2018年版,第19页。
② 《马克思恩格斯文集》第1卷,人民出版社2009年版,第156页。
③ 《马克思恩格斯文集》第1卷,人民出版社2009年版,第156页。
④ 《马克思恩格斯文集》第1卷,人民出版社2009年版,第164页。

仅是维持自我生存的手段，人的类本质沦为仅仅是维持生命存在的"躯壳"；（4）每个人同自身的类本质、生命活动以及劳动产品的异化最终导致人与人相异化。

马克思据此推定，"私有财产是外化劳动即工人对自然界和对自身的外在关系的产物、结果和必然后果"[①]。这种私有财产产生以后又充当了劳动借以异化的手段，从而加剧了劳动的异化程度。那么，究竟如何才能扬弃私有财产、克服异化劳动？马克思在批判各种形形色色的共产主义（主要是平均的和粗陋的共产主义）时探寻了一条扬弃私有财产的哲学式共产主义道路。马克思认为，平均的共产主义并不能扬弃私有制，它反而是"私有财产关系的普遍化和完成"[②]，它仅仅强调以原始共同体为模式去重新占有私有财产，并以强制的方式消灭和抛弃人的才能，这种共产主义显然是以保护共同体与物质世界的关系为出发点的，因而是无法实现的。同时，马克思认为粗陋的共产主义也无法实现对私有财产的抛弃和驾驭，它在本质上是一种向"非自然的简单状态的倒退"，因为这种共产主义强调的共同性仅仅是劳动的共同性和工资平等的共同性，是一种想象的普遍性，它把劳动预设为人的本性和天职，认为"资本是共同体的公认的普遍性和力量"[③]。所以，马克思认为这种共产主义虽然经过了"改头换面"，但它不过是私有财产的卑鄙的表现形式和另类的呈现方式，这种共产主义下的"私有财产力图把自己设定为积极的共同体"[④]。马克思由此认为，共产主义的真正要旨是积极扬弃"私有财产即人的自我异化"，最终使人以全面的方式回归自己的本质。

可见，对异化劳动的揭秘和私有财产扬弃之路的探索，使马克思在解释共产主义和研究共同体的道路上迈出了关键一步，而《巴黎手稿》也成为马克思从宗教和国家批判走向物质生活关系（市民

[①] 《马克思恩格斯文集》第1卷，人民出版社2009年版，第166页。
[②] 《马克思恩格斯文集》第1卷，人民出版社2009年版，第183页。
[③] 《马克思恩格斯文集》第1卷，人民出版社2009年版，第184页。
[④] 《马克思恩格斯文集》第1卷，人民出版社2009年版，第185页。

社会)研究、从法哲学归谬走向政治经济学批判的真正起点,也是唯物史观的真正发源地。

《神圣家族》是马克思恩格斯清算思辨唯心主义、揭露"自我意识"哲学的理论成果,"它奠定了革命唯物主义的社会主义的基础"①。在这篇著作中,马克思恩格斯依旧沿着"市民社会"这个现实基础来揭示"现实的物质生活关系",并且比较晦涩地表达了人对物质生活的依赖关系,以及建立在人们的物质生活基础上的必然发生的社会关系。马克思恩格斯批判国民经济学家蒲鲁东对公平的绝对信仰,指责他以"平等占有"的方式去扬弃私有财产,因而他仍然是在国民经济学的异化的大框架下来扬弃异化,所以无法真正理解私有财产的本质。为此,马克思恩格斯批判性地指出:"平等的占有"本身是异化的表现,"对象作为为了人的存在……同时也就是人为了他人的定在,是他同他人的人的关系,是人同人的社会关系。"② 这表明,马克思恩格斯已经从市民社会异化的物与物的关系深入到人与人的关系,特别是看到了公平和平等观念背后的"社会关系"。尽管马克思恩格斯的这一表述十分晦涩,但已经十分接近物质生产中的生产关系这个概念了。马克思恩格斯甚至已经提出,物质生产领域所确定的某物品的价值必须以该物的劳动时间来衡量,因为任何合乎人性的发展最终都要以时间来确证。在《神圣家族》中,马克思恩格斯通过对市民社会基础的考察,进一步分析了政治共同体的人权、自由和正义等问题。马克思恩格斯认为鲍威尔对犹太人问题的阐释是荒诞的,他批判鲍威尔把人权等同于使人摆脱宗教、摆脱财产和摆脱谋利,但他不了解真正的人权是让人获得宗教、财产和经营的自由。马克思恩格斯进而指出,政治共同体通过普遍人权承认了国家的自然基础(即市民社会以及生活于其中的人),但现代国家本身就是市民社会的产物,所以,犹太人的解放和犹太人

---

① 《列宁专题文集 论马克思主义》,人民出版社2009年版,第56页。
② 《马克思恩格斯文集》第1卷,人民出版社2009年版,第268页。

获得人权是"彼此制约的行为"。在马克思恩格斯看来，市民社会是引起"人反对人"的总根源，它在本质上是人与人之间"相互反对的战争"，而在现代世界中，"民主代议制国家和市民社会的对立是社会共同体和奴隶制的典型对立的完成。"① 因为在现代政治共同体中，"每一个人都既是奴隶制的成员，同时又是共同体的成员"②。他们在现代世界具有双重身份，并在表面上拥有最大自由和尽善尽美的独立，但每个人在现实中却拥有无限的非人性和屈从性，一句话，在这样的共同体中，"法代替了特权"③。马克思恩格斯认为市民共同体中的个人与其说是青年黑格尔派眼里的"原子"，不如说是利己主义的个人，因为他们是自己把自己抽象成原子，他们并不懂得他们的欲望、私欲和利益正是在现实生活中获得的。一言以蔽之，这部论战性的论著是马克思恩格斯对市民社会和政治共同体进行批判性反思的理论呈现，为历史唯物主义的出场清扫了尘埃和障碍。

《关于费尔巴哈的提纲》是马克思从"市民社会"走向"人类社会"的转折点，也是"历史唯物主义的起源"④。在这篇文章中，马克思剑指旧唯物主义的理论缺陷，认为它对世界的认识模式还停留在直观的反映论层面，因而无法洞悉人的实践活动对于认识和改造客观对象的重要意义。最为重要的是，旧唯物主义根本不懂得由个体所组成的社会或共同体的本质，他们把个体作为抽象的存在，把社会理解为一种脱离人的实践活动的神秘的关系，因而"只能达到对单个人和市民社会的直观"⑤。于是，在旧唯物主义者那里，个体和共同体都是抽象的、戴着神秘面罩的存在，他们甚至把市民社会作为理想化的社会模型，作为解释一切现实问题的立脚点，但他们没有真正看到市民社会背后的现实的人的关系实质上是一种全面的

---

① 《马克思恩格斯文集》第 1 卷，人民出版社 2009 年版，第 316 页。
② 《马克思恩格斯文集》第 1 卷，人民出版社 2009 年版，第 316 页。
③ 《马克思恩格斯文集》第 1 卷，人民出版社 2009 年版，第 317 页。
④ 《马克思恩格斯文集》第 10 卷，人民出版社 2009 年版，第 647 页。
⑤ 《马克思恩格斯文集》第 1 卷，人民出版社 2009 年版，第 502 页。

异化的关系,也没有提出超越市民社会的解放之道。在马克思看来,立脚于市民社会的旧唯物主义根本不懂得哲学的真正使命,他们只知道在市民社会的地基上"画地为牢",只是囿于"解释世界",而没有跳出旧哲学的怪圈去尝试"改变世界"。所以,"改变世界"是马克思新唯物主义的政治哲学向度,也是马克思以"政治解放"和"人的解放"为论题的政治哲学的价值旨归。马克思的实践哲学和政治哲学超越旧哲学的地方正在于它以"人类社会或社会的人类"为立脚点,这是超越市民社会和虚假的共同体的替代性方案,也是马克思改造世界的新哲学的核心要义。在马克思的视野里,现实共同体的一切冲突和矛盾的解决办法只能是消除市民社会本身,只有摧毁市民社会进而实现"人类社会",作为公民的人和作为资产者的人才能达到和解,私有财产和人的异化才能真正扬弃,作为人性复原和人类和解的理想的共同体模式才能真正呈现。所以,马克思的"人类社会"模型在本质上是理想的共同体图景,他的新哲学正是这个图景的亮丽底色,它之所以能够超越"市民社会",一方面是因为这个理想"具有道德上的正当性"[1],另一方面是因为它具有历史事实上的必然性。

马克思恩格斯在《德意志意识形态》中系统、全面地揭露了旧哲学的实质,破除了费尔巴哈的迷信和谎言,揭示了历史唯物主义的核心思想,推动了共同体理论的真正出场。这部著作是马克思恩格斯在历史主义的立场上对"形形色色的意识形态总问题所作的评论"[2],也是他对共同体形态及其内蕴的道德、法律进行系统阐释的标志性著作。马克思恩格斯对历史形态和共同体演变的研究摒弃了抽象思辨的方法,而是从现实的个人及其所依赖的物质生活条件出发,系统考察了人们的物质生产活动及其结成的物质生产关系,在

---

[1] [加]威尔·金里卡:《当代政治哲学》上,刘莘译,上海三联书店2004年版,第304页。

[2] [法]路易·阿尔都塞:《保卫马克思》,顾良译,商务印书馆2016年版,第17页。

此基础上形成了对人类历史的"唯物主义"解读。马克思恩格斯认为，历史的前提无论在经验上还是在逻辑上都只能是从事物质活动的现实的个人，因为人的生命表现和生物特征决定了人不能脱离物质条件而存在，人的吃喝住穿的需要也只能在物质活动中才能获得满足。马克思恩格斯对历史前提的理解已经完全冲破了黑格尔的"绝对精神"、鲍威尔的"自我意识"、施蒂纳的"唯一者"以及费尔巴哈的"抽象个人"的迷雾，真正把历史置于它的从事物质活动的人的基础上，而任何历史都必须以现实的人及其生活关系所形成的物质基础才能得到科学的说明。马克思恩格斯正是从现实的个人及其物质生活方式（生存方式）出发论证了"物质生产"在历史变迁中的决定性意义。

马克思恩格斯认为，人类的物质生产活动在最初的原始形态中就存在着分工，只不过这种分工还是原始意义上的自然分工。随着共同体裂变、生产活动扩展和交往范围的扩大，自然分工逐渐演化并扩展为真正的社会分工，这种社会分工对人类生产方式产生的影响是巨大的，它引发了人们的劳动及其占有方式、分配方式的变化，从而催生了不同的所有制形式。"分工的各个不同发展阶段，同时也就是所有制的各种不同形式。"① 正是社会分工的细化和发展，推动了人类的共同体和所有制形式从部落共同体（部落所有制）、古代共同体（公社所有制）、中世纪共同体（封建所有制）到市民社会（资产阶级所有制）的变迁。尤其是近代以来，社会分工愈加精细，最终使得"单个人的利益或单个家庭的利益与所有互相交往的个人的共同利益之间的矛盾"② 越来越激烈，由此引发的个人利益与共同体利益之间的矛盾不可调和，使共同体采取了一种异化的虚幻的形式凌驾于人之上，这种共同体的典型代表就是资产阶级国家，它使普遍利益与单个人的特殊利益相脱离，并打着普遍利益的虚假谎

---

① 《马克思恩格斯文集》第 1 卷，人民出版社 2009 年版，第 521 页。
② 《马克思恩格斯文集》第 1 卷，人民出版社 2009 年版，第 536 页。

言维护自己的利益,使共同体最终走向了异化,成为统治人和压迫人的异己力量。马克思恩格斯认为,这种异化的共同体使个人有了一定的自由,但它在根本上是"一个阶级反对另一个阶级的联合",是人的异化的新的形式,对于被统治阶级而言,它是"新的桎梏"。因而,要使个体利益与普遍利益重新同归于一,就必须扬弃市民社会,最终走向真正的共同体。正如马克思恩格斯所言:"在真正的共同体的条件下,各个人在自己的联合中并通过这种联合获得自己的自由。"①

马克思恩格斯不仅在《德意志意识形态》中推出了共同体演变的理论逻辑和历史序列,而且还论证了共同体更替的内在根由以及建立在各种共同体形态基础上的国家形态、所有制形式和法的关系。在西方思想传统中,法的关系总是和正义、平等观念相联系,在一定意义上,法的关系就是正义理念演变的必然结果。马克思恩格斯在解释国家和法权时已经完全摆脱了理性国家和抽象法的研究框架,而是在共同体及其所有制演变的各种形式中分析国家、法权和道德产生的物质根源。马克思恩格斯在《德意志意识形态》中特意考察了所有制关系与国家、法权的关系,他们认为最初的所有制是部落共同体所有制,这是由人类早期的战争、畜牧业决定的所有制形式;在古典古代出现了奴隶制共同体,国家所有制逐渐代替了部落所有制;在中世纪的封建的共同体中,封建地产、动产、行会以及工场手工业发展起来,现代私有制才真正产生,"现代国家是与这种现代私有制相适应的。"② 资产阶级就是为财产和利益而使共同体采用了现代国家的形式来维护自身的特殊利益。马克思恩格斯认为,私法的出现也是与共同体以及私有制形式的变迁相适应的,是随着共同体的演变和所有制解体的过程而逐步形成的,在中世纪,关涉海上贸易的海商法以及与工商业相关的罗马私法的出现,都是所有制变

---

① 《马克思恩格斯文集》第 1 卷,人民出版社 2009 年版,第 571 页。
② 《马克思恩格斯文集》第 1 卷,人民出版社 2009 年版,第 583 页。

革的直接结果。特别是在现代民族那里，私有制和私法的生产直接推动了一个"发展的新阶段"的到来，使资产阶级的力量逐步壮大起来。马克思恩格斯认为，现代资产阶级的法权观念就是在现代私有制的基础上产生的，"在私法中，现存的所有制关系是作为普遍意志的结果来表达的。"① 因此，现代资产阶级的法权关系和正义观念都不过是特定所有制形式的反映和表达，是现实的经济关系的映射，是统治阶级共同意志的表现。

三 资本的发生史探秘：原始共同体正义的考量

马克思对法的关系的苦恼和对物质利益的困惑促使他从市民社会批判走向了资本逻辑批判的现实之路，在这一历程中，马克思的历史唯物主义得以问世。如果说马克思在 1848 年革命之前对资本主义共同体的批判是零散、不系统的，那么，他从 50 年代开始对经济学的研究则系统性地揭示了资本主义关系的历史缘起以及货币共同体和资本共同体的内在机制，揭开了资本逻辑的虚幻的面纱。马克思对资本主义的批判性研究是历史唯物主义及其方法的具体运用，他以此为指导全面深入考察了货币、资本的发生史，从而揭示了共同体演变和正义观念的经济根源。

马克思指出，"经济学研究的不是物，而是人和人之间的关系，归根到底是阶级和阶级之间的关系；可是这些关系总是同物结合着，并且作为物出现。"② 那么资本主义的关系究竟是如何产生的？作为资本主义财富代表的物（商品、货币）究竟是如何转化为资本的？马克思在《政治经济学批判大纲》（以下简称《大纲》）中揭示了资本的发生史，从而揭示了资本主义关系的历史起源。在国民经济学家那里，历史的演进是按照观念的顺序展开的，他们因此颠倒了资本主义之前的共同体形式和所有制关系，把前资本主义的所有制形

---

① 《马克思恩格斯文集》第 1 卷，人民出版社 2009 年版，第 585 页。
② 《马克思恩格斯文集》第 2 卷，人民出版社 2009 年版，第 604 页。

式和共同体形态说成是资本存在的结果。马克思批判资产阶级经济学家的这种谬误，指出"资本并不是使世界从头开始"[1]，而是在资本出现以前的共同体中，劳动及其产品就已经存在。资产阶级经济学家根本不懂得资本的历史起源，他们妄图颠倒资本主义的发生史，从而为雇佣劳动进行合法性辩护。与此不同，马克思选择了一种更加科学的逻辑方法，通过"人体解剖法"阐发了一条以共同体及其生产方式更替为主线的资本主义的起源史，并以此来考究资本主义在整个历史链条上的位置和功用。马克思在《大纲》中摒弃了"符合观念的历史更替"的研究方法，而是依循"符合事实的历史顺序"的逻辑来考察和检验资本主义的核心要素（资本）的演变。马克思认为，对资本主义经济规律的研究离不开"生产关系的真实历史"，从这些过去已经发生的生产关系中，就可以推断出"一些原始的方程式"[2]，这些已经发生过的原始方程式是破解各种共同体形态的工具。

如果说马克思在《德意志意识形态》中构筑了一种以分工为逻辑起点和核心线索来解释共同体演变的模式，那么他在《大纲》中则开创了一种以生产方式和财产关系为核心线索的解释模式，尽管这两种解释共同体演变的模式在理论和逻辑起点上存在差异，但二者殊途同归，最终都说明了从旧式的共同体（封建社会）向市民社会（资本主义）过渡的动因、方式和结果，也说明了在这一过渡中人们的各种关系发生的异化。马克思在《大纲》中指出，资本的前提和资本主义的原始关系产生的条件是旧的所有制形式的解体。从理论上讲，这些旧的所有制形式就是人们在交往中依赖的共同体形式，也是人们各种关系所构成的集合体。马克思认为，从人们最初的生活方式及其对土地、牧场等生产资料的占有形式来看，人类最早的共同体形式是由家庭或家庭扩大而成的部落所构成的"天然共

---

[1] 《马克思恩格斯全集》第31卷，人民出版社1998年版，第70—71页。
[2] 《马克思恩格斯全集》第30卷，人民出版社1995年版，第453页。

同体",这种共同体是人类最原始的生存方式,他们以共同占有和利用土地为基础,因而土地是这种共同体最原始最朴素的财产,人们之间的关系也处于原始的平等状态。古代的共同体是原始部落经过动荡、分化和重组的产物,它在本质上已经不再以土地为基础,而是"以城市作为农民(土地所有者)的已经建立的居住地"① 为前提条件,因而,这种共同体的财产(公有地)是和私有财产相互并存的,人们的身份在共同体的网结中依然是平等的。在日耳曼的共同体中,单个的家庭和单个人的财产获得了统治地位,"公社财产本身只表现为各个个人的部落住地和所占有土地的公共附属物。"② 这种共同体的财产占有形式已经不再是平等的形式,而是"公私共存"并由个人所有主导的私有制形式。马克思认为,资本主义关系在历史起源上绕不开各种共同体发生的瓦解,也绕不开各种共同体财产关系发生的变化,因此,研究和追溯资本主义的历史起源,就是研究资本主义之前的各种共同体中的经济关系的演变,就是追溯财产的历史起源。所以,从历史的视角看,原始共同体中劳动者和他们的生存的客观条件(土地、牧场)之间的分裂,使共同体发生了解体,而"资本主义可能会是那种瓦解的最终产物"③。

马克思通过追溯和考察"自然—本源共同体"及其内蕴的所有制形式,最终找到了一条通达资本主义关系的内生路径,这条道路就是作为生产条件的共同体的解体及其引发的劳动者同自己的客观要素(或客观条件)的分离。马克思认为,在原始共同体形态中,作为个体的劳动者与共同体或多或少具有统合性,而劳动者同自己所依赖的客观条件(生存条件)直接结合,表现为以土地、原料为基础的客观条件就是劳动者自身的占有物,就是属于劳动者自身的试验场和"无机存在"。然而,随着领土的扩大、人口的增加以及生

---

① 《马克思恩格斯全集》第 30 卷,人民出版社 1995 年版,第 469 页。
② 《马克思恩格斯全集》第 30 卷,人民出版社 1995 年版,第 475 页。
③ [意] 马塞罗·默斯托:《马克思的〈大纲〉》,闫月梅等译,中国人民大学出版社 2016 年版,第 125 页。

产方式的更新，劳动者同客观条件（土地、工具、原料等）的"肯定关系"逐渐变成"否定关系"，使大批劳动者逐渐脱离了与共同体的"脐带"，脱离了与自己原本合二为一的客观条件，从而使个人从先前对劳动资料的依附关系中分化出来，成为丧失了客观条件（生产资料）的自由工人，而劳动的客观条件（生产资料）则变成"独立的价值的形式，与那些已同这些条件分离的、丧失了财产的个人相对立"①，即最终形成了劳动者（自由工人）和客观条件（资本）的对立。所以，马克思看到，资本在最本源的意义上是由劳动的客观条件分化的结果，即从最初的土地要素中逐渐分化出的财富和货币的流通结果，资本在源头上就是以"货币形式存在的财富为起点的"②，它最终与商人结合并在社会中获得了至高的地位。在马克思看来，劳动力作为一种商品，它在本质上是丧失了客观要素和客观条件的自由工人，因而他们可以被作为活劳动力抛到市场上出售，当资本把他们凝聚起来并形成庞大的"资本共同体"时，资本主义的生产关系就获得了压倒性胜利。

马克思通过对资本发生史的追溯，最终揭开了从封建共同体向资本主义虚幻的共同体过渡的秘密，为人们揭开了资本主义关于正义、自由、道德等价值的事实和真相。在马克思那里，"资本主义兴起的条件恰恰是这些前资本主义财产形式的解体"③，在对前资本主义的财产关系和所有制形式的分析中，马克思认识到生活在古代世界中的人们拥有原始的平等、正义和自由，他们对财产和财富的占有表现为以人为目的，相反，在资本获得统治权的资本共同体中，对财富的占有则表现为以生产为目的，而人的内在本质变成了空虚化的实体，人成为生产的工具。马克思据此指出："稚气的古代世界

---

① 《马克思恩格斯全集》第 30 卷，人民出版社 1995 年版，第 497 页。
② 《马克思恩格斯全集》第 30 卷，人民出版社 1995 年版，第 499 页。
③ [美] 罗伯特·布伦纳：《马克思社会发展理论新解》，张秀琴等译，中国人民大学出版社 2016 年版，第 24 页。

显得较为崇高……凡是现代表现为自我满足的地方，它就是鄙俗的。"① 实际上，马克思认为古代的共同体在一定程度上使人的发展成为目的本身，在这样的共同体中，尽管个体对共同体的依赖关系较强，但个体并没有发生全面异化，也没有为了某种纯粹的外在目的而牺牲自己。恰恰相反，马克思认为，虽然现代社会在生产方式上超越了古代社会，但在人的社会关系方面则显得鄙俗，因为在货币和资本主宰的共同体中，社会的平等、正义和自由等观念被真实的异化的关系遮掩了，现代共同体以赤裸裸的、露骨的货币和资本关系代替了古代世界的纯粹的交往关系，这样的共同体在本质上是冒充的虚幻的集合体，是道德沦丧、人性异化和社会关系冲突的根源。

四 政治经济学批判：货币—资本共同体正义的解构

"历史从哪里开始，思想进程也应当从哪里开始"②。马克思对资本的发生史的分析遵循了逻辑与历史相统一的分析方法。在这种方法的指导下，马克思从分析资本主义的"物质生产"开始解剖这种有机体。但是，任何生产都是特定共同体发展阶段上的每个具体的人的生产，都有着共同的规定性，这个共同的规定就是一个合理的抽象，即"生产一般"。马克思认为古典经济学家就是从"生产一般"出发对各个时代的生产形式进行抽象性考察的，他批评这种考察方法首先会默认历史从古代共同体到资本主义社会的线性的自然演进，因而无法洞悉资本主义社会的"特殊生产"。马克思强调："如果没有生产一般，也就没有一般的生产。"③ 这就是说，在不同的时代或同一时代的不同部门，生产总是表现出"特殊生产形式的关系"，因此，要分析资本主义共同体，最合适的方法是比较和对照

---

① 《马克思恩格斯全集》第 30 卷，人民出版社 1995 年版，第 480 页。
② 《马克思恩格斯文集》第 2 卷，人民出版社 2009 年版，第 603 页。
③ 《马克思恩格斯文集》第 8 卷，人民出版社 2009 年版，第 9 页。

它与古代共同体在生产上的差异，在找到差异性的基础上分析资本主义与古代社会的接续性和非自然性。马克思通过把古代社会和资本主义的生产形式进行比较，发现了资本主义在生产上的特殊性并不是"生产一般"，而是"资本一般"，它是现代资本主义共同体与古代共同体在生产上的最大的差异性，即资本主义的生产"从形式规定性方面来看，是价值自行增殖过程"①。马克思注意到，古典经济学家仅仅从物质实体的角度来看待资本，他们无法真正理解资本增殖的真实缘由，因而在资本和劳动的关系上纠缠不清。马克思指出，在古典经济学家那里，"资本被理解为物，而没有被理解为关系。"② 因而，他们的缺陷就在于忽略了资本背后的经济关系，特别是忽略了资本与劳动的关系。

马克思认为，要理解资本必须首先分析货币，因为"资本是以货币，从而以货币形式存在的财富为起点的"③。马克思对货币的讨论也坚持了逻辑与历史相统一的原则，即将货币置于特定的历史条件和共同体关系中考察，从而分析了货币的本质及其转化为资本的逻辑前提和历史基础。在马克思看来，货币是特定历史条件下人们的交换关系的必然产物，但在原始共同体中，人们之间的商品交换关系并不存在，而仅有的是物与物的让渡关系。马克思认为，商品交换"最初在原始共同体的尽头，在它们与外人的接触中"④ 发生，一旦劳动产品能够作为商品进行对外交换，那么它必然能够在共同体内部成为商品，从而它们的占有者也彼此愿意将之让渡出去。随着交换的不断重复和交换范围的扩大，作为一般劳动化身的商品价值日益凸显，交换的价值形式也日益转移到那些天然最适合充当一般等价物的商品上，这种商品就是货币。所以，货币是从原始共同体中分化出来的固定充当交换媒介的商品，它是连接人与人之间关

---

① 《马克思恩格斯全集》第 30 卷，人民出版社 1995 年版，第 270 页。
② 《马克思恩格斯全集》第 30 卷，人民出版社 1995 年版，第 214 页。
③ 《马克思恩格斯文集》第 8 卷，人民出版社 2009 年版，第 157 页。
④ 《马克思恩格斯全集》第 30 卷，人民出版社 1995 年版，第 156 页。

系的纽带。

马克思在《巴黎手稿》中指出：货币是"通用的分离剂"，"也是地地道道的黏合剂；它是社会的……化合力"[1]。货币之所以是"分离剂"，是因为它把共同体之间传统的简单的关系摧毁了，代之成为社会联系的纽带，使人们的经济关系通过货币重新连接，形成新的共同体形式。马克思在此意义上揭示，"货币同时直接是现实的共同体，因为它是一切人赖以生存的一般实体；同时又是一切人的共同产物"[2]。也就是说，货币本身是交换的媒介，但在商品经济盛行的市民社会和现代资本主义社会，它成了人们之间和各民族之间建立联系的"普遍牵线人"[3]，它似乎成为人们一切关系的"中介"，成为一种抽象的共同体，因而它被人们"当成万能之物"，成为凌驾于人之上的虚幻的"万能之神"，而普通大众"则向它顶礼膜拜"[4]。马克思认识到货币的魔力正在于把人的意志凝结在这个"人造物"之上，从而它又主导着人的生活，使人依附于它并把人的纯真的关系贬斥为异化的关系，使人与货币处于相互对立的两极。马克思将货币的这种特性称作"起颠倒作用的力量"，因为在货币统治的世界，它把人紧紧绑缚在货币共同体中，"它把坚贞变成背叛，把爱变成恨……把明智变成愚蠢。"[5] 它牵引着资产者的灵魂，使他们"像鹿渴求清水一样"[6] 痴迷于这个"万能之神"。在马克思看来，古代共同体的货币与现代社会中的货币具有根本的差异性，在古代社会，货币更多是"流通的货币"，而在现代社会，货币则更多是"资本的货币"，即作为"资本一般"与现实直接对立。

货币究竟是如何分化、蜕变进而转变为资本的？资本在自然和

---

[1] 《马克思恩格斯文集》第 1 卷，人民出版社 2009 年版，第 245 页。
[2] 《马克思恩格斯全集》第 30 卷，人民出版社 1995 年版，第 178 页。
[3] 《马克思恩格斯文集》第 1 卷，人民出版社 2009 年版，第 245 页。
[4] 《马克思恩格斯文集》第 1 卷，人民出版社 2009 年版，第 52 页。
[5] 《马克思恩格斯文集》第 1 卷，人民出版社 2009 年版，第 247 页。
[6] 《马克思恩格斯文集》第 5 卷，人民出版社 2009 年版，第 162 页。

社会属性方面究竟有何差异？马克思在《1857—1858 年经济学手稿》的"资本章"中区分了"作为资本的货币"（价值增殖）与"作为货币的货币"（流通媒介）的差异性，进而分析了资本产生的逻辑前提。在马克思看来，资本的形成源自货币的流通，而且就是以货币为起点的。货币进入流通并在流通中扬弃自身，最后再返回到货币的形式，这就是最初的资本的表现形态，用公式表示就是"G—W—W—G"。在这个完整的形式中，货币在流通中逐渐消融并否定了自己，但在否定中也包含着自己的肯定性，在货币的"肯定的规定中，包含着资本的最初的一些要素"①。也就是说，资本是在"为卖而买的运动"中形成的，是这个运动的最终结果。资本的内在特性正在于"那种在流通中并通过流通保存自己，并且使自己永存的交换价值的规定性"②，这种规定性即资本的自然属性，表现为它能够保存自己并带来价值增殖。马克思批评古典经济学家只见资本的"物性"，即将之理解为"物的关系"，而忽略了资本的"人性"，即资本在社会属性上是特殊的社会关系。

马克思认为资本总是处在特定的社会关系中，也只有在社会关系中，资本才获得了实际的意义。在古代共同体向近代社会的过渡中，劳动者与劳动的客观要素发生分离，而货币就是这种分离的加速器，它使劳动者一方沦为自由工人，使客观条件逐渐转换成货币财富，它（货币财富）既能在市场上买到活劳动，也能把客观要素变成生产要素，这样来看，"在资本产生时作为前提的唯一积累，是货币财富的积累"③。马克思认识到，资本之所以能够产生的历史因素是共同体的解体及其带来的劳动者与客观条件的分化。所以，在资本的概念中本身就包含着劳动者自身的客观要素，这些客观要素本身是劳动者的产物，因而资本在社会属性上必然具有"人的属

---

① 《马克思恩格斯全集》第 30 卷，人民出版社 1995 年版，第 208 页。
② 《马克思恩格斯全集》第 30 卷，人民出版社 1995 年版，第 218 页。
③ 《马克思恩格斯全集》第 30 卷，人民出版社 1995 年版，第 508 页。

性"。所以马克思得出结论说:"资本显然是关系,而且只能是生产关系"①。资本也并不是单个的关系所凝集的力量,而是社会联合的力量,它在一定意义上是抽象的共同体。

马克思揭示了货币和资本的共同本质,将之归结为抽象的共同体,并以历史唯物主义的方法给予深入批判,揭开了"货币—资本"抽象共同体对人的宰制及其引发的社会矛盾、冲突和对抗。马克思哀叹货币和资本是引发社会问题的"万恶之源",它们不仅加速了古代共同体的衰落,而且在现代社会(市民社会)中获得了霸权地位,使自己成为现代社会的虚假的"统治之神"。马克思强调,"货币本身就是共同体,它不能容忍任何其他共同体凌驾于它之上。"② 货币转化为资本之后所引发的贪欲、利益冲突和阶级对抗更加明显,它使现代社会成员卷入了以资本为主宰的抽象共同体之中。马克思批判资本的贪婪、野蛮和残酷,认为资本征服和同化了人的生活,把人绑缚在抽象的资本共同体之中,成为受资本摆布的存在物。马克思认为,在资本主导的世界,"个人现在受抽象统治"③,完全依赖于"物",依赖于"抽象共同体"。所以,就人与货币和资本的关系来看,"在货币上共同体只是抽象,对于单个人来说只是外在的、偶然的东西"④。马克思在《1857—1858年经济学手稿》中揭示了资本的社会关系本质和抽象属性,在他看来,工人的联合得益于"资本的生产力"的推动,资本的生产力是资本的逐利性、扩张力的表现,工人的联合力量在本质上是"资本的集体力量",资本甚至已经在社会生产关系中跃升为"主体",把人贬黜为受资本奴役的"客体"。因此,在资本主义生产中,工人的集中和联合不是出于自觉自愿,也"不是他们的存在,而是资本的存在"⑤,他们不是把自己作为主

---

① 《马克思恩格斯全集》第30卷,人民出版社1995年版,第510页。
② 《马克思恩格斯全集》第30卷,人民出版社1995年版,第175页。
③ 《马克思恩格斯全集》第30卷,人民出版社1995年版,第114页。
④ 《马克思恩格斯全集》第30卷,人民出版社1995年版,第178页。
⑤ 《马克思恩格斯全集》第30卷,人民出版社1995年版,第587页。

体，而是作为与资本相对立的异己的力量。所以，资本在社会属性上是使工人联合和生产集聚的力量，是把社会的集体力量"创造出来的统一体"①。正是在这个意义上，马克思揭示了工人对资本的依附性以及工人面临被吞没在资本共同体中的悲惨命运，从而撕毁了资本的华丽外衣和面罩，还原了其赤裸裸的丑陋的真相。

马克思通过剖析货币—资本共同体的真相，最终掀开了其内蕴的被资产阶级美化的平等、正义的假象。在他看来，货币—资本共同体是造成社会不公、人性异化的总根源，它的"原罪"在原始积累时期就已经暴露无遗：以暴力侵占和掠夺本国农民的地盘，通过对外殖民猎获原料、倾销商品，通过商业战争聚敛大量财富。而"大多数人的贫穷和少数人的富有就是从这种原罪开始的"②。马克思深刻认识到资本主义的不正义不仅体现在生产过程的不正义，还体现在资本起源的不正义，因为货币—资本共同体在获得统治地位之初就已经包含着"征服、奴役、劫掠、杀戮"。所以，资产阶级的发家史以及货币—资本共同体的统治史，在根本上是掠夺史，"是用血和火的文字载入人类编年史的"③。更为重要的是，在货币—资本共同体获得统治地位的世界，资本家疯狂地把剩余价值资本化，使资本积累无限扩大，资本共同体如同解不开的死扣，在它的庇佑下，资本积累得越多，贫困、失业、道德堕落就越严重。正因如此，马克思以异常激烈的言辞对资本主义展开了猛烈批判，以期能够超越货币—资本共同体，建立人们孜孜求索的自由、平等、正义的共同体。

五　共产主义理论创建：真正共同体正义的展望

马克思对真正共同体及其内蕴的正义原则的建构与他的共产主

---

① 《马克思恩格斯全集》第30卷，人民出版社1995年版，第590页。
② 《马克思恩格斯文集》第5卷，人民出版社2009年版，第821页。
③ 《马克思恩格斯文集》第5卷，人民出版社2009年版，第822页。

义思想紧密相关，从某种程度上说，真正的共同体就是共产主义的理论和制度相统一的形态，也是马克思设想的超越"虚幻—抽象共同体"的未来共同体。我们要追溯马克思的真正共同体及其正义思想，就必须追溯马克思对现存世界的批判，就必须从他对黑格尔的市民社会、虚幻国家观以及货币—资本共同体的批判中管窥他的真正共同体思想。实际上，马克思真正的共同体思想是在历史唯物主义的理论创建中逐步出场的，它伴随着历史唯物主义链条上的共产主义理论的形成、发展而走向成熟。那么，马克思究竟是在何时开始思考真正的共同体的呢？其实，马克思反思、批判和超越黑格尔的过程，就是他的真正共同体思想生成的过程，而随着历史唯物主义的公开问世，这一思想最终得以开显、呈现并嵌入科学社会主义之中。

所以，我们可以把马克思对黑格尔法哲学的批判看成真正共同体理论创建的前提。在黑格尔那里，国家成了虚幻的"中介体系"，变成了"自在自为的理性东西"①，是客观精神的现实映现，因而在本质上是抽象的、虚幻的共同体。马克思批判黑格尔的国家观念"只有一个抽象的主体，一种虚构"②。马克思认为，对国家的理解必须深入其政治经济背景，特别是要深入现实的物质生活关系。为此，马克思在对黑格尔法哲学进行批判的过程中确立了自己的批判理路，即从宗教（神学）批判转向了对现实政治（尘世）的批判，从法哲学批判转向了现实的政治经济学批判，在批判的过程中，马克思逐渐揭露了虚幻的共同体的虚假性。在《论犹太人问题》中，马克思直接把批判的矛头指向政治国家，他说："在国家中……人是想象的主权中虚构的成员"③，人的现实关系已经沦为"非现实的普遍性"，人变成了异己的力量。要实现人的真正关系和恢复人的真实

---

① ［德］黑格尔：《法哲学原理》，范扬、张企泰译，商务印书馆2018年版，第288页。

② 《马克思恩格斯全集》第3卷，人民出版社2002年版，第151页。

③ 《马克思恩格斯文集》第1卷，人民出版社2009年版，第31页。

身份，就必须使国家从宗教中得以解放，这样才能使"人通过国家这个中介得到解放"①。尽管马克思在这里只是批判了虚幻的共同体对人的身份造成的异化，还没有论及真正的共同体，但这为他在此后的思想历程中构想超越现实共同体的未来联合体奠定了基础。在《巴黎手稿》中，马克思掘开异化劳动的原因、实质，寻获了扬弃私有财产的道路，即通过共产主义扬弃异化，从而复归人的真正本性，使人重新确证自我，并占有自己的财产和自己的本质。此时，尽管马克思的共产主义还不是未来社会的真正形式，也不是一种真正的共同体形态，但它"对下一段历史发展来说是必然的环节"②，因而是替代资本主义并开启新社会的"手段"和"原则"。实际上，青年马克思在很多情况下把共产主义作为人的异化的破解之道，这种意义上的共产主义带有鲜明的人学和哲学意蕴，因而可以称作"哲学共产主义"。马克思在这一时期更多地把共产主义作为"对人性的改造"③，并将之论说为人的解放的手段。正是在此意义上，马克思第一次提出了"真正的共同体"概念，只不过他依旧是从人的"异化—解放"的视角出发的。他说："人的本质是人的真正的共同体。"④ 但在劳动异化的社会，人恰好脱离了自己的本质，脱离了真正的共同体。这样就使人变成了"非社会性的人"，但"人的非社会性"并非人自身造成的，而是"社会的非人性"引发的。

作为社会形态的"真正共同体"是在《德意志意识形态》中首次出场的。在这篇著作中，马克思恩格斯分析了共同体演变的历史逻辑和理论形态，揭示了各种共同体的所有制形式和分配方式，最终从经济的角度揭开了共同体从"自然共同体"走向"虚假共同

---

① 《马克思恩格斯文集》第1卷，人民出版社2009年版，第28页。
② 《马克思恩格斯文集》第1卷，人民出版社2009年版，第197页。
③ [美]沃格林：《没有约束的现代性》，张新樟、刘景联译，华东师范大学出版社2007年版，第155页。
④ 《马克思恩格斯全集》第3卷，人民出版社2002年版，第394页。

体"的原因和过程。马克思认为,由分工引起的私有制使社会利益发生了分化,也使人的关系发生了异化,最终使人的利益(个人利益)与共同体的利益(集体利益)出现了不可缓和的矛盾,在这两种利益之间的博弈和斗争中,共同体的利益(共同利益)采取了一种与个人利益相脱离的形式,即采取国家这种虚幻的形式,把个人利益消融在这种虚假的共同体之中。马克思将这种共同体称作"冒充的共同体",亦即"虚假的共同体",它是阶级统治的工具,也是阶级与阶级的联合。在这种共同体的对立面,就是"真正的共同体",这种共同体是自由人的自由联合,也只有在这种共同体中,个人才能"通过这种联合获得自己的自由"①。马克思在《资本论》及其手稿中通过对资本发生史的探秘,揭示了货币—资本共同体的抽象性及其造成的社会危机、人性扭曲,从而对"真正共同体"进行了全面而深入的阐释。马克思认为,在资本逻辑主导的共同体中,资本家用锁链把劳动者锁在共同体上,使之成为资本共同体锁链上的一环,工人已经完全失去了自己的客观要素(生产资料),他仅能作为一种主体上的存在,"而和他对立的东西,现在却变成真正的共同体,工人力图吞食它,但它却吞食着工人"②。实际上,这里的"真正的共同体"是马克思对"资本共同体"的讽刺语,马克思的言外之意是作为抽象共同体的"资本共同体"在资本主义社会获得了合法性,它原本的虚幻性在资本逻辑应用下变为压制工人的真实力量。马克思认为人类最终的共同体形态就是真正的共同体,但它是在肯定(原始共同体)—否定(虚幻的共同体)—否定之否定(真正的共同体)的历史规律中逐渐生成的。这种共同体"只有建立在必然王国的基础上,才能繁荣起来"③。

马克思对真正共同体的理论建构不仅贯穿在他的哲学、政治经

---

① 《马克思恩格斯文集》第1卷,人民出版社2009年版,第571页。
② 《马克思恩格斯全集》第30卷,人民出版社1995年版,第490页。
③ 《马克思恩格斯文集》第7卷,人民出版社2009年版,第929页。

济学等著作中,而且还体现在他同小资产阶级进行思想战斗的过程中。蒲鲁东把永恒正义作为绝对信念为资产阶级虚假的共同体辩护。他在《什么是所有权》中指出:"正义感是我们和各种动物所共有的。"① 在人类社会中,正义是至高无上的原则,是社会矛盾的终极衡量标准和最高"裁决者"。人类无视正义,"是置我们于死地的贫困和人类所遭受的一切灾难的唯一原因"②。在蒲鲁东看来,只有高扬正义理念,均分社会财产,才能维护共同的正义。因为任何共同体在运行中都必须服从"永恒正义"原则。马克思批判蒲鲁东不了解物质生产水平对各种观念和范畴的决定性意义,正义和平等观念并非永恒的、不朽的。③ 蒲鲁东并不了解共同体演变的规律,他仅仅在头脑中寻找共同体变革的力量,因而把社会发展臆想为是由正义观念不断推动的。蒲鲁东把正义理念神圣化、永恒化,他诉诸抽象共同体及其财产关系,最终陷入了小资产阶级的"乌托邦"。

同样,拉萨尔主义也带着资产阶级法权的正义幻想,打着"公平分配"劳动成果的口号,举着资产阶级的大旗,并在上面写着"不折不扣的劳动所得",以捍卫"平等权利"的呓语。在《哥达纲领批判》中,马克思否定了拉萨尔"公平分配"的理论根基,辛辣地揭露了"劳动所得应当不折不扣和按照平等的权利属于社会一切成员"④ 这个命题的内在矛盾。他指出,如果劳动所得不打折扣地属于全体成员,那么它必然也属于不劳动者,"不劳而获"能称得上是"不折不扣"的公平分配吗?如果"劳动所得"仅仅属于社会中的劳动成员,这怎么又称得上是按照"平等的权利"分配呢?并且,如果把"劳动所得"理解为劳动产品,那么全社会的劳动总产品又如何按照公平原则分配呢?劳动总产品除了分配给社会成员,还要

---

① [法]蒲鲁东:《什么是所有权》,孙署冰译,商务印书馆2007年版,第245页。
② [法]蒲鲁东:《什么是所有权》,孙署冰译,商务印书馆2007年版,第41页。
③ 《马克思恩格斯文集》第10卷,人民出版社2009年版,第49—50页。
④ 《马克思恩格斯文集》第3卷,人民出版社2009年版,第428页。

用于扩大再生产或其他消费,再加上劳动者的自然禀赋不同,"劳动所得"已经失去了它的真实意义而变得"有折有扣"了。

马克思拒斥拉萨尔的"公平分配"的口号,而将关注的目光投向了真正的共同体的正义。马克思指出,未来共同体分为两个阶段,第一阶段建立在资本主义的基础上,正义原则和平等的权利还带有旧的共同体的遗迹,因而劳动产品应该按照贡献大小获得份额,这样的分配尽管在一定程度上超越了资本主义的分配模式,但它默许了自然禀赋、个人天资差异以及家庭人口因素不同的存在,因而只是形式的平等和形式的正义。只有在未来共同体的高级阶段,才能真正实现"各尽所能,按需分配"[①]。可见,马克思批判拉萨尔"公平分配"观陷入了空想社会主义的幻想,存在"分配决定论"的逻辑漏洞,进而阐述了未来共同体(共产主义)两个阶段的正义原则,指明了社会正义的相对性和历史性。可以说,《哥达纲领批判》是马克思对未来共同体正义原则进行系统论证的重要著作,它标志着马克思真正共同体正义思想的成熟。

第三节 马克思共同体正义的当代辨议及理论补释

在马克思之后,西方关于共同体正义的阐释依然囿于传统政治哲学的理论视域和分析框架,就连政治哲学本身也"经历了100多年的低迷和沉寂"[②]。这一时期,尽管西方政治思想在发展中呈现出了自己独特的优势,但与古典政治哲学相比,仍然有着"一个衍生的特性"[③]。当代西方政治哲学以及共同体正义的真正复兴始于罗尔

[①]《马克思恩格斯文集》第3卷,人民出版社2009年版,第436页。
[②] 姚大志:《当代西方政治哲学》,北京大学出版社2011年版,第7页。
[③] [美]列奥·施特劳斯:《什么是政治哲学》,李世祥等译,华夏出版社2014年版,第20页。

斯,他的《正义论》问世以后,在学界激荡起了思想巨浪,其间引发的热议和争论此起彼伏,至今仍未退却。可以说,罗尔斯重新转换了当代政治哲学的主题,使正义在平等和自由的平衡中获得了新生,并使契约共同体的死灰复燃。罗尔斯对"原初状态"的设定和"正义原则"的设计引发了社群主义、功利主义、共和主义以及分析马克思主义之间的理论较量和思想博弈,从而在当代政治哲学的新范式中补释了马克思的政治哲学。

一 自由主义:从"原初状态"到"乌托邦正义"

罗尔斯的正义论是在契约论的思想轨迹中出场的,他通过对洛克、卢梭以及康德的社会契约论进行抽象和概括,最终在纯粹虚构的"原初状态"模型中推出了他的两个正义原则,从而勾绘了他所关注的"社会基本结构"的大致轮廓。在罗尔斯看来,任何理性人都会在社会合作中作出选择,人们预先作出的选择决定着他们的目标和蓝图,而人们在假定同等的自由状态中作出的选择直接影响和决定着正义原则,因为正义在契约论的意义上就是理性人共同同意和一致选择的结果,对正义最好的契约论解释就是"一致同意"。

在罗尔斯看来,要达到一致同意和获得公平的结果,首先就要设置一个理想的"原初状态",使置身于其中的所有人拥有平等的地位和平等的自由。在罗尔斯那里,平等的原初状态与早期契约论的代表所设定的"自然状态"相似,只不过他并不将之看作人类史上的真实状态,而是作为一种纯粹虚构的状态。在罗尔斯的原初状态中,"没有一个人知道他在社会中的地位……也没有人知道他在先天的资质、能力、智力、体力等方面的运气。"[1] 也即是说,身处原初状态中的当事人并不知道他者的利益诉求、天资、能力等特殊事实,

---

[1] [美]约翰·罗尔斯:《正义论》,何怀宏等译,中国社会科学出版社1988年版,第12页。

人们之间处于一种"互不关切"的关系中,身处这种环境中的"所有个人的特殊信息都已经被屏蔽"①,用罗尔斯的话说,就是人们置身于无法通晓他者或社会特殊事实的"无知之幕"之后,当事人只有在"无知之幕"之后(不受自然机遇和偶然因素的影响)作出的选择或达成的契约才是正义的。因此,原初状态本身就是正义的状态,人们在这种状态中订立的契约或协议也一定是公平的。所以,罗尔斯褒扬"原初状态是恰当的最初状况"②,在这种状态中,"规定是被广泛接受的"③。这意味着人们在原初状态中能够通过利益合作而消除偏见,达成共识,最终获得"基本善"。

  罗尔斯对"原初状态"的设定和解释是一种目的论的哲学解释,其真实意图是建立一种原始的公平处境,用以推介他的"作为公平的正义"原则。罗尔斯认为,身处于"原初状态"的当事人会选择两个不同的正义原则:一是"平等的自由原则",即要求人们平等地分配最基本的自由、权利和义务,这关涉公民的政治自由和权利;二是"平等的分配原则",即社会和经济的不平等应该通过两种方式来设定和安排,目的是使它们(1)适合于每一个人的利益(尤其是适合于最少受惠者的最大利益);并且(2)在机会平等的条件下,使依系于人的职务和地位向社会全体成员开放。前者是"差别原则",主要涉及财富和收入的分配;后者是"机会的平等原则",主要涉及机会和权力的分配。在罗尔斯看来,正义的两个原则按照"词典式"排列,即第一个原则(平等的自由原则)优先于第二个原则(平等的分配原则),而在第二个原则中,"机会的平等原则"要优先于"差别原则"。实际上,罗尔斯的正义原则最终指向对最少

---

  ① 龚群:《追问正义——西方政治伦理思想研究》,北京大学出版社 2017 年版,第 223 页。

  ② [美] 约翰·罗尔斯:《正义论》,何怀宏等译,中国社会科学出版社 1988 年版,第 12 页。

  ③ [美] 约翰·罗尔斯:《正义论》,何怀宏等译,中国社会科学出版社 1988 年版,第 14 页。

受惠者的偏袒，表达了一种希望通过对机会、财富、地位进行再分配而达到社会成员平等的愿望，即探索一种对所有人都平等和有利的分配模式。但是，罗尔斯的最少受惠者在很大程度上是穷人的代名词，那么，究竟谁才是真正的最少受惠者？那些残障人士、被边缘化的"有色人种"是最不利者吗？最少受惠者是否应该考虑性别差异？纳斯鲍姆认为，罗尔斯的正义原则依然存在三大"悬而未决的问题"[①]：（1）不健全和残障；（2）影响人们生存机会的国籍；（3）物种成员资格（非人类物种的正义问题）。而这些问题恰好与人类的自由、平等密切相关。

罗尔斯从"原初状态"来推定正义原则，实际上就是从共同体来设定正义，只不过他所设定的共同体是不真实的想象的共同体，但他讨论的正义原则却是现实的社会制度的首要价值。也就是说，罗尔斯对正义的发生背景的设置是抽象的，但他引出的正义原则并以此处理的社会关系却是现实的。由此来看，罗尔斯对正义的证明在方法论上是存在缺陷的，因为他忽略了正义发生的现实物质基础，缺乏对正义的社会本体论证明和历史唯物主义的理解。实际上，在人类思想史上，"哪怕是最抽象的范畴……同样是历史条件的产物"[②]，正义原则当然也是历史的产物。罗尔斯设定原初状态、无知之幕以及基本善的目的是要达到一种理想的正义，但这种正义本身已经脱离了现实的共同体基础，因而无法让所有人"各让一步"从而在社会基本政治问题上达成"重叠共识"。罗尔斯甚至否认把秩序良好的社会作为共同体或联合体看待，也不承认秩序良好的社会的联合体属性，相反，他认为"正义原则的设计是用来形成社会世界的"[③]，因为只有在"社会世界"里，人们才能成为平等、自由的公

---

① ［美］玛莎·C.纳斯鲍姆：《正义的前沿》，朱慧玲等译，中国人民大学出版社 2016 年版，第 10 页。
② 《马克思恩格斯全集》第 30 卷，人民出版社 1995 年版，第 46 页。
③ ［美］约翰·罗尔斯：《政治自由主义》，万俊人译，译林出版社 2011 年版，第 37 页。

民，才能通过公共理性达成政治观念和政治价值上的共识。可见，罗尔斯开创的正义论的诠释路径依然是契约论框架下的"老路"，他的正义原则依然是资产阶级自由、平等和正义观念在当代社会重新焕发的"余晖"。

诺奇克与罗尔斯同属自由主义之脉，但他们的观点却处于相互对置的两极，如果说罗尔斯诉诸平等原则，那么诺奇克则诉诸自由原则；如果说罗尔斯主张正义的先在性，那么诺奇克则主张权利的先在性；如果说罗尔斯把正义等价于平等，那么诺奇克则把正义等价于权利。诺奇克对政治共同体和正义的证明完全超出了罗尔斯的契约论的预设框架，而是在更广阔的理论视域推出了他的共同体理论和乌托邦正义。诺奇克对国家的证明依循洛克的"自然状态"设想，但他并不同意洛克把自然状态设想为完全自由的状态，因为即便在自由的自然状态中，人们也会因为保全自我、强行权利、惩罚赔偿等行为招致"麻烦"，用洛克的话说，即"自然状态有种种不便之处"①，这就需要设置正当的补救办法。② 诺奇克认为，当一个人的权利受到威胁和侵害时，他完全可以请求其他人（乐于助人者、自己的朋友、自己曾帮助过的人以及那些为了以此作为"交换"想要谋取利益的人）的帮助，于是，"由个人组成的群体可以形成相互保护的社团"③。然而，这样的社团只是自发和业余的，也可能引发小团体之间斗争和冲突，因而总是存在诸多不便。为了自然状态中的人们能够获得安全，一些人可能会被雇用并从事专门的保护工作，这样就促使一些专门的保护部门或社团应运而生。当这些不同的专门性保护性机构因相互竞争而发生冲突时，总会有一些机构被淘汰，

---

① ［美］罗伯特·诺奇克：《无政府、国家和乌托邦》，姚大志译，中国社会科学出版社2014年版，第11页。
② ［英］洛克：《政府论》下篇，叶启芳、瞿菊农译，商务印书馆2018年版，第8页。
③ ［美］罗伯特·诺奇克：《无政府、国家和乌托邦》，姚大志译，中国社会科学出版社2014年版，第13—14页。

而那些存留下来的实力较强的机构就成为"支配的保护性社团"①。尽管这样的社团因为"优胜"而获得支配性地位,但它还不是严格意义上的国家。

诺奇克认为,国家的产生需要具备以下条件:一方面,一个地区内的"支配的保护性机构"所保护的对象(委托方)可能会与那些不愿参加社团的"第三方"或"独立者"发生侵害性事件,此时,由于"第三方"或"独立者"没有加入保护性机构,他们可能会采取报复性的行为来引发社会恐慌。于是,"支配的保护性社团"将采取强力并垄断全部报复的权力,从而禁止任何人的报复行为,这样就产生了"极限国家"。另一方面,"支配的保护性社团"对"第三方"或"独立者"的禁止是违背正义和不合乎道德的,因为任何机构都无权剥夺"第三方"或"独立者"行使权利的自由,也无权禁止他们行使报复或强行正义的权利。要使"支配的保护性社团"对"第三方"或"独立者"的禁止既合法又合道德,就必须给予"第三方"或"独立者"赔偿,而最理性最合适的赔偿方式就是对"第三方"或"独立者"也进行保护。诺奇克把这种既垄断权力又给予全体成员保护的机构称作"最低限度国家"。

诺奇克的"最低限度国家"为通往"乌托邦"开辟了新的路径,在他看来,乌托邦精神是值得人类追求的永恒理想和愿望。在乌托邦中,任何人都可以组建共同体,由此构成"乌托邦框架","乌托邦建构的最终目的是得到共同体,即人们想愿和自愿地选择生活于其中的共同体"②。在诺奇克那里,现实世界存在着各种各样的共同体,这些共同体代表着不同的乌托邦,人们在其中按照自己的意愿追求他们的理想、愿望和良善。因此,这些共同体按照乌托邦

---

① [美]罗伯特·诺奇克:《无政府、国家和乌托邦》,姚大志译,中国社会科学出版社 2014 年版,第 18 页。

② [美]罗伯特·诺奇克:《无政府、国家和乌托邦》,姚大志译,中国社会科学出版社 2014 年版,第 381 页。

的正义和美德运转。但是，诺奇克认为，国家是与乌托邦和共同体相互融合的，"最低限度国家"就是一种崭新的"乌托邦"，在那里，个人的权利受到保护，个人的尊严得到尊重，人们可以自觉自愿地选择自己的生活，实现自己的目的和"自我观念"。诺奇克由此得出结论说："任何国家或由个人组成的团体怎么敢做得比这更多。"① 实际上，诺奇克把国家和乌托邦勾连起来，使理想和现实发生了严重错位，他使国家蒙上了乌托邦的面纱，把共同体消解在了乌托邦的幻景里，因而，他所构想的乌托邦的正义图景是虚幻的，它所设计的"最低限度国家"也是最大限度的，因为要把乌托邦的正义图景变成现实，唯一的指望是"最低限度国家"。

二 社群主义：从契约论批判到共同体正义重建

20世纪80年代以来，西方出现了一批对罗尔斯的自由主义进行猛烈批判的思想家，他们把自己的理论建立在共同体和集体主义的基础之上，高扬共同善和最高善，强调共同体的基础性和个人的优先性，这些理论观点被学界统称为"社群主义"。社群主义把批判的矛头直接指向罗尔斯及其《正义论》，在西方思想界引爆了"自由主义与共同体主义"之争，开创了以"共同体""正义与善"为主轴的批判路径，把契约论批判推向了新境地。从某种程度上看，社群主义继承了马克思共同体正义的思想元素，在共同体建构和正义的价值追求上借鉴了马克思主义的思想资源，并在当代批判语境下对马克思共同体正义思想进行了理论补释，因而在思想界产生了较大吸引力，对中国学界也产生了较为广泛的影响。

桑德尔是高举批判自由主义大旗的第一人，也是社群主义的开拓者，他从道德、共同体和善的视角解构了罗尔斯的原初状态、正义和契约等概念，对其发起了道德主体批判和契约论批判。在桑德

---

① [美]罗伯特·诺奇克：《无政府、国家和乌托邦》，姚大志译，中国社会科学出版社2014年版，第400页。

尔看来，罗尔斯的"正义优先于善"的命题是建立在"自我优先于目的"的基础之上，只有自我是优先的，正义才可能是首要的，"由于正当先于善，所以主体便先于其目的。"① 桑德尔批判罗尔斯的矛盾在于，他强调正义的优先性，但却忽略了主体的优先性。桑德尔以此追问，是否存在优先于客体的主体？在他看来，这样的追问是没有意义的，因为主体不可能独立于客体，更不可能优先于客体，因为人必须生存于对象之中，并受到对象世界的制约，这样来看，人既可以是经验的主体（行为者），也可能是经验的客体（工具），所以，他批判罗尔斯"正义优先于善"的主张是一种自由主义的幻觉。桑德尔认为，自由主义所塑造的正义原则存在局限，它既限制了社会成员达成合作性美德的可能性，也限制了集体主义（利他主义、仁慈）美德对社会冲突的抑制作用，因为社会善和合作性美德恰好是建立在个人主义基础上的共同体最难形塑的价值，所以，自由主义的内在矛盾和局限在于："一个由中立原则支配的社会之理想乃是自由主义的虚假允诺。它肯定个人主义的价值，却又标榜一种永远无法企及的中立性。"② 桑德尔由此得出结论，正义在道义论的意义上不可能是优先的，因为社会成员无法成为道义论（康德、罗尔斯）所要求他们所成为的那种存在。

如果说罗尔斯以"原初状态"推出他的正义原则，那么桑德尔则在对罗尔斯的契约论批判中重构了他的共同体和正义概念。桑德尔对契约论的批判从两个层面展开。一方面，桑德尔认为契约具有道德性，但归根结底具有局限性。契约的道德性显示了订立契约的正当性和合理性，因为订立契约由两个紧密相关却又表现各异的理想构成：一是自律的理想，即契约是一种自愿的交易，是个人的自我意志行为；二是互惠的理想，即契约是人们互利的工具，双方交

---

① ［美］迈克尔·J. 桑德尔：《自由主义与正义的局限》，万俊人等译，译林出版社2011年版，第19页。

② ［美］迈克尔·J. 桑德尔：《自由主义与正义的局限》，万俊人等译，译林出版社2011年版，第24页。

易是一致达成的,具有潜在公平性。所以,桑德尔肯定了契约体现的道德性、合理性基础:"契约的道德力量源自它是人们志愿达成的事实。"① 但是,桑德尔认为,契约的这两种理想之间常常是充满矛盾的,它们存在着不可克服的局限:在自律的理想框架下,我应该在我的意愿范围内履行我所自愿达成的契约的全部义务,无论它存在多么严苛的条款和规定;但在互惠的理想框架下,我所履行的契约的任何义务,都应该于我产生积极的效果(有利)。这样来看,契约论本身是自相矛盾的,也是不道德的。

另一方面,桑德尔通过揭示契约论的内在局限,批判了罗尔斯的"原初状态"。在桑德尔看来,对原初状态的证明依赖两种路径:一是"唯意志主义"的解释路径,即正义原则是通过人们的自愿选择或达成一致获得的;二是"认识论"的解释路径,即正义原则是通过人们的发现行动或集体洞察而获得的。在罗尔斯那里,由于契约(正义)优先于原则(善),自我优先于目的,所以,正义原则不可能是被人们"发现"的,而应该是被人们"选择"的,于是,罗尔斯的正义原则只能是"唯意志主义"的。在桑德尔看来,契约之所以能够达成,不仅得益于人的"选择",更意味着是多个人(群体)的选择,因为单个人无法订立契约。所以,契约本身"暗示着多元性"。桑德尔认为,身处于罗尔斯原初状态之中的人是完全一样的,他们不可能为了契约讨价还价,换言之,"在无知之幕的后面,人的多样性消失了。"② 在消失了人的差异性的无知之幕之后,人已经成为单个的抽象主体,因此,"在原初状态中所发生的首先不是一个契约,而是逐渐自我意识到一种交互主体的存在。"③

---

① [美]迈克尔·J. 桑德尔:《自由主义与正义的局限》,万俊人等译,译林出版社 2011 年版,第 126 页。
② 姚大志:《当代西方政治哲学》,北京大学出版社 2011 年版,第 116 页。
③ [美]迈克尔·J. 桑德尔:《自由主义与正义的局限》,万俊人等译,译林出版社 2011 年版,第 153 页。

桑德尔批判罗尔斯把正义建立在个人主义的基础上，从而忽略了正义和善与人的"自我的统一性"之间的关系。按照桑德尔的解释，个人和共同体是对立的，但在二者的次序上，共同体优先于个体，个人的多样性优先于统一性，"我们首先是占有主体，然后才选择我们想占有的目的，因此，自我又优先于目的。"① 桑德尔认为，罗尔斯对共同体的解释是个人主义的，因为他完全没有摆脱古典共同体观念的框架，如果说古典共同体观念是工具性的，它以追求私人目的而合作，那么罗尔斯的共同体则是情感性的，他把共同体的善介入了社会合作，并将之融进了参与合作之人的情感之中。桑德尔认为，罗尔斯的共同体观念是内在于主体的，不管个人可能是自私的，抑或是慷慨仁慈的，但这种共同体在本质上无法摆脱个人主义的幻影。桑德尔为此设定了自己的共同体观念，即"构成性的共同体"。桑德尔批判罗尔斯的两个正义原则是自由主义的幻想，因而不能自圆其说，真正的正义要嵌入人的生活方式，特别是要在共同体中探寻人类美好生活的安身立命之本。实际上，桑德尔的共同体究竟指什么，依然是模糊不清的，他把国家和社会纳入共同体的范畴，在一定意义上说明了他的共同体观念的多元性和变动性。可以说，"政治共同体是社群主义者的阿喀琉斯之踵。"②

麦金太尔是偏向于古典社群主义的当代政治哲学的代表人物，之所以说他是古典社群主义者，就是因为他高扬自古希腊以来的传统美德，并把正义建立在德性的基础上，以此来论说共同体的共同善或最高善。究竟什么是德性？麦金太尔认为，德性具有三个序列，每个序列各有不同的道德意蕴。德性在第一序列表现为维持人的关系的善，是人性的构成要素，是人的内在品行，人生活于共同体中，必然以不同的方式与他人进行交往，而德性就是规约人的交往关系

---

① [美]迈克尔·J. 桑德尔：《自由主义与正义的局限》，万俊人等译，译林出版社 2011 年版，第 155 页。

② 姚大志：《正义与善：社群主义研究》，人民出版社 2014 年版，第 16 页。

的道德善（准则）。德性在第二序列表现为对美好生活和善的追求，即人在追求善的生活中度过自己的生活，而德性就是使人理解究竟什么是更加美好的生活，使人追求整体生活的善。德性在第三序列表现为人的生活是内含在共同体传统之中的，人应该通过共同体确证自己，而德性就是使人维持相关的传统，因为丢掉了传统，就破坏了人和传统之间的历史关联。① 在麦金太尔看来，正义就是亚里士多德称颂的政治生活的重要美德，它并不是罗尔斯那里的个人主义的美德。他认为，正义与共同体的善是紧密相关的，正义在很大意义上就是以共同体的共同善为基础。"一个对于正义观念缺乏实践上的一致性的共同体，必然也缺乏政治共同体所需的必要基础。"② 在麦金太尔看来，正义最终应该按照共同善来裁决和判定，即按照共同体的共同生活和共同善来安排"应得"。他批判罗尔斯和诺奇克的自由主义正义论"既没有涉及应得概念，也不可能前后一贯地处理这个概念"③，在他们那里，个体优先于共同体，他们忽略了个体应该通过共同体的善来确证自己的基本利益。因此，自由主义排除了对共同体的善的解释，从而把应得观念排除在共同体之外了。

麦金太尔甚至从马克思的视角来解释共同体的善对于形成正义观念和达成道德共识的重要意义。他认为，一个社会要达成道德上的共识是极其困难的，因为社会中流行的各种正义观念反映了各群体之间相互竞争和内在冲突的生活，也映射了各种阶级之间的不同利益追求。即便如此，"马克思还是正确地看到了处于现代社会结构内部的是冲突而非一致。这并不是说，我们过于依赖多种多样破碎的观念过活；而是说，这些观念同时被用来表达各种互竞的、互不

---

① Alasdair MacIntyre, *After Virtue*, Indiana: University of Notre Dame Press, 1984, pp. 190–223.

② [美]麦金太尔:《追寻美德：道德理论研究》，宋继杰译，译林出版社2011年版，第310页。

③ [美]麦金太尔:《追寻美德：道德理论研究》，宋继杰译，译林出版社2011年版，第317页。

相容的社会理想和政策"①。显然,麦金太尔把人的美好生活和幸福作为至善,并以此重构共同体的善,把正义建立在共同善的基础上,从而超越了自由主义正义的局限。与麦金太尔相似,迈克尔·沃尔泽(Walzer)直接以善为核心来挑战罗尔斯的自由主义,在他看来,"人们构思并创造出善,然后在他们自己中间分配"②。由于人的存在是多样的,人们所构思的善也是多元的,这种善的多元性决定分配的多样性。因此,分配正义最终取决于善的社会意义。对于沃尔泽而言,正义并不是像罗尔斯那样分配"基本善",而是任何善都应该被合理地分配,这些善既包括物质层面的资源、财富,也包括精神层面的荣誉、名声和爱。由此可见,沃尔泽的分配正义是多元主义的,他主张在机会平等、政治民主和经济共享的原则下实现平等和正义,这在很大意义上体现了共同体的共同要求和价值追求,也体现了社会的共同善,但他主张对任何善都进行平等分配,这既不切合实际,也不符合正义的真正要求。因此,沃尔泽的分配理论再次陷入了复杂而不平等的旋涡之中了,因为毕竟有些善(恩宠、爱和健康等)是无法进行平等分配的。

三 分析的马克思主义:共同体分配正义的新解

在当代西方政治哲学的叙事话语中,罗尔斯的契约论偏向平等,诺奇克的乌托邦偏向自由,桑德尔的共同体偏向道德和善,麦金太尔的共同体正义偏向德性,沃尔泽的分配正义则偏向多元的善和复合平等。如果说自由主义是在马克思主义之外研究共同体和正义,那么社群主义则是在马克思主义的边缘言说共同体和正义,但这两种研究共同体和正义的路径都是外在于马克思主义的,社群主义或许借鉴了马克思主义的思想资源,但在根本上并不属于马克思主义共同体和正义

---

① [美]麦金太尔:《追寻美德:道德理论研究》,宋继杰译,译林出版社 2011 年版,第 322 页。

② Michael Walzer, *Spheres of justice*, New York: Basic Books, Inc., 1983, p. 6.

的研究范式之列。在 20 世纪 70 年代以后,在当代西方政治哲学中衍现了以批判自由主义为要旨的分析的马克思主义,他们以马克思的历史理论为思想原点,以批判资本主义为理论界域,以所有权、分配正义和平等为主要内容,集中讨论了马克思的异化、剥削、阶级、共同体、分配等问题,重构了共同体的分配正义原则,在一定意义上发展和补释了马克思的共同体理论、所有权理论以及正义理论。可以说,在当代西方政治哲学流派中,分析的马克思主义是最具有马克思主义理论特征的思想流派,也是最能体现马克思政治哲学理论要旨的思想流派。

柯亨是代表"平等主义良心"的分析的马克思主义者,也是为马克思的共同体和正义进行强有力辩护的马克思主义者,他对马克思的历史理论、剥削理论进行解释和辩护,并在此基础上给予批判和重构,最终推出了他的"共同体原则"和"平等原则"。柯亨认为,马克思对资本主义发起的严厉批评是建立在一系列理论基础之上的预判,马克思之所以断言资本主义不正义并最终走向灭亡,其中一个重要的原因是这种制度蕴含着剥削,即资本家"偷窃"了工人所创造的全部价值。柯亨认为,这种传统的解释方式表明资本主义是不正义的,但也存在重大的分歧和误区,因为它建立在劳动价值理论的基石之上,把剥削和劳动价值理论糅合在了一起。在柯亨看来,劳动价值理论本身是错误的,"即使劳动价值理论是正确的,劳动也没有创造价值。"[1] 柯亨之所以认为劳动并没有创造价值,是因为他发现某些东西(空气和纯净水)不需要付出劳动也能够获得,并且也有价值。最为重要的是,商品的价值很多时候是由人的需求支配的,从长期来看,与其说劳动创造价值,不如说需求决定价格。柯亨运用分析哲学的研究范式对劳动价值理论进行了重新论证,他得出结论说:虽然工人的劳动没有创造价值,但却"创造了拥有价值的东西"[2],

---

[1] [英] G. A. 柯亨:《马克思与诺齐克之间》,吕增奎编,江苏人民出版社 2008 年版,第 32 页。

[2] [英] G. A. 柯亨:《马克思与诺齐克之间》,吕增奎编,江苏人民出版社 2008 年版,第 40 页。

只有这个结论才能真正说明资本主义是剥削的、不正义的。在柯亨看来，只有工人的劳动创造了有价值的东西，资本家不仅没有创造有价值的东西，反而把工人"创造的有价值的产品"的一部分价值掠走了，因此，这样的掠夺行为是不道德和不正义的。

柯亨反复强调，资本家不仅掠夺了工人"创造的有价值的产品"，而且还以"被迫"的方式让工人为资本家劳动。在契约论者看来，工人和资本家的劳动合同（契约）是出于自觉自愿达成的，工人有选择是否订立契约的权利和自由，因此工人和资本家之间不存在不平等和不正义。柯亨通过实例反驳了诺奇克的此种观点，在他看来，在资本主义条件下，就单个无产者而言，他们拥有是否订立契约的权利，甚至"拥有脱离无产阶级的自由"，但从集体的意义上看，这种自由是无效的，因为无产阶级"在集体的意义上是被迫出卖他们的劳动力"①。无产阶级在本质上是失去了自己客观条件但拥有人身自由的工人，只不过他们"自由得一无所有；他们唯一的活路，或是出卖自己的劳动能力，或是行乞、流浪和抢劫"②。他们只能被动地把自己抛售出去才能维持生计。

资本家对工人的剥削具有多重维度，因而可以用多重尺度进行衡量。柯亨认为，相对于有产者而言，"无产者虽然不在法律上，但在事实上处于奴隶地位"③，这种受奴役的地位一方面是被迫的，另一方面是因为无产者的"自我所有权"被资本家侵害了。在柯亨看来，任何人都对他的劳动拥有直接的所有权，无产者有权支配自己的劳动，但在资本主义关系下，工人的劳动所有权"被迫"让渡给了资本家。尽管如此，资本家拥有资本也并不违背"自我所有权"

---

① [英] G. A. 柯亨：《马克思与诺齐克之间》，吕增奎编，江苏人民出版社2008年版，第80页。

② 《马克思恩格斯文集》第8卷，人民出版社2009年版，第160页。

③ [英] G. A. 科恩：《卡尔·马克思的历史理论：一种辩护》，段忠桥译，高等教育出版社2008年版，第275页。

的观念，这样来看，资本家用自己拥有的资本创造新的财富也是正当的，即它是"清白形成的资本主义关系"①。对于这种关系，柯亨认为马克思主义者往往会"搬起石头砸自己的脚"，对此必须把"自我所有权"和"资源的共同占有"结合起来给予批判，从而驳析资本主义带来的不平等。实际上，柯亨关于"清白资本主义"的论说不仅是多余的，而且还将之建立在诺奇克的"自我所有权"的基础上，因而在很大程度上已经偏离了马克思批判资本主义的语境。马克思在《资本论》中已经很清楚地批判了资本主义的"所有权"观念，他讽刺性地指出，在资本主义的流通领域并没有违背所有权，而且在这个领域"占统治地位的只是自由、平等、所有权和边沁"②，因为每个人在资本主义关系中似乎都可以支配自己的东西。但是，马克思认为这种基于所有权的正义是资产阶级的戏法，就像神学中的"前定和谐"一样，是一种虚假的预设的平等，而资本主义真正的不平等发生在生产场所，表现为生产资料占有的不平等以及劳动过程的不自由，工人在生产中是集体受剥削和强制的。

当然，柯亨对罗尔斯提出的批评是比较中肯的，他认为，以罗尔斯为代表的自由主义默许不平等是公正的，这是"黑暗的真相"，而"光明的真相"是"在资本主义显示的价值冲突中，首要的冲突是平等与效用之间的冲突。资本主义的修辞学对两者都赞同，但现实是为效用而牺牲平等：它依赖不正义来生产人类的幸福"③。柯亨在批判自由主义时所建构的"平等原则"和"共同体原则"具有积极的意义。柯亨强调罗尔斯的差别原则是对共同体精神的损害和偏

---

① [英] G. A. 柯亨：《马克思与诺齐克之间》，吕增奎编，江苏人民出版社 2008 年版，第 230 页。
② 《马克思恩格斯文集》第 5 卷，人民出版社 2009 年版，第 204 页。
③ [英] G. A. 科恩：《拯救正义与平等》，陈伟译，复旦大学出版社 2014 年版，第 11 页。

离，因为这个原则默许并以"激励机制"① 最终加剧了人们的不平等，因而在道德上也是不正当的。柯亨认为，共同体原则是可欲的，也是可行的，它的"核心前提是人们关心彼此，而且如果必要和可能的话，就会照顾彼此"②。如果共同体形成，那么不平等将会缩小。柯亨把共同体设想为互惠性的非市场原则，"在一个共同体中，能够存在对共同性的侵害和倒退，但不可能没有共同性。"③ 在柯亨那里，坚持共同体原则的目的是限制和约束"平等原则"，因为平等会受到自然因素、社会环境以及机会运气的影响，只有以共同体来矫正平等，才能实现互惠互利的正义社会，也才能彰显社会主义的共同体精神。

埃尔斯特以"方法论个人主义"为研究起点，对马克思思想资源中"活的东西"和"死的东西"进行了比较、鉴别和重释，辨析了马克思的异化、剥削、自由和正义概念，最终为马克思的历史理论和共产主义思想进行了理性评价和辩护。埃尔斯特认为，马克思批判资本主义至少在三个方面是成立的。

首先，马克思指认资本主义是异化的社会，这种异化是对人的需要的侵害。在埃尔斯特看来，人的需要是马克思人性论中最基本的概念之一，一个美好的社会应该是人们富有需要并富于满足需要的社会，但资本主义社会恰好使人们缺乏需要并鲜有人满足

---

① 罗尔斯在《正义论》中论证差别原则时提出，"如果一种利益提高了最底层人们的期望，它也就提高了其间所有各层次人们的期望。"（[美]约翰·罗尔斯：《正义论》，何怀宏等译，中国社会科学出版社1988年版，第80页。）罗尔斯认为，才能突出者和富人，基于其遗传和运气而获得比一般人（穷人）较高的收入，只要能够改善较不利者的境况，这种不平等从激励的角度来看就是正当的。就是说，能够得到"大蛋糕"的前景会激励一些人更加有效工作，从而产生出"更大蛋糕"，所有人都会因此受益。

② [英] G. A. 柯亨：《马克思与诺齐克之间》，吕增奎编，江苏人民出版社2008年版，第358—359页。

③ [英] G. A. 科恩：《拯救正义与平等》，陈伟译，复旦大学出版社2014年版，第38页。

需要，这种社会把人性中正常的需求变成了"下流的意念"，甚至扭曲为"病态的欲望"。埃尔斯特指出，资本主义"包含对金钱的那种与生俱来的和毫无限制的需要，以及……那种个人的或集体的自拆台脚的需要"①。如果人的需要无法满足，那么人的认知和创造能力就会受到限制，人的能力就无法得以发展和施展，这样人就处于异化的状态。埃尔斯特遵循马克思的思路分析了人的异化的四重表现：精神异化（人的意义感的缺乏）、物化（需要和能力的物化）、拜物教（对物的占有使物和物的比较关系替代了人和人的互动关系）以及社会异化（主体—客体颠倒）。这些异化现象都是对人性和人的关系的扭曲、颠倒，因而必须以公有制替代私有制，使人性重新回归。

其次，马克思宣判资本主义是剥削的社会，基于剥削的共同体在道德上是不正义的。埃尔斯特首先强调剥削理论在马克思思想中的重要意义，指出这种意义是双重的。一方面，剥削是进行规范批判的基础，它在道德上理应受到谴责。另一方面，剥削是被剥削者反抗的依据，为被剥削者进行集体或个人反抗行为提供了基础。那么，剥削究竟是如何产生的？埃尔斯特认为，异化劳动是引起剥削的重要因素，因为在异化劳动下，工人的劳动是受控而非自由的。工人在面临各种限制的条件下仅有两种"被迫"的选择：要么出卖自己的劳动力，要么等待饿死。事实上，当工人为了能够生存而作出选择时，他们只能不自愿地出卖劳动力（尽管可能存在政府救济，但工人的生存条件无法扭转）。可见，"一个工人无论是被强制还是被迫出卖其劳动力，都可能受到剥削。"② 在这样的情况下，剥削究竟是不是非正义的呢？埃尔斯特认为，剥削在道德上应该谴责，在事实上也承载着不正义。但从马克思本人的观点来看，他倾向于避

---

① ［美］乔恩·埃尔斯特：《理解马克思》，何怀远等译，中国人民大学出版社2016年版，第69页。

② ［美］乔恩·埃尔斯特：《理解马克思》，何怀远等译，中国人民大学出版社2016年版，第209页。

免以正义和非正义来评判剥削。尽管如此，马克思仍然在《哥达纲领批判》中设计了未来社会的分配标准和正义尺度，即贡献原则和需要原则①。而这些正义原则从侧面映射了资本主义制度的不正义性。因此，"马克思具有一种既支持其对剥削的谴责又支持其共产主义观的正义理论。"②

最后，马克思通过批判资本主义的剥削、异化和低效，为人的自我实现和社会达到丰裕开辟了道路。埃尔斯特认为，马克思对资本主义的控诉基于异化、剥削和浪费三条罪状，这种控诉和谴责的目的是构建新的共同体，并以新的共同体克服资本主义的缺陷。从马克思的价值追求和目标来看，共产主义无疑是消除非人性、剥削和不公的最佳选择，但在共产主义的多重意蕴和指涉中，"通过创造性的劳动而自我实现，乃是马克思的共产主义的本质"③，也是马克思理论中"最为不朽的要素"。埃尔斯特把共产主义作为人的自我实现和全面的共同体共同实现的社会，在那里，个人的自我实现和共同体的价值内在交融，个人的个性和共同体的共同性将全面协调起来，个人自我实现的价值在共同体中获得最大化，共同体也在个体的自我实现中最大限度地获得繁荣。

分析马克思主义对资本主义的批判折射了他们对社会主义分配模式的承诺和坚守，无论是柯亨为了约束"平等原则"所设计的"共同体原则"，还是埃尔斯特为了"人的自我实现"所重构的共同体的价值目标，都是基于实现社会正义和平等而对马克思分配正义所作的理论新解。尽管这些解释存在漏洞和缺陷，但他们回归马克

---

① 埃尔斯特把马克思在《哥达纲领批判》中的第一阶段的按劳分配和高级阶段的按需分配分别称作"贡献原则"和"需要原则"，他认为这两个原则构成了前后相继的等级序列，也是评判资本主义不正义的双重标准。即资本主义既违背了第一阶段的贡献原则，也违背了高级阶段的需要原则。

② ［美］乔恩·埃尔斯特：《理解马克思》，何怀远等译，中国人民大学出版社2016年版，第166页。

③ ［美］乔恩·埃尔斯特：《理解马克思》，何怀远等译，中国人民大学出版社2016年版，第504页。

思的需要理论、异化理论、剥削理论以及人的自我实现理论，以社会分配方式为着眼点，对马克思共同体的分配正义原则作出了实质性的探索，这些方案对当代中国改革具有一定的借鉴意义。

第 三 章

"自然—本源共同体"与正义的雏形

在西方政治思想史上，众多思想家在研究正义问题时，总是追根溯源并将之置于"自然状态"中考察，因为"自然状态"总是和"自然法"存在着千丝万缕的联系，而"自然法"直接构成正义问题的理论源头。从古希腊的自然法传统到近代社会契约论者推出的自然状态理论，再到当代罗尔斯的"原初状态"设想，无一不与推导和研究正义问题相关。马克思对正义起源的关注与契约论者从"自然状态"推导正义完全不同，如果说契约论者把"自然状态"设想为一种"单纯的虚构，类似于诗人们所臆造的黄金时代"①，并以此来推导正义的起源，那么马克思则从原始社会变革的真实历史中还原人类早期的财产关系和正义观念。马克思对古代社会的研究扩充了他的历史唯物主义理论，从而在阐释人类原始共同体发展的历史中，论证了人类早期的生产方式，而人类早期的正义观念就起源于这种现实的生活条件。恩格斯说："一切社会变迁和政治变革的终极原因……应当到生产方式和交换方式的变更中去寻找……应当到有关时代的经济中去寻找。"② 正义观念的变更也是如此，也应当

---

① [英] 大卫·休谟:《人性论》，关文运译，商务印书馆 2016 年版，第 530 页。
② 《马克思恩格斯文集》第 9 卷，人民出版社 2009 年版，第 284 页。

到人类的共同体形式和所有权关系的演变中去寻找。透过马克思恩格斯对史前各文化阶段以及前资本主义社会生产方式的研究，能够管窥古代世界各阶段的财产占有关系和人类正义观念的"雏形"。

第一节　前资本主义的共同体形式与所有权演变

西方古老的正义观念起源于神话，但神话起源于人类的生活实践。康德认为，人类最初的历史就是"从大自然的保护制过渡到自由状态"①。这是对人类早期实践活动的主观虚构和臆测。卢梭把人类最早的形态圈定在自然状态中，认为这种状态中的人是居无定所、漂泊在森林中的野蛮人，他们彼此没有任何联系，甚至不能辨认同类中的其他人，"只过着无求于人的孤独生活"②。除此以外，霍布斯、洛克和罗尔斯都对人类最初的生活样态进行过粗略的主观设想，但他们对历史起源的追溯基本设定在主观虚构的场景之中，缺乏历史唯物主义视野和基础。马克思对人类史的研究在观点和方法上具有史无前例的开创性建树，推动"历史破天荒第一次被置于它的真正基础上"③。马克思运用历史辩证法和"人体解剖法"勾绘了人类史的科学图景，并且把人类史前状态系统完整地加以还原，为我们理解人类依存的共同体形式及其所有权演变提供了锁钥。

要追问正义的起源，就必须追问人类自身的历史。但是，人类历史又是"自然史的一个现实部分，即自然界生成为人这一过程的

---

① ［德］康德：《历史理性批判文集》，何兆武译，商务印书馆2017年版，第70页。
② ［法］卢梭：《论人类不平等的起源和基础》，李常山译，商务印书馆1996年版，第106页。
③ 《马克思恩格斯文集》第3卷，人民出版社2009年版，第459页。

一个现实部分"①。那么,在远古时代,自然界究竟如何"生成为人"的?这个问题就是马克思追问人类史前史的关键性问题。马克思通过《1857—1858年经济学手稿》以及晚年的《人类学笔记》对人类文明的起源和前资本主义的共同体进行了实质性的研究和探讨,进一步补写、检验和矫正了历史唯物主义,还原了古代共同体及其兴衰变迁的原因和真相。在马克思看来,只有通晓和把握了史前社会及其向阶级社会、市民社会的过渡,才能真正把握现存社会和未来共同体,才能用历史的辩证法揭示生产方式的变迁,才能真正看清资本主义社会和"非资本主义社会"在所有制形式、分配方式、法权关系上的真正差异性。

马克思关于人类史前状态的研究是以将之并入自然史的方式来开启的,因为人在最远古的意义上源于自然,是自然的要素。马克思认为,人类作为群居动物,最早是以"原始群状态"②存在的。在这种状态中,人和人之间没有婚姻和家庭,而是"共同生活和相同的营生"③。马克思对人类史前状态的研究深受达尔文和摩尔根的启发,特别是摩尔根的《古代社会》对他扩充和思考人类史前状态起到了非常重要的作用。在《古代社会》中,摩尔根以朴素的唯物主义方法论勾勒了人类的"发展阶梯"。摩尔根认为,人类所有的部落,都可以上溯到渺漫的远古时代,从远古至今,人类经历了蒙昧、野蛮和文明社会三大历史阶段,"近代的种种制度实生根于野蛮阶段,而推其萌芽之始,则又在更早的蒙昧阶段。"④尽管摩尔根所提供的史前社会材料没能让马克思系统地揭示和概括出史前社会的基

---

① 《马克思恩格斯文集》第1卷,人民出版社2009年版,第194页。

② 这是马克思在《人类学笔记》中的《马·柯瓦列夫斯基〈公社土地占有制,其解体的原因、进程和结果〉一书摘要》的观点。他指出,在人类最初的状态中,没有婚姻和家庭,人类处于原始群状态。随着这种状态走向衰落和瓦解,最终就发展出了氏族和家庭。

③ 《马克思恩格斯全集》第45卷,人民出版社1985年版,第207页。

④ [美]路易斯·亨利·摩尔根:《古代社会》上册,杨东莼等译,商务印书馆1997年版,第4页。

本结构，但却极大地佐证了马克思先前所创立的历史唯物主义的科学性。正如恩格斯所言，摩尔根最具有开创性的功绩在于他找到了一把破解史前社会"至今尚未解决的哑谜的钥匙"①。马克思在阅读了摩尔根的《古代社会》所做的笔记中提到，人类最远古的形式是"过着杂交的原始群的生活"②，在这样的原始群中，人类并没有组成"家庭形式"，而是漂泊不定，过着极其简单的生活。在这个阶段，人类比"最低级的蒙昧人还低得多"③，马克思将之称为"原始的蒙昧人"，之所以这样称谓，是因为他们的生活处于极其原始的状态，他们以"原始群"的形式共同生活和劳动，两性间实行杂交，也没有"家庭"的概念。

马克思认为，"人最初表现为类存在物，部落体，群居动物"④。这是人类最早的天然共同体状态，也是自发形成的"原始群"状态。在这种状态中，人类以"原始群"为单位，逐水草而迁徙，过着流动的生活，这一时期，人类的主要生存方式是游牧或迁徙，他们"总是像野兽那样到处游荡"⑤。马克思认为，"原始群"为了能够维持生存，最终从内部分化为若干较小的集团，血缘家庭就是从"原始群"的小集团中衍生和发展出来的"有组织的社会形式"⑥，也是人类最早的原始的集合体形式。人类从"原始群"向"血缘家庭"的过渡为"氏族"的产生准备了条件，"氏族"就是从家庭中分化出的最基本的经济单位，也是人类原始生产方式的构成细胞。氏族之间的联合重组就构成较大的"胞族"，胞族之间的联合与扩大就形成了部落，而部落通过裂变、转化最终构成想象的共同体——民族。"自然共同体"是人类最早的共同体形式，它以"家庭和扩大成为

---

① 《马克思恩格斯文集》第4卷，人民出版社2009年版，第16页。
② 《马克思恩格斯全集》第45卷，人民出版社1985年版，第337页。
③ 《马克思恩格斯全集》第45卷，人民出版社1985年版，第376页。
④ 《马克思恩格斯全集》第30卷，人民出版社1995年版，第489页。
⑤ 《马克思恩格斯全集》第30卷，人民出版社1995年版，第466页。
⑥ 《马克思恩格斯全集》第45卷，人民出版社1985年版，第348页。

部落的家庭……或部落的联合"① 为典型代表，马克思将之称作"天然的共同体"，抑或"部落共同体"，因为这种共同体并不是人类定居以后的产物，也不是人类占有或充分利用土地的结果，而是占有他们生活的客观对象（土地）的前提条件。从严格的意义上说，这种共同体还不是马克思所说的亚细亚的共同体形式，而是指人类早期的"群居团体"或"部落团体"。马克思明确指出，在这种"天然的共同体"中，人类的生活是一种更为原始的游牧—采集生活，因而依旧处于对大地的"领有"而非"占有"阶段。尽管马克思说这种状态"不能被认为是正常的原始状态"②，但它是人类迈向农耕生活和得以存续的基本条件。

尽管这种最本源的共同体是以采集和对土地的"领有"为主要形式，但它最终为人类向更高的共同体形式转化提供了基础。马克思明确指出，"一旦人类终于定居下来，这种原始共同体就将随种种外界的，即气候的、地理的、物理的等等条件……发生变化。"③ 这时，既然人类已经"定居下来"，那么对土地的"领有"就不再是主要形式，而是生发了三种新的"所有制形式"④，即亚细亚形式、古典古代形式和日耳曼形式。需要指出的是，这三种形式在世界史的时间序列上并非接替推进的，尽管它们在纵向上可以联结，但存在着时间差，它们是历史图像中三种空间上异质的共同体形式。

---

① 《马克思恩格斯全集》第 30 卷，人民出版社 1995 年版，第 466 页。
② 《马克思恩格斯全集》第 30 卷，人民出版社 1995 年版，第 485 页。
③ 《马克思恩格斯全集》第 30 卷，人民出版社 1995 年版，第 466 页。
④ 日本学者望月清司在《马克思历史理论的研究》中提出，在人类最早时期的共同体形式是"本源的共同体"，这种共同体即马克思所论述的"天然形成的共同体"，因为在"原始群"时期，人类尚未定居，还过着迁徙的生活。他把人类定居以后，从"本源共同体"变形以后所产生的第一种形式称作"亚细亚形式"，第二种称作"古典古代形式"，第三种称作"日耳曼形式"。（［日］望月清司：《马克思历史理论的研究》，韩立新译，北京师范大学出版社 2009 年版，第 349 页。）望月清司的这种理解方式为我们正确理解"亚细亚生产方式"所处的历史位置提供了新思路。

一 亚细亚的共同体与共同"占有"

亚细亚所有制形式是马克思社会形态理论中最受争议和最难把握的论域之一。之所以说它"最受争议"和"最难把握",是因为马克思在论及社会形态时往往把"亚细亚"作为人类社会形态更替序列上的"起始阶段",以至于很多学者把"亚细亚生产方式"与"原始社会"完全等同起来,将之理解为人类"五种社会形态"链条上的第一大社会形态或原始公社所有制形式。需要强调的是,马克思在《资本论》及其手稿中为了说明资本主义关系的历史起源,对前资本主义社会进行了历史分析,但由于缺乏史料,他只能从俄国、印度和日耳曼的"公社遗迹"中推论出人类早期的社会形态,最终在表述唯物史观的基本原理时推出了"亚细亚"概念:"大体说来,亚细亚的、古希腊罗马的、封建的和现代资产阶级的生产方式可以看做是经济的社会形态演进的几个时代。"[1] 除此之外,"亚细亚"概念还多次在《资本论》及其手稿中出现。[2] 有很多学者据

---

[1] 《马克思恩格斯文集》第 2 卷,人民出版社 2009 年版,第 592 页。

[2] 以下是关于"亚细亚生产方式"的论述:(1)"财产最初(在它的亚细亚的、斯拉夫的、古代的、日耳曼的形式中)意味着,劳动的(进行生产的)主体(或再生产自身的主体)把自己的生产或再生产的条件看做是自己的东西这样一种关系。"(参见《马克思恩格斯文集》第 8 卷,人民出版社 2009 年版,第 146 页。)(2)"在古亚细亚的、古代的等等生产方式下,产品转化为商品,从而人作为商品生产者而存在的现象,处于从属地位,但是共同体越是走向没落阶段,这种现象就越是重要。"(参见《马克思恩格斯文集》第 5 卷,人民出版社 2009 年版,第 97 页。)(3)"近来流传着一种可笑的偏见,认为原始的公有制的形式是斯拉夫人特有的形式,甚至只是俄罗斯的形式。这种原始形式我们在罗马人、日耳曼人、凯尔特人那里都可以见到,直到现在我们还能在印度人那里遇到这种形式的一整套图样,虽然其中一部分只留下残迹了。仔细研究一下亚细亚的、尤其是印度的公有制形式,就会证明,从原始的公有制的不同形式中,怎样产生出它的解体的各种形式。例如,罗马和日耳曼的私有制的各种原型,就可以从印度的公有制的各种形式中推出来。"(参见《马克思恩格斯文集》第 5 卷,人民出版社 2009 年版,第 95 页。)(4)"我说过,欧洲各地的亚细亚的或印度的所有制形式都是原始形式,这个观点在这里(虽然毛勒对此毫无所知)再次得到了证实。"(参见《马克思恩格斯文集》第 10 卷,人民出版社 2009 年版,第 281—282 页。)

此把马克思的"亚细亚"概念锁定为是"原始社会"的代名词,并且认为人类社会是以亚细亚为逻辑起点依序展开、单线演进的。实际上,这样的理解在很大程度上违背了马克思的本义,存在着重大误区。

首先,我们应该看到马克思对"亚细亚生产方式"的认识是在具体的历史的情境中展开分析的。在摩尔根《古代社会》和拉伯克、梅恩等人的著作诞生之前,马克思把"亚细亚"这种最古老的东方的形式锁定为是人类最原始的生产方式,他虽然以"亚细亚"命名,但绝非特指东方形式,而是泛指"一切文明民族的历史初期都有过的……原始的形式"①。显然,马克思在这一时期把"亚细亚"与"原始形式"或"原始社会"作为同义语使用,但仔细推敲,他此时的"亚细亚"概念还无法涵括原始社会早期的"原始群"状态,因为"原始群"时期人类还没有定居,血缘家庭也尚未出现。并且,马克思在使用"亚细亚"这个概念时还掺杂了"专制君主""国家"等阶级社会的概念和要素②。因此,如果把"亚细亚所有制形式"完全等同于人类社会中的"原始社会",不仅与历史事实不相符,而且还容易把马克思视为历史"单线论"者。实际上,马克思在晚年阅读了摩尔根等人关于古代社会的论著以后,才渐渐意识到人类社会的原生形态"最初是实行土地共同所有制和集体耕种的氏族公社"③。尽管马克思提出了"氏族公社"的概念,但这并不意味着他摒弃了"亚细亚"概念,相反,他认为东方的"农业公社"不同于"较古的公社",它是"原生的社会形态的最后阶段……也是向次生的形态过渡的阶段"④。也就是说,这一时期,马克思把东方公社锁

---

① 《马克思恩格斯文集》第5卷,人民出版社2009年版,第95页。
② 马克思在《资本主义生产以前的各种形式》中特别论述了"亚细亚的所有制形式",他在对这种形式的论述中多次提到"唯一的所有者""世袭的占有者""最高的统一体""国家""君主专制"等概念,而这些概念表明,这种社会形式已经不仅仅是原始社会,而是包含着阶级社会的特有要素。
③ 《马克思恩格斯全集》第45卷,人民出版社1985年版,第242页。
④ 《马克思恩格斯全集》第25卷,人民出版社2001年版,第478页。

定为是古代原生形态的"最后阶段",因而具有过渡性质。尽管此时的"亚细亚"概念很少出现,但马克思以"亚洲的农村公社"赋予其普遍性意义。在马克思看来,在亚洲之外的其他地域也存在着"农村公社",但它们"是自然发展的产物,而决不是从亚洲现成地输入的东西"[①]。可见,马克思在他的思想历程中不断地修正"亚细亚"概念,而这个概念是马克思对东方"公社残片"进行逆推、复原和抽象而成的"一般"性概念,作为抽象的概念,它已经完全不同于历史上的具体的"亚洲村社和东方社会实态"[②]。

其次,承认"亚细亚生产方式"的普遍性,并不意味着人类社会演进是以"亚细亚"为起点的单线或直线演进的过程。尽管马克思在《资本论》及其手稿中多次提出前资本主义社会的历史演进次序问题,把"亚细亚""古典古代"和"封建所有制"等生产方式依次罗列,甚至在《德意志意识形态》中概要性地把"部落所有制"(源于共同祖先的人的共同体)、"古典古代"和"封建所有制"作为社会分工和交往方式推动形成的前资本主义共同体的三种所有制形式,但这并不意味着人类社会会按照这三种模式顺次更替,也不是说任何一个民族或国家都要梯次经历这三种模式才能进入资本主义。其实,马克思并非特意研究历史的更替方式和次序问题,而是在总结、概括"经济的社会形态"演进背后的"生产方式"这个最根本的逻辑线条,从而探寻"资本主义社会"与"非资本主义社会"的本质差异。如果说,前资本主义的各种共同体代表着人类史上特色鲜明的所有制形式,那么生产方式则是贯通其中并起决定作用的内在线条。同时,我们应该明确,前资本主义的三种共同体形式分别代表了向资本主义过渡的三条路径,而前两种都没能真正通向现代社会,只有日耳曼共同体和所有制形式是走向资本主义的最

[①]《马克思恩格斯全集》第25卷,人民出版社2001年版,第460页。
[②] 李根蟠:《"亚细亚生产方式"再探讨——重读〈资本主义生产以前的各种形式〉的思考》,《中国社会科学》2016年第9期。

终完成性的道路。

最后，只有从马克思的"依赖关系"史论（或"三大社会形态"理论）来看待前资本主义的共同体形式，才能真正理解亚细亚所有制形式所处的历史方位。马克思在考察历史上的共同体形式时主要是从"进行生产的个人"出发的，更确切地说，是以各时代的人的"社会性质的生产"为出发点的。马克思把资本主义经济作为与它之前的各种形式相"对立的形式"[①]加以研究，从而比较和对照了作为生产主体的人的不同关系："我们越往前追溯历史，个人，从而也是进行生产的个人，就越表现为不独立，从属于一个较大的整体"[②]。这种不独立性在最初的氏族家庭以及后来的各种公社中表现得非常明显，即个人完全以依附于共同体的方式而存在的。但是在人的社会关系最丰富、最发达的资本主义社会，个人却沦为达到某种目的的手段，成为"物"的奴隶。马克思由此得出了世界史图像中的"依赖关系"理论——"人的依赖关系""物的依赖性"以及"自由个性"[③]。这"三大社会形态"是从低级到高级顺次展开的，它们在人的关系和所有制形式上依次体现出"肯定—否定—否定之否定"的规律。可以说，"三大社会形态"才是马克思对历史生成次序的确切勾绘，而前资本主义的三大共同体（"亚细亚""古典古代"以及"封建所有制"）正好处于"人的依赖关系"阶段。

[①]《马克思恩格斯文集》第8卷，人民出版社2009年版，第30页。
[②]《马克思恩格斯文集》第8卷，人民出版社2009年版，第6页。
[③] 马克思在《1857—1858年经济学手稿》中指出："人的依赖关系（起初完全是自然发生的），是最初的社会形式，在这种形式下，人的生产能力只是在狭小的范围内和孤立的地点上发展着。以物的依赖性为基础的人的独立性，是第二大形式，在这种形式下，才形成普遍的社会物质变换、全面的关系、多方面的需要以及全面的能力的体系。建立在个人全面发展和他们共同的、社会的生产能力成为从属于他们的社会财富这一基础上的自由个性，是第三个阶段。第二个阶段为第三个阶段创造条件。因此，家长制的，古代的（以及封建的）状态随着商业、奢侈、货币、交换价值的发展而没落下去，现代社会则随着这些东西同步发展起来。"（参见《马克思恩格斯文集》第8卷，人民出版社2009年版，第52页。）这段话是马克思"依赖关系"理论的经典表述，学界通常称为马克思的"三大社会形态理论"。

马克思认为"亚细亚""古典古代"等共同体"尚未脱掉同其他人的自然血缘联系的脐带"①，它们是"人的依赖关系"的直接体现。

由此，我们主张把"亚细亚""古典古代"和"封建所有制"作为历史空间中共存但异质的生产方式，这样就可以对它们的所有制形式进行比较研究，从而探寻其中所涵括的分配方式、正义形式。实际上，很多国外学者一贯坚持把"亚细亚""古典古代"和"封建所有制"作为独立的形式来理解。霍布斯鲍姆认为，马克思所论及的前资本主义的各种共同体不是相继出现的，"因为亚细亚生产方式不仅与其他一切生产方式共存，而且《形式》或者其他地方的观点没有认为古代的生产方式是从亚细亚生产方式中演变出来的。"②至少，马克思不是在编年史的意义上论及前资本主义的三种共同体演进过程的，更确切地说，前资本主义的三种共同体代表了人类离开"原始群"（部落体）之后的"特殊的所有制形式"③，它们预指了人类私有财产萌芽的逻辑线索。在帕特森看来，马克思在《资本论》及其手稿中提到了前资本主义的六种生产方式，即"原始共产主义的、亚细亚的、古代的、日耳曼人的、封建的和斯拉夫人的"④方式，而后五种是与早期原始共同体不同的形式。也就是说，帕特森倾向于把亚细亚看成原始群之后的生产形式，而不是将之作为人类最早的形式。正如有学者所言，亚细亚模式"更像是走出原始共产主义的'最朴素的古典'路径"⑤。所以，要研究马克思共同体视域中正义思想的历史起源，就应该将起点定位在人类从"原始群"过渡到"亚细亚共同体"之后，因为亚细亚共同体代表了人类定居

---

① 《马克思恩格斯文集》第5卷，人民出版社2009年版，第97页。
② [英] 埃里克·霍布斯鲍姆：《如何改变世界：马克思和马克思主义的传奇》，吕增奎译，中央编译出版社2017年版，第153页。
③ 《马克思恩格斯全集》第30卷，人民出版社1995年版，第488页。
④ [美] 托马斯·C. 帕特森：《卡尔·马克思，人类学家》，何国强译，云南大学出版社2013年版，第143—144页。
⑤ [意] 马塞罗·默斯托：《马克思的〈大纲〉》，闫月梅等译，中国人民大学出版社2016年版，第127页。

以后的生产方式和财产的最初占有方式，这种方式是人类从"领有"向"占有"的过渡，也是人类正义的历史源头。

那么，亚细亚共同体究竟有着怎样的财产占有关系？马克思通过对东方世界（中国、印度和俄国等）生产方式的追溯和解释，还原了亚细亚共同体对财产的共同占有关系。马克思认为："孤立的个人是完全不可能有土地财产的，就像他不可能会说话一样。"[①] 在人类最早的历史时期，作为孤立的个体，不可能有自己的所有物存在，人要维持自我存在，必须结成共同体，只有在人的天然形成的共同组织中，人才能确证自我生命、维持自身存在。亚细亚共同体就是人类从"天然共同体"中分化、衍生的第一种所有制形式，亦即"本源共同体"的第一种类型[②]。在这种共同体中，人的劳动和他的所有物是统一的，这种统一性首先体现在人类把土地作为共同体的基础，作为共同体的"试验场"和"居住的地方"。这一阶段，"人类素朴天真地把土地当作共同体的财产"[③]，土地是共同体的共有物，也是个体可以直接支配的客观条件。在这种共同体和生产方式中，个体既通过共同体确证自我身份，也通过共同体占有土地等生产资料，个体和共同体在本质上实现了天然的统一，这种统一以客观的自然条件为前提。

马克思认为，亚细亚共同体在财产占有方式上具有特殊性，即这种共同体中包含"个体""共同体"和神授的"总合的统一体"（专制君主）三大主体要素，财产分割涉及三大主体之间的占有关系。尽管如此，但这种特殊性与"个体与共同体的天然统一性"并不矛盾。马克思指出，在亚细亚的形式中，专制君主凌驾于个体和共同体之上，是唯一合法的所有者，也是财产的最高占有者，共同体或公社在现实中表现为"世袭的占有者"，是从事实际生产的共同

---

① 《马克思恩格斯全集》第30卷，人民出版社1995年版，第477页。
② 韩立新：《中国的"日耳曼"式发展道路（上）——马克思〈资本主义生产以前的各种形式〉的研究》，《教学与研究》2011年第1期。
③ 《马克思恩格斯全集》第30卷，人民出版社1995年版，第466页。

团体，个人是没有财产的占有者，他们以共同体为中介并通过劳动获得实际的成果，而剩余产品则无条件地归属于君主。尽管马克思在这里强调东方世界中专制君主的地位，但他并非把东方形式看成君主所有制，因为马克思的意图是揭示共同体与个人之间的财产占有关系，而不是揭示君主所有制的起源。只不过在东方的公社中，君主由于世袭或神授的方式获得了最高所有者的地位，这就不可避免地要涉及专制君主这个特殊的主体。所以，马克思清晰地指出：亚细亚形式中的真正实体并不是君主，也不是个人，而是共同体。"共同体是实体，而个人则只不过是实体的偶然因素"[1]。马克思意在言明，亚细亚形式在本质上是共同体占有的形式，共同体是整个社会得以维序的基础。个人本身不拥有任何财产，即便有劳动产品的剩余，也以贡赋的形式上缴统一体，或用以颂扬现实的君主和想象的神明。这种共同体并非专制性质的，它以松散的"环节型"方式存在，专制君主与臣民结合成整体，构成一个整合的社会，"它基本上仍然是一个由各个环节单元所组成的社会"[2]，在其中，臣民和各单元之间由于对专制君主的依附而聚结起来，形成金字塔结构。因此，在这种形式中，个人的财产是以共同体的形式存在的，共同体拥有财产的支配权，是整个所有制形式的真正主体。

所以，在亚细亚形式中，单个人作为共同体（公社）的成员，他们仅仅是"共同财产的共有者"[3]。单个人只是在共同财产的前提下，通过继承或其他方式占有"一块特定土地"，而财产本身却并不属于任何单个个人，它仅仅隶属"同公社直接统一"的个人。这样一来，单个人仅仅有占有土地的权利，但并没有财产的所有权，即他们"只有公共财产，只有私人占有"[4]。所以，从根本上看，亚细

---

[1] 《马克思恩格斯全集》第 30 卷，人民出版社 1995 年版，第 468 页。

[2] ［英］安东尼·吉登斯：《资本主义与现代社会理论——对马克思、涂尔干和韦伯著作的分析》，郭忠华、潘华凌译，上海译文出版社 2018 年版，第 35 页。

[3] 《马克思恩格斯全集》第 30 卷，人民出版社 1995 年版，第 471 页。

[4] 《马克思恩格斯全集》第 30 卷，人民出版社 1995 年版，第 472 页。

亚形式是"共同体所有制"。

二 古典古代共同体与部分"私有"

古典古代共同体是本源共同体的第二种形式,是马克思以古代城邦为蓝本描绘的"古典希腊和罗马世界"①。这种共同体本身是历史因素、地域因素以及原始部落经历动荡、变化等综合作用的结果,因而并不像亚细亚形式那样以土地为客观条件和基础,而是以农业为条件、以城市(或居住地)为基础。因此,马克思指出:"古典古代的历史是城市的历史。"② 在这种共同体中,个体的工作场所仍然是土地,只不过耕地不再是村庄必须依附的劳动资料和生活资料,而是表现为城市的附属物,是城市的领土。

在古典古代共同体中,依附于城市的领土构成一个紧密联系的经济整体,但是由于它是以农业为基础的城市共同体,所以其土地财产分为两类:一类土地由公社自身支配,是公社的共同占有物,它不能由公社的成员独自支配,这种土地在本质上是国有土地财产,即"公有地"。另一类土地是被分割为小块的"领地",它是公社成员的私有财产,但它本身是公社土地的一份,因而是共同体的土地,而公社成员之所以可以自由支配自己的"领地",根源于他自身是共同体的成员。所以,马克思说:"土地私有者只有作为罗马人才是土地私有者,而作为罗马人,他就是土地私有者"③。可见,在这种共同体中,公社的"公有地"和公社成员的"私有地"是并行存在的,但公社成员之所以能够支配和使用自己的"私有地",归根结底在于他和共同体的关系,即他在身份上属于共同体,因共同体的存在而存在。所以,马克思高度评价古典古代共同体的作用,他认为这种共同体具有双重意义:一方面,共同体作为各个自由、平等的

---

① [美]托马斯·C. 帕特森:《卡尔·马克思,人类学家》,何国强译,云南大学出版社2013年版,第148页。

② 《马克思恩格斯全集》第30卷,人民出版社1995年版,第473页。

③ 《马克思恩格斯全集》第30卷,人民出版社1995年版,第471页。

私有者组成的集合体,可以联合抵抗外界的骚扰和侵犯;另一方面,共同体以城市居住地为基础,也是军事组织的基础,因而是单个私有者的重要保障。因此,在这种共同体中,共同体成员因为自己的"身份"而获得"占有"土地的资格,受到共同体的保护,共同体也因为其成员的劳动而得以维继,"但作为公社成员,单个的人又是私有者"[1]。这种土地占有形式已经超越了亚细亚形式,因为在亚细亚形式中,个人并不是财产的私有者,但在古代的共同体中,个人的私有财产已经和公社财产分离开了。

在古典古代共同体中,"城市最先是围绕着军事而组织起来的,在整个罗马和希腊的历史上,它表现出一种扩张的性质。"[2] 马克思认识到,尽管这种共同体是"城市社会",但它依然受自然条件(特别是土地财产)的影响,所以土地私有者在很大程度上成为影响共同体稳定的因素。但是,真正促使共同体遭遇困难的因素往往来自外界,来自其他共同体对土地的侵犯和占领。这样一来,战争就成为共同体及其成员必不可少的共同活动,成为一种为了占领土地等客观条件的活动,即"为了保护并永久保持这种占领所要求的巨大的共同任务,巨大的共同工作"[3]。因此,在这种共同体中,公社本身就是为了抵御外敌入侵而以军事组织的形式建构起来的,组织军队和军事活动是共同体的首要职责,共同体成员的共住地是军事组织存在的基础。在这种情况下,共同体开展的活动主要有以下几类:一是战争,这是共同体扩大交往的体现,也是共同体征服和掠夺土地的方式;二是加强对公社和城邦土地的利用,强化生产;三是强化共同体与共同体之间的贸易关系,促使贸易往来和经济流通;四是处理共同体与个体之间的关系,强化共同体对财产占有的主导性,个体对共同体的依附性减弱。马克思认为,在古代的共同体中

---

[1] 《马克思恩格斯全集》第30卷,人民出版社1995年版,第470页。
[2] [英] 安东尼·吉登斯:《资本主义与现代社会理论——对马克思、涂尔干和韦伯著作的分析》,郭忠华、潘华凌译,上海译文出版社2018年版,第36—37页。
[3] 《马克思恩格斯全集》第30卷,人民出版社1995年版,第469页。

存在着很多冲突和矛盾,但最主要的矛盾是共同体与个体、共同体与共同体之间的矛盾。其中,"共同体继续存在的前提,是组成共同体的那些自由而自给自足的农民之间保持平等,以及作为他们的财产继承存在的条件的本人劳动"①。也就是说,作为共同体成员的农民的再生产活动是维系共同体存在的前提,也是影响共同体与其他共同体交往的主要因素。

那么,古典古代共同体的财产关系究竟是怎样形成和分割的?马克思认为,这种共同体由于在土地占有形式上是"公有地"和"私有地"相互并存的关系,因而共同体与个体之间是相互制约和相互抗衡的关系。一方面,共同体相较于个体更具有优先性,特别是在财产关系上应坚持"共同体优先",另一方面,个体只有拥有共同体的身份和"成员资格",他才能获得私有地。这种情况并非指个体的作用要小于共同体的作用,相反,没有作为共同体"资格"的个人的存在,共同体就无法运转,而共同体也能够为个体的存在提供安全等方面的保障。马克思指出,个体在这样的共同体中不是为了"发财致富",也不是为了自我利益,而是为了自给自足,为了"谋生",为了"把自己作为公社成员再生产出来"②,为了获得"资格"去占有自己的小块土地。如果个人在共同体中无所事事,那么他就无法获得公社成员"资格",也就无法成为"私有地"的占有者。所以,马克思指出:"公社的继续存在,便是作为自给自足的农民的全体公社成员的再生产,他们的剩余时间正是属于公社,属于战争事业等等。"③ 可见,在古典古代共同体中,个体(农民)的劳动分为两种形式:一种是在自己私有地基础上的必要劳动,另一种是对于共同体的剩余劳动。这两种劳动形式也是并存的,个体只有为了共同体而从事剩余劳动,才能维系共同体的存在,进而才能够维系

---

① 《马克思恩格斯全集》第 30 卷,人民出版社 1995 年版,第 470 页。
② 《马克思恩格斯全集》第 30 卷,人民出版社 1995 年版,第 471 页。
③ 《马克思恩格斯全集》第 30 卷,人民出版社 1995 年版,第 471 页。

自己私有地的存在。

实际上，个体在古典古代形式中的主要事业是战争，他们的"剩余劳动是以军务的形式实行的，带有非经济的、政治性、宗教性的色彩"①，这也是对共同体认同感的体现。当然，为了保护自己的私有地免受侵犯，个体也不得不把自己的剩余劳动让渡给共同体，他们只有通过战争的方式对共同体及其土地进行保护，才能实现对自己私有地的保护。而且，随着共同体人口的扩张，为了保证所有成员都拥有私有地，个体也会把自己的剩余劳动让渡给共同体，通过暴力、征服或战争的方式获取更多的土地。这样就会促使共同体的成员"具有十分好战和扩张的倾向，必定会导致农民素质的下降，而农民的素质则是公社的基础"②。当共同体的战争、征服以及扩张活动超过了公社的基础可以容纳的限度，那么公社本身的经济条件就会遭到破坏，就可能会造成共同体的瓦解。马克思认为，在罗马式共同体中，这种战争和征服带来的影响非常明显，它使"作为公社基础的实际纽带遭到破坏"③，最终走向了没落和毁灭。

三 日耳曼的共同体与个人"所有"

日耳曼共同体在历史形态上既不同于亚细亚形式（城市和乡村无差别统一），也不同于古典古代形式（城市乡村化），而是表现为"城市和乡村的对立"④，并在这种对立中发展，最终以乡村为舞台走向了乡村城市化的过程。马克思认为，日耳曼共同体固有的现实就是"城乡对立"，它在起点上不具备古典古代在演变中体现出的城市史。正如望月清司所言："日耳曼世界的城市就是在农村（自在的

---

① ［日］内田弘：《新版〈政治经济学批判大纲〉的研究》，王青等译，北京师范大学出版社 2011 年版，第 224 页。

② ［英］埃里克·霍布斯鲍姆：《如何改变世界：马克思和马克思主义的传奇》，吕增奎译，中央编译出版社 2017 年版，第 155 页。

③ 《马克思恩格斯全集》第 30 卷，人民出版社 1995 年版，第 478 页。

④ 《马克思恩格斯全集》第 30 卷，人民出版社 1995 年版，第 474 页。

Land）内部形成的生产力外化态，而古代城市则是因为被其母胎农村所环抱而最终无法外化出去"①。马克思正是在日耳曼"乡村城市化"的演变中窥见了"市民社会"的曙光，看到了孕育资本主义萌芽的历史土壤。

日耳曼共同体究竟潜藏着何种历史的"天机"并最终使它成功跨向了商业社会？这源于它较之于其他共同体所具有的根本特征。"在日耳曼人那里，各个家长住在森林之中，彼此相隔很远的距离……公社也只有通过公社成员的每次集会才存在"②。在这种共同体中，单个的家庭或家族是散居在不同的乡村之中的，而且他们之间往往相距较远，各自拥有自己的"孤立农园"，因而共同体只是在每次"集会"时才具有真实存在的意义，也只有在集会时共同体才能作为联合体而存在。所以，日耳曼共同体在很大程度是由各个独立的家庭组成的松散的联合，共同体"只存在于这些个人土地所有者本身的相互关系中"③，共同体的现实性也只有通过"集会"才能彰显。因此，在日耳曼形式中，单个个人或家庭才是实体性存在，共同体则具有偶然性，是一种松散的偶然性存在。在马克思看来，日耳曼形式已经远胜于亚细亚形式，因为在这种形式中，共同体或公社仅仅是一种"非联合体的联合"，表现为"非统一性的统一"，即共同体在事实上已经不再像城邦共同体那样具有凝聚力，它只是作为个体的"统一行动"以及家庭的"联合行为"而存在的。

同样，日耳曼共同体在土地形式和财产关系上也不同于亚细亚形式（公社是真正所有者）和古典古代形式（公有地和私有土地财产并存），它的"公有地"或"人民土地"仅仅表现为猎场、草场或森林等公有财产，这些公有土地财产只有在作为共同体的共同占有物并在确保它们不受外敌侵犯时才具有财产的意义。也就是说，

---

① ［日］望月清司：《马克思历史理论的研究》，韩立新译，北京师范大学出版社2009年版，第368—369页。
② 《马克思恩格斯全集》第30卷，人民出版社1995年版，第474页。
③ 《马克思恩格斯全集》第30卷，人民出版社1995年版，第475页。

"公有地只是个人财产的补充"①,它已经不再是凌驾于个人土地之上的财产形式,相反,单个的家庭及其私有土地财产在此形式中获得了统治地位。所以,日耳曼形式本身就已经是家庭主导的形式,个人所有已经构成了财产关系的核心,而公共财产(公有地)仅仅是个人私有财产的附属品。马克思指出,"每一单个家庭就是一个经济整体,它本身单独地构成一个独立的生产中心"②。可见,这种由单个家庭构成的共同体比城邦共同体中的家庭的实体性要强很多,它至少已经走向了"个体化"的发展轨道,能够主导和选择各自发展生产的方式。马克思在《德意志意识形态》中就已经表达了这样的思想,他认为在日耳曼人那里,由于地广人稀,人们以分散居住的方式结成最初的"乡村共同体",即马克思晚年提到的"村落共同体"形态,这种共同体与马克思在《1857—1858年经济学手稿》中论述的日耳曼形式完全契合。日耳曼形式分化、解体的过程,就是孕育资本主义关系的过程,这个过程是各种因素共同促生的结果,当然也离不开日耳曼形式自身的特殊性。

马克思十分确定地对比了古代和中世纪的历史起点问题,他说:"古代的起点是城市及其狭小的领域,中世纪的起点则是乡村。"③这里的古代就是马克思所说的希腊罗马形式,是以土地所有制为基础的城邦共同体,而马克思在这里提及的中世纪是指"西欧的历史世界",但它在《1857—1858年经济学手稿》中以"中世纪(日耳曼时代)"④的表达方式出现,但这种标记特指"西欧世界史中的古

---

① 《马克思恩格斯全集》第30卷,人民出版社1995年版,第474页。
② 《马克思恩格斯全集》第30卷,人民出版社1995年版,第475页。
③ 《马克思恩格斯文集》第1卷,人民出版社2009年版,第522页。
④ 马克思在《1857—1858年经济学手稿》论及亚细亚、古典古代和日耳曼三种不同的形式时,对比了它们各自的历史起点问题,但在标记日耳曼形式时,是以"中世纪(日耳曼时代)"的方式出现的,很多学者以此把日耳曼形式完全等同于中世纪或封建所有制,显然,这和马克思的整个思想存在出入。实际上,马克思在《1857—1858年经济学手稿》中以"中世纪(日耳曼时代)"的方式标记日耳曼共同体,目的是强调古日耳曼共同体经过中世纪最终走向了市民社会这条逻辑线索。

日耳曼时代"①，而不能将之完全等同于中世纪。尽管如此，马克思在这里仍然为我们提供了一条理解"日耳曼"和"中世纪"关系的线索，即中世纪和日耳曼都是以"乡村"为起点，并且都以"散居"的方式存在，这恰好表明，中世纪的封建世界是在古日耳曼的基础上发展起来的。正如马克思所言："在日耳曼人的军事制度的影响下，发展了封建所有制"②。马克思多次强调，尽管最初的所有制形式存在形式上的差异，但它们实质上都是以土地为客观条件发展起来的。只不过，亚细亚和古代世界并没能在自己的所有制形式中完成从"中世纪"向"市民社会"的转变，而是在历史前进的洪流中走向了"死胡同"。但日耳曼形式是以"乡村"和"散居"为历史的起点生发的经济结构，其"私人所有大于共同体所有"的属性注定能将剩余产品作为自己的财产进行自由支配和交换，也注定能够使"乡村"逐渐"城市化"。而日耳曼形式的这条发展路径最终使它"经过了几个不同的阶段——封建地产，同业公会的动产，工场手工业资本——才发展为由大工业和普遍竞争所引起的现代资本"③。也就是说，日耳曼形式自身所包含的"散居""私人所有"的特点使它在发展的过程中突破了共同体的束缚，最终使共同体走向瓦解，使私人所有战胜了共同体所有并获得了统治地位，为资本主义的萌芽奠定了历史基础。

所以，日耳曼发展道路就是沿着"乡村共同体→中世纪（农奴制、同业公会、小经营手工业）→近代市民社会→资本主义生产方式（大工业）"的路径跃迁的，这个过程是马克思论证资本主义起源的核心线索。马克思多次强调，在本源形式的三种共同体中，唯有日耳曼的所有制形式在最初的形态上是由"畜牧业决定的"④，也

---

① ［日］望月清司：《马克思历史理论的研究》，韩立新译，北京师范大学出版社2009年版，第474页。
② 《马克思恩格斯文集》第1卷，人民出版社2009年版，第522页。
③ 《马克思恩格斯文集》第1卷，人民出版社2009年版，第583页。
④ 《马克思恩格斯文集》第1卷，人民出版社2009年版，第583页。

是一个由单个家庭组成的"独立的生产中心",这种得天独厚的优势为劳动者与其客观条件(土地)的分离奠定了基础,而商品、货币以及资本就是从"劳动与所有"的分离中产生的。再加上,日耳曼形式是"乡村和城市对立"的形式,这也为城市和乡村之间不同的社会分工准备了条件,正是因为分工的差异,使交换和贸易往来更加频繁,随之而来的就是城市中的商人和手工业者成为新的"经济体",这些新的阶级又加速了"商业社会"的出现并最终成为商业社会的真正主导者。所以,霍布斯鲍姆深刻地总结了马克思关于日耳曼形式的理论见解:"日耳曼的制度就像一种住房合作社,在这种合作社中,个人公寓的个体占有依赖他与其他成员的联合和继续合作,但是个人的占有仍然以一种可辨别的形式存在。这种比较松散的共同体形式,包含一种更大的经济个体化潜力,使'日耳曼的制度'(经过封建制度)成为资产阶级社会的直接先祖。"[1] 马克思虽然没有完整地解释在封建制度的夹缝里如何生产出资本主义社会,但他始终坚称资本主义萌芽于"中世纪的城镇中"[2],这一点与他对日耳曼形式的分析是极度吻合的。

因此,可以直接断定,在前资本主义的各种生产形式中,真正能够促生资本主义萌芽的形式是以私人所有为基础的日耳曼形式,因为在完全自给自足的共同体中,并不存在私人所有和剩余产品,也就不可能存在任何贸易。与此相反,日耳曼形式是以社会分工和单个家庭为基础的共同体形式,它在一开始就存在私人财产,而拥有私有财产的生产者也希望参与商品交换或竞争,而交换的扩大和社会分工的加剧必然预示了向市民社会跃进的历史趋势。马克思认为,封建主义就是通过社会分工不断发展而走向资本主义的过渡阶段。这一过程可以表示如下:乡村共同体→封建所有制(共同体与

---

[1] [英]埃里克·霍布斯鲍姆:《如何改变世界:马克思和马克思主义的传奇》,吕增奎译,中央编译出版社2017年版,第159—160页。

[2] [美]罗伯特·布伦纳:《马克思社会发展理论新解》,张秀琴等译,中国人民大学出版社2016年版,第11页。

农奴对立）→城市（少量资本支配）和乡村（土地所有制）对立→城乡交换扩大和生产专门化→社会分工进一步扩大→生产和交往分离→城市中出现商人这一特殊阶级→工场手工业（商人资本）→资本主义。所以，马克思指出，"从中世纪的农奴中产生了初期城市的城关市民；从这个市民等级中发展出最初的资产阶级分子。"[1] 在历史缘起上，资本主义就是从封建所有制的夹缝中产生的，它是一种最终打破封建枷锁而不断结成的新型社会关系，是封建所有制关系中内在矛盾（内部动力）和外部压力共同作用的结果。正如布伦纳所言："资产阶级社会应被视为在封建社会的'缝隙'，而非其'子宫'中成长并发展起来的。"[2] 在马克思的视野中，并不是封建社会孕育了资本主义，而是处于封建制度夹缝中的商品经济的发展为资本主义关系的产生提供了历史前提。封建共同体之所以让位于"虚幻—抽象共同体"，根本原因是随着商品经济的发展，货币关系替代了"自然—本源共同体"的封建人身依附关系，货币地租和货币贡赋替代了封建的实物地租和实物贡赋，单纯的契约关系替代了地主和农奴之间的依附关系。

第二节 "自然—本源共同体"内蕴的正义论域

正义是书写着人世间良善、美德、仁慈和公义的古老画卷，也是遮掩人世间种种暴行、屠戮、污秽、压迫和不义的纱幕。可以说，正义是关涉人类生活的最崇高美德，也是关涉人的最大利益的最基本准则。没有正义就没有美德、规则和善治，也就没有好的生活、

---

[1]《马克思恩格斯文集》第2卷，人民出版社2009年版，第32页。
[2] [美] 罗伯特·布伦纳：《马克思社会发展理论新解》，张秀琴等译，中国人民大学出版社2016年版，第19页。

善的制度。

正义不是虚幻的抽象概念，它依赖于人类特定的生存条件和精神状况，它在一定意义上"起源于人的自私和有限的慷慨，以及自然为满足人类需要所准备的稀少的供应"①。也就是说，正义总是依赖于人性以及客观条件，当物质生活贫匮、人类为生活必需品而争夺时，就会促生正义观念和正义规则。只要我们概要地回顾人类历史就会发现，正义最早源于人类的古老神话，但神话传说正是古代人的现实生活图景的反映，在古往今来的历史变迁中，战争、暴行、杀戮、剥削等不义之举总是充斥在人类共同体之中，以至于有人感慨："人类的历史无非是一部犯罪的历史"②。尽管如此，正义在人类共同体中所发挥的作用是不可估量的，正义是善之前提，也是共同体内蕴的核心价值。巴里曾指出："任何正义理论的核心问题都是对于人与人之间不平等关系的辩护。"③ 在人类共同体史的长河中，正义的价值就是对人的关系和共同体的交往关系的反思、塑造和辩护。在任何一种共同体中，只要它的成员对它们依存的共同体的规则、习惯、制度安排进行反思的时候，正义问题就不可避免地会被提及和讨论。所以，正义理论在一开始就和共同体的制度安排、习惯和规则相关。正义理论在最起初的意义上就是对人的平等关系的维护。

在马克思的共同体理论中，人的问题、正义问题乃至平等问题，始终是贯穿其中的内在线索，是马克思共同体理论内蕴的核心价值。可以说，一部共同体的变迁史，就是人类从依赖关系走向自由全面发展的发生史，也是人类正义和平等理念的起源、异化和重新复归的历史，我们透过共同体的历史运演和理论逻辑，可以窥探其中的

---

① ［英］大卫·休谟：《人性论》，关文运译，商务印书馆2016年版，第532页。
② ［英］威廉·葛德文：《政治正义论》第1卷，何慕李译，商务印书馆1982年版，第6页。
③ ［英］布莱恩·巴里：《正义诸理论》上，孙晓春、曹海军译，吉林人民出版社2010年版，第3页。

财产关系变迁以及正义理念、平等关系的变化。在马克思关于前资本主义共同体的论述中，以自然条件为基础的土地占有形式、劳动分工以及公社成员之间的关系蕴含着天然正义、交换正义以及分配正义形式，这种自然—本源的共同体形式及其内蕴的正义观念是"人的依赖关系"的真实反映，也是古代世界较为崇高的运行机制和价值规范。

一 以自然条件为基础的天然正义

在人类最早的原始群时期，幼年的人类群居而存，他们以植物充饥，偶然地以动物性食物做补充，高大的林木和山洞是人类的栖息之所和避难之地，他们无疑对自然条件有着天然的原始依赖。马克思指出，人类最初的生存方式就是以"游牧"或"迁徙"为特点的"天然共同体"，这种共同体以他们暂时的对土地的占有状况为前提。在这个阶段，人类的关系近乎达到朴素的和谐状态，在这种完全以自然条件为基础的形态中，人类生产生活方式处于一种原生的、天然正义状态。

正义是历史的产物，具体而言，是人类生产方式的价值结晶。只要有人的生产生活方式的存在，就应该能够找到正义的"影子"。在人类历史开启的原初形态，正义的观念就已经随之萌芽，只不过，这种天然的正义状态和朴素的正义观念最早是神人共同体的现实反映，是对原始图腾的拟人化映射。恩格斯在《家庭、私有制和国家的起源》中为了了却马克思的遗愿，遵循史前史的基本运演逻辑并依据摩尔根的分期方法，把人类文明时代之前的历史分为蒙昧阶段（低、中、高）和野蛮阶段（低、中、高），揭开了原始共同体在生产方式、家庭结构以及社会制度等诸方面的"神秘面纱"。恩格斯认为，越往前追溯人类历史，"社会制度就越在较大程度上受血族关系的支配"[1]，人类自身就愈加依附于家庭、依附于共同体。人类真正

---

[1] 《马克思恩格斯文集》第4卷，人民出版社2009年版，第16页。

的私有制、交往关系、法律关系以及国家制度都是在最早的血族关系和血缘家庭的"温床"之上产生的。在恩格斯看来，亲属关系是构成社会制度的前提，"由于亲属关系在一切蒙昧民族和野蛮民族的社会制度中起着决定作用"①，所以，人类最早的血族关系和家庭形式构成人类最早的社会制度的"骨骼"部分。可以说，正是以血族关系为主导的家庭和团体孕育了私有制、财产差别和社会分化，也孕育了人类最早的正义观念和社会制度模式。血族团体的最终毁灭就是新的国家的真正开始。

血亲关系是人类社会最古老的基础。人类最早的家庭形式是原始共同体生产方式的真实反映，在蒙昧时代的中级阶段，人类已经散布于地球的各主要洲地，那时"人类可能生活在一种不超过20—60人的小群体内"②。在这种群体中存在过的最早的家庭形式和亲属制度是原始状态的杂乱的群婚制。在这种杂乱的性关系中衍生了最早的家庭形式——血缘家庭。虽然在今天看来，这种原始形式的血亲婚配有些"耸人听闻"，但在当时的生产条件下是完全合乎正义的。正像马克思所评述的那样，"在原始时代，姊妹曾经是妻子，而这是合乎道德的"③。如果说血缘家庭排除了父母与子女之间互为夫妻的关系，那么，普那路亚家庭则排除了兄弟和姊妹之间的性关系。这种家庭形式是生产方式进步的产物，也是"自然选择"发挥作用的真实体现。由于"兄弟和姐妹之间不能通婚"逐渐成为各个家庭的惯例，因而，近亲繁殖就逐渐瓦解并促使婚姻关系更加多样化，其直接的后果就是使"部落家庭"逐渐扩大，促生了氏族的出现。恩格斯认为，氏族的出现具有直接的革命意义，它"构成地球上即使不是所有的也是大多数野蛮民族的社会制度的基础"④，它在很大程

---

① 《马克思恩格斯文集》第4卷，人民出版社2009年版，第40页。
② ［美］威廉·麦克尼尔：《西方的兴起：人类共同体史》，孙岳等译，中信出版社2018年版，第7页。
③ 《马克思恩格斯文集》第4卷，人民出版社2009年版，第48页。
④ 《马克思恩格斯文集》第4卷，人民出版社2009年版，第49页。

度上促使人类走向了文明时代。氏族制度是从普那路亚家庭中直接衍生的，在这种制度中，由于家庭成员拥有一个共同的世系的女始祖，所以，世系情况和继承谱系只能从母亲方面确认，这种氏族制度就是母权制。在母权制氏族中，占主导地位的经济形式是"原始共产制的共同的家户经济"，这种经济形式决定了原始共同体的规模和分配形式。共产制家户经济在根本上是"原始时代普遍流行的妇女占统治地位的客观基础"①，在这种形式中，人们之间的生产关系体现为一种共同劳作、共同占有关系，人们之间的身份地位是一种朴素的平等关系，人们之间的财产关系也是一种天然的正义关系。

正义产生的客观基础在于人类最早的财富占有形式，人类天然的正义规范就是对财富的平等占有和平等分配。原始的自然共同体的最早财富形式是土地和自然物。随着家庭分工的进行，人类在改造自然的过程中不断积累经验，较多的人口聚集生产，在生产的过程中"找到了某些改造自然环境的方法，从而使环境能适合于人类的利益和需要"②。当人类共同体扩大，并有多人按照自己的能力和专长进行社会分工，这样他们就逐渐摆脱了早期单纯依靠狩猎采集为生而获得财富的方式。其中，"家畜的驯养和畜群的繁殖，开发出前所未有的财富的来源，并创造了全新的社会关系"③。这使得共同体的财富从早期的天然土地、简易住房、粗糙衣服以及最简单的家庭用具（弓箭、石斧、独木舟等）扩展为畜群，这是人类共同体演变中最基本的环节，也是十分重要的环节。正是畜群这种新的财富形式的出现，使人类获取食物的方法发生了根本的转变，使狩猎采集退居次要并最终瓦解。毋庸置疑，整个人类文明史的发展正是

---

① 《马克思恩格斯文集》第4卷，人民出版社2009年版，第60页。

② [美]威廉·麦克尼尔：《西方的兴起：人类共同体史》，孙岳等译，中信出版社2018年版，第9页。

③ 《马克思恩格斯文集》第4卷，人民出版社2009年版，第65页。

"依赖于通过农业和动物驯养来扩大食物资源"①。那么,家畜作为新的财富究竟归谁所有呢,这无疑是一个关涉正义的话题。但在原始人那里,这种新的社会财富最初是归氏族占有,这是一种共同所有的形式,但到了成文史的最初阶段,"畜群乃是家庭首领的特殊财产"②。这一时期,家畜不仅成为家庭首领的私有物,甚至工艺品、人畜以及金属器具也成为私有物了。当私有作为一种普遍的社会制度确定下来以后,真正的奴隶制就开始了。在奴隶制条件下,畜群完全由家庭私有,这给旧式的母权制社会以强烈的打击,最终使私有制获得了统治地位。

任何正义问题总是和人的私利紧密相关,当人们为了追求自我利益,或者在共同体中出现利益分化时,社会的平衡秩序就会遭到破坏,一部分人的利益就会受到损害,正义在一定意义上就是源于抑制社会分化和利益失衡的平衡机制。在马克思那里,正义不是抽象的先验的概念,而是具体的历史的社会生产关系的反映,即正义是和特定的共同体的生产关系相适应的,因而是一个动态变化的概念,它在本源上反映了人的利益关系、财产占有关系和分配关系的变革。马克思在分析自然—本源共同体的各种形式时,就已经隐现了他的正义概念。他认为,在生产力低下的天然共同体中,"单个人对公社来说不是独立的,生产的范围限于自给自足,农业和手工业结合在一起"③。在这种条件下,由于不存在社会分工或社会分工极其微弱,共同体内部并没有真正的私有财产,人们之间的各种关系处于相对平等和正义的状态。也就是说,在原始共产主义阶段,人类社会"不存在私人和公众的对抗,或者说即使有这种对抗,但还

---

① [美]威廉·麦克尼尔:《西方的兴起:人类共同体史》,孙岳等译,中信出版社 2018 年版,第 10 页。
② 《马克思恩格斯文集》第 4 卷,人民出版社 2009 年版,第 65—66 页。
③ 《马克思恩格斯全集》第 30 卷,人民出版社 1995 年版,第 478 页。

处于相当幼弱的状态"①。在这样的生产方式主导的共同体中，人们之间有着极强的依附关系，表现为集体劳动，劳动产品共同占有。因此，原始共产主义阶段并不需要正义观念或道德规范规约人的行为和共同体的交往关系，因为原始状态下的生产方式决定了正义或法权关系是无效的，即人类并不需要订立普遍的规则来约束自我行为或共同体的运行，相反，原始共产主义的人类本身就处于相互依存、命运与共的朴素平等和正义状态中。正如洛克所言：在公民社会之前的自然状态中，人们友好相处，在身心方面具有平等的能力，同时享有平等的权利，人们"按照他们认为合适的办法，决定他们的行为和处理他们的财产和人身，而无须得到任何人的许可或听命于任何人的意志"②。然而，随着社会分化和社会等级的出现，天然共同体的公共机构就受到冲击，当身处于其中的成员开始追求个人利益时，旧的生产方式就或多或少地出现裂痕甚至走向解体，在这个过程中，人们之间、共同体之间的矛盾和张力不断凸显，而要化解这些矛盾，就需要一种相互制约的平衡机制，这就为正义、道德或法权的产生提供了可能。

所以，天然共同体是人类在史前阶段的共产制阶段，这个阶段人们所有的生产生活都是以土地为前提，人们的关系处于天然的"前定和谐"状态，其"最早的村落的政治结构也许接近于无政府状态"③，这是人类最原始最朴素的正义状态。在天然共同体之后的三种衍生的本源共同体中，已经存在不同程度的阶级分化、社会矛盾以及利益冲突，这预示着人类正义的真正开启。

---

① [美] 托马斯·C. 帕特森：《卡尔·马克思，人类学家》，何国强译，云南大学出版社 2013 年版，第 144—145 页。
② [英] 洛克：《政府论》下篇，叶启芳、瞿菊农译，商务印书馆 2018 年版，第 3 页。
③ [美] 威廉·麦克尼尔：《西方的兴起：人类共同体史》，孙岳等译，中信出版社 2018 年版，第 21 页。

二 源于劳动分工形成的交换正义

正义不仅和人的利益相关，而且和社会分工直接相关。可以说，没有分工，就无法形成各种不同的所有制形式，也就无法形成规约共同体的私有制、战争状态和劳动关系的法权条例和正义观念。在马克思看来，正义起源于物质条件，具体来讲，正义起源于社会分工和私有制。马克思对正义起源的论述是在历史唯物主义的意义上生成的，是基于历史事实的运思和推导的结果，因此，正义的起源论在马克思那里是正义的唯物论。相反，在西方思想史上，有关正义的起源论大都忽视了正义的物质根源。霍布斯的契约论就把自然状态设定为连绵不断的战争状态，认为人类斗争的根源是竞争、猜疑和荣誉，人类最大的正义便是保全自我，正义源于人性自私[①]；卢梭强调社会公意和国家共同体的先在性，认为正义起源于"公意"[②]；亚当·斯密认为，人生活于共同体中，天性使人具备同情、仁慈和正义，但"正义只是一种消极的美德"[③]；休谟从人性论的视角概括了正义与人性的自私自利以及自然的有限慷慨相关，认为"正义起源于人类协议"[④]。这些论点在一定意义上揭示了正义的原初意蕴和基础层面，但都没能看到正义的物质根源。实际上，正义问题和所有权有着天然的关联，而所有权与社会分工以及私有制是紧密相关的。马克思的正义观念就是在揭示私有制和所有权背后的物质事实的基础上不断开显的，是在对前资本主义共同体的劳动分工的揭秘中逐渐生成的。

分工使交换成为可能，也使交换正义得以萌芽。马克思说，交

---

① [英]霍布斯：《利维坦》，黎思复、黎廷弼译，商务印书馆2017年版，第94—99页。

② [法]卢梭：《社会契约论》，李平沤译，商务印书馆2017年版，第20页。

③ [英]亚当·斯密：《道德情操论》，蒋自强等译，商务印书馆2018年版，第102页。

④ [英]大卫·休谟：《人性论》，关文运译，商务印书馆2016年版，第530页。

换"使群的存在成为不必要,并使之解体"①。在马克思那里,分工是促使原始共同体解体的重要因素,也是交换产生的"催化剂"。"当交换开始时,原始共同体随之而亡"②。那么,究竟何种意义上的分工催生了交换并使原始共同体发生了解体?在马克思看来,分工在最原始的意义上仅是性方面的分工,在后来才逐渐形成了以人的体力和需要为差别的分工,但真正的分工是从"物质劳动和精神劳动分离"开始的,即每个人在他们的活动存在差异的情况下"从事他最拿手的工作"③。马克思之所以把分工与私有制、交换关联起来,就是因为"分工和私有制是相等的表达方式,对同一件事情,一个是就活动而言,另一个是就活动的产品而言"④。从二者的因果关系来看,分工是导致私有制产生的直接根源,也是私有制产生的历史条件。在人类最原始的经济形式中,共有制是最早的所有制形式,也"必定是原始的、来源于动物界的"⑤。共有制是家户经济的早期体现,是在分工仅限于家庭(男女分工)的情况下共同占有财产的经济形式。但是,人类并不是停滞在这个阶段,也不是千篇一律地重复着毫无差别的劳作,可以肯定,在某些共同体发展的过程中天然地存在着地理环境的差异,有的共同体土地肥沃,有的共同体牧草丰茂,有的共同体水产丰硕,有的共同体保持狩猎的习惯,这些差异终究带来的是共同体生产生活的差别,即生产方式的分化,这种分化最终表现为不同共同体社会分工的差异。当共同体的社会分工越明显、越发达,社会产品就越丰富、越多样,共同体的交往就越频繁,社会分化也就越严重。当社会分工积累到一定程度,就

---

① 《马克思恩格斯全集》第 30 卷,人民出版社 1995 年版,第 489 页。
② [美]肯尼斯·梅吉尔:《马克思哲学中的共同体》,马俊峰、王志译,《马克思主义与现实》2011 年第 1 期。
③ 《马克思恩格斯全集》第 32 卷,人民出版社 1998 年版,第 301 页。
④ 《马克思恩格斯文集》第 1 卷,人民出版社 2009 年版,第 536 页。
⑤ 《马克思恩格斯全集》第 35 卷,人民出版社 1971 年版,第 448 页。

引发了"游牧部落从其余的野蛮人群中分离出来"①，这是游牧部落和农耕部落分离的体现，也是第一次社会大分工的最终结果。社会分工使游牧部落和农耕部落的剩余产品能够自然地相互补充，这使得人类史上第一次经常性的交换成为现实，使得"各不同部落的成员之间进行交换以及把交换作为一种经常制度来发展和巩固的一切条件都具备了"②。在这个阶段，牲畜和土产是私有财产的呈现，也是交换的主要产品，但人们最乐于交换的物品是牲畜，它在最初的交换中"获得了货币的职能"③。这一时期，人们的交换是基于所有物的"物物交换"，这种交换并不是在货币的"牵线"中完成的，因此，马克思高度赞美简单的商品交换是"双方共同一致的意志行为"④，是人们的不同经济角色（分工）的人格化体现，因而是一种正义的行为。

"一个民族的生产力发展的水平，最明显地表现于该民族分工的发展程度。"⑤ 分工是促进共同体跃迁的重要动力，也是生产力发展的重要表现。第一次社会大分工的直接结果就是促使社会阶级产生了分化，导致了奴隶制的产生。在奴隶制时代，铁器的应用既促进了农业生产的变革和繁荣，也带来了织布业、金属加工以及酿造业的发展，这时多种多样的生产活动已经不能由一个人来承担，于是就产生了手工业和农业的分离，这一次大分工直接强化了奴隶制，也使得共同体的交换进一步扩大，"随之而来的是贸易，不仅有部落内部和部落边境的贸易，而且海外贸易也有了"⑥。贸易发展带动货币商品的出现，进一步加速了穷人和富人的阶级差别，最终使原始共产制经济退出了历史舞台，个体家庭和奴隶制私有制成为占统治

---

① 《马克思恩格斯文集》第4卷，人民出版社2009年版，第179页。
② 《马克思恩格斯文集》第4卷，人民出版社2009年版，第179页。
③ 《马克思恩格斯文集》第4卷，人民出版社2009年版，第179页。
④ 《马克思恩格斯文集》第5卷，人民出版社2009年版，第103页。
⑤ 《马克思恩格斯文集》第1卷，人民出版社2009年版，第520页。
⑥ 《马克思恩格斯文集》第4卷，人民出版社2009年版，第182—183页。

地位的经济形式。马克思认为，这样的经济形式"是建立在作为直接生产者的劳动者和生产资料所有者之间的对立上的生产方式"①，它在本质上是一种奴隶制下的监督劳动形式，因此，人们之间的地位是极其不平等的，整个社会的运行机制也是不正义的。尽管如此，奴隶制本身又是生产力发展的结果，具有历史的必然性，是合乎规律的。所以，马克思认为，"在资本主义生产方式的基础上，奴隶制是非正义的"②，而从奴隶制本身的生产方式来看，这种制度具有暂时性和正义性。在马克思那里，基于劳动分工引发的商品交换是正义的，因为从交易双方的人格来看，他们的地位是平等的，从交易的内容来看，他们都是将个人劳动产品作为交易对象，并通过交换实现了自己的目的。但在资本主义条件下，交换仅仅在表面是正义的、合乎等价原则的，但其实质是资本家用他偷窃的财富"来不断再换取更大量的他人的活劳动"③，劳动者在交易中不是主动的，而是为生活所迫不得不出卖自己的劳动力。

分工是引发战争的重要根源，它促使和平条约成为维护社会正义的重要机制。人类早期的共有制把人的关系规约在原初的正义状态，在分工引发的私有制产生的地方，必然诱发人们占有的不平等和分配的不公正，在这种情况下，共同体和共同体之间的战争就是不可避免的。在第一次社会大分工的刺激和诱导下，游牧部落和农耕部落之间的斗争也渐渐显现。由于共同体之间自然条件的差异和私有制的出现，"农民和牧民间不断地发生冲突……必定给新石器时代人的生活带来经常性的暴力。"④ 在没有制定和平条约的条件下，共同体之间为了争夺利益而发起残酷的战争，并以暴力和血腥扩展疆土、实现强权。马克思认为，"对进行征服的蛮族来说……战争本

---

① 《马克思恩格斯文集》第7卷，人民出版社2009年版，第431页。
② 《马克思恩格斯文集》第7卷，人民出版社2009年版，第379页。
③ 《马克思恩格斯文集》第5卷，人民出版社2009年版，第673页。
④ [美] 威廉·麦克尼尔：《西方的兴起：人类共同体史》，孙岳等译，中信出版社2018年版，第17页。

身还是一种通常的交往形式"①，而且，蛮族越是为了扩大领土以满足人口增长的需要，他们就越是加紧了侵略和征服。在自然—本源共同体中，人们之间的战争是经常性的，甚至文明化的政治结构都是从人类早期的军事组织和征服活动中不断发展起来的。在古希腊，各民族之间为了占有更肥沃的土地和掠夺更好的战利品，曾发生过连绵不断的战争，我们从荷马的史诗中就能窥见战争的"影子"。实际上，恩格斯指出，古希腊各部落的战争在一定意义上造就了奴隶制，它"以俘虏充做奴隶，已成为公认的制度"②。在马克思看来，发生在自然—本源共同体中的战争的性质不同，有的是基于共同体复仇和血亲复仇的战争，在一定意义上具有正义性，有的则是纯粹为了扩大领土和掠夺产品的非正义战争，有的战争使共同体直接倾覆，有的则使双方签订了和平条约。尽管这些和平条约体现了正义的要求，但是从根本上来看，"人们只要认为哪些条约最有利，他们就甚至会昧着良心使用诡计或暴力强行订立这些条约"③。实际上，早在原始共同体末期，"当一个集团侵犯了另一个集团的领地时，有时也会发生争斗。有证据表明，当时已经有了远距离贸易。"④ 也就是说，只要有战争、冲突、斗争和征服存在的地方，就需要有正义存在，正义在最原初的意义上与分工引发的冲突、战争直接相关。正义观念就是随着自然—本源共同体的生产方式的变革而逐渐发轫、形成的。

马克思关于正义的起源论完全超越了契约论者关于正义起源的唯心论。如果从历史唯物主义的视角研究正义的原初意义，那么它是对自然—本源共同体的生产方式及其变革的反映，也是社会分工引发的社会生产方式变革的必然结果。人类有什么样的共同体及其

---

① 《马克思恩格斯文集》第 1 卷，人民出版社 2009 年版，第 577 页。
② 《马克思恩格斯文集》第 4 卷，人民出版社 2009 年版，第 120 页。
③ 《马克思恩格斯文集》第 1 卷，人民出版社 2009 年版，第 57 页。
④ ［美］威廉·麦克尼尔：《西方的兴起：人类共同体史》，孙岳等译，中信出版社 2018 年版，第 7 页。

所有制形式,就必然会产生与共同体及其所有制形式相适应的正义原则。正如康德所言,在人类发展的过程中,"由于不同的生活方式而要求人们置备的最初的生活必需品,这时就可能进行互相交易了……然而最主要的则是奠定了某种公民宪法和公共正义"①。所以,正义既是与生产方式相一致的价值性规范,也是与共同体的历史发展相适应的事实性规范,正义的本质就是事实与价值相统一的至高善。

三 基于公社成员身份的分配正义

亚里士多德认为,分配正义涉及四个要素:两个主体和两份事物。只有平等的两个主体分得平等的两份事物才是正义的,因此,"分配的公正在于成比例"②,即两个主体之比和两份事物之比要对等。这是亚里士多德对分配正义的几何式解析,从侧面反映了参与分配之人的身份应该平等,分配之物的份额应该对等。马克思对分配正义的解释更具客观性,他从来不是抽象地、机械地谈论分配,相反,马克思视野中的分配正义是与具体的经济关系相一致的,他强调经济关系(生产关系)决定分配正义。马克思指出:"分配关系的历史性质就是生产关系的历史性质,分配关系不过表现生产关系的一个方面"③,分配正义起源于经济关系并且由生产方式决定。在前资本主义的各种共同体中存在着不同的分配方式,这些分配方式各自反映了它所依赖的共同体的所有制形式。马克思通过对前资本主义共同体的分类、对比研究,揭示了这些共同体的分配正义类型,还原了自然—本源共同体分配正义的历史真相。

亚细亚共同体的分配方式是以公社为中介的共同财产的共有形

---

① [德]康德:《历史理性批判文集》,何兆武译,商务印书馆2017年版,第75页。

② [古希腊]亚里士多德:《尼各马可伦理学》,廖申白译,商务印书馆2019年版,第149页。

③ 《马克思恩格斯文集》第7卷,人民出版社2009年版,第1000页。

式，这种分配方式是与生产力低下、个体依附于共同体的历史实际完全适应的。在这种共同体中，单个人的力量相对渺小和微弱，客观自然的力量相对强大，人们只有结成共同体，从事共同劳动，才能保全自我，维持生活。生活于这种共同体中的人们一开始就把土地作为共同财产，并以此为前提再生产其他物品。由于单个人是共同体的"肢体"，所以他们凭借共同体的成员资格和身份"把自己看成所有者或占有者"[1]。在这种形式中，"人们凭借自己作为公社成员的资格和美德，通过参与公社的共同行动而接触共同的资源"[2]。但是，马克思明确指出，亚细亚的分配方式和财产占有关系"本身可以以十分不同的方式实现"，其中，马克思特别提到了"大多数亚细亚的基本形式"，这种形式是一种特殊的"东方专制制度"，在这种形式中，参与分配的主体包括三个：（1）凌驾于各种小共同体之上的专制君主，即"总合的统一体"；（2）现实存在的公社，即"实际的共同体"；（3）各个个人，即拥有共同体成员身份的单个个人。在这种形式中，财产的真正所有者是专制君主，但财产的实现是共同体完成的，因此，现存的公社（共同体）是财产的"世袭的占有者"，它是财产的现实的所有者；单个个人是没有财产的劳动者，但由于他隶属某种共同体，因而可以以这种身份成为"特定土地的占有者"[3]，成为"公社财产的占有者"。所以，马克思认为，这种共同体在表面上是"全土王有"，但实际上财富的分配和占有却以公社所有为主导，因为公社是最基本的生产单元。个人无法成为所有者，他只能依附于共同体，因为共同体是实体。马克思评价亚细亚的分配方式使共同体能够自给自足，并且在其中包含着再生产的条件，这种模式以"公共的土地财产"为共有形式，所以

---

[1] 《马克思恩格斯全集》第30卷，人民出版社1995年版，第466页。

[2] ［美］托马斯·C. 帕特森：《卡尔·马克思，人类学家》，何国强译，云南大学出版社2013年版，第146页。

[3] 《马克思恩格斯全集》第30卷，人民出版社1995年版，第471页。

它"必然保持得最顽强也最长久"①。恩格斯也高度褒扬亚细亚氏族公社中的分配模式，指出在这种共同体中，人们"相当平等地分配产品，完全是不言而喻的"②。一旦人们的分配存在较大的不平等，氏族公社的根基就要动摇了。

　　古典古代共同体是以公社（共同体）所有为主导、个人所有并存的分配方式，单个个人已经是自己劳动产品的私有者。这种生产方式依旧以公社为前提，公社的财产是公有财产（或国家财产），与公社财产（公有地）并存的还有个人财产（私有地），但公社本身就是由各个独立的、自给自足的土地所有者所构成的，各个所有者保持着身份的平等，以共同体成员的身份参与财产、荣誉的分配。在古代的共同体中，个人的身份是由共同体确证的，个人的财产分配也因他是共同体的成员身份而获得资格。马克思指出，"这种共同体继续存在的前提，是组成共同体的那些自由而自给自足的农民之间保持平等"③。这说明，古代的共同体的成员拥有平等的人格，也拥有平等分配财产和资源的身份。换言之，古代共同体中的生产者既是共同体的劳动者，也是自己土地的直接生产者，他们既通过剩余劳动维护共同体的事业，承担特殊的义务，也通过这种资格和身份获得财富分配和政治权利。在这种共同体中，社会成员的身份主要是依据法律确定的，当然也可能按照血缘、地缘沿袭共同体（城邦）公民的特殊身份。尽管古代共同体中的个体在一定意义上享有政治权利和分配正义，也是私有地的私有者、个人财富的支配者，但这种共同体的主要制度形式是奴隶制，在这种制度中，由于奴隶"和他的主人没有订立合同……他的全部劳动似乎都是白干的"④。并且，很多单个人的私有财产也被剥夺了，"甚至连他们的人身也被

---

① 《马克思恩格斯全集》第30卷，人民出版社1995年版，第478页。
② 《马克思恩格斯文集》第9卷，人民出版社2009年版，第154页。
③ 《马克思恩格斯全集》第30卷，人民出版社1995年版，第470页。
④ 《马克思恩格斯文集》第3卷，人民出版社2009年版，第59页。

占有"①。所以，在马克思的视域中，古代共同体的分配具有正义性，但这种制度在整体上是非正义的。当然，亚里士多德曾站在统治者的立场上为奴隶制辩护，他说："强者为主、弱者为奴，就是正义"②，他把奴役看作正当且合法的。显然，这和马克思对古代共同体的正义的理解是背道而驰的。

日耳曼共同体是以个人私有为主导、共同体所有为补充的财产占有形式，社会财富占有出现了两极分化，基于所有权的分配形式和分配正义逐渐获得了统治地位。日耳曼形式本身不具有社会形态的意义，但在它的手工业繁盛的地方发展起来的中世纪的城市逐渐获得了独特的地位，成为封建的社会经济形态。这种共同体主要是以家户和手工业为代表的所有制形式，它一方面由贵族支配着农奴劳动，是一种农民依附于贵族的土地占有形式，另一方面在城市中出现了少量的资本，产生了新的社会阶层和等级制，使城乡之间的对立越来越明显。马克思认为，在封建制繁盛的时代，整个社会出现了较大的分化，在乡村除农民之外出现了贵族、僧侣，在城市除平民之外出现了商人、帮工、师傅和学徒，这样一来，整个共同体变成了松散的联合体，社会阶层分化和社会分配不公越来越明显。马克思指出："工业和商业、生活必需品的生产和交换，一方面制约着分配、不同社会阶级的划分，同时它们在自己的运动形式上又受着后者的制约。"③ 日耳曼共同体以及此后的封建制使整个社会分裂为相互对立的家庭，单个的家庭是占主导地位的经济单位，这种所有制形式在本质上是私有制，也是对他人劳动力的支配形式。马克思认为，在分工和私有制越明显的时代，"劳动及其产品的不平等的分配"④ 也越明显。所以，在封建剥削占统治地位的中世纪，"没有

---

① 《马克思恩格斯文集》第 4 卷，人民出版社 2009 年版，第 320 页。
② ［古希腊］亚里士多德：《政治学》，吴寿彭译，商务印书馆 2017 年版，第 17 页。
③ 《马克思恩格斯文集》第 1 卷，人民出版社 2009 年版，第 529 页。
④ 《马克思恩格斯文集》第 1 卷，人民出版社 2009 年版，第 536 页。

无主的土地"①，农民保有土地而依附于它，"而且必须给地主服劳役或交纳产品"②，这种共同体在分配方式上是不正义的，因为农民只是部分地占有自己的劳动成果，但这种分配是由封建的经济关系决定的，因而是不可避免的。随着城乡对立的加剧、社会分工的扩展以及商品贸易的扩大，社会分化出了"一个不再从事生产而只从事产品交换的阶级——商人"③。作为寄生阶级和中间人，商人把货币作为凌驾于人之上的统治物，使几乎所有的物品都具有交换价值，甚至土地也可以作为私有财产抵押和买卖了。这样一来，商人阶级为了自己的利益，把所有权作为天赋人权，鼓吹基于所有权的分配正义，使"大众日益贫困化，贫民的人数也日益增长"④。

可见，在前资本主义共同体发展变化的过程中，共同体的地位逐渐弱化，个体的地位逐渐强化，基于共同体身份的分配正义逐渐被基于所有权的分配正义所替代。特别是在资本主义社会中，资产阶级叫嚣的所有权正义成为主流的社会价值，成为掩盖剥削和分配不公的遮羞布。马克思对此给予了理性批判，他说资本和雇佣劳动的关系实际就是"所有权的关系或规律"⑤，即工人虽然付出了劳动，但他的产品并不由自己支配，而是"表现为他人的财产"。马克思甚至嘲讽资本主义的所有权观念在表面上是"每一个人都只支配自己的东西"⑥，但实际上却是以偷窃和掠夺他人的劳动确立起来的，因此，马克思依托对基于所有权正义的批判，提出了重建个人所有制的理论主张。

---

① 《马克思恩格斯文集》第1卷，人民出版社2009年版，第150页。
② 《马克思恩格斯文集》第4卷，人民出版社2009年版，第320页。
③ 《马克思恩格斯文集》第4卷，人民出版社2009年版，第185页。
④ 《马克思恩格斯文集》第4卷，人民出版社2009年版，第187页。
⑤ 《马克思恩格斯全集》第30卷，人民出版社1995年版，第463页。
⑥ 《马克思恩格斯文集》第5卷，人民出版社2009年版，第204页。

四 "自然—本源共同体"的政治正义

"自然—本源共同体"是人的依赖关系阶段，尽管这个阶段掺杂着奴隶制、封建制等专制制度，但这个阶段与物的依赖性阶段相比，依然有它崇高的地方。马克思认为，古代世界是以人为目的的世界，现代社会则以人的牺牲为目的本身，"古代世界在人们力图寻求闭锁的形态、形式以及寻求既定的限制的一切方面，确实较为崇高"[①]。尽管古代世界的经济基础相对薄弱，但其政治上层建筑依然有着令现代社会承袭和借鉴的地方。

马克思在论及亚细亚生产方式时就已经提到这种共同体的两种政治形式，一种形式上较为民主，另一种形式上较为专制。就前者而言，这种共同体以相互独立的公社为载体，每个公社的成员从事相同的劳动，拥有同等的权利。公社把土地财产平等地分配给公社成员，全体成员集体生产，平均分配。马克思特别提到，在这种公社中，除了以家庭为单位从事共同劳动的劳动者，还有一小部分人以特殊的身份参与分配，包括公社中的一个首领、一个抄写员、一个教师、一个边防人员、一个婆罗门（宗教司理）、一个银匠、一个洗衣匠……[②]尽管这种公社中存在着劳动的差别，但人们的社会关系是平等的，社会分配是合理的。就后者而言，公社中存在着专制君主，表现为君主是最高的统一体，在这种形式下，专制君主拥有土地和资源的所有权，而实际占有者是公社。可以说，这种形式中的君主是寄生于公社中的赘物，他们依靠贡赋和攫取剩余产品养活自己。恩格斯高度褒扬古代公社中的政治制度是一种朴素的民主和正义的制度，他说："这种十分单纯质朴的氏族制度是一种多么美妙的制度呵！没有士兵、宪兵和警察，没有贵族、国王、总督、地方官

[①] 《马克思恩格斯全集》第 30 卷，人民出版社 1995 年版，第 480 页。
[②] 《马克思恩格斯文集》第 5 卷，人民出版社 2009 年版，第 414 页。

和法官，没有监狱，没有诉讼，而一切都是有条有理的。"① 实际上，氏族公社体现了人类最早的政治正义理念，在这种共同体中，存在着公正的选举制度。一方面，氏族的首脑（酋长）是通过民主选举产生的；另一方面，氏族的军事领袖（酋帅）也是从氏族内部或以外的人中选举产生的。最为重要的是，对酋长和酋帅的罢免由氏族成员共同决定，氏族内部还专设了议事会，也可以通过民主讨论的形式决定是否罢免酋长和酋帅。可见，氏族中的议事机关（议事会）是"氏族的一切成年男女享有平等表决权的民主集会……它是氏族的最高权力机关"②。并且，氏族中的议事会还可以召开人民大会，这是解决各项事务的重要形式，也是古代世界最高权力的体现。所以，在"自然—本源共同体"中已经出现了人类政治文明的曙光，也是政治正义观念的最早体现和运用。

古代人对公共机构、一般政治的运行进行了探索性设计，这是古代公共机构中政治正义的表现。马克思恩格斯指出，"随着城市的出现，必然要有行政机关、警察、赋税等等，一句话，必然要有公共机构，从而也就必然要有一般政治。"③ 在一般政治诞生的地方，必然要求政治制度设计的合理性和正义性，只有政治制度符合规律、符合生产力发展要求，才能促进社会变革、促进人的发展。但是，由于各个民族的地理环境、文化传统、历史背景不尽相同，他们的政治制度也必然存在差异性。恩格斯指出，在古代世界中，东方的专制制度在"数千年中曾经是最野蛮的国家形式"④。相反，在希腊氏族活跃于历史舞台上时，他们"已经站在文明时代的门槛上了"⑤。在英雄时代的雅典人那里就出现了较为民主的政治制度，即出现了新的氏族制度机关，主要包括人民大会、人民议事会和巴塞

---

① 《马克思恩格斯文集》第4卷，人民出版社2009年版，第111页。
② 《马克思恩格斯文集》第4卷，人民出版社2009年版，第102页。
③ 《马克思恩格斯文集》第1卷，人民出版社2009年版，第556页。
④ 《马克思恩格斯文集》第9卷，人民出版社2009年版，第189页。
⑤ 《马克思恩格斯文集》第4卷，人民出版社2009年版，第114页。

勒斯。其中，雅典人的共同议事会是最高中央管理机关，并且在各个民族中设定了民族法，以保护雅典公民的权利。此后，在雅典的政治改革中，为了适应新的经济发展的要求，雅典社会逐渐采取了新的政治形式，"全阿提卡被划分成一百个区域，即所谓德莫，分别实行自治。"① 在雅典的这种社会制度中，德莫特大会是最高权力机关，德莫内的公民具有选举权，他们可以选举出区长、祭司以及法官。每个德莫构成地区部落，这既是一种自治的社会政治组织，也是军事组织；并且，德莫构成最基本的单位，选择代表参加雅典的议事会，每个公民都享有投票权。恩格斯指出：雅典"国家的本质特征，是和人民大众分离的公共权力"②。雅典的政治制度归根结底具有民主政治的雏形，它是古代人的政治正义观念的实践表达。摩尔根高度评价雅典政治制度的历史进步意义，他说："雅典在新的政治体制下勃然兴起，声威并著。由于民主制度的鼓舞，天才洋溢，智慧跃进，雅典人已上升到了人类历史上诸民族中最卓越的地位。"③

古代世界是人类朴素正义观念的开显，不管古代人"处在怎样狭隘的民族的、宗教的、政治的规定上"④，但他们却有着现代世界的人们无法相比的高尚、正义和美德。就像恩格斯所指出的那样："鄙俗的贪欲是文明时代从它存在的第一日起直至今日的起推动作用的灵魂；财富，财富，第三还是财富……这就是文明时代唯一的、具有决定意义的目的。"⑤ 而在古代世界，人是真正的目的。在古代世界，生活于农业社会之中的人们的知识、感情、政治和道德也在很大程度上使整个社会趋于合理化，并使古代世界的人们的利益关

---

① 《马克思恩格斯文集》第4卷，人民出版社2009年版，第134页。
② 《马克思恩格斯文集》第4卷，人民出版社2009年版，第135页。
③ [美] 路易斯·亨利·摩尔根：《古代社会》上册，杨东莼等译，商务印书馆1997年版，第274页。
④ 《马克思恩格斯全集》第30卷，人民出版社1995年版，第479页。
⑤ 《马克思恩格斯文集》第4卷，人民出版社2009年版，第196页。

系处于朴素的自由、平等和正义的状态，即处于一种朴素的和谐状态，从而使古代世界充满了神圣而崇高的意义。

第三节 "自然—本源共同体"解体与资本主义关系萌芽

资本主义关系是在"自然—本源共同体"解体的历史过程中形成的，这是马克思关于"劳动对资本的关系"的历史证明。"资本关系就是在作为一个长期发展过程的产物的经济土壤之上产生的"[①]。决不能把资本关系的形成看成自然的恩赐，相反，它是"几十万年历史的恩惠"。同时，马克思还指出资本关系的逻辑起点就是劳动力商品，"只有当生产资料和生活资料的占有者在市场上找到出卖自己劳动力的自由工人的时候，资本才产生"[②]。在马克思看来，资本关系的萌芽绝非偶然因素的作用，而是生产方式变革的必然结果。这个过程首先是"自然—本源共同体"中劳动者与劳动客观条件相分离的过程，在这个分离的过程中分化出了"劳动与资本"的对立，孕育了资本主义的原始生产关系。

一 劳动者与劳动客观条件的分离

马克思在历史唯物主义的宏大视野下揭示了资本主义的历史起源，他把资本主义作为历史发展链条中的"否定"阶段加以考察，追溯了它是"本源共同体"中劳动者与劳动客观条件发生分离的结果。马克思在《1857—1858年经济学手稿》中指出，"劳动对资本的关系……是以一个历史过程为前提的，这个历史过程曾促使劳动

[①] 《马克思恩格斯文集》第5卷，人民出版社2009年版，第586页。
[②] 《马克思恩格斯文集》第5卷，人民出版社2009年版，第198页。

者是所有者，或者说所有者本身从事劳动的各种不同形式发生了解体。"①马克思认为在"自然—本源共同体"中，劳动者和劳动客观条件、劳动和所有是内在一致、相互统合的，劳动者把客观条件作为自己无机身体的延伸，他们在改造客观条件的过程中也改造着自己。然而，随着人口增长、领土扩展、分工细化和交往关系的频发，共同体内在的生产机制发生变革，使得主体和客体之间的关系发生变化，从而催生了新的生产关系。

首先，"自然—本源共同体"并不是理想的形式，它有自身固有的特点和先天缺陷。"自然—本源共同体"的共同特质在于，土地和农业是共同体存在的基础，因此，整个共同体生产并不像资本主义那样是为了创造商品的价值或剩余价值，而是在"一定关系中把个人再生产出来"②。具体而言，"自然—本源共同体"具有以下特点：（1）共同体得以存在的前提是土地，即土地是共同体最原始的劳动工具、天然的试验场以及自然原料的贮藏所，离开了土地这种自然条件，共同体就失去了自然基础。马克思指出，在"自然—本源共同体"中，个人把土地作为自己的东西，即"自我实现的无机自然"③，而劳动者的客观对象就是已经存在的自然。所以，"自然—本源共同体"的主体是活的个人，而个人进行生产生活的主要客观条件是土地。（2）作为客观条件的土地和作为劳动的个人是统一的，土地是共同体的财产，个人以作为共同体的自然形成的存在为中介利用和占有土地。因此，个人在最初的意义上就不是单纯的劳动的个人，而是以土地财产为自己的客观存在方式的个人。（3）孤立的个人无法获得和占有土地财产，他必须以公社为中介、作为公社的成员而占有土地。

所以，在"自然—本源共同体"中，个人和共同体相统一的条

---

① 《马克思恩格斯全集》第 30 卷，人民出版社 1995 年版，第 490 页。
② 《马克思恩格斯全集》第 30 卷，人民出版社 1995 年版，第 476 页。
③ 《马克思恩格斯全集》第 30 卷，人民出版社 1995 年版，第 476 页。

件有两个：在客观方面，劳动的客观条件（土地）是个人的天然财产，个人以客观条件（土地）为前提；在主观方面，个人只有是公社的成员才能实现他对劳动客观条件（土地）的占有。这样来看，"自然—本源共同体"之所以能够存在和维继，归根结底取决于个人与其客观条件（劳动）的统合关系。所以，个人与其客观条件关系的变化，直接影响共同体的兴衰和变革。在马克思看来，一旦自然条件发生变化，共同体的关系就可能发生裂变。具体而言，引发共同体变化的客观因素取决于气候、土壤的肥沃程度和利用方式、人口迁徙以及共同体之间的历史事件等。所以，共同体要存在和维继下去，"公社成员的再生产就必须在被作为前提的客观条件下进行"①。但是，生产本身、人口的增长（人自身的生产）都会扬弃个体与客观条件的统合关系，甚至冲击和破坏二者统一的前提，以至于会促使共同体走向瓦解。因此，马克思客观地指出："自然—本源共同体"的基础是"单个人对公社的被作为前提的关系……的再生产，以及他对劳动条件和对劳动同伴、对同部落人等等的关系上的一定的、对他来说是前定的、客观的存在"②。但是，个人对客观条件的关系本身就存在局限，随着土地占有的集中、专制制度的发展以及货币关系的扩展，这种局限就充分地表现出来，"而随着这种局限的消除，基础就崩溃和灭亡了"③。

其次，"自然—本源共同体"解体的内在动因及其历史过程。在马克思对"自然—本源共同体"的分析框架中，他把土地等财产看作属于人的客观条件，而人对土地等财产的占有发生在现实的关系中，即客观条件是人的活动的真正现实条件。但是，马克思认为，这些条件不是想象中的关系，也不是一成不变的，"这些条件是改变着的。"④ 这种变化表现在很多方面，但归结起来可以这样理解：某

---

① 《马克思恩格斯全集》第30卷，人民出版社1995年版，第478页。
② 《马克思恩格斯全集》第30卷，人民出版社1995年版，第478页。
③ 《马克思恩格斯全集》第30卷，人民出版社1995年版，第478页。
④ 《马克思恩格斯全集》第30卷，人民出版社1995年版，第486页。

个地区只有共同体的成员在那里打猎才能称为狩猎区；某块土地只有共同体的成员在那里耕作才能被看作人的身体的延伸；某个乡村只有发展成为城市才能形成"城乡对立"。也就是说，这些客观条件由于人的实践活动和生产方式而发生改变，即人们在生产中改变着客观条件。马克思说：人们"在这样一种客观存在方式中把他们再生产出来，这种客观存在方式既形成公社成员之间的关系，同时又因而形成公社本身"[1]。然而，人的这种再生产一方面会维持旧有的生产方式，另一方面也必然会破坏旧有的生产方式，从而造就新的再生产形式。单单就共同体的人口增长而言，就必然包含着对旧有生产方式的破坏性：共同体成员占有若干等份土地→人口增长冲击旧有的生产活动→向其他地域殖民→征服战争→（1）俘虏（奴隶）；（2）公有地扩大→贵族增加。可见，共同体旧有的基础会受到人的因素（主观方面）的冲击和破坏，人们"通过生产而发展和改造着自身，造成新的力量和新的观念，造成新的交往方式，新的需要和新的语言"[2]。同时，人的因素带来客观条件的改变也会促使共同体发生变化，比如，耕作方式精细化、乡村城市化、荒野农耕化都会引发共同体经济条件、客观条件的改变。马克思认为，"生产方式本身越是保持旧的传统……旧的所有制形式，从而共同体本身，也就越是稳固。"[3] 相比较而言，东方形式是农业和工业的结合，个人与公社牢牢地绑在一起，因而保持得最长久；而在古典古代共同体中，由于奴隶制、剩余产品交换、同外地人交往的影响，使得共同体的基础遭到破坏，生产方式发生了解体。所以，共同体解体的根源是多方面的，但归结起来是："生产力的发展使这些形式解体，而它们的解体本身又是人类生产力的发展。"[4]

最后，劳动者与劳动客观条件相分离是"自然—本源共同体"

---

[1] 《马克思恩格斯全集》第 30 卷，人民出版社 1995 年版，第 486 页。
[2] 《马克思恩格斯全集》第 30 卷，人民出版社 1995 年版，第 487 页。
[3] 《马克思恩格斯全集》第 30 卷，人民出版社 1995 年版，第 487 页。
[4] 《马克思恩格斯全集》第 30 卷，人民出版社 1995 年版，第 490 页。

解体的表现。马克思把"自然—本源共同体"看成"劳动和所有相统一"的共同体，也即劳动者与劳动客观条件相统合的共同体。劳动的客观条件在马克思那里主要包括土地、工具和生活资料。那么，在资本诞生并获得霸权地位之前，"劳动和所有的同一性"究竟是如何分离的？严格来讲，这种分离主要涉及劳动者同土地、工具以及生活资料的"统合关系"的解体。（1）劳动者同土地的分离。"人从一开始就是通过与大地发生关系而变成所有者和劳动者的。"① 土地是劳动者最主要的客观条件，也是劳动者自身的"无机存在"，更是劳动者力量发挥的天然"试验场"。在"自然—本源共同体"解体的过程中，最典型的体现就是劳动者同土地之间的天然关系的解体，即土地不再是劳动者天然的所有物，而是沦为资本的附属物，并在资本的主导下发挥作用。（2）劳动者同工具的分离。劳动工具是劳动者的创造物，也是劳动者的所有物，在工业劳动发展到一定阶段，对工具的所有就表现为对生产条件的所有。马克思认为，在以手工业为财产的行会制度下，劳动者仍然对劳动工具拥有所有权，劳动者的财产就是"以他对劳动工具的所有权为中介"②，这是手工业劳动发展的必然阶段，也是对以土地为财产的农耕社会的超越。在这种情况下，共同体已经不再表现为自然形成的形式，而是"由劳动者本身生产出来的共同体"③，这是中世纪的行会手工业共同体形式。所以马克思指出，"行会同业公会制度……的基本性质，应该归结为把生产工具（劳动工具）看作是财产这样一种关系"④。但是，这种以工具为财产的手工业形式最终被资本否定了，即最终导致了"劳动者是工具所有者的那种关系的解体"⑤。（3）劳动者同生

---

① ［日］望月清司：《马克思历史理论的研究》，韩立新译，北京师范大学出版社2009年版，第384页。
② 《马克思恩格斯全集》第30卷，人民出版社1995年版，第493页。
③ 《马克思恩格斯全集》第30卷，人民出版社1995年版，第493页。
④ 《马克思恩格斯全集》第30卷，人民出版社1995年版，第493页。
⑤ 《马克思恩格斯全集》第30卷，人民出版社1995年版，第491页。

活资料的分离。马克思认为,无论在以土地为财产的农耕共同体中,还是在以工具为财产的手工业共同体中,劳动者在生产开始之前或在生产中都具有维持自己生活所必需的生活资料。"作为土地所有者,他直接拥有必要的消费储备。作为行会师傅,他继承、赚得、积蓄这种消费储备……作为(真正的)帮工,他在一定程度上分享师傅所有的消费储备。"① 但在资本的范式中,劳动者的生活资料最终被资本加以否定,将之变成了资本的附属物。

马克思指出,"在资本的公式中,活劳动对于原料、对于工具、对于劳动过程中所必需的生活资料的关系,都是从否定的意义上即把这一切都当作非财产来发生关系"②。劳动者与劳动客观条件相分离是在历史过程中逐步展开的,这个过程最终在资本的关系中走向瓦解。如果把劳动者同自己的客观条件相分离的过程以逻辑次序表达就是:劳动者同客观条件按照〔(1)土地=原料→(2)派生的生产物=工具→(3)生活资料=消费储备〕的逻辑次序依次发生分离,最终使"劳动和所有的同一性"关系逐渐变成"劳动与资本的对立"关系。

二 财产的起源与劳动正义的丧失

财产的起源与资本关系的原始形成具有必然的关系。马克思曾在批判蒲鲁东的财产观念时指出:"财产的非经济起源,无非就是资产阶级经济的历史起源"③。要研究资本主义的起源,首先就要分析财产的本质及其历史起源。但在马克思之前的历史时代,有关财产的起源众说纷纭,最具代表性的观点当属洛克的劳动产权理论。洛克认为,在人类太初之时,人类共有土地及其产出的果实、兽类,而人的"劳动在万物之母的自然所已完成的作业上面加上一些东西,

---

① 《马克思恩格斯全集》第 30 卷,人民出版社 1995 年版,第 491 页。
② 《马克思恩格斯全集》第 30 卷,人民出版社 1995 年版,第 492 页。
③ 《马克思恩格斯全集》第 30 卷,人民出版社 1995 年版,第 481 页。

这样它们就成为他的私有的权利了"①。洛克把劳动看作财产的源泉，认为个人对劳动及其成果的占有应该正当地属于他，财产就是合乎人性和自然法则并对人的劳动及其成果的正当占有。显然，洛克的产权理论是为资产阶级私有财产辩护的，因为依据他的理论，雇佣劳动所创造的产品就是资本家的私有财产。马克思通过分析"自然—本源共同体"的解体过程，开创了一条不同于洛克从自然状态出发解释财产的路径。马克思认为，"财产最初……意味着，劳动的（进行生产的）主体（或再生产自身的主体）把自己的生产或再生产的条件看作是自己的东西这样一种关系"②。财产在本质上就是主体对自己劳动客观条件的关系。"自然—本源共同体"中主体对自己劳动客观条件的关系的变化，是理解财产的核心线索，也是追踪资本主义产权关系的内在线索。

马克思认为，追踪财产的起源，就是追踪资本与雇佣劳动的起源史，而财产的历史源头就是人类生产的最原始条件，因为财产和所有权是和贯穿整个历史过程的人的生产条件和人的生产行为分不开的。蒲鲁东曾在《贫困的哲学》中把财产说成源于经济之外的道德因素和心理因素，这种观点赋予了财产起源的"某种神秘的和玄妙的因素"③，是"用编造神话的办法"对财产和所有权起源所作的历史性分析。在蒲鲁东的财产理论框架中，他所讲的财产不过是土地财产，他所说的所有权不过是基于土地的所有权。在他看来，"农业曾经是土地占有的基础，是所有权的起因。"④ 并且，他认为"所有权最初是以战争和征服为基础，后来则以条约和契约为基础"⑤。因

---

① ［英］洛克：《政府论》下篇，叶启芳、瞿菊农译，商务印书馆2018年版，第18—19页。
② 《马克思恩格斯全集》第30卷，人民出版社1995年版，第488页。
③ 《马克思恩格斯文集》第1卷，人民出版社2009年版，第639页。
④ ［法］蒲鲁东：《什么是所有权》，孙署冰译，商务印书馆2007年版，第102页。
⑤ ［法］蒲鲁东：《什么是所有权》，孙署冰译，商务印书馆2007年版，第81页。

此，蒲鲁东并没有跳出古典经济学的理论怪圈。马克思认为，"正是在土地所有权的发展中才能研究资本逐步取得的胜利和资本的形成"①。也就是说，马克思是基于探索资本的起源而对财产起源进行追溯的，但他已经超越了古典经济学的财产理论。在马克思那里，"'土地所有'最初是尚未规定的资本家以前的大所有＝大财产。"②马克思是在劳动者与劳动的客观条件的关系中把握财产的本质以及资本的起源的。

马克思认为，财产的起源一定与人们的生产有关，要解释财产的起源史，无非就是揭示前资本主义不同阶段的"生产形式的历史起源"，这种致思逻辑与蒲鲁东对财产的神秘化揭示是完全不同的。那么，人类的生产形式在"自然—本源共同体"中是如何呈现的呢？马克思认为，从最初的意义上看，"生产的原始条件……最初本身不可能是生产出来的，不可能是生产的结果。"③恰恰相反，这些原始条件是生产的前提。显然，从最本源的意义上看，人类最初的生产活动是劳动者与客观条件完全统合的生产形式，即劳动者与他们的客观条件是统一的。换言之，"生产的原始条件表现为自然前提，即生产者的自然生存条件"④，在这种情况下，原始的"自然生存条件"一方面是劳动者（主体）的无机存在，另一方面是劳动者自身进行生产和再生产的客观条件。由此可见，财产就表现为劳动者把"他的生产的自然前提看作属于他的，看作他自己的东西这样一种关系"⑤。而劳动者对财产的占有是以他与生俱来的共同体的"成员资格"为中介的。正因如此，马克思强调"财产最初无非意味着这样一种关系：人把他的生产的自然条件看作是属于他的、看作是自己

---

① 《马克思恩格斯全集》第 30 卷，人民出版社 1995 年版，第 207 页。
② ［日］望月清司：《马克思历史理论的研究》，韩立新译，北京师范大学出版社 2009 年版，第 401 页。
③ 《马克思恩格斯全集》第 30 卷，人民出版社 1995 年版，第 481 页。
④ 《马克思恩格斯全集》第 30 卷，人民出版社 1995 年版，第 481—482 页。
⑤ 《马克思恩格斯全集》第 30 卷，人民出版社 1995 年版，第 482 页。

的、看作是与他自身的存在一起产生的前提"①。这说明，财产"先天地从属于个体意义上的个人"②。财产本身就表现为劳动者所依赖的客观自然条件，在这种自然共同体中，人以共同体为中介把土地财产看成自己的占有物，看成自己的无机存在。正是在这个意义上，马克思认为，"财产最初是动产"，即以土地为客观条件并且占有其上的现成果实、草场以及动物等。由此可见，马克思把原始生产条件作为研究财产起源的核心要素，并赋予其个体存在的原初意义，他所揭示的财产是通过生产本身得以实现的，离开了原始生产条件以及人的现实生产活动，财产就归于空虚和抽象。所以，马克思把"财产归结为对生产条件的关系"③。这种"对生产条件的关系"在不同共同体和历史时代的表现，构成了财产的不同类型和历史形态。

财产在不同的共同体中具有不同的表现形式，在原始部落体中，财产既包括土地财产，也包括土地上的果实、天然草场、兽类等"有机产物财产"，在这种共同体中，个人的财产就是他作为共同体成员所确证的公社的财产，即个人把他的劳动条件作为共同体的财产占有，个人的财产也就是共同体的财产。黑格尔曾把农业等级称为"实体性等级"，在这种等级中，它的财富和财产就是土地以及"它所耕种土地的自然产物"④。但在奴隶制和农奴制中，"财产就不再是亲身劳动的个人对劳动客观条件的关系了"⑤。因为在这种共同体中，劳动者是服务于奴隶主或地主的，他们的客观条件已经不再是他们直接的所有物。马克思认为，在奴隶制、农奴制中，人们的

---

① 《马克思恩格斯全集》第 30 卷，人民出版社 1995 年版，第 484 页。

② [德] 裴迪南·滕尼斯：《共同体与社会》，张巍卓译，商务印书馆 2019 年版，第 357 页。

③ 《马克思恩格斯全集》第 30 卷，人民出版社 1995 年版，第 485 页。

④ [德] 黑格尔：《法哲学原理》，范扬、张企泰译，商务印书馆 2018 年版，第 241 页。

⑤ 《马克思恩格斯全集》第 30 卷，人民出版社 1995 年版，第 489 页。

生产关系和财产关系发生了极大的变化，领主、奴隶主和地主等土地占有者不再从事劳动，他们的财产不仅表现为对土地、牲畜等的占有，而且连劳动者本身也变成了财产被包含在生产方式之内。所以，马克思强调："这些统治关系和隶属关系构成所有原始的财产关系和生产关系发展和灭亡的必要酵母"①。而资本主义就是在财产关系的变化中产生的，就是劳动者丧失自己的财产的结果。正如望月清司所言，"只有当'土地所有'从自己的母胎内分娩出赘疣即资本时，它才被赋予了具体的历史面目，而且，随着事态的推移，它会被资本侵蚀而被迫发生转型，成为'近代的土地所有'。"② 所以，财产的起源在历史和逻辑上必然造就资本主义的经济关系，因为财产的本质就是劳动者对劳动客观条件的关系，而二者的分离过程必然表现为劳动者一方丧失自己客观条件的过程。其中，资本与雇佣劳动的历史源头正在于劳动者一方因丧失财产而成为无产者，劳动的客观条件因与劳动者分离而作为资本出现，二者最终在市场上作为对立物（劳动和资本）而出现。所以，"催生资本主义的因素正是这种社会产权关系上所发生的重大变迁"③，资本主义的经济起源及其内驱力正是劳动同所有、劳动者同客观条件的"统一性"关系的破裂，是人在生产中与客观条件的互动模式的断裂，这也是人类最基本的生产关系和生产实践的完全转型。

通过以上分析可以发现，在"自然—本源共同体"中，人们通过劳动（生产）占有自己的客观条件，劳动是劳动者同客观条件发生物质变换的中介，也是人们生存的首要方式。所以，没有劳动就没有人自身，也没有人的对象物和财产。正如马克思所言："全部人

---

① 《马克思恩格斯全集》第30卷，人民出版社1995年版，第495页。
② ［日］望月清司：《马克思历史理论的研究》，韩立新译，北京师范大学出版社2009年版，第396页。
③ ［加］埃伦·米克辛斯·伍德：《资本主义的起源》，夏璐译，中国人民大学出版社2016年版，第60页。

的活动迄今为止都是劳动"①，劳动本身是"一切历史的基本条件"②，也是塑造人、生产人、发展人的重要手段，更是人区别于动物的最典型特性。既然劳动如此重要，那么劳动正义就是人类正义话题中的永恒主题，甚至可以说，劳动正义是人类生存的首要法则，也是人类塑造历史的核心尺度。在"自然—本源共同体"中，人的劳动与自己的客观条件和劳动产物是基本同一的，特别是在最初的共同体中，人的劳动直接由自己支配，人的劳动的客观条件和劳动成果直接归于共同体，从而也因劳动者是共同体的成员而归于他。也就是说，在人的依赖关系阶段，尽管人依附于共同体，但他的劳动在很大程度上是自由自觉的，因而是正义的。但是，随着劳动者和劳动客观条件的分离，劳动不再是生产的手段，而表现为生产的目的，即创造更多的财富。因此，马克思批判在资本逻辑主导的世界，劳动从"正义"走向了"异化"，凡是在资本统治的地方，劳动就不再是自由自觉的活动，而是沦为外化的劳动。在马克思那里，劳动正义是古代世界的崇高价值，它在最初体现为"劳动和所有"的统一。但在资本统治的世界，劳动变成了异己的、被迫的活动，变成了资本的要素，最终使"劳动和所有"发生了分离，而私有财产正是这种分离的结果。资本主义之所以是不正义的，在根源上是因为其私有财产是不正义的，因为它是建立在对人的劳动的侵犯之上的所有制形式。

三 资本主义生产关系的原始形成

马克思从历史唯物主义的视域揭示了资本主义的原始形成，论证了劳动与劳动客观条件分离的历史过程，揭示了资本发生的历史条件和无产阶级产生的历史场域。马克思认为，对资本主义经济形式的研究，"既不能用显微镜，也不能用化学试剂。二者都必须用抽

---

① 《马克思恩格斯文集》第1卷，人民出版社2009年版，第193页。
② 《马克思恩格斯文集》第1卷，人民出版社2009年版，第531页。

象力来代替。"① 马克思在分析资本主义时坚持了"逻辑学、辩证法和认识论"的统一，这是运用"抽象力"分析问题的最典型体现。所以，列宁高度评价马克思"在《资本论》中，唯物主义的逻辑、辩证法和认识论……都应用于一门科学"②，实现了"三者一致"。因而，要理解资本主义生产关系的原始形成，就必须坚持历史唯物主义方法，运用辩证思维，充分认识处于变化过程中的资本主义社会有机体。马克思就是在"三者一致"的辩证思维中把握货币、资本和资本主义关系的，也是在"三者一致"的辩证思维中分析"自然—本源共同体"的解体过程和"虚幻—抽象共同体"的形成过程的。

马克思在《1857—1858年经济学手稿》中坚持"三者一致"的致思方法，揭示了"劳动对资本的关系"的历史缘起。马克思反复强调"劳动对资本的关系"是"劳动者同劳动客观条件"分离的结果，这个结果是历史必然性使然，也以"自然—本源共同体"内蕴的所有制关系解体的历史过程为前提。这个过程就是"所有生产的客观条件作为他人财产，作为这些个人的非财产，和这些个人相对立"③ 的过程。具体来看，"自然—本源共同体"的所有制关系解体包括四种类型：（1）农奴制关系解体，即劳动者依附于土地的那种关系的解体；（2）土地所有制关系的解体，即劳动者拥有人身自由，成为自耕农、佃农；（3）行会关系的解体，即身处依附关系夹缝中的手工劳动者同劳动工具的分离；（4）保护关系的解体，即非所有者（从事个人服务的劳动者）依附于自己主人的那种关系的解体。马克思指出，所有这些关系的解体，"只有在物质的（因而还有精神的）生产力发展到一定水平时才有可能"④。应该说，贯穿"自然—

---

① 《马克思恩格斯文集》第5卷，人民出版社2009年版，第8页。
② 《列宁专题文集　论辩证唯物主义和历史唯物主义》，人民出版社2009年版，第145页。
③ 《马克思恩格斯全集》第30卷，人民出版社1995年版，第496页。
④ 《马克思恩格斯全集》第30卷，人民出版社1995年版，第497页。

本源共同体"所有制关系解体始终的线索是把"劳动与所有"的"肯定关系"加以否定，使"劳动的客观条件（土地、原料、生活资料、劳动工具、货币或这一切的总和）从它们同这些个人（他们现在已同这些条件分离）先前的联系中游离出来"①。这些游离出来的客观条件是资本的原生要素，但还不是资本本身。它们已经不再是隶属劳动者的对象物，而是作为一种"自由基金"存在。马克思认为，从先前的共同体的统合关系中游离出来的客观条件已经"以独立的价值形式"与劳动者（丧失了财产）相对立。这种对立在本质上就是自由工人（劳动者）同资本（客观条件）的对立。

但是，这种由"统合"到"分离"再到"对立"的过程，不是某个因素消失了，而是其中的因素由先前的"肯定关系"变成了"否定关系"，即一极是自由劳动者，另一极是资本。那么，资本主义的关系究竟是如何发生的呢？马克思是从历史的过程和逻辑中考察资本的发生史的，也是在历史的过程和逻辑中分析资本主义关系的萌芽的。他认为，不是先有了资本家的一定的积累，然后才驱动工人劳动，即资本不是先于生产而存在的，相反，资本的前提是依赖于劳动的财富形式，即"只有劳动的客观条件同劳动本身相分离，才可能用来交换劳动的客观条件"，一句话，资本的前提是从人的劳动中分化出来的货币财富形式。货币财富是通过交换积累起来的，它一方面通过劳动换得，另一方面表现为高利贷者和商人通过交换积累起来的动产，但是资本的形成离不开以下条件：即"只有当自由劳动通过历史过程而与自己存在的客观条件相分离的时候，这种财富才找到购买这种自由劳动的条件"②。马克思反复强调，货币财富不是资本的结果，而是资本的前提。货币财富本身又是劳动者同客观条件分离的产物。所以，资本的最早起源不是表现为它摧毁了"劳动与所有的同一性"，相反，资本的原始形成是以劳动同客观条

---

① 《马克思恩格斯全集》第 30 卷，人民出版社 1995 年版，第 497 页。
② 《马克思恩格斯全集》第 30 卷，人民出版社 1995 年版，第 499 页。

件（土地、工具、生活资料）的分离为前提的。马克思由此得出结论：并非资本催生和创造了劳动的客观条件，资本的起源是在旧的共同体的生产方式解体的历史进程中发生的，这种发生包括两个条件，即"作为货币财富而存在的价值……一方面能买到劳动的客观条件，另一方面也能用货币从已经自由的工人那里换到活劳动本身"①。

马克思进一步分析到，有了自由工人和货币这两个要素以后，资本主义关系就具备了可能的条件，但这并不是充分条件。因为在资本主义关系形成中起着关键作用的还有劳动市场，即丧失了客观条件和财产的自由工人必须在交换市场上通过出卖自己的劳动能力换取生活资料。所以，资本主义关系的形成，首先需要大量失去客观条件的工人被迫驱向劳动市场；其次是由于他们失去了客观条件，从而摆脱了各种依附关系，实现了人身自由，并且"自由得一无所有"②；最后，这些自由工人的活路如同"死路"：他们既可以选择抛售自己的劳动能力，也可以选择抢劫、乞讨，但若是选择后者，等待他们的就是酷刑和耻辱。所以，马克思指出，自由工人"被绞架、耻辱柱和鞭子从这一条路上赶到通往劳动市场的狭路上去"③。正是因为劳动与财产的分离，最终使劳动与资本对立起来，在这个过程中，劳动者对其客观条件的所有权关系发生解体，使资本的关系获得了霸权地位。

马克思认为，在资本主义关系的历史起源中，资本最初只是零星地在个别地方出现，但它出现以后便不断地瓦解和破坏着旧的生产方式。"资本主义生产发展了社会生产过程的技术和结合，只是由于它同时破坏了一切财富的源泉——土地和工人"④。资本主义的原始形式最初包括手工工场，后来侵入了农村副业，最后发展成以城

---

① 《马克思恩格斯全集》第30卷，人民出版社1995年版，第501页。
② 《马克思恩格斯全集》第30卷，人民出版社1995年版，第502页。
③ 《马克思恩格斯全集》第30卷，人民出版社1995年版，第502页。
④ 《马克思恩格斯文集》第5卷，人民出版社2009年版，第580页。

市工商业为主导的形式,在这个过程中,"旧日的束缚已经松弛,旧日的壁障已经突破,生产者日益变为独立的、分散的商品生产者了。"① 最终,由于工业革命的刺激和影响,资本主义由工场手工业阶段直接跨越到机器大工业阶段,并在经济和政治上获得了统治地位。

---

① 《马克思恩格斯文集》第 3 卷,人民出版社 2009 年版,第 553 页。

第 四 章

"虚幻—抽象共同体"与正义的异化

在马克思人类史的演进图谱中，共同体构成了其历史理论的重要线索。如果说"自然—本源共同体"是"人的依赖关系"阶段的实体形式，属于世界史像的肯定阶段，那么"虚幻—抽象共同体"则是"物的依赖性"阶段的虚幻形式，属于世界史像的否定阶段。而"真实—自由共同体"则是实现人的自由全面发展的未来共同体形式，属于世界史像的否定之否定阶段。"虚幻—抽象共同体"作为一种异化的形式，是一种衍生的、冒充的共同体，在这种共同体形态中，"货币—资本共同体"获得了霸权地位，成为凌驾于整个人类社会之上的抽象的统治工具。马克思倾其一生对"虚幻—抽象共同体"进行无情挞伐、理性批判，在批判中揭示了资本主义的"正义悖论"，从而形成了独具特色的批判性正义理论。马克思对"虚幻—抽象共同体"的正义批判是在历史尺度和人的尺度的双重互动中展开的，这种批判的视角并不是单纯的道德谴责，而是在历史唯物主义的理论视域中给予资本主义关系全方位的辩证审视，最终实现了正义理论的根本性转变，即从"资本正义"转向了"劳动正义"，从"分配正义"转向了"生产正义"，从"抽象正义"转向了"具体正义"，从"法权正义"转向了"制度正义"。如果不理解马克思正义观念的理论"转向",就无法真正通晓马克思正义概念的理论旨趣,更无法化解劳动与资本的正义悖论。

第一节 马克思对"虚幻共同体"的正义批判

在马克思那里,历史唯物主义与共同体的演变史是互为印证的,马克思通过探究共同体的所有制形式及其变迁的内在动力,使历史唯物主义作为一种全新的"唯一科学的历史观"[①] 得以问世,而人类共同体史的演变逻辑又是历史唯物主义的最融洽的现实映射。当然,马克思是在反思、质疑和批判他所在的那个时代的"虚幻共同体"的过程中开启历史唯物主义探索之旅的,他以"虚幻—抽象共同体"为坐标,运用"人体解剖法",通过"向后看历史"分析了"自然—本源共同体"的内在特征和解体过程,通过"向前看未来"分析了"真实—自由共同体"实现的历史必然性。而马克思对历史和未来的剖析,都是建立在对"虚幻—抽象共同体"批判的基础之上的。所谓"虚幻共同体",是指建立在神圣理性之上的政治国家,它是个人利益以虚幻的形式代替普遍利益的表现。所谓"抽象共同体",是指资本逻辑主导下的货币—资本共同体,它是凌驾于人之上并使人异化的新的统治工具,是资本和市场驱动下的"物性"战胜"人性"的表现。马克思的政治哲学就是通过"虚幻—抽象共同体"批判得以真正出场的。

一 "虚幻共同体"的法哲学批判

马克思对"虚幻共同体"的批判肇始于他在《莱茵报》工作期

[①] 《列宁全集》第1卷,人民出版社2013年版,第114页。

间所遇到的"对所谓物质利益发表意见的难事"①。"难事"纠结和法的"苦恼"倒逼马克思"从社会舞台退回书房"②，开始了对虚幻国家、市民社会以及伦理问题的法哲学批判。可以说，马克思的这一"隐退"对他政治哲学的奠基和开启具有十分重要的意义，因为马克思退回书房所撰写的第一部著作就把批判的矛头指向了黑格尔对国家的三段式论证。正是在对黑格尔国家观的驳析和批判中，马克思得出了政治哲学理论范式的逻辑起点，即"法的关系正像国家的形式一样，既不能从它们本身来理解，也不能从所谓人类精神的一般发展来理解，相反，它们根源于物质的生活关系"③。这也是历史唯物主义的出场背景和逻辑要点。正是在这个意义上，马克思的政治哲学和历史唯物主义是互为印证、内在兼容、相互贯通的。马克思对法、国家和市民社会关系的重新梳理，使他在物质生活关系和政治经济学研究中寻获了解开历史发展之谜的理论钥匙，捕捉到了撬动"虚幻—抽象共同体"的理论杠杆。

黑格尔把国家称为"虚幻的共同体"，马克思通过对其进行反驳，撕下了套在其上的虚假外衣，还原了国家的本质。黑格尔把国家虚化成伦理精神，虚幻成理性的东西，他说："国家是伦理理念的现实"④，它直接或间接地存在于一切风俗习惯、自我意识和活动中，它是作为实体性意志的虚幻的反映和再现。在黑格尔那里，由于国家是理性、是客观精神，所以人的存在只能通过国家的客观性、伦理性得以确证。如果人脱离了国家，那么他就不是完整的人，他就失去了在市民社会中的权利。黑格尔甚至不同意卢梭把国家作为一种契约的体现，在他看来，契约是以单个人随心所欲所表达的"同意"为基础的，因而是对理性的破坏。而国家并不是订立契约的

---

① 《马克思恩格斯文集》第 2 卷，人民出版社 2009 年版，第 588 页。
② 《马克思恩格斯文集》第 2 卷，人民出版社 2009 年版，第 589 页。
③ 《马克思恩格斯文集》第 2 卷，人民出版社 2009 年版，第 591 页。
④ [德] 黑格尔：《法哲学原理》，范扬、张企泰译，商务印书馆 2018 年版，第 288 页。

结果，它是"精神"在"地上"的体现，是"地上的精神"。黑格尔指出，"自在自为的国家就是伦理性的整体，是自由的现实化"①，国家是存在于意识中的一种实存，而现实中的国家是一种"特殊国家"或"个别国家"。国家的个别性是国家理念的重要环节，特殊性是国家的历史状态。马克思在《黑格尔法哲学批判》中剑指黑格尔的国家哲学，以异常猛烈的批判倾覆了黑格尔国家哲学的理论大厦。在马克思看来，德国解放的希望就在于先批判宗教、再批判现实，但一切德国现实的理论表现就是黑格尔的法哲学，就是黑格尔的"虚幻的共同体"。所以，只有把宗教批判引向现实批判，再把现实批判引向黑格尔的法哲学批判，才能点燃德国革命的希望之火，才能锻造新的革命阶级——无产阶级，才能最终以实现"人的解放"替代黑格尔信徒的"政治解放"。

马克思认为，人是存在于现实世界的现实之人、具体之人，国家、社会乃至世界是现实之人的世界，也是放大的人。但宗教是幻想中的世界的颠倒的意识，是虚幻的世界的虚幻的精神慰藉，宗教批判在本质上就是废除人民自我安慰的"虚幻的幸福"，撕碎人民头上笼罩的"虚幻的花朵"，击落这个让人民围绕它转动的"虚幻的太阳"②。所以，马克思强调"对宗教的批判是其他一切批判的前提"③。在对德国的现实批判中，宗教批判归根结底就是对黑格尔法权信条、国家学说的批判，就是把黑格尔自创的上下倒立的政治国家从虚幻的迷雾中拯救出来。所以，马克思指出，对德国国家哲学的批判就是对现代国家及其现实的批判，就是"对迄今为止的德国政治意识和法意识的整个形式的坚决否定"④。在黑格尔国家哲学的笼罩下，现代国家并不是具体的形式，而是抽象的不切实际的理性、

---

① ［德］黑格尔：《法哲学原理》，范扬、张企泰译，商务印书馆2018年版，第294页。
② 《马克思恩格斯文集》第1卷，人民出版社2009年版，第4页。
③ 《马克思恩格斯文集》第1卷，人民出版社2009年版，第3页。
④ 《马克思恩格斯文集》第1卷，人民出版社2009年版，第10页。

精神和思维，在这样的国家理念中，现实的人是被国家抛弃的人，因为现代国家"只凭虚构的方式满足整个的人"①，它只为"普遍利益"服务，仅仅是守护"普遍利益"的工具。但普遍利益又是谁的利益呢？在马克思看来，普遍利益就是市民社会中的统治阶级的特殊利益，国家不过是市民社会的特殊阶级将自己的利益普遍化的结果，是一部分人在市民社会中获得了普遍统治的体现，它在本质上是旧制度、旧的统治形式，只不过它伪装成一种全新的、公开的统治工具，也就是说，现代国家是旧制度的复活。所以，马克思指出，在虚假的国家和政治共同体统治的世界中，"特殊的东西在内容方面表现为合法的东西，而反国家的东西却表现为国家的意见，即国家法"②。正是因为虚幻国家成为笼罩在德国社会之上的虚幻迷雾，黑格尔哲学成为为这种虚幻国家辩护的官方哲学，人的解放成为黑格尔信徒的单纯的政治解放，所以马克思强调，必须"向德国制度开火！一定要开火！"③ 只有毁灭了这种虚幻的制度，才能解放人，把人的世界回归于人。

"哲学家并不像蘑菇那样是从地里冒出来的，他们是自己的时代、自己的人民的产物"④，但黑格尔是他那个时代官方哲学的集大成者和辩护师。在马克思看来，尽管德国在物质和制度上落后于时代，但在哲学和思想上却领先于时代，只不过德国哲学把人的自由自觉的历史活动引向了现实之外的虚幻世界，引向了"理性的狡计"⑤，因为在黑格尔那里，理性是超越现实的"至高者"，"国家则是理性的实现"⑥。同样，康德也把历史活动建构成了一种现实之外

---

① 《马克思恩格斯文集》第 1 卷，人民出版社 2009 年版，第 11 页。
② 《马克思恩格斯全集》第 1 卷，人民出版社 1995 年版，第 122 页。
③ 《马克思恩格斯文集》第 1 卷，人民出版社 2009 年版，第 6 页。
④ 《马克思恩格斯全集》第 1 卷，人民出版社 1995 年版，第 219 页。
⑤ [德] 黑格尔：《历史哲学》，王造时译，上海书店出版社 2006 年版，第 30 页。
⑥ [美] 赫伯特·马尔库塞：《理性和革命——黑格尔和社会理论的兴起》，程志民等译，上海人民出版社 2007 年版，第 20 页。

的"大自然的一项隐蔽计划"①,将之看成"理性"的活动,"精神"的现实。也就是说,在德国思想界,理性和精神的浓浓迷雾把国家、人民遮盖在虚幻的混沌世界里,国家成了理性的化身,人民成了理性的"材料"和无定形的"群氓"。黑格尔甚至把市民社会之中的人民塑造成了无权的"贱民"②。这样一来,在虚幻的共同体中,人民成了否定性的虚幻存在,他们的政治权利也沦为虚无缥缈的幻想。正如马克思所言,在虚幻的国家共同体中,"具体的内容即现实的规定成了形式的东西,而完全抽象的形式规定则成了具体的内容。"③ 国家的具体条款、规定不是现实世界的真实反映,而是逻辑学的形而上学的条款、规定的反映。为此,马克思以思辨哲学的批判武器掀开了套在虚幻国家之上的面具,还原了国家的真实面目。在马克思看来,国家应该是现实的政治理性和现实的法权理性的表现和实现,黑格尔所谓从理性国家中衍生家庭和市民社会的判断是颠倒的、荒谬的,因为国家是家庭和市民社会在共同体演变逻辑中的历史结果,"国家是从作为家庭的成员和市民社会的成员而存在的这种群体中产生的。"④ 也就是说,国家的历史源头和现实基础是家庭和市民社会。因为在"人人皆商"的市民社会中,私有财产导致人的利益彻底分化,使人民的权益出现异化,国家就是基于调和人的权益而产生的。正是在此意义上,马克思指出:"市民社会是全部历史的真正发源地和舞台"⑤。

并且,黑格尔还以辩证思维把国家论说为一种保守的"中介体系",这种基于"中介"的国家观念抹杀了国家的阶级性,妄图把

---

① [德]康德:《历史理性批判文集》,何兆武译,商务印书馆2017年版,第16页。
② [德]黑格尔:《法哲学原理》,范扬、张企泰译,商务印书馆2018年版,第278页。
③ 《马克思恩格斯全集》第3卷,人民出版社2002年版,第22页。
④ 《马克思恩格斯全集》第3卷,人民出版社2002年版,第12页。
⑤ 《马克思恩格斯文集》第1卷,人民出版社2009年版,第540页。

国家建构成缓和阶级对立和矛盾的中介机构。实际上，黑格尔与马克思在国家观上的差异还体现在他以"三元框架"来论证国家的合理性。黑格尔借用孟德斯鸠的"三权分立"思想把政治国家看成具有"三种实体性差别"的中介物，即立法权（普遍权力）、行政权（从属于普遍权力的特殊权力）和王权（主观权力）三者制衡鼎立，这实际上是对"朕即是国家"的君主制的另类证明。在黑格尔那里，"国家的关键在于人民对它的无条件忠诚。"[1] 同样，黑格尔把"等级"[2] 作为国家的"第二个基础"[3]，认为等级与私人的利己心紧密衔接，而利己心和国家在市民社会中实现了统一。马克思认为黑格尔的这种调和的保守的国家观丝毫没有革命性，因为对立的方面不需要任何中介调和，国家本身就是矛盾对立的体现。

马克思在批判黑格尔虚幻的国家共同体时已经触及国家产生的物质根源。随着历史唯物主义的出场和成熟，马克思真正揭示了作为虚幻共同体的政治国家产生的历史逻辑和经济动因。马克思恩格斯在《德意志意识形态》中考察了分工对于国家产生的作用，他们主张从共同体演变的历史逻辑中把握国家的本质，国家就是分工引发的私有制及其造成的人的利益分化、冲突的结果。马克思恩格斯认为，分工带来了劳动的不平等以及分配的不公正，从而引发了单个家庭的利益和共同体共同利益之间的矛盾，共同利益作为共同体的普遍性利益，往往与单个家庭或单个人的特殊利益存在不一致性，当这两种利益之间的矛盾不可调和时，必然需要一种共同规约和公

---

[1] ［英］阿兰·瑞安：《论政治》下卷，林华译，中信出版社2016年版，第336页。

[2] 黑格尔把等级划分为三类：（1）实体性的等级（农业等级，以耕种土地的自然产物为它的财富）；（2）形式的等级（产业等级，以对自然物的加工制造为其职业，具体而言，这个等级又可以细分为手工业等级、工业等级、商业等级三类）；（3）普遍的等级（高官代表，以社会状态的普遍利益为职业，拥有私人财产，私人利益可以在普遍物的劳动中得到满足）。

[3] ［德］黑格尔：《法哲学原理》，范扬、张企泰译，商务印书馆2018年版，第241页。

共权力来缓和冲突,这个公共权力和共同规约的代表就是国家。"正是由于特殊利益和共同利益之间的这种矛盾,共同利益才采取国家这种与实际的单个利益和全体利益相脱离的独立形式,同时采取虚幻的共同体的形式"①。所以,私有制是促生国家的动力源,利益冲突是国家出现的直接动因。现代政治国家并不是黑格尔思辨逻辑和头脑中臆想、构造的虚幻的共同体,而是资本主义私有制催生的结果,"现代国家是与这种现代私有制相适应的"②,它以货币和资本的形式反映了支配着社会生产的资产阶级的利益诉求和经济需要。

二 "虚幻共同体"的人本学批判

马克思对虚幻共同体的批判是从法哲学批判开启的,但马克思并没有停留在思辨哲学的理论思维中,而是从法哲学批判逐步深入人本学批判,最终走向了政治经济学批判。可以说,马克思对虚幻共同体本质的揭示和还原是与他的思想进程完全一致的,如果说法哲学批判撕下了虚幻共同体的外衣,那么人学批判则揭示了政治国家"轻视人,使人非人化"的异化属性,而政治经济学批判最终真正揭示了虚幻共同体的实质和真相。

虚幻的共同体在本质上是反人道的。在历史的场景中,人是生活在共同体中的,并且,人是共同体的主体。共同体是人们之间无需中介的直接交往的社会,而社会则是人们之间依靠中介交往的共同体。在前资本主义社会,人们无须中介地发生直接的社会联系,社会形态采取了共同体的形式,而在以商品交换和货币—资本为主要中介的社会交往中,共同体发生了异化,社会形态采取了"市民社会"的形式。市民社会在本质上是虚幻的共同体的表现形式,是以资本逻辑为驱动力的异化的共同体。马克思认为,"人的本质是人

---

① 《马克思恩格斯文集》第1卷,人民出版社2009年版,第536页。
② 《马克思恩格斯文集》第1卷,人民出版社2009年版,第583页。

的真正的共同体。"① 在"自然共同体"中，人能够占有自己的本质，人是自己关系的主导者、建构者，人是真正的社会联系的主体，也是作为实体的共同体的主人。可以说，在人类的原初状态中，人和共同体是浑然一体的，人通过共同体确证自己的存在，共同体因人的关系而成为真实的存在物。正是在这个意义上，人把共同体看作自己的类存在物，人的本质体现为人的真实的社会关系。然而，随着"自然共同体"的解体，在本源性的共同体中，有了阶级对立、奴役关系、保护关系，人在一定程度上可以占有自己的本质，共同体与人的天然的本真关系逐渐疏离，人只是在一定意义上拥有人身自由。但是，在市民社会形成和主导的世界，政治国家具有了普遍性，成为人的矛盾和利益对立的虚幻的共同体，也就是说，人与人之间的真实关系在市民社会中沦为以政治国家为纽带的虚幻的关系，在这种情况下，政治国家成为支配人、奴役人的工具。马克思指出："政治国家，按其本质来说，是人的同自己物质生活相对立的类生活"②。在政治国家获得真正统治地位的地方，人堕落为虚幻的存在物，成为"丧失了自身的人、外化了的人"③，使人"彻底兽化"，甚至"沦为牲口"④。所以，马克思认为，政治国家在本质上是专制的、剥削的、反人道的，"必须推翻使人成为被侮辱、被奴役、被遗弃和被蔑视的东西的一切关系"⑤，从而消除市民社会和国家的断裂，使人自身的主体力量不再采取虚幻的政治国家的形式对人产生束缚和压迫。

虚幻的共同体使人的自由虚幻化。马克思认为自由是人性的要素，追求自由，为人之本性。但是，自由不是由自，不是随心所欲，它是社会的规约，是权力的限度。可以说，人在自然共同体中是自

---

① 《马克思恩格斯全集》第3卷，人民出版社2002年版，第394页。
② 《马克思恩格斯文集》第1卷，人民出版社2009年版，第30页。
③ 《马克思恩格斯文集》第1卷，人民出版社2009年版，第37页。
④ 《马克思恩格斯文集》第1卷，人民出版社2009年版，第433页。
⑤ 《马克思恩格斯文集》第1卷，人民出版社2009年版，第11页。

由的，但人在虚幻的政治国家中却无处不身戴枷锁。人作为理性存在者，他不应当受到意志和经验的束缚，因而是自由的。当人身处于政治国家中，他自由地获得并践履了道德自律，他已经在自由和必然的矛盾中主动地践行着善。所以，自由并非不受任何限制，它本身就是有条件的、相对的。但是，马克思通过对市民共同体的解剖，他发现"作为全部精神存在的类的本质"的自由，在政治国家中却表现为特权，表现为利己的人的自由。马克思指出，"在过去的种种冒充的共同体中，如在国家等等中，个人自由只是对那些在统治阶级范围内发展的个人来说是存在的，他们之所以有个人自由，只是因为他们是这一阶级的个人。"[①] 在虚幻的共同体中，广大被统治阶级受到统治阶级意识、法权以及制度的约束，受到外部必然性的限制，他们获得的自由是虚幻的。马克思通过分析"货币—资本共同体"中人的契约关系，揭示了无产阶级在法律和人格上是不自由的。在虚幻的共同体中，无产者在事实上是有产者的支配物，"资产阶级掌握着他们的生死大权"，尽管资本家遵循无产者的自由意志同他们签订劳动契约，双方不受任何强制因素的干扰，但是，从自由订立契约的后果来看，无产者受到不公正的对待，他们除了"饿死、冻死、赤身露体地到森林中的野兽那里去找一个藏身之所，就再没有任何选择的余地了"[②]。自由本身是体现人的意志选择的自由，这种选择应该是具有普遍性原则的选择，但在虚幻的政治国家中，人的意志选择并不具有普遍性，人的自由并不体现人的意志选择，而是虚无缥缈的。

虚幻的共同体使人的权利不平等。马克思对市民正义和政治权利持批判的态度，这集中体现在他的《论犹太人问题》中。马克思之所以批判市民社会中人的政治权利和自由，最主要的原因是，鲍威尔宣称的在政治解放中所要达到的人的普遍权利，并不是人的解

---

① 《马克思恩格斯文集》第 1 卷，人民出版社 2009 年版，第 571 页。
② 《马克思恩格斯全集》第 2 卷，人民出版社 1957 年版，第 360 页。

放所要达到的权利，恰恰相反，这种权利依旧没有跳出私有财产权的框框，依然是资产阶级的自私自利的权利。马克思在批判市民法权时区分了人权、政治权利、公民权以及人的权利等概念，认为资产阶级的人权仅仅部分地表现为政治权利，即"参加政治共同体，参加国家"①。并且，资产阶级把信仰自由作为一种普遍的人权写进了人权和公民权宣言，但是，他们标榜的人权和公民权是截然不同的。马克思认为，在市民社会中，人的权利仅仅对于利己主义的人是有价值的，这种市民共同体中的权利是建立在私有财产基础之上的特权，它是人与共同体分离的结果，也是个体间基本利益冲突的体现。马克思批判虚幻共同体中的人权不是人与人相结合的产物，而是人与人分隔的表现，这种权利归根结底是狭隘的权利，是体现单个人自身利益的个人权利。在虚幻的共同体中，作为一种特殊的人权，人的自由也表现为任意地处理自己私有财产的权利，即"自私自利的权利"，这种权利（私有财产）是一种人与共同体分裂和隔离的特殊人权。在马克思看来，市民社会并没有借助政治国家保障人权，相反，市民社会中的任何一种人权都没有超出利己主义的捆绑，也没有超出原有的限制，这种人权依然维护的是私人利益，"是对他们的财产和他们的利己的人身的保护"②。

在虚幻的共同体中，"人权本身就是特权"③，人的权利是基于私有财产的权利，人的自由是基于私有财产和任意支配私有财产的自由，因为"市民社会是'抽象权利'的领地，一般地，在那里，通过契约与他人进行财产交易的权利是权利的范式"④。马克思通过把对人权的批判应用于对私有财产权的批判，揭示了法权的阶级性和历史性，从而为人的解放和实现更高的人权预指了出场之路。马

---

① 《马克思恩格斯文集》第 1 卷，人民出版社 2009 年版，第 39 页。
② 《马克思恩格斯文集》第 1 卷，人民出版社 2009 年版，第 42 页。
③ 《马克思恩格斯全集》第 3 卷，人民出版社 1960 年版，第 229 页。
④ ［美］艾伦·布坎南：《马克思与正义》，林进平译，人民出版社 2013 年版，第 15 页。

克思认为，既然虚幻共同体中的人权是与利己主义相适应的，那么，即使实现了政治解放，人的解放也不可能实现，因为，人的解放并不是在市民社会之内的解放，而是把人从利己主义的条件中解放出来。正如有学者指出，马克思对权利的批判源于"它们体现或预设了作为市民社会中的利己个人的人的模式"①。

三 "虚幻共同体"的历史主义分析

在西方政治思想传统中，很多思想家把政治国家论说成虚幻的共同体，从而把国家建立在理性、精神、契约和自由意志的基础之上，没能从历史主义视角揭开国家的历史起源、本质特征和未来趋向。亚里士多德把国家阐释为一种以最高善为目的的"社会团体"，强调个人只有在国家中才能最大限度地实现德性、达到幸福，人类在本性上是趋向于在国家中生活的动物，"人类在本性上，也正是一个政治动物"②，参与国家生活就是人的本性的完成。霍布斯认为，国家就是达成的"契约共同体"，就是具有统一人格的集体，就是"利维坦"或"活的上帝"③。在滕尼斯看来，国家具有双重特质，一方面，国家是"普遍的社会的结合"，它之所以能够存在，是为了保护人的财产和实现人的政治自由，即"为了表达、执行建立在契约有效性基础上的自然法"④，所以国家和其他协会一样，是人们构造出来的"一个虚构的人格"。另一方面，国家是社会本身，即"社群理性"，在这个意义上，国家和社会之间具有统一性。黑格尔把国家论证为"神自身在地上的行进"，即精神的化身。"黑格尔的

---

① [美] R.G.佩弗：《马克思主义、道德与社会正义》，吕梁山等译，高等教育出版社 2010 年版，第 344 页。

② [古希腊] 亚里士多德：《政治学》，吴寿彭译，商务印书馆 2017 年版，第 7 页。

③ [英] 霍布斯：《利维坦》，黎思复、黎廷弼译，商务印书馆 2017 年版，第 132 页。

④ [德] 裴迪南·滕尼斯：《共同体与社会》，张巍卓译，商务印书馆 2019 年版，第 430 页。

理想共同体是自由国家,这种国家的公民赞同在立法中得到表达的共同意志,因为国家是'他们的精神的精神',因为他们在国家的法律中重新找到了他们自己的、理性的(和普遍的)意志。"[1] 这些论断要么把国家幻想成人性的最高完成,要么把国家构想成精神的现实,要么把国家论说成虚构的人格或契约"法人",但都没有真正揭示国家发生的历史必然性以及可能性走向。马克思坚持逻辑与历史相统一的辩证法,从历史主义视角揭示了国家的历史逻辑、现实悖论以及走向消亡的必然性。

从历史的发生场域来看,"虚幻共同体"是历史的产物。在人类早期阶段,人与共同体相互依存、命运与共,共同体是人的关系的集结,也是实体,即原初意义上的"真实的共同体"。共同体缘何演变成"虚幻的共同体"的呢?马克思认为,由社会分工引发的利益分化、私有制是原初的"真实的共同体"向"虚幻的共同体"转变的逻辑链条和历史线索,这个过程由三个关键环节构成:(1)分工引发利益分化,这一逻辑线索可以表示为:生产力发展→基于天赋、体脑、需要形成社会分工→物质劳动和精神劳动分离→社会分裂为阶级→单个人的利益(家庭)和共同利益(共同体)分化→共同利益采取虚幻的共同体形式。(2)私有制摆脱共同体,这一逻辑链条可以表示为:"劳动和所有统一"的共同体→共同体人口增加、领地扩大→劳动和劳动客观条件分离→客观条件转化为私有财产→私有财产脱离共同体→国家成为独立于市民社会之外的政治形式。所以,马克思指出:"国家只是为了私有制才存在的"[2]。(3)公权力与大众分离,这一逻辑线索可以表示为:个人隶属于共同体→生产力发展→出现等级、社会组织、社会制度→社会产生不可或缺的新职能部门→授权某些人参与社会管

---

[1] [德]伊林·费彻尔:《马克思与马克思主义》,赵玉兰译,北京师范大学出版社2018年版,第83—84页。

[2] 《马克思恩格斯文集》第1卷,人民出版社2009年版,第584页。

理→公权力与人民大众分离。所以,恩格斯强调,"国家的本质特征,是和人民大众分离的公共权力"①。虚幻的共同体是一种另类的衍生的共同体,它是历史必然性逻辑催生的结果,也是人类利益、矛盾、冲突不可和解的表现。

从历史的现实场景来看,"虚幻共同体"是新的桎梏。尽管虚幻的共同体具有历史的必然性,但并不代表它在人类历史长河中是永恒存在的。马克思认为,这种共同体以冒充的形式把自己的特殊利益美化为共同利益,把自己的权力粉饰为社会的共同权力,把平等订立契约、自由等价交换、公平参与竞争的市民社会的逻辑信条装饰为适合所有阶级的平等、自由和正义加以兜售,妄图掩盖人们之间的冲突和矛盾。但是,"虚幻的共同体"并不是代表人类共同利益的真实的共同体,它仅仅是维护私有财产、个人利益的国家机器,它在本质上是"一个阶级反对另一个阶级的联合……它不仅是完全虚幻的共同体,而且是新的桎梏"②。之所以说它是新的桎梏,一方面是因为这种共同体标榜的自由、平等、正义是完全虚幻的,它不是保障广大劳动者的各方面的利益和权利,而是以维护私有财产权为真正目的。另一方面是因为这种共同体是与私有制相适应的,它以物的关系战胜了人的关系,以资本逻辑罢黜了人的逻辑,使社会陷入新的"拜物教"的统治之中,使人与人之间不平等和社会关系的不公正、不和谐空前加深。马克思恩格斯指出,虚幻的现代国家共同体仅仅是管理统治阶级的共同事务而已,仅仅是为了维护自己的财产不受侵犯的虚幻的组织而已。"现代国家……本质上都是资本主义的机器,资本家的国家,理想的总资本家。"③所以,虚幻的共同体无非是共同体分裂和演变中阶级压迫的新工具,是以个别代替一般、特殊代替普遍的异化的形式。

---

① 《马克思恩格斯文集》第 4 卷,人民出版社 2009 年版,第 135 页。
② 《马克思恩格斯文集》第 1 卷,人民出版社 2009 年版,第 571 页。
③ 《马克思恩格斯文集》第 3 卷,人民出版社 2009 年版,第 559 页。

从历史的未来走向看,"虚幻共同体"最终会趋向灭亡。在历史上,共同体在发展中采取了虚幻的形式。在未来,虚幻的共同体必将超越虚幻性而走向真实性,真实的共同体是历史必然性逻辑运演的必然结果,是人类超越必然性限制而走向自由王国的过程。在马克思的视域中,虚幻的共同体是阶级对立的产物,是利益分化的表现,是人与共同体分离的结果,但这种共同体只是整个人类史的"否定"阶段,它必然会在更高的阶段走向超越。马克思在《巴黎手稿》中把国家看作"生产的特殊的方式",它"受生产的普遍规律的支配"①,而对私有财产的扬弃就是人从虚幻的国家中向社会性存在复归的过程,就是扬弃人的虚幻化和异化的过程。马克思通过政治经济学批判确证了历史唯物主义的实证性、科学性,真正揭示了虚幻共同体的超越之路。马克思认为,在历史唯物主义的图景中,人类必然超越私有制而走向公有制、超越阶级对立而走向"消灭阶级"、超越必然王国而走向自由王国、超越社会分工而走向联合生产,那时,人类将从"虚幻共同体"过渡到共同体的否定之否定阶段,人们之间的交往关系重归于直接的分工、协作关系,社会形态在更高的层次上回归于真正的共同体形式。那时,由于私有制、阶级对立已经不复存在,"公共权力就失去政治性质"②,虚幻的政治国家也就消亡了。当然,虚幻的共同体不是"被废除的",而是在历史必然性逻辑中自行消亡的。

第二节 马克思对"抽象共同体"的正义批判

"抽象共同体"是货币和资本主导的集合体。马克思通过对

---

① 《马克思恩格斯文集》第 1 卷,人民出版社 2009 年版,第 186 页。
② 《马克思恩格斯文集》第 2 卷,人民出版社 2009 年版,第 53 页。

"货币—资本共同体"的经济学哲学分析,揭示了资本主义生产方式的正义悖论。在资本逻辑主导下,"抽象共同体"的非正义性集中表现在它把"人的关系"贬黜为"物的关系",把"人是目的"倒转为"人是手段",把"自由劳动"扭曲为"异化劳动",最终制造了"资本"与"劳动"之间无法弥合的巨大裂缝。马克思通过政治经济学批判实事求是地对"抽象共同体"给予双重评价,一方面对其文明面进行肯定,另一方面又对其剥削性、非人性发起猛烈的正义批判,从而在"事实"和"价值"的双重尺度中判定了资本主义的二重性。

一 "货币共同体"及其对人性的贬黜

马克思对资本主义的批判性分析是以作为财富元素的商品开启的,但商品本身并不是共同体,只不过在商品交换的物物关系中内蕴着人与人的关系,更确切地讲,这种蕴含在商品中的人与人的关系就是人的社会关系、人的劳动关系。在商品世界里,人与人的劳动关系采取了"拜物教"的形式,即采取了"物与物的关系的虚幻形式"[1]。从历史视角看,货币是劳动同客观条件分离并在物物交换中逐渐产生的,它本身是人的对象化物品,是在流通中产生并代表一般财富的"特殊商品",即"货币是商品中的上帝"[2]。马克思认为,货币是从"劳动与所有的统一"中"分裂"出来的交换媒介,它本身是商品但又不同于一般的商品。

货币作为抽象的共同体,是人的关系的纽结,也是生产关系的纯粹的产物。马克思在《1857—1858年经济学手稿》的《货币章》中全面、系统地阐释了货币的内在本质和共同体属性,在政治经济学批判的论域中揭示了货币共同体对人产生的负面效应。马克思研究了古代共同体及其交换形式,最终得出结论,"货币欲或致富欲望

---

[1]《马克思恩格斯文集》第5卷,人民出版社2009年版,第90页。
[2]《马克思恩格斯全集》第30卷,人民出版社1995年版,第173页。

必然导致古代共同体的没落。"古代共同体是在交换关系扩展的尽头逐渐解体的，一旦物物交换对外演变成为商品交换，这些物也必然能够在共同体内部成为商品，这些物之所以能够成为商品而交换，是因为它们的占有者在遵循自我意志的情况下让渡了自己的对象物，而交换的发展也在一定意义上瓦解着共同体。货币充当社会交往关系的媒介作用越突出，它在商品交换中越发展、越流通，"就越是表现出他们的共同体的没落"①。共同体的没落并非仅仅意味着共同体的消逝，它还意味着新的共同体的产生，但这个新的共同体是以货币为纽结的共同体。所以，马克思说："货币本身就是共同体，它不能容忍任何其他共同体凌驾于它之上。"② 货币共同体是共同体交往关系扩展的衍生物，它并非天然形成的共同体，而是以交换价值以及社会生产方式的不断发展为条件。"凡是在货币本身不是共同体的地方，货币必然使共同体瓦解。"③ 货币在历史上的一个重要作用就是瓦解了古代共同体，这种瓦解作用直接表现为"人的依赖关系"的解体，即人与人、人与共同体之间直接发生交往关系的自然共同体的裂变和瓦解，因为货币作为一种中介物，使人与人之间的直接关系转换成了以货币为中介的关系。

但是，在货币取得统治地位的市民社会，它的瓦解作用变成了加固作用，货币本身成了共同体，成了商业社会的生产要素。在这种情况下，货币非但不会瓦解社会生产方式，反而成为社会生产力发展的"主动轮"。货币之所以在市民社会中逐渐演变成新的共同体，源于人们的货币欲、致富欲和财富欲，这些欲望是生产的动力，也是"不断重新产生的一般财富的源泉"④，在货币欲、财富欲的驱动下，人们为了获得一般财富而劳动，他们生产的直接目的也是货币，货币因此变成了"普遍勤劳的手段"。因此，在雇佣劳动条件

---

① 《马克思恩格斯全集》第 30 卷，人民出版社 1995 年版，第 175 页。
② 《马克思恩格斯全集》第 30 卷，人民出版社 1995 年版，第 175 页。
③ 《马克思恩格斯全集》第 30 卷，人民出版社 1995 年版，第 177 页。
④ 《马克思恩格斯全集》第 30 卷，人民出版社 1995 年版，第 176 页。

下，货币不再对共同体起瓦解作用，而是"起生产作用"。货币为什么能够成为凌驾于社会之上的共同体呢？这源于货币本身的特殊性。在马克思看来，商品仅仅是一种偶然的实体，而"货币是'万物的结晶'，在货币上，商品的特殊性质消失了"①，因为货币本身就是抽象和具体相统一的存在物，它既是商品，也是一般性财富，即它本身就是"财富的一般物质代表"②。缘此之故，货币可以通过具象的存在物来表现，人们也会把精力放在可以捉摸的具象物上，从而通过占有具象物而获得和占有更多的货币。在这个过程中，货币本身是人们用以交换的媒介，充当"奴仆形象"，但由于它是具象物中的"一般财富的代表"，是人们想方设法追求和占有的对象，它就"一跃而成为商品世界中的统治者和上帝"③。这样一来，人们追求和占有货币，就是追求和占有商品中的"上帝"，就是追求和占有没有个性的抽象物，也就是追求和占有人的感觉之外的虚幻的对象。由此，货币就成为集结人的关系并超越于人之上的共同体，人们在货币共同体中信赖的并不再是人自身，而是作为"上帝"的货币。

货币共同体在一定意义上解放了人，促使人的原始依赖关系走向了瓦解，但它在根本上又把人与人的关系变成物化的关系，使人的本质和人性发生了变化。马克思认为，在货币共同体中，人处于普遍的异化状态。这种异化是由货币共同体中人的生产关系决定的。一方面，单个人的生产活动只有以货币为中介才具有社会性，生产者的产品只有转化为其他人的消费资料，他才能获得价值。另一方面，每个人追求私利，都希望社会的一切生产活动都对自己有利，从而占有更多的货币。在这种共同体中，人们的"活动和产品的普遍交换已成为每一单个人的生存条件，这种普遍交换，他们的相互

---

① 《马克思恩格斯全集》第30卷，人民出版社1995年版，第172页。
② 《马克思恩格斯全集》第30卷，人民出版社1995年版，第173页。
③ 《马克思恩格斯全集》第30卷，人民出版社1995年版，第173页。

联系，表现为对他们本身来说是异己的、独立的东西，表现为一种物"①。这种把人们牵引在一起的万能之物就是货币。正是由于货币具有如此"魔力"，它才把毫不相干的生产者、消费者联系起来，形成对货币的共同依赖。所以，在货币共同体中，"人的能力转化为物的能力"②。在货币共同体中，贪欲、贿赂、收买等成为普遍盛行的东西，人的依赖纽带、家庭、血统等自然关系被打破，人们以占有货币的多寡分配社会权力，"每个个人以物的形式占有社会权力。"③货币的魔力正在于，它内在于人的生产生活，却又脱离人的生产生活，超越、影响人的生产生活，主导人的生产生活。马克思认为，"货币关系本身就是生产关系"④，就是现实的共同体，它颠覆和改变了它所接触的一切事物，既更新和改变了人的关系，也贬低和物化了人的关系。

在《巴黎手稿》中，马克思从哲学经济学视角分析了货币的神秘性：一方面货币是有形的"神明"，使商品世界变成了它的对立物，使事物普遍颠倒和混淆；另一方面，它是人们之间的"普遍牵线人"，能使"冰炭化为胶漆"，使人成为交换关系的成员，"把坚贞变成背叛，把爱变成恨……把明智变成愚蠢"⑤。在货币关系中，人们为私利而斗争，为财富而争夺，造成了人的关系的冷漠，使人受货币共同体的奴役和摆布。实际上，货币本身是人的产物，具有现实性，但它又是人们共同依赖的实体，因而又具有抽象性。这种现实和抽象的矛盾，使人们生活在颠倒的世界，甚至出卖良心、名誉，目的是让抽象的共同体赋予它们价值。这样就使得原本偶然的、外在的货币，变成了人的主导者，使人自己沦为手段。

---

① 《马克思恩格斯全集》第 30 卷，人民出版社 1995 年版，第 107 页。
② 《马克思恩格斯全集》第 30 卷，人民出版社 1995 年版，第 107 页。
③ 《马克思恩格斯全集》第 30 卷，人民出版社 1995 年版，第 107 页。
④ 《马克思恩格斯全集》第 30 卷，人民出版社 1995 年版，第 167 页。
⑤ 《马克思恩格斯文集》第 1 卷，人民出版社 2009 年版，第 247 页。

二 "资本共同体"及其对人类的统治

在马克思那里，如果说货币在生产生活中"直接是现实的共同体"①，那么资本在生产生活中则直接是抽象的共同体。在《1857—1858 年经济学手稿》中，如果说货币是《货币章》的逻辑主线和理论主题，那么资本则是《资本章》的逻辑主线和理论主题。马克思在《大纲》中全面勾绘了"货币—资本"逻辑的全面胜利，呈现了"物的世界"中"人的失坠"。货币是人的关系的中介物，资本则是更高阶段的人的关系的中介物，"资本作为货币的更高次方，它要比货币厉害得多。"② 在资本统治的世界，整个人类的生产关系发生了新的改变，"资本"以其特有的增殖之道成为聚合人、统治人的共同体。

在社会属性上，资本是社会关系，更确切地说，"资本是共同体的公认的普遍性和力量"③，是由人的生产关系构成并和人的劳动对立的抽象的共同体。马克思指出，资本的本性是生产关系，因为资本是从人的生产活动中逐渐分离出来的"客观条件"，是"劳动与所有相统合"的共同体发生裂变并在货币财富的基础上产生的。应该说，没有劳动与所有的分离，就没有孕育资本的温床，也就没有资本产生的历史场所。资本的本质只能从劳动与所有的分化中才能得到具体的历史的理解。也就是说，只有在人的生产关系中，才能理解资本的社会属性。与货币相似，资本可以表现为各式各样的物，但物本身并不是资本。资本是特定的社会关系，只有当物在一定的社会关系中并充当价值增殖的手段时，它才成为资本。所以，马克思说："黑人就是黑人。只有在一定的关系下，他才成为奴隶。纺纱

---

① 《马克思恩格斯全集》第 30 卷，人民出版社 1995 年版，第 178 页。
② 韩立新：《"物"的胜利——以〈政治经济学批判大纲〉的〈货币章〉为中心》，《哲学研究》2017 年第 12 期。
③ 《马克思恩格斯文集》第 1 卷，人民出版社 2009 年版，第 184 页。

机是纺棉花的机器。只有在一定的关系下，它才成为资本。"① 资本不过是特定生产关系的聚合器，它在特定生产条件下产生，又在特定的生产条件下覆灭。所以，马克思反复论证，资本的物性蕴含在人的关系中，"资本显然是关系，而且只能是生产关系"②。

在运行机制上，资本在生产领域主导人的生产活动，把大量的劳动力聚合在它的统治之下，形成异化的共同体。如果说货币是人们在交换关系、消费活动和物品分配中的主导者、牵线人，那么资本则是人的劳动、生产活动的控制力量。马克思指出，资本的力量不在于它的个人力量，相反，资本本身内蕴的"是一种社会力量"③。资本的这种社会力量集中体现为它对生产资料、劳动过程的主导和操纵。在资本的驱动下，劳动力、生产资料实现了集聚和联合，它把那些失去自己客观条件的自由劳动者吸纳、卷入市场共同体中，使他们在市场共同体中与生产资料实现了联合，组成了非个体的联合体，这种联合体在表面是人与物的联合，但其实质是资本的联合。马克思强调，在资本共同体中，资本扮演的角色在于"把它找到的大量人手和大量工具结合起来"④，即实现"实在的积累"和"生产的聚集"。于是，"资本不仅表现为工人的集体力量，他们的社会力量，而且表现为把工人连结起来，因而把这种力量创造出来的统一体"⑤。正因如此，资本表现出自身特有的"生产力"，这种生产力是资本的假象，因为资本本身并不创造生产力，而是联合起来的工人在创造生产力，即"劳动的集体力"。所以，马克思批判资本冒充为主体对人进行控制，他认为在资本共同体中，社会劳动的性质异化为资本的生产力，社会的生产力也异化为资本的集体力，这样就使得资本变成了一切社会生产的主体，而作为主体的人则被

---

① 《马克思恩格斯文集》第 1 卷，人民出版社 2009 年版，第 723 页。
② 《马克思恩格斯文集》第 8 卷，人民出版社 2009 年版，第 168 页。
③ 《马克思恩格斯文集》第 2 卷，人民出版社 2009 年版，第 46 页。
④ 《马克思恩格斯文集》第 8 卷，人民出版社 2009 年版，第 161 页。
⑤ 《马克思恩格斯全集》第 30 卷，人民出版社 1995 年版，第 590 页。

贬斥为为资本服务的"工具"。

从资本的本性看,它是贪婪而野蛮的,也是趋利而残酷的,更是赤裸而肮脏的。马克思从历史、经济和哲学相一致的理论视角,摘掉了戴在资本头上的冠冕,撕毁了资本光鲜而华美的外衣,揭露了资本丑恶的面容。资本是以抽象共同体的形式而存在的,这种存在通过工人在工厂中的联合生产而得以表现和确证。资本共同体对人产生的负面效应也通过工人的生产生活境遇而得到表现和确证。一方面,工人在资本共同体中的联合是被迫的,他们最初是因为资本的驱逐才失去了生产资料,也是因为资本的驱逐才被迫联合。另一方面,工人一旦被迫加入资本共同体,他们就会受到奴役、剥削和遭受不公正的对待。因为他们在资本共同体中沦为机器,过度劳动,更确切地说,沦为资本的仆从和奴隶。工人在资本共同体中的劳动是一种牺牲和折磨,"他创造的价值越多,他自己越没有价值、越低贱"①,他越是拼命劳动,越是创造更多的财富,他就越受到资本的统治。也就是说,他创造价值的过程与他自身的贬值过程是同步的。正是在此意义上,马克思批判资本共同体是伪装的、假冒的共同体,因为在这种共同体中,工人完全丧失了原本属于他的劳动的客观条件,他仅仅作为主体而具有独立的人格,他的客观条件已经完全沦为与他对立的东西,"工人力图吞食它,但它却吞食着工人"②。

在资本共同体的原始形成上,它在人类编年史上"用血和火的文字"写下了最黑暗的一页,它在起源之时就带着不正义的胎记,"每个毛孔都滴着血和肮脏的东西"③。马克思批判资本共同体最初就建立在不道德和不正义的基础上,它在原始积累的过程中用暴力剥夺农民的土地,并在其扩张的过程中制造着种种灾难和罪恶,它

---

① 《马克思恩格斯文集》第1卷,人民出版社2009年版,第158页。
② 《马克思恩格斯全集》第30卷,人民出版社1995年版,第490页。
③ 《马克思恩格斯文集》第5卷,人民出版社2009年版,第871页。

直接使"自然—本源共同体"解体,用"最残酷无情的野蛮手段"对直接生产者进行剥夺,最终把一切生产资料和工人卷入世界市场体系中。更为重要的是,资本驱使利欲熏心的资本家(人格化的资本)把剩余价值资本化(资本积累),他们游走在世界各地,到处落户、开发、建立新的资本共同体,使原本的资本共同体愈发强大,并试图把世界上的一切原料、工具、劳动力都吸纳在自己的统治之下。资本共同体犹如解不开的死扣,它积累、集聚得越多,它的统治力就越强,它就愈加驱动大机器排斥人力(雇佣工人),从而制造出大量的相对过剩人口,这些"失业人口"不断陷入相对贫困的境地。这就是资本共同体统治的结果,也是资本积累的永恒定律,这个规律反映了资本共同体无止境地绑锁工人,"把工人钉在资本上,比赫斐斯塔司的楔子把普罗米修斯钉在岩石上钉得还要牢"[①]。资本共同体使财富增长的同时,却把贫困、失业、劳动折磨强加给了无产者。试想,搭建在无产者白骨堆上的资本共同体怎么可能是正义的呢?

马克思从历史唯物主义的视角对资本共同体进行辩证分析和理性考量,在对其进行正义批判的基础上也给予肯定性分析,指出了资本的"文明面"。在马克思看来,资本是肯定和否定的统一,是"一个活生生的矛盾"。从否定性角度看,它是自私而贪婪的,冰冷而无情的,残酷而野蛮的,它是带着肮脏和斑斑血迹来到世间的。但是,从肯定性角度看,资本是旧式共同体解体的催化剂,也是社会发展的重要杠杆。它的文明的面孔呈现在,同"自然—本源共同体"相比,它以更加"高尚"和"理性"的手段、方式推动了生产力的发展和社会关系的变革。资本"有利于更高级的新形态的各种要素的创造"[②]。它能够为新的物质条件和新的生产方式的创造提供新的动力。资本的这种文明作用表现在生产力方面,在于它使整个

---

① 《马克思恩格斯文集》第5卷,人民出版社2009年版,第743页。
② 《马克思恩格斯文集》第7卷,人民出版社2009年版,第928页。

社会的生产力跃升至更高的层次和阶段；资本的这种文明作用表现在生产关系方面，在于它直接创造了资本主义社会，它使得人们可以增加直接地改造自然和改造自身的能力，即"创造出社会成员对自然界和社会联系本身的普遍占有"。由此可见，以往的共同体与资本共同体无法相提并论，因为资本共同体不仅破碎了以往共同体所呈现的"对人的依赖关系"，以及对自然的崇拜和人类自身的局部而片面的发展，而且还破碎了人的地域限制以及民族偏见、界限，使人类趋向于世界的人，进而使历史趋向于世界史。所以，资本共同体改变了人的关系以及人与自然的关系，它把人的对象化世界逐步变成人自身的世界，并试图使世界服从于人的需要。因此，马克思强调，"资本破坏这一切并使之不断革命化，摧毁一切阻碍发展生产力、扩大需要、使生产多样化、利用和交换自然力量和精神力量的限制。"① 由于资本无止境的逐利欲望，在资本共同体的世界，社会生产力获得了前所未有的发展，生产的社会化程度不断提高，为历史的进一步发展创造了最充分的条件。

三　资本主义的多维度控诉及其二重性

马克思通过对货币—资本共同体的分析，最终转向了对资本主义的批判。资本主义是资本共同体的现实存在和具体表现，也是资本共同体的社会制度形态，这种经济的社会形态是由资本发酵而形成的，也是由资本剥削而获得霸权地位的。在马克思毕生的批判理论中，他对资本主义的谴责、挖苦、讽刺和批判构成了其理论巨著的中心内容，尽管如此，资本主义作为一个矛盾体，它的"原罪"以及后天积累的"恶果"仅仅代表了非正义的一面，它在历史的链条上仍然存在"暂时的历史正当性"。马克思在历史唯物主义的界域中对资本主义进行多维度考量，对其不正义性进行无情批判，在批判中肯定了资本主义生产关系本身内蕴的局部的合理性。有西方学

---

① 《马克思恩格斯全集》第 30 卷，人民出版社 1995 年版，第 390 页。

者误解了马克思对资本主义的多重控诉,从而炮制了"马克思反对马克思"的矛盾①,并有人以此宣称马克思的正义思想在本质上是似是而非的"正义悖论"。我们有必要重归马克思对资本主义发起的多重正义评判,从而真正理解资本主义自身的"正义悖论"及其二重性,为马克思的正义思想"正名"和"解蔽"。如果全面系统地考察马克思关于资本主义正义与否的评价文本,那么,这些文本呈现马克思批判资本主义的多维视角和多重意蕴:既有基于生产方式的事实性批判,又有基于资本剥削的规范性谴责;既有基于内在于资本主义标准的冷嘲热讽,也有基于外在于社会主义标准的理性评判;既有基于无产阶级利益的政治性控诉,也有基于人的自我实现的价值性分析。这些不同的维度呈现了马克思批判资本主义的复杂性。如果仅仅抓住其中的某个视角,我们可能就会陷入西方学者炮制的"正义悖论"的陷阱。

首先,从生产方式维度看,资本主义自身内蕴符合生产方式的正义性。马克思对资本主义的批判不是全面否定,也不是表层否定,而是基于历史唯物主义的辩证否定。资本主义是"自然—本源共同体"解体的必然产物,是历史发展过程中的必经阶段,因而具有历史必然性。但是,这种历史必然性并不意味着资本主义具有颠扑不破的合理性、正义性。"资本主义生产方式是一种特殊的、具有独特历史规定性的生产方式",这种特殊性和独特性体现在它是资本逻辑主导下的共同体形式,但这种特殊性正是历史规律和生产方式的普遍性的表现,即它的生产方式反映的仍然是人的生产生活关系,并且,这种生产方式和历史上的任何社会形态和共同体形式一样,都

---

① 诺曼·杰拉斯在《关于马克思和正义的争论》中全面勾勒了"马克思与正义"争论的正方和反方所提出的核心观点,其中,正方的观点认为马克思对正义持批判的态度,反方的代表性学者较多,主要论著和观点认为马克思眼里的资本主义不是不正义的。杰拉斯将此总结为"马克思反对马克思"的矛盾。(参见[英]诺曼·杰拉斯《关于马克思和正义的争论》,姜海波译,载李惠斌、李义天《马克思与正义理论》,中国人民大学出版社2010年版,第145、154—165页。)

"具有一种独特的、历史的和暂时的性质"①。并且,马克思通过研究人类史上的不同共同体及其所有制形式,看到了资本主义对于生产方式进步、人的独立性发展、科学技术进步以及政治制度的变革都产生了巨大的影响,他甚至强调未来社会也离不开资本主义所积累的生产条件。只有在资本主义的基础上,"社会全体成员的平等的、合乎人的尊严的发展,才有可能"②。也就是说,从历史唯物主义和生产方式的视角来透视资本主义,它既具有生成和衰亡的必然性,也具有存在和发展的合理性,这种合规律性就是"生产方式本身的历史的暂时的必然性"③,它仅仅体现一种"历史的和暂时的性质"④,也就是"暂时的历史正当性"⑤。

正是从生产方式出发,马克思对资本主义的法权关系以及经济交易行为进行了正义评判,这种评判散见于马克思的论著中,属于马克思关于资本主义是否正义的事实性评价。概括起来,最容易引起分歧和争论的文本是:

(1)"只要与生产方式相适应,相一致,就是正义的"⑥。这是马克思在《资本论》中对交易正义所作的评述。在马克思看来,判断正义的标准是客观的,是基于物质生产方式的事实标准。马克思提出的这个标准是与历史唯物主义完全吻合的,也是与他对资本共同体的双重考量相符合的。但是,马克思的这个判断仅仅说明了评价一种制度或交易的事实尺度,而不是界定了正义的概念。而"塔克—伍德命题"正好把这个判断作为马克思对正义概念的界定,并且以此提出,"正义就是与生产方式相适应"⑦。可见,伍德以偏概

---

① 《马克思恩格斯文集》第7卷,人民出版社2009年版,第994页。
② 《马克思恩格斯文集》第3卷,人民出版社2009年版,第87页。
③ 《马克思恩格斯文集》第7卷,人民出版社2009年版,第702页。
④ 《马克思恩格斯文集》第7卷,人民出版社2009年版,第994页。
⑤ 《马克思恩格斯全集》第21卷,人民出版社1965年版,第558页。
⑥ 《马克思恩格斯文集》第7卷,人民出版社2009年版,第379页。
⑦ [美]艾伦·伍德:《马克思反对从正义出发批判资本主义——对段忠桥教授的回应》,李义天译,《中国社会科学》2018年第6期。

全地把评判正义的标准与正义的概念混同了起来，因而误读了马克思对资本主义的控诉。（2）"难道资产者不是断言今天的分配是'公平的'吗？难道它事实上不是在现今的生产方式基础上唯一'公平的'分配吗？"① 这是马克思在《哥达纲领批判》中对分配正义的理论解读。马克思用反问的方式得出了基于生产方式对分配是否正义的肯定性评价。马克思一以贯之地强调，生产方式决定法权关系和分配关系。从资本主义的生产方式来评判其分配模式，它是与生产方式相适应的，也显示了它超越前资本主义生产方式的进步性，因此，在事实上，资本主义的分配具有相对正义性。（3）"资本家只要付给工人以劳动力的实际价值，就完全有权利，也就是符合于这种生产方式的权利，获得剩余价值"②。马克思在这里依然将生产方式作为评判正义的标准，他认为，在资本主义生产方式下，劳动者与资本家通过契约建立雇佣关系，这种契约关系是符合资本主义生产方式的法权关系，是资本共同体的权利意志的表达，这种权利恰好是马克思批判的法权概念。

实际上，仅仅以这些判断把资本主义宣称为正义的制度，不仅不符合马克思的思想本意，而且还可能由此得出"剥削正义"的推论。塔克和伍德就是完全依循这些段落而将正义作为生产方式的附属物，最终把正义从马克思历史唯物主义的理论大厦中驱逐掉了。

其次，从剩余价值的生产看，资本主义的剥削是违背道德原则和正义规范的。资本共同体由资本逻辑驱动，"生产剩余价值或赚钱，是这个生产方式的绝对规律。"③ 剩余价值生产的可能性前提是劳动力商品和资本家承诺的工资相交换，这种交换在表面上是基于契约关系的等价交换，是与资本家宣称的法权关系、正义概念相一致的，也是按照单个劳动者的意愿订立的。也就是说，从单纯的交

---

① 《马克思恩格斯文集》第 3 卷，人民出版社 2009 年版，第 432 页。
② 《马克思恩格斯全集》第 19 卷，人民出版社 1963 年版，第 401 页。
③ 《马克思恩格斯文集》第 5 卷，人民出版社 2009 年版，第 714 页。

换关系看,劳动力和工资之间的交换是平等的交换,属于正义的行为,这种交换的成功意味着能够解决劳动者无法维持生计的困境,使他获得一定的收入。尽管劳动者劳动一天所生产的价值远远大于资本家付给他一天的工资,但如果他不选择出卖自己的劳动力,他就无法生活。因而,马克思说:"这种情况对买者是一种特别的幸运,对卖者也决不是不公平。"①但是,剩余价值并不是在交换领域产生的,交换领域的等价交换并不意味着劳动力在生产领域会得到公平对待。实际上,马克思认为,工资交易本身就是资本家在"变戏法",因为资本家按照契约支付工资,丝毫没有违反商品交换规律,但劳资交换完成以后,按照契约精神和法权关系,劳动力的所有权是归属于资本家的,而真正的剥削是在交易完成以后的生产领域发生的,资本家看中的是劳动力在生产领域能够创造剩余价值,并且,他支付的工资远远低于这个价值。在生产领域,劳动力遭到了剥削,这种剥削在本质上是一种类似于偷窃的行为,因为劳动者并不知晓资本家的"把戏"。在马克思的著作中,劳资交换有两个不同的情境,即简单交换和等价物交换,第一个是非交换领域的非等价交换,即强制交换。这两种交换蕴含着不同的正义标准,因此,"要准确评价资本主义制度是否正义,就不能一般地套用仅仅适用于简单交换的等价交换原则来衡量已经高度发展了的劳资交换"②。所以,马克思强调,在交换领域劳资双方的法权关系是基于资产阶级的自由、平等和正义的关系,"这个领域确实是天赋人权的真正伊甸园"③,是占统治地位的法权规则的真正呈现,但是一旦从交换领域进入生产领域,资本家赚钱的秘密就暴露无遗。因为"在生产领域,劳动被强制去生产剩余价值却没有获得作为它参与生产的一个条件

---

① 《马克思恩格斯文集》第5卷,人民出版社2009年版,第226页。
② 王广:《劳资交换的二重性:对"马克思和正义问题"之争中一个关键点的分析》,《马克思主义与现实》2020年第6期。
③ 《马克思恩格斯文集》第5卷,人民出版社2009年版,第204页。

的等价交换"①。

一方面，劳动者在生产领域受资本家的监督，他们的劳动是不自由的。另一方面，劳动者在生产领域受到资本家的剥削、奴役和强制，他们的身心遭到不公正的对待。为了提高剥削率，资本家往往会增大劳动强度，突破劳动力的身心界限，他们"像狼一般地贪求剩余劳动，不仅突破了工作日的道德极限，而且突破了工作日的纯粹身体的极限"②。资本家甚至把劳动力维持自我生命存在的状况变成麻木状态，甚至克扣劳动者吃饭的时间，不顾劳动者的寿命长短，疯狂突破劳动者年龄、性别的界限，劳动者"'只要还有一块肉、一根筋、一滴血可供榨取'，吸血鬼就决不罢休"③。马克思批判资本共同体的运行机制建立在对工人的剥削之上，这种共同体不仅是不道德的，而且违背了法权规范。马克思在《资本论》中强烈谴责资本家通过"盗窃他人的劳动时间"④来发家致富，批判资本家不劳而获"并对工人发号施令"⑤。资本逻辑驱使资本家想方设法"占有无酬劳动"⑥，并通过盗窃的方式掠夺财富，马克思把剩余价值看作资本家"从工人那里掠夺来的赃物"⑦和"夺取的贡品"⑧。马克思批评货币关系遮盖了剥削的真相，资本主义是以榨取工人的"无代价劳动"为基础的，这种通过"掠夺"和"盗取"他人劳动过程和劳动产品的制度是不正义的，资产阶级叫嚣的等价交换和契约正义仅仅是表面的正义，是剥削的遮羞布，是有产者的胡言乱语

---

① ［美］卡罗尔·C. 古尔德：《马克思的社会本体论》，王虎学译，北京师范大学出版社2018年版，第151页。

② 《马克思恩格斯文集》第5卷，人民出版社2009年版，第306页。

③ 《马克思恩格斯文集》第5卷，人民出版社2009年版，第349页。

④ 《马克思恩格斯文集》第8卷，人民出版社2009年版，第196页。

⑤ 《马克思恩格斯文集》第1卷，人民出版社2009年版，第123页。

⑥ 《马克思恩格斯文集》第5卷，人民出版社2009年版，第687页。

⑦ 《马克思恩格斯文集》第5卷，人民出版社2009年版，第688页。

⑧ 《马克思恩格斯文集》第5卷，人民出版社2009年版，第672页。

和"虚伪的空话"①。在马克思看来，资本主义生产方式决定了这种共同体不可能实现真实的平等和正义，因为"在雇佣劳动制度的基础上要求平等的或甚至是公平的报酬，就犹如在奴隶制的基础上要求自由一样"②，无产阶级的平等和正义要求只能建立在超越资本主义的新社会的基础上。

再次，从无产者的阶级利益看，资本主义的经济模式违背了广大劳动者的集体利益，无产阶级可以依据自己的阶级利益形成自己的正义观念，这个正义观念是批判资本主义的有效道德原则。资本主义的不正义性不仅表现在它的资本积累、剩余价值生产、分割等各个环节，还体现在这种经济模式对广大劳动者的利益的侵犯。在马克思那里，正义的决定因素是多维度、多层次的，它既关涉生产方式和经济关系，也关涉阶级利益和人的价值。我们不能仅仅以与生产方式相适应、相一致的规范性标准去评价资本主义，还应该以不同阶级的阶级利益为规范性标准去衡量这种制度。实际上，正义不应该仅仅由生产方式决定，还应该由广大劳动阶级的利益决定。既然资产阶级可以根据自己的所有权建立一整套维护自己阶级利益的法权制度、正义原则，那么，无产阶级同样也能根据本阶级的利益立场形成维护自己利益的正义规范。即便无产阶级在资本共同体中处于劣势，但他们会在劳动中逐渐形成自己的正义意识，即他们会认识到"劳动同自己的实现条件的分离是不公平的、强制的"③。马克思高度评价无产阶级的这种思想认识是"了不起的觉悟"，因为它是基于无产阶级自身利益而生发的代表本阶级法权关系的正义观念。所以，胡萨米指出："无产阶级，随着阶级意识的发展，也以与资本主义生产方式不一致的标准来评价资本主义。"④ 实际上，从马

---

① 《马克思恩格斯文集》第3卷，人民出版社2009年版，第461页。
② 《马克思恩格斯文集》第3卷，人民出版社2009年版，第56页。
③ 《马克思恩格斯文集》第8卷，人民出版社2009年版，第112页。
④ [美]齐雅德·胡萨米:《马克思论分配正义》，林进平译，载李惠斌、李义天《马克思与正义理论》，中国人民大学出版社2010年版，第52页。

克思的整个思想历程来看,他站在无产阶级的利益立场对资本主义加以道德谴责,其中,资本主义之所以不人道、不正义的一个原因是,它的强制劳动造成了无产阶级的"集体不自由"[①],侵犯了无产阶级的整体利益,使无产阶级遭到了不正义的对待。从这个意义上讲,正义并不是自然法学家宣称的抽象规范,也不是资产阶级基于所有权和契约宣告的永恒规范,更不是仅与生产方式相适应的法权原则,它是关涉阶级利益的社会平衡机制。

最后,从社会主义的视角看,资本主义不符合基于劳动贡献、按需分配和人的自我实现的原则,它的不正义性暗含在历史发展的必然性之中。从历史必然性逻辑审视资本主义,它不仅内蕴不可克服的矛盾,从而必然走向灭亡,而且它的一整套上层建筑(制度模式、法权结构)注定会成为历史的赘疣。马克思在批判资本主义法权关系的过程中建构了未来社会的分配原则,这些原则是适合未来社会生产方式的正义规范,是超越资本逻辑的分配体系和制度体系,是基于重建个人所有制的正义机制。在马克思那里,经济的社会形态按照资本主义→共产主义第一阶段→共产主义高级阶段的逻辑进路跃升,与此相适应的正义规范也按照所有权→按劳分配→按需分配的逻辑进路依次实现。这一逻辑进路是历史唯物主义的实践层次,也是马克思正义观念的历史次序。由此可见,资本主义的正义性仅仅体现为它自身合乎历史规律的"暂时的正当性",而它的不正义性则全面地呈现在它的剥削机制违背了社会主义的正义标准。可以肯定地说,"马克思不可能站在资本主义法权的立场来评价资本主义"[②],他完全可以按照自己的正义标准去控诉资本主义。马克思认识到,资本主义对人的利益、需要的侵犯,完全损害了人类的共同福祉,而基于人的劳动贡献和需要重建个人所有制,重设社会分配

---

① [英] G. A. 柯亨:《马克思与诺齐克之间》,吕增奎编,江苏人民出版社 2008 年版,第 77 页。

② [美] 齐雅德·胡萨米:《马克思论分配正义》,林进平译,载李惠斌、李义天《马克思与正义理论》,中国人民大学出版社 2010 年版,第 75 页。

原则，是人类走向繁荣、实现丰裕的必经之途。可以推断，未来社会的正义原则充当了马克思批判资本主义的尺度，在历史必然性逻辑链条上，资本主义的不正义就在于它阻碍了人的自我实现，违背了人的核心福祉、机会平等、时间自由以及按劳动贡献和自我需要分配产品的要求。

第三节 "虚幻—抽象共同体"批判的正义"转向"

马克思对"虚幻—抽象共同体"的批判以历史唯物主义为理论坐标。作为历史唯物主义的理论证明和具体运用，"政治经济学批判"构成"虚幻—抽象共同体"批判的科学基础、逻辑判定和现实确证。只有基于历史唯物主义的理论坐标和"政治经济学批判"的理论框架，才能通达马克思"虚幻—抽象共同体"批判的正义"转向"之路。那些一贯宣称"马克思拒斥正义"和"资本主义并非不义"的人们妄图把"资本正义""分配正义""抽象正义"以及"法权正义"强加给马克思，而这些正义观念非但不是马克思正义观念的理论指涉，反而是马克思极力批判的对象，是马克思拒斥正义的话语呈现和有力证据。实际上，马克思对"虚幻—抽象共同体"所作的"政治经济学批判"意味着他在正义理论上已经与以往的思想家分道扬镳，即迈向了对"劳动正义""生产正义""具体正义""制度正义"的追诉和建构。

一 从"资本正义"转向"劳动正义"

资本正义是合乎资本逻辑的正义，是资本共同体的正义，是基于私有财产权的法权正义，是资产阶级把资本增殖合法化、制度化、永恒化而宣称的"天然正义"①。这种正义观念及其规则妄图以虚幻的市场交换和分配方式把资本逻辑和资本家的生财之道变成合法的秩序、永恒的条例，以欺骗的方式抹杀劳动者的反抗意志，从而把私有财产权美化为"天赋人权"，为自己的剥削行径辩护。

马克思的正义观念是基于梳理"资本与劳动的关系"而出场的，它建立在对"劳动与所有"的"统合"→"分离"→"对立"的历史考察和逻辑分析的基础上。在前资本主义共同体中，"劳动与所有"存在着不同程度的统合，这种"劳动和所有"的统一在一定程度上是人类正义的表达，因为劳动者可以自由地占有和支配自己的生产资料，可以在一定程度上享有自己的劳动产品。随着"劳动与所有"的分离，资本从劳动的客观条件中分化出来，并且获得了统治地位，使"劳动与所有"发生解体，并逐渐使二者的关系变成了"劳动与资本"的对立关系，这种对立使劳动依附于资本，受资本的统治。资本正义就是把资本统治劳动、驾驭劳动的逻辑永恒化，但这种正义是虚假的，因为资本增殖的逻辑基础是劳动力的劳动，而不是资本本身。实际上，在古典政治经济学那里，劳动而非资本创造价值就已经作为一种经济科学而得以问世。在此之前，货币主义认为货币是财富的源泉，重商主义强调商业劳动（或工业劳动）是创造财富的动力，重农主义则把农业劳动看作财富创造活动，而亚当·斯密则抛开了把具体的劳动范畴作为创造价值的规定性的做法，他提出了"创造财富的活动的抽象一般性"②，这个"抽象一般性"就是"劳动一般"，即人的抽象的劳动是创造价值的真正的源泉。在这种情况下，劳动一般是各种劳动的总体，劳动的结果应该由劳动者"共有"。但是，古典经济学家仅仅看到了"劳动一般"及其对价值的创造功能，而忽略了劳动还能够创造出剩余价值，他们宁愿把剩余价值说成是资本的功劳，是资本的天然的本性所致，是资本

---

① 《马克思恩格斯文集》第7卷，人民出版社2009年版，第379页。
② 《马克思恩格斯全集》第30卷，人民出版社1995年版，第45页。

家的所有权和"物质资财"积累的结果。在古典经济学家和资本家那里，资本正义是理所当然的，他们把资本驾驭劳动说成是天然的规律，从而抹杀了资本共同体中工人的剩余劳动的作用。

马克思沿着"劳动一般"并超越它而走向了"资本一般"。马克思说："我把资本当作与另一个阶级相区别的某一阶级的一般经济基础来考察，那我就是在考察资本一般"①。"资本一般"既是抽象的存在，也是现实的存在，是马克思考察剩余价值的理论入口。在马克思那里，资本是历史的结晶，是资本家的物化，在资本与劳动的关系中，尽管劳动处于被支配地位，但价值的增殖依旧是劳动创造的。马克思揭示"资本一般"的逻辑前提在于，他区别了"劳动"和"劳动力"概念，在他看来，劳动力是人的潜在的劳动能力，是一种能够交换的商品，而劳动则是劳动力的现实化。正是因为资本与劳动相交换使资本家占有了劳动力，价值增殖才得以形成。那么，在这个过程中，到底是劳动实现了价值增殖，还是资本实现了价值增殖呢？显然，马克思认为，"资本家换来劳动本身，这种劳动是创造价值的活动，是生产劳动"②。这说明，剩余价值的每个价值单位都源于工人的劳动，更确定地说，源于工人的无酬劳动或剩余劳动。资本正义之所以是虚幻的正义，就是因为它把资本作为"支配一切的经济权力"③，为资本辩护，为私有制代言。这种正义观念妄图涂抹价值增殖的劳动源泉，在外表上造成假象，使人们"既嗅不出也看不出"价值增殖的真相。所以，马克思并不认为是资本家在供养工人，相反，是工人的劳动在供养资本家，"是工人为资本家提供了源源不断的利润，给予资本以生命的源泉。一般商品交换是一种等价交换，而劳动力商品的交换是在一种等价的形式下进

---

① 《马克思恩格斯全集》第31卷，人民出版社1998年版，第265页。
② 《马克思恩格斯全集》第30卷，人民出版社1995年版，第232页。
③ 《马克思恩格斯全集》第30卷，人民出版社1995年版，第49页。

行的一种不等价的交换。"① 马克思直截了当地断言,资本的"实质在于活劳动是替积累起来的劳动充当保存并增加其交换价值的手段"②。在雇佣劳动中,资本家实现了对劳动力的占有,并以所谓"自由交换""平等买卖"的幌子遮掩工人的不平等待遇,而资本正义的背后是雇佣工人的"赤贫",是资本家的"不劳而获"和劳动者的"一无所得"。

马克思批判"资本正义"从而走向了"劳动正义",劳动正义是合乎人的劳动本性的正义,是基于人的生存、生活的正义,是基于劳动与所有相统一的正义,它归根结底是劳动阶级的正义。"马克思立足于人的存在方式和自由解放的本质需要,在审视人类劳动与人类历史的相互关系中阐明了劳动正义与生产正义、社会正义之间的层级结构,确立了劳动正义在这一结构中的逻辑先在性,并确立了作为劳动正义前提的自由向度和解放维度。"③ 马克思的劳动正义观不仅是可能的,而且还与他的历史唯物主义内在契合,与他的政治经济学批判相互贯通。

一方面,历史唯物主义在社会本体论方面确证了劳动的本源性,劳动正义内蕴于人的物质生活的生产方式。历史唯物主义之"物"指涉人的物质生产活动,马克思把人的物质生产活动及其形成的人的交互性关系作为历史发展的基本动因,强调人的活动(劳动)的本源性、优先性,从而开创了解释历史的新视角。在马克思看来,历史活动是人的物质活动,生产方式是人的"活动方式",是"他们的一定的生活方式"④,也即人的"谋生的方式"⑤。如果把马克思

---

① 聂锦芳主编:《重读马克思:文本及其思想》第 11 卷,中国人民大学出版社 2018 年版,第 160 页。

② 《马克思恩格斯文集》第 1 卷,人民出版社 2009 年版,第 726 页。

③ 刘同舫:《马克思唯物史观叙事中的劳动正义》,《中国社会科学》2020 年第 9 期。

④ 《马克思恩格斯文集》第 1 卷,人民出版社 2009 年版,第 520 页。

⑤ 《马克思恩格斯文集》第 1 卷,人民出版社 2009 年版,第 602 页。

关于人的生产生活方式的论断全面展开，那么，贯穿其中的最重要和最基础的概念就是劳动。因为，在历史唯物主义的理论框架下，劳动构成人的生产生活的全部内容，是创造历史的前提性活动。如果没有人的劳动以及在劳动中结成的人的交互性关系，那么就没有人类史。所以，马克思强调："全部人的活动迄今为止都是劳动"①。他高度赞扬劳动是"一切历史的基本条件"②，强调劳动对人本身的塑造作用以及对历史生成的本体论意义。马克思认为，只有抓住人的劳动，才能抓住理解历史的钥匙，因为人类历史就是"通过人的劳动而诞生的过程"。更为重要的是，马克思强调，人既是劳动作用的结果，也以自由自觉的劳动为存在方式。正因为马克思强调劳动在塑造人和历史中的决定性作用，所以恩格斯评价他"在劳动发展史中找到了理解全部社会史的锁钥"③。因此，我们可以断定，历史唯物主义视域下劳动的本源性、先在性预指了劳动正义的根本性，即任何一个人的劳动都应该得到尊重，任何人的劳动都应该受到公平的对待。但是，在资本主义的生产方式中，人的劳动的优先性被降格和贬低为次等的位置，作为劳动产物的资本却被升格和抬举为优先的位置。这种劳动和资本的颠倒把资本正义变成了"天然正义"，而马克思颠倒了"劳动和资本的颠倒"，还原了劳动正义的优先性、超越性。

另一方面，政治经济学批判在价值增殖方面证明了劳动的优先性，劳动正义是真正超越资本正义的"天然正义"。政治经济学在本质上"是一门历史的科学"，它的研究对象是"人类社会中支配物质生活资料的生产和交换的规律"④。马克思通过政治经济学批判确立了研究法权关系、正义观念的科学视角。在马克思看来，任何正义观念、道德和法都是历史的产物，更确切地说，它们都是由特定

---

① 《马克思恩格斯文集》第1卷，人民出版社2009年版，第193页。
② 《马克思恩格斯文集》第1卷，人民出版社2009年版，第531页。
③ 《马克思恩格斯文集》第4卷，人民出版社2009年版，第313页。
④ 《马克思恩格斯文集》第9卷，人民出版社2009年版，第153页。

历史条件下的生产、交换关系决定的。正如恩格斯强调，"社会的公平或不公平，只能用一门科学来断定"①，即政治经济学。事实上，马克思的劳动正义观念就暗含在政治经济学批判中。在《资本论》及其手稿中，马克思确证了劳动既创造价值又创造剩余价值的真相，从而驳析了"资本正义"的虚假性。马克思指认，在资本主义生产关系中，资本正义反映的是劳动不正义，这种不正义体现在：（1）劳动者无法占有劳动资料，他们只有依附于资本才能劳动；（2）劳动过程由资本家主导，"他的劳动属于资本家"②，而且工人的剩余劳动是无酬的；（3）劳动成果是资本家的所有物，工人没有"得其应得"。显然，资本主义生产方式侵犯了劳动正义，造成了人在维持自我生存方面的不正义。所以，马克思所诉诸的正义绝不是资本的正义，而是基于人的劳动的正义，"'劳动正义'才是《资本论》的'实在要义'"③。正是如此，马克思强调，资本主义下的劳动是异化的、低级的劳动，"它注定要让位于带着兴奋愉快心情自愿进行的联合劳动"④。基于此，我们可以确证，马克思批判资本正义的根本尺度是"劳动正义"。

二 从"分配正义"转向"生产正义"

马克思的分配正义蕴含在两个理论层面，一是通过他对资本共同体中以所有权为主导的分配原则的批判来彰显，二是通过他对共产主义社会中新的分配机制的建构来表达。在这两个层面，马克思不仅零散地提出过关于分配的真知灼见，而且还以此考察了分配正义在社会变革中的历史作用。在马克思对资本主义的批判性话语和对共产主义的建构性话语中，他既不赞成"因资本主义分配不公而

---

① 《马克思恩格斯全集》第 25 卷，人民出版社 2001 年版，第 488 页。
② 《马克思恩格斯文集》第 5 卷，人民出版社 2009 年版，第 216 页。
③ 白刚：《从"资本正义"到"劳动正义"——〈资本论〉的"正义转向"》，《贵州师范大学学报》（社会科学版）2018 年第 5 期。
④ 《马克思恩格斯全集》第 21 卷，人民出版社 2003 年版，第 13 页。

批判资本主义",也不赞成"因共产主义分配公正而建构共产主义"。这种关于分配正义的解释路径非但不符合马克思本人的思想,反而滑向了小资产阶级拔高分配作用的"陈词滥调"。在马克思那里,他拒绝把任何一种社会形态建立在"分配是否正义"的基础上,也拒斥以"分配是否正义"去评判既有的社会。因为分配在社会生产方式中属于"次位",而生产在社会生产方式中属于"主位"。只有主次分明,才能真正理解政治经济学研究的本题和对象,也才能真正理解马克思在"生产"和"分配"之间实现的理论倒转,从而理解马克思把自己的正义理论从"分配正义"推向了"生产正义"。

分配正义是改良型、补救性价值,生产正义是革命型、本源性价值。在分配正义和生产正义的关系上,马克思更加侧重于追溯生产正义。马克思的这一倾向是和他的历史唯物主义的理论旨趣完全吻合的,也是和他主张从"物质生产事实"出发去解释社会的法权关系、政治形式的致思逻辑完全一致的。应该说,马克思在政治经济学研究中突破了古典政治经济学家一贯把"贡献"和"分配"置于经济问题首位的研究模式,从而把生产置于分配的前列,更加强调生产的先在性及其对于分配的决定性。马克思在《〈政治经济学批判〉导言》中指认了古典政治经济学家在"分配"和"生产"关系上的"主次错位"和"主次颠倒",批判他们要么把分配与生产并列,要么把分配置于生产之外,无论如何,这样的研究只能算是"最浅薄的理解"[1]。在马克思看来,任何"分配关系和分配方式只是表现为生产要素的背面"[2],在人类社会中出现的地租、工资、利息等分配要素是建立在土地、劳动、资本等生产要素的基础之上的。特别在资本主义社会,资本既作为一种生产要素,也作为一种"收入源泉",但它并不是分配的结果,而是以生产为前提的。马克思强调,在资本主义的分配形式中,利息和利润就是"以资本作为生产

---

[1] 《马克思恩格斯全集》第30卷,人民出版社1995年版,第37页。
[2] 《马克思恩格斯全集》第30卷,人民出版社1995年版,第36页。

要素为前提的分配方式",没有生产要素和生产本身,就没有分配要素和分配本身。"分配的结构完全决定于生产的结构。分配本身是生产的产物"①。一方面,从分配的对象来看,生产决定分配,没有生产就没有能够参与分配的对象。另一方面,从分配的形式来看,分配作为生产关系的特殊形式,是由一定的生产形式决定的。马克思批判古典政治经济学家把分配作为本题并且将分配局限于产品的分配,认为这是一种"荒诞无稽"的看法,因为"在分配是产品的分配之前,它是(1)生产工具的分配,(2)社会成员在各类生产之间的分配"②。也就是说,从历史起源意义上看,生产是先于分配的,尽管人类似乎先在地分配生产工具、分配社会成员,然后再从事生产活动,但生产工具本身是生产的成果,甚至就连人本身也是生产的结果。所以,任何分配都是生产中的分配,任何生产都是内蕴分配的生产,如果抛开了分配而空谈生产,就使生产变成了一种脱离现实的抽象的空洞。"在所有的情况下,生产方式……总是决定新出现的分配。"③

由此可见,生产是本题,属于主位,分配是副题,属于次位。任何一种分配方式都不过是生产方式的体现和映射。"通过根本性地颠倒分配与生产的关系,马克思同样将分配正义概念置放在了审判席上。"④ 实际上,马克思对分配正义持两种态度,一方面将之作为一种改良的补救型价值来看待,认为它是未来新社会必不可少的运行机制之一,但在另一方面,马克思又对分配正义作出批判性分析,认为不能诉诸道德、分配正义来变革资本主义社会,因为他一贯主张通过打破旧世界的方式来"改造世界"。正是马克思诉诸"革命"而非"改良"来变革社会的这种理论诉求,使他一方面在《国际工

---

① 《马克思恩格斯全集》第 30 卷,人民出版社 1995 年版,第 36 页。
② 《马克思恩格斯全集》第 30 卷,人民出版社 1995 年版,第 37 页。
③ 《马克思恩格斯全集》第 30 卷,人民出版社 1995 年版,第 38 页。
④ 李佃来:《马克思的政治哲学:理论与现实》,人民出版社 2015 年版,第 237 页。

人协会成立宣言》中褒扬正义是各民族和无产阶级应该遵循的"至高无上的准则"①，另一方面又致信恩格斯并提出在《告工人阶级书》中对正义、道德等字眼已经妥为安排，目的在于"使它们不可能造成危害"②。显然，在分配正义的问题上，马克思是相当谨慎的，他认为那些寄希望于调节分配而实现革命目标的小资产阶级所发出的分配正义的口号依旧是一种"陈词滥调"，那些试图通过调节分配关系而实现社会正义的改良主义者所诉诸的平等分配口号仅仅是"虚伪的空话"，那些"把社会主义描写为主要是围绕着分配兜圈子"的庸俗的社会主义者是在效仿资产阶级经济学家开历史的倒车③。马克思并不是仅仅根据资本主义的分配不公而控诉和抗议资本主义，而是把资本主义不公正的根由推向了更深入的"里层"，即资本主义一切不公正不是源于表面的分配不公正，而是源于深层的生产不公正。

生产正义决定分配正义，生产资料占有的不公正、生产过程的异化是资本主义分配不公的决定性因素，仅仅从分配来谴责资本主义不仅会消解无产阶级革命的激情，反而会陷入小资产阶级妄图通过"在分配问题上大做文章"的法权陷阱。马克思清醒地意识到，"每种生产形式都产生出它所特有的法的关系、统治形式"④，资本主义生产关系衍生出的分配关系、交换关系就是资本逻辑和"天然正义"的反映，这种"分配关系不过表现生产关系的一个方面"⑤，它归根结底是为巩固资本的霸权地位服务的，因而不能通过"'做一天公平的工作，得一天公平的工资！'这种保守的格言"⑥来评判资本主义的分配方式，也不能以此作为推翻资本主义的革命口号，而

---

① 《马克思恩格斯文集》第3卷，人民出版社2009年版，第14页。
② 《马克思恩格斯文集》第10卷，人民出版社2009年版，第215页。
③ 《马克思恩格斯文集》第3卷，人民出版社2009年版，第436页。
④ 《马克思恩格斯全集》第30卷，人民出版社1995年版，第29页。
⑤ 《马克思恩格斯文集》第7卷，人民出版社2009年版，第1000页。
⑥ 《马克思恩格斯文集》第3卷，人民出版社2009年版，第77页。

应该看到资本主义生产方式固有的缺陷和生产领域的天然不公，从而采取革命的方式"消灭雇佣劳动制度！"所以，当拉萨尔主义脱离生产关系空谈分配正义时，马克思在《哥达纲领批判》中给予了彻底清算，他强调，拉萨尔派关于"不折不扣的分配"是凭空想象的废话，是用来蛊惑工人阶级的陈旧的教条，因为他忽略了"任何一种分配，都不过是生产条件本身分配的结果；而生产条件的分配，则表现生产方式本身的性质"①。资本主义的生产方式建立在资本、地产的基础上，但这些生产的物质条件由资本家掌控，广大劳动者仅仅拥有自己的人身条件（劳动力），就连这些人身也受资本的统治。在这种生产方式中，由于生产要素占有的不平等和不公正，最终引发了消费资料分配的不公正。由此可见，资本主义不公正的源头是生产不公正，要全面认识和把握资本主义的分配缺陷，必须"进入门上挂着'非公莫入'牌子的隐蔽的生产场所"②，在这个领域，资本家压榨工人的情况才会真正显现出来：资本家昂首前行，工人尾随于后，资本家雄心勃勃，工人畏缩不前，"像在市场上出卖了自己的皮一样，只有一个前途——让人家来鞣"③。

概言之，尽管分配正义在马克思正义理论中占有一席之地，但我们不能就此将之作为马克思指控资本主义不正义的唯一根据，因为分配正义并不是马克思正义思想的理论内核，他更多地把生产正义作为社会正义的核心界标。照此观之，资本主义的不正义归根结底源于生产的不正义，它对生产正义的侵犯和违背是原生性的，它对分配正义的侵犯和违背是次生性的。应该说，很多妄图泯灭马克思正义思想的人们完全忽视了马克思为分配正义和生产正义所勾画的"楚河汉界"，他们把马克思对分配正义的批驳作为"马克思拒斥正义"的证据，这样看似高明的学术手法已经偏离了马克思所开

---

① 《马克思恩格斯文集》第3卷，人民出版社2009年版，第436页。
② 《马克思恩格斯文集》第5卷，人民出版社2009年版，第204页。
③ 《马克思恩格斯文集》第5卷，人民出版社2009年版，第205页。

创的从生产来理解正义的崭新的理论道路。

三 从"抽象正义"转向"具体正义"

文艺复兴、启蒙以降，正义作为资产阶级宣告的一种价值，逐渐成为一门显学。尽管启蒙运动以来正义观念逐渐褪去了古希腊"神话正义"和"德性正义"的浓浓色彩，但这种正义观念依旧带有抽象法权、德性正义的底色，只不过，很多启蒙思想家试图把维护私有财产权作为正义的核心要义，甚至把"公意"作为政治正义的直接表达。这一时期，很多哲学家也把正义抽象化、伦理化。休谟认为，正义作为一种德性，它的唯一起源是"公共的效用"，"正义这一德性完全从其对人类的交往和社会状态的必需用途而派生出其实存，乃是一个真理。"① 休谟的正义论在本质上是经验主义的。康德则把绝对命令作为道德律，在他那里，正义是绝对命令的"影子"。黑格尔在《精神现象学》中以自我意识和精神的概念为基点，把正义理解为基于"主—奴关系"的"承认正义"，即人们在"主—客"之间的双向关系中相互承认对方"谁是主体和谁是客体"的"正义意识"。他在《法哲学原理》中把正义置于道德之上，强调正义乃是伦理精神的表达。

毋庸置疑，马克思的正义概念在政治哲学史上发生了根本性转换，这种转化之路体现在他摒弃了抽象正义、道德正义而走向了具体正义、历史正义。马克思的这个转化赋予了正义更丰富的内涵，也加入了正义更具体的内容。在马克思看来，任何道德和规范都承载着人的生产关系、生活关系，抛开具体的、历史的场景去谈论抽象的正义原则，无疑是劳而无功，这种做法顶多是在头脑中勾画美好政治图景的幻景而已。因为，"物质生活的生产方式制约着整个社会生活、政治生活和精神生活的过程。"② 那些试图从意识、精神中

---

① ［英］休谟：《道德原则研究》，曾晓平译，商务印书馆2015年版，第37页。
② 《马克思恩格斯文集》第2卷，人民出版社2009年版，第591页。

构想自由、平等和正义的人们只会陷入完全抽象的思辨形式，他们对正义的理解只能是抽象的"外部反思"，不可能深入人们的生产生活关系把握正义的内在本质。在马克思看来，研究和解释正义必须把它从道德化、抽象化的语境所产生的蒙蔽中剥离出来，必须将之从精神的王国中拔除并置于社会生活现实，因为历史唯物主义充分彰显：没有完全超历史、超阶级的正义原则和规范。事实上，马克思破天荒地开启了正义的历史主义视角，把那些抽象的正义说教统统扫进了历史的深渊，为人类实现具体的正义指明了实践之路。马克思的这种致思路径完全超越了自古希腊以来把正义囿于道德说教的模式，也与黑格尔从精神中构造正义理念的路数划清了边界，从而把诉诸人道、慈悲以及精神信念所指涉的正义观念还原于现实的理论地基上，将之建立在了历史的实在关系之中。

马克思的这个转向还深刻地体现在他对庸俗的社会主义者在头脑中构筑"永恒正义"的批判中。按照马克思的理解，永恒正义是脱离历史根据的虚无缥缈的东西，这种正义观念不过是蒲鲁东、拉萨尔试图消解正义的历史性和经济起源而将之普世化、永恒化的表现。马克思认为，任何法的关系、正义观念的内容都是由经济关系决定的，它们"是一种反映着经济关系的意志关系"①。并且，马克思在批判拉萨尔主义时指出："权利决不能超出社会的经济结构以及由经济结构制约的社会的文化发展。"② 在马克思的思想框架中，正义终究是历史中的正义，也终究是具体的生产关系中的正义，即"历史乃是正义的根本注脚"③。在这番意义上，我们可以确证，马克思是基于历史唯物主义之"物"所承载的生产生活关系还原了正义的发生场域以及具体场景。我们不能按照蒲鲁东那样把正义歪曲

---

① 《马克思恩格斯文集》第 5 卷，人民出版社 2009 年版，第 103 页。
② 《马克思恩格斯文集》第 3 卷，人民出版社 2009 年版，第 435 页。
③ 李佃来：《马克思的政治哲学：理论与现实》，人民出版社 2015 年版，第 228 页。

为"不仅因时因地而变,甚至也因人而异"①的观念,也不能像杜林那样把正义理解为"适用于一切世界"和"一切时代"的永恒真理,更不能像拉萨尔那样将正义局限于"不折不扣的分配",这样的正义观念纯粹是"陈词滥调和玄妙词句的杂拌"②,是脱离历史镜像的捉摸不定的东西和形而上学的无稽之谈。

实际上,恩格斯在多篇著作中深刻阐发并捍卫了马克思从"抽象正义"转向"具体正义"的理论倾向。在《论住宅问题》中,恩格斯批驳了蒲鲁东主义者在正义问题上的荒谬臆想,揭示了蒲鲁东把公平作为在社会中起调控作用的、至高无上的原则的理论错误。恩格斯认为,公平和正义属于社会的观念形态,它是社会利益关系、经济关系的表现、产物和反映。但是,人们往往看不到正义观念背后的经济生活条件,而是从"意志概念"中寻找它的抽象根据。"人们忘记他们的法起源于他们的经济生活条件,正如他们忘记他们自己起源于动物界一样。"③恩格斯认为,法学家不是从经济关系中探寻法权的根据,而是把法权本身的抽象表现作为衡量自然法的尺度,即把公平作为衡量法权的最高标准,于是,法的发展的衡量标准就是"永恒公平"。但是,永恒的公平和正义是虚幻的,因为经济的发展变化必然带来公平和正义观念的改换。恩格斯举例指出:"希腊人和罗马人的公平认为奴隶制度是公平的;1789年资产者的公平要求废除封建制度,因为据说它不公平。在普鲁士的容克看来,甚至可怜的专区法也是对永恒公平的破坏。"④ 这说明,在不同的时代,公平的内容是不同的。马克思也批判蒲鲁东像某些化学家一样,"不去研究物质变换的现实规律,并根据这些规律解决一定的问题,却要按照'自然性'和'亲和性'这些'永恒观念'来改造物质变

---

① 《马克思恩格斯文集》第3卷,人民出版社2009年版,第323页。
② 《马克思恩格斯文集》第9卷,人民出版社2009年版,第89页。
③ 《马克思恩格斯文集》第3卷,人民出版社2009年版,第322页。
④ 《马克思恩格斯文集》第3卷,人民出版社2009年版,第323页。

换"①。由此观之，公平和正义是历史的产物，也是阶级利益的映现，永恒的公平和正义是虚假的谎言和骗人的"鬼话"。

除此之外，恩格斯还在《反杜林论》中批判了杜林在道德、法、平等和正义问题上连篇累牍的错误言论，驳析了永恒正义论、永恒平等论，还原了正义、平等等理念的历史性。恩格斯认为，正义和平等理念是资产阶级构造的理想化的世界图景中的价值观念，它们随着资产阶级的兴起而逐渐获得了统治地位，"永恒的正义在资产阶级的司法中得到实现；平等归结为法律面前的资产阶级的平等"②。这种永恒的正义和平等只是资产阶级粉饰剥削的伎俩和花招，因为"真正的理性和正义至今还没有统治世界"③。但是，杜林企图以"真正的真理是根本不变的"这个错误论断证明在人类社会存在着永恒的道德、平等和正义，从而把平等、正义等观念推广成适用于任何社会、任何历史的超阶级的价值，妄言道德、平等和正义的永恒性、抽象性。为此，恩格斯从多个视角揭露了杜林的错误。在恩格斯看来，自有阶级的社会产生以来，每个历史时期的不同阶级都有自己的道德、平等和正义观念，这些观念不是凭空产生的，也不是亘古不变的，它们归根结底是从人们的生产关系中产生的，"都是当时的社会经济状况的产物。而社会直到现在是在阶级对立中运动的，所以道德始终是阶级的道德"④。恩格斯在正义、平等和道德等观念上和马克思的主张是完全一致的，他们都把这些观念看成具体的历史的产物，看成经济关系的映射。他们认为，任凭将这些观念说成什么都行，但是，"就不能说它是永恒的真理"⑤。

---

① 《马克思恩格斯文集》第5卷，人民出版社2009年版，第103—104页。
② 《马克思恩格斯文集》第9卷，人民出版社2009年版，第20页。
③ 《马克思恩格斯文集》第9卷，人民出版社2009年版，第21页。
④ 《马克思恩格斯文集》第9卷，人民出版社2009年版，第99—100页。
⑤ 《马克思恩格斯文集》第9卷，人民出版社2009年版，第113页。

四 从"法权正义"转向"制度正义"

正义究竟为何物？人们对它的理解见仁见智、大相径庭，但最具代表性的观点倾向于将之理解为法权观念。这种理解一方面源于古代西方的法权传统，即把正义归属于自然法或法的关系，另一方面源于近代启蒙思想家的权利观念，即把正义与权利并列。那么，在马克思那里，正义究竟是不是法权概念，一直以来存在争议。那些主张"马克思拒斥正义"的学者往往将作为法权的正义归属于马克思，即马克思的正义观念就是法权观念。伍德在他的论著中一以贯之地强调，在马克思恩格斯的正义话语中，"'正义'（Gerechtigkeit）乃是一个法权（juridical）概念或法定（legal/Rechtlich）概念，是一个与法律（law/Recht）和依法享有的权利（rights/Rechte）相联系的概念。"[①] 伍德把马克思的正义概念等同于法权概念，认为马克思对正义概念赋予了法律、制度和权利的意蕴，认为它是衡量社会的理性标准。事实并非伍德所述的那样，从马克思对正义的零散论述来看，他的正义理论的确带有西方法权理论的色彩，但又超越了西方的法权传统。可以说，马克思的正义概念指涉的是"超越法权的法权"，求索的是更深广的制度正义。

如果我们沿着伍德的论证思路，把马克思的正义概念作为法权概念来理解，那么，我们就会顺理成章地得出"马克思拒斥正义"的结论。因为在马克思的著述中，他表现出对法律、权利以及法的关系的极度愤慨和不满，他通过宗教批判、哲学批判最终走向了政治经济学批判，在这一批判的逻辑理路中，马克思渐次解构了权利、法、道德等概念，并随着历史唯物主义和剩余价值理论的开显而将之填埋进了历史的深渊。伍德由此宣称，马克思"拒绝接受这种政

---

① [美] 艾伦·伍德：《马克思对正义的批判》，林进平译，载李惠斌、李义天《马克思与正义理论》，中国人民大学出版社2010年版，第5页。

治的或法权的社会概念"①。伍德高明的地方就在于他把马克思的正义作为法权来理解，而伍德逊色的地方在于他仅仅把马克思的正义作为法权来理解，他只看到马克思对法权的解构以及法权与历史唯物主义处于对置的位阶，他忽略了马克思"并非对一般权利的批判，而是对资产阶级权利观念的批判"②。并且，马克思对权利、正义、法和道德的批判并非坚持一元标准而进行的全盘否定，他的法权批判是从多层次、多维度展开的。更为重要的是，伍德只把正义作为内在的法权概念，没有看到马克思基于劳动正义、生产正义对法权的制度建构，也没有看到法权对社会生产方式产生的能动影响。正如佩弗所言：马克思"并不反对权利本身，他只是反对某些权利（如资产阶级的财产权利）以及反对（用罗尔斯的话来说）我们应称之为权利的平等与权利价值的平等（即在利用和享有权利的能力方面的平等）之间的差异"③。因此，马克思对正义和法权的批判并不针对正义和法权本身，而是指向资本正义和所有权。

如果说马克思对法权正义的批判、解构是显性的，那么他对制度正义的建构则是内隐的。如果说马克思把法权批判的矛头指向了私有制，那么他对制度正义的期许则是"重建个人所有制"。尽管如此，马克思毅然拒绝以"正义之名"批判私有制，也拒绝把未来社会建立在正义的基础上，他更不会把无产阶级的解放事业说成基于正义的事业。相反，在马克思看来，资本主义的不正义是基于事实的不正义，"资本主义生产由于自然过程的必然性，造成了对自身的否定"④，这种否定就是把"资本主义所有制转化为社会所有制"的

---

① [美] 艾伦·伍德：《马克思对正义的批判》，林进平译，载李惠斌、李义天《马克思与正义理论》，中国人民大学出版社2010年版，第5页。
② [美] R.G. 佩弗：《马克思主义、道德与社会正义》，吕梁山等译，高等教育出版社2010年版，第347页。
③ [美] R.G. 佩弗：《马克思主义、道德与社会正义》，吕梁山等译，高等教育出版社2010年版，第348页。
④ 《马克思恩格斯文集》第5卷，人民出版社2009年版，第874页。

过程，也就是从基于私有制的法权正义走向制度正义。社会主义比资本主义更具有正义性，不是基于道德说教和主观臆测，而是基于历史必然性的合理论证和必然结果。正是在此层面，马克思反复强调："在雇佣劳动制度的基础上要求平等的或甚至是公平的报酬，就犹如在奴隶制的基础上要求自由一样。你们认为公道和公平的东西，与问题毫无关系。问题就在于：在一定的生产制度下所必需的和不可避免的东西是什么？"① 实现制度正义是马克思批判法权正义的真正意义所在，但这种批判容易把工人的革命意识建立在正义的基础上，这样就会陷入改良主义的理论陷阱。因此之故，马克思指出："对现存经济制度完全无知的人……当然不能理解，工人阶级企图实现的社会变革正是目前制度本身的必然的、历史的、不可避免的产物。"② 所以，马克思的制度正义是超越法权正义的更深层次的理论要求和实践归宿，他期望的制度正义超越了权利原则，趋近于实质正义。

由此看来，"塔克—伍德命题"所倡扬的"马克思拒斥正义"不仅是个虚假的命题，而且还把"马克思对资产阶级法权的批判"无限放大并扩展为"马克思对正义的批判"，这种偷梁换柱的论证思路已经和马克思对制度正义的建构相去甚远，更遑论"马克思并不认为资本主义是不正义的"这个以偏概全的推论。伍德反反复复强调，于马克思而言，"正义乃是从法权的视角出发，对社会行为和制度进行的合理衡量。"③ 但事实表明，马克思拒斥把法权正义作为评判社会制度和社会行为的尺度，在他那里，正义或不正义的标准不是主观臆想的法权标准，而是基于经济关系的物质事实。正如恩格斯所言："现代社会主义必获胜利的信心……不是基于某一个蛰居书

---

① 《马克思恩格斯文集》第 3 卷，人民出版社 2009 年版，第 56 页。
② 《马克思恩格斯文集》第 3 卷，人民出版社 2009 年版，第 214 页。
③ [美] 艾伦·伍德：《马克思对正义的批判》，林进平译，载李惠斌、李义天《马克思与正义理论》，中国人民大学出版社 2010 年版，第 30 页。

斋的学者的关于正义和非正义的观念"①,而是基于历史必然性并将之印入无产阶级头脑的"物质事实",如果人们认为"正义总有一天一定要胜利,那就糟了,我们就得长久等待下去"②。马克思制度正义的根本要求在于消灭基于法权的私有制。只有废除资本主义的法权关系,制度正义才有实现的可能。对马克思来说,正义不应当只停留在政治和法律层面,更多地需要在社会制度和经济层面实践。正义不应当由资产阶级独享,而应当由广大人民共享。只有建立无产阶级专政的国家,正义才会在制度层面成为社会绝大多数人共享的权利。

第四节 "虚幻—抽象共同体"正义批判的双重尺度

"批判将不是把事实和观念比较对照,而是把一种事实同另一种事实比较对照。"③ 马克思对"虚幻—抽象共同体"正义发起的批判在根本尺度上是基于历史唯物主义的批判。但在英美学界,有学者为马克思贴上"反正义"的形象标签,也有很多学者曾为"赞成正义的马克思"进行理论辩护。尽管这两种解释马克思正义的路向分道扬镳,但他们各自提供了大量的文本依据。其实,"马克思与正义"之争归根结底是正义的尺度之争。黑格尔指出:"举凡一切人世间的事物……皆有其一定的尺度"④。尺度或标准不同,人们赋予马克思的正义形象就会存在差异。尽管人们对同一事物可以秉持不同的评判尺度,但在诸尺度中必定有一个决定性、本源性的尺度,即"尺度的尺度"或"元尺度",而依附于"元尺度"并由此衍生的尺

---

① 《马克思恩格斯文集》第9卷,人民出版社2009年版,第165页。
② 《马克思恩格斯文集》第9卷,人民出版社2009年版,第164页。
③ 《马克思恩格斯文集》第5卷,人民出版社2009年版,第21页。
④ [德]黑格尔:《小逻辑》,贺麟译,商务印书馆2016年版,第235页。

度，可以称作"次生尺度"。那么，马克思评判资本主义所秉持的"元尺度"究竟是什么？这个尺度就是历史唯物主义，就是历史事实。但历史唯物主义是"关于现实的人及其历史发展的科学"①，"人的科学本身是人在实践上的自我实现的产物"②。只有从人的尺度评价社会历史活动，才能理解社会活动的价值逻辑和善的效果。因而，"人的尺度"是"历史尺度"的核心内容，是马克思批判资本主义的重要参照。正是在"历史尺度"与"人的尺度"的统一中，马克思对"虚幻—抽象共同体"进行了双重控诉。

一 "虚幻—抽象共同体"批判的历史尺度

诺曼·杰拉斯曾指出，在马克思的正义思想中"存在着一些评价尺度"③，但他没能揭示这些尺度究竟是什么。我们可以从"马克思与正义"争论双方给出的文本依据中提取马克思正义批判的尺度。这些尺度或标准有以下几类：（1）生产方式尺度（塔克、伍德）；（2）阶级利益尺度（胡萨米、古尔德、柯亨）；（3）按劳分配、按需分配尺度（埃尔斯特、杰弗里·雷曼、斯图亚特·怀特）；（4）人的自我实现尺度（阿兰·桑德洛、尼尔森）；（5）内在（资本主义）批判尺度和外在（后资本主义）批判尺度（布坎南）。正是参与搭建马克思正义理论的人们在正义批判的尺度上存在分歧，才引发了"马克思与正义"的断裂。实际上，马克思确实在不同的场合以不同的语境对资本主义及其法权观念进行了批判，但这个批判的总纲是历史尺度。

历史尺度是科学尺度，即"真理尺度"或"事实尺度"。马克思多次强调，"我们仅仅知道一门唯一的科学，即历史科学。"④ 考

---

① 《马克思恩格斯文集》第4卷，人民出版社2009年版，第295页。
② 《马克思恩格斯文集》第1卷，人民出版社2009年版，第242页。
③ ［英］诺曼·杰拉斯：《关于马克思和正义的争论》，姜海波译，载李惠斌、李义天《马克思与正义理论》，中国人民大学出版社2010年版，第143页。
④ 《马克思恩格斯文集》第1卷，人民出版社2009年版，第516页。

察历史可以将之区分为"自然史"和"人类史",但二者既相互区别,也相互制约,"凡不是自然科学的科学都是历史科学"①。恩格斯甚至明确地说:"政治经济学本质上是一门历史的科学"②。在马克思恩格斯那里,历史科学更具有根本性、原生性和优先性。因为任何一门科学都无法脱离人的存在和人的历史活动,人的活动构成历史的材料,历史是人的活动的历史。可以说,马克思对任何法权、道德、自由、平等等观念的质询和追问,都是将之置于历史科学的视域中检视、批判和倡扬的,历史科学是马克思审查人的活动、社会变迁、意识形态变革的总坐标。马克思的政治哲学也以历史科学为逻辑起点。马克思恩格斯在创立历史唯物主义时多次强调:"人们为了能够'创造历史',必须能够生活。但是为了生活,首先就需要吃喝住穿以及其他一些东西。"③ 人的吃喝住穿是维持人存在的自然属性,也是人创造历史活动的逻辑起点。只有确证了作为人的生命所必需的吃喝住穿这个自然要素,才能确证历史的发生前提和内在动因。历史唯物主义就从本源论的视角回答了历史的发生动因,即揭示了"历来为繁芜丛杂的意识形态所掩盖着的一个简单事实:人们首先必须吃、喝、住、穿,然后才能从事政治、科学、艺术、宗教等等"④。于马克思而言,人的历史活动是基础性、原生性、先在性的活动,由历史活动(物质生产活动)衍生的社会关系、国家设施、法权关系以及宗教、艺术、哲学等观念是次生性、依附性的上层建筑,而这些次生性的上层建筑"必须由这个基础来解释,而不是像过去那样做得相反"⑤。实际上,马克思对自由、平等、正义、权利、法的观念的批判就是以这个"基础"为参照的。同样,他对自由、平等、正义、权利、法的观念的重构也是以人的吃喝住穿及

---

① 《马克思恩格斯文集》第2卷,人民出版社2009年版,第597页。
② 《马克思恩格斯文集》第9卷,人民出版社2009年版,第153页。
③ 《马克思恩格斯文集》第1卷,人民出版社2009年版,第531页。
④ 《马克思恩格斯文集》第3卷,人民出版社2009年版,第601页。
⑤ 《马克思恩格斯文集》第3卷,人民出版社2009年版,第601页。

其构成的历史活动为理论基石的。这就是说,马克思的政治哲学与历史唯物主义有着共通的理论基点,这个理论基点就是人的自然需要。

显然,当马克思以历史尺度检视和拷问"虚幻—抽象共同体"的自由、平等、正义等政治观念时,他所得出的结论必然超越了近代政治哲学家的抽象法权理论。马克思政治哲学的理论奥妙正在于它把理性、道德、正义等价值规范作为社会生产方式和经济关系的附属物来理解,这样就理顺了人的历史活动、物质生产事实与法权观念的关系。马克思多次以这样的视角论述道:"法、道德、科学、艺术等等,都不过是生产的一些特殊的方式,并且受生产的普遍规律的支配"①。这是以历史尺度对正义和生产方式之间主次关系的纠正,因为马克思在历史唯物主义的理论框架中厘定了正义是由人类的物质活动决定的。他在《资本论》中指出:"法的关系,是一种反映着经济关系的意志关系"②,这种关系是人在物质生产生活中所形成的互依性关系的表达。并且,马克思还强调,评判正义的一个尺度就是生产方式,即"只要与生产方式相适应,相一致,就是正义的"③。但是,马克思对正义与生产方式之间关系的矫正并不意味着二者是互不兼容、相互对置的。这种判断的标准是基于历史唯物主义的事实评判,是坚持历史尺度或科学尺度所得出的推论。显然,马克思只是在历史视角还原了生产方式和正义的原生关系,即给出了人们理解正义的一个理论视角。诚然,我们不能像"塔克—伍德命题"那样把这个视角放大为"剥削与资本主义的生产方式相一致,因而是正义的"这样的推论,因为它忽略了正义的阶级利益属性。实际上,"塔克—伍德命题"最大的理论误区在于牢牢坚持马克思对正义的事实批判,这个命题旨在说明,"'生产方式'走到哪,它正

---

① 《马克思恩格斯文集》第 1 卷,人民出版社 2009 年版,第 186 页。
② 《马克思恩格斯文集》第 5 卷,人民出版社 2009 年版,第 103 页。
③ 《马克思恩格斯文集》第 7 卷,人民出版社 2009 年版,第 379 页。

义就'跟'到哪"①。它忽略正义作为上层建筑对社会产生的能动影响,也忽略了马克思对正义所作的价值评判。只有坚持事实和价值相统一,才能真正理解历史尺度并未消解正义,而是厘定了从历史次序、阶级属性理解正义的合理视角。

需要说明的是,虽然马克思基于历史唯物主义的生产方式尺度确证了正义的次生位阶,但他并非把正义排除在生产关系之外。马克思秉持历史尺度对正义问题所作的事实判断表明,人们之所以会逐渐形成某种正义观念,是因为他们所处的独特的生产关系使然。历史唯物主义所开创的理解正义的视角与马克思本人所声称的正义观念相互贯通,只有理解了正义的阶级性、历史性、依附性,才能形成一种与无产阶级革命实际和社会主义制度相适应的正义观念。所以,与其说历史尺度消解了正义理论,不如说历史尺度确证了一种切实有效的正义规则。正如尼尔森所言:"历史唯物主义……并不排斥关于道德进步的信念。实际上,它看起来至少(就像恩格斯所做的那样)通过道德理念随着生产力的发展,随着我们对世界的支配程度和我们生活的合理化程度的不断加深而从一种生产方式到另一种生产方式的发展,从而承诺了一种道德进步的信念。"② 通过历史尺度对正义位阶的重置,马克思从历史进步论的角度论证了正义的历史次序和生成序列,从而与以往占统治地位的超历史、超阶级的正义观念划清了界限,为一种更高阶段、更高层次和适应于更多人的正义观念、规范的出场指明了道路。

所以,历史尺度是马克思评判"虚幻—抽象共同体"及其内蕴的正义观念所秉持的事实尺度,这个尺度是按照事物本身的规律所

---

① 周凡:《历史漩涡中的正义能指——关于"塔克尔—伍德命题"的若干断想》,《马克思主义与现实》2011年第3期。
② [加]凯·尼尔森:《马克思主义与道德观念》,李义天译,人民出版社2014年版,第49—50页。

作出的科学评判①。由此来看，无论西方学者所秉持的生产方式尺度、阶级利益尺度，还是后资本主义的贡献和需要尺度，它们都是历史尺度的具体表现形式，即历史尺度下的"次生尺度"。如果仅仅以这些具体的标尺去衡量"虚幻—抽象共同体"，就会得出大相径庭的结论。例如，如果以生产方式尺度考察资本主义，那么这种共同体形式是与生产方式相适应的，符合历史必然性，因而是正义的。这正是塔克和伍德的理论困境。如果以阶级利益尺度考察"虚幻—抽象共同体"，这种以货币、资本为主导的抽象共同体侵犯了绝大多数人的利益，其剥削机制是"盗窃"行为，它使无产阶级集体不自由，因而是不正义的。这正是胡萨米和柯亨的理论要点。如果以贡献和需要尺度评判资本主义，那么这种制度在历史上依循等价交换原则和所有权原则，一定程度上实现了人的经济自由和正义要求，但未来社会必然展现出更显著的优越性，它代表了人类迈向实质正义的方向，因而"虚幻—抽象共同体"具有一定的正义性，但其违背了劳动贡献和需要原则，又具有不正义性。这是埃尔斯特、布坎南的理论要点。这说明，历史尺度是更优先的尺度，具体尺度是次生性、依附性的尺度，在评判资本主义及其正义观念时，应该坚持历史尺度优先，即坚持历史唯物主义理论要旨和方法论精髓。否则，我们无法通达马克思正义理论的深层界域，也无法对"虚幻—抽象共同体"作出符合客观事实的公允评价。

二 "虚幻—抽象共同体"批判的人的尺度

如果说历史尺度是马克思评价"虚幻—抽象共同体"的科学性、事实性尺度，那么，人的尺度则是马克思评价"虚幻—抽象共同体"的价值性、内在性尺度。历史尺度侧重于以历史唯物主义还原正义的真相，人的尺度侧重于以人的生活和自我实现重构符合人的发展

---

① 徐斌：《中国特色社会主义制度的大众认同与完善发展》，人民出版社 2017 年版，第 226 页。

的正义规范。历史尺度重在"求真",是合规律性的尺度。人的尺度重在"求善",是合目的性的尺度。马克思不仅以历史尺度批驳了资本逻辑,而且还以人的尺度重构了人的逻辑。在理论要旨上,马克思的整个批判理论从"资本逻辑"走向了"人的逻辑",在批判标准上,马克思的整个批判理论从"历史尺度"走向了"人的尺度"。人的尺度才是马克思对"虚幻—抽象共同体"及其正义批判的内在参照。

人的尺度是由人的主体性决定的。人生活于对象世界,也生活于共同体之中。在人与共同体的关系中,共同体是人的存在方式,人是共同体的实体。共同体是人与自然界交互关系的纽带,只有在共同体中,人才能确证自我,才能把对象世界作为人的现实生活要素。马克思认为,人天生就是社会性的,也是属于共同体的,人"应当根据社会的力量来衡量人的天性的力量"①。社会的力量是通过共同体获得的。马克思对人的共同体属性和社会性的科学揭秘得益于他对人与对象世界关系的合理把握。一方面,马克思通过人的创造活动确证了人的主体性,即"主体是人,客体是自然"②,理顺了人的主客体关系;另一方面,马克思把人的社会性本质扩展为世界性的人,强调世界是人的世界,从而确证了人的群体本位和世界主体性。马克思说:"人就是人的世界,就是国家,社会。"③ 人不仅通过外部世界确证自己,而且还通过自身确证自己。人的主体性决定了人总是以人自身为固有尺度去衡量他物。"动物只是按照它所属的那个种的尺度和需要来构造,而人却懂得按照任何一个种的尺度来进行生产,并且懂得处处都把固有的尺度运用于对象"④。"固有的尺度"就是人自身的尺度,它是人评判对象世界的标尺,是内在的价值尺度。这种尺度归根结底是由人的主体本位和共同体属性

---

① 《马克思恩格斯文集》第1卷,人民出版社2009年版,第335页。
② 《马克思恩格斯文集》第8卷,人民出版社2009年版,第9页。
③ 《马克思恩格斯文集》第1卷,人民出版社2009年版,第3页。
④ 《马克思恩格斯文集》第1卷,人民出版社2009年版,第163页。

决定的，是人按照任何一个种的尺度进行实践活动、改造世界的根据。

从根本上说，人的尺度超越了物的尺度，是善的尺度。"种的尺度"就是"物的尺度"，物的尺度是与资本逻辑相适应的，资本逻辑是"物的依赖"的凸显。人的尺度是与人的逻辑相适应的，人的逻辑是超越资本逻辑并以人的全面发展为目的。从人类共同体演进史来看，当代社会的主题是资本逻辑和人的逻辑的博弈，甚至资本逻辑在一定意义上胜出。而在未来社会发展中，以"人的逻辑"超越"资本逻辑"是大势所趋、历史所向，甚至只有让人的逻辑驾驭和统治资本逻辑才是人类安身立命的终归之道。正是在此意义上，马克思的社会理想展现出了合乎人的逻辑的科学性、预见性和真理性。实际上，马克思对资本主义所作的所有评判都是从"历史尺度"和"人的尺度"的相互统一中进行的。人的尺度是他对资本主义进行的价值评判，历史尺度是他对资本主义所作的事实评判。马克思毕生都在为批判"虚幻—抽象共同体"而战斗，如果说以历史尺度揭示"虚幻—抽象共同体"是马克思整个思想历程的"明线"，那么，以人的尺度揭示"虚幻—抽象共同体"的反人性则是他的整个思想演进的"暗线"。马克思不仅仅是停留在资本逻辑的解构上，他还秉持人类向好的信念，围绕人的解放，聚焦人的福祉，走向了人的逻辑的建构。所以，"人的逻辑"才是马克思评判资本主义是否正义的内在尺度。

马克思以人的尺度确证了"虚幻—抽象共同体"的不正义性。在马克思看来，虚幻的国家共同体和抽象的货币—资本共同体最突出的问题在于对人的"主体性"的贬抑。这种抑制不是片面的，而是普遍的。在这样的共同体中，最突出的悖论是"物的世界的增值同人的世界的贬值成正比"①。在虚幻的国家共同体中，人的生活沦为异己的虚幻的生活，人沦为市民社会异己的虚幻的成员，人"把

---

① 《马克思恩格斯文集》第1卷，人民出版社2009年版，第156页。

他人看做工具，把自己也降为工具"①，人成为受现实共同体束缚的、失去了自身的人。在货币—资本共同体中，人的主体性已经依附于资本，资本成为人的关系的最高统治者，个人在资本共同体中"受抽象统治"，"人的关系则表现为生产关系和交换关系的纯粹产物"②。从马克思的思想演进看，他在历史尺度和人的尺度的统一中批判了资本逻辑。如果说以历史尺度批判资本逻辑的本质是马克思政治经济学批判的理论要旨，那么以人的尺度揭示资本吞噬人性的本质则是马克思整个思想的主题。如果说马克思以历史尺度对资本逻辑的批判旨在揭示资本共同体的矛盾、危机和救治之道，那么他以人的尺度对资本引发的剥削、异化的批判则是为了整个人类的解放。所以，在坚持历史尺度对资本主义进行理性考量的同时对它进行道德谴责和人学批判，不仅完全可能，而且是马克思真正采纳的一个方法论原则。只不过，我们不能以此把共产主义建立在道德说教的基础上，因为这是马克思极力避讳的思想倾向。

三 资本主义生产方式的正义悖论及其破解

资本主义不同于其他社会形态的地方在于，它是"一个着了魔的、颠倒的、倒立着的世界"③。在这种抽象的资本共同体统治的世界，"资本先生和土地太太，作为社会的人物，同时又直接作为单纯的物，在兴妖作怪"④。马克思充分认识到资本主义是复杂的抽象的资本统治的形式，在这种形式中，资本与劳动的对立、矛盾决定了资本主义存在着正义悖论，这种正义悖论是资本主义生产方式固有的。但是，以塔克和伍德为代表的西方学者却把资本主义固有的正义悖论强加给马克思，说成是马克思正义思想的悖论，从而创制了"马克思反对马克思"的理论困局。实际上，马克思以双重尺度破解

---

① 《马克思恩格斯文集》第1卷，人民出版社2009年版，第30页。
② 《马克思恩格斯全集》第30卷，人民出版社1995年版，第115页。
③ 《马克思恩格斯文集》第7卷，人民出版社2009年版，第940页。
④ 《马克思恩格斯文集》第7卷，人民出版社2009年版，第940页。

了资本与劳动的正义悖论，揭示了资本主义内在的二重性特征，从而为资本主义划清了"正义"和"非正义"的界限。

众所周知，资本主义意义上的劳动是雇佣劳动，即生产性劳动，这种劳动是资本存在的前提，也是资本增殖的基础。从马克思的政治经济学批判的理论起点来看，他对资本主义的解构性分析是沿着"商品—劳动力成为商品—剩余价值"的逻辑理路展开的。马克思的研究结果表明，资本主义是"以资本为基础的生产方式"[1]，这种生产方式凸显了资本的主导性，拔高了资本的能动性，掩盖了劳动的创造性，贬低了劳动的价值。但马克思通过对"资本和劳动关系"的历史考察，得出了一个重要的结论，即"资本与劳动"的对立是历史的产物，资本的历史本性正在于它的派生性，它在起源上是劳动的产物。"货币转化为资本，是以劳动的客观条件与劳动者相分离、相独立的那个历史过程为前提的"[2]。但是，在资本主义条件下，劳动与资本发生了倒转，劳动依附于资本，资本驾驭着劳动，从而制造"资本生资本"的假象。如果把"劳动与资本"的关系铺开，资本主义的生产方式表现为两个相互连接的过程：一方面，资本主义是把生产商品作为财富目的的生产方式，这是它和农业共同体的显著区别；另一方面，资本主义还是以生产剩余价值为目的的生产形式，这是它和非剥削社会的显著区别。资本主义的生产过程是既创造商品价值又实现价值增殖的过程，这个过程内蕴着资本主义的正义悖论。

一方面，商品生产在资本主义社会获得了充分发展，在商品的买卖中，双方遵循等价规律，表现出正义的一面。马克思指出，资本主义首要的特征是"它生产的产品是商品"[3]。但生产商品并非资本主义的独有特征，因为在前资本主义共同体中，也存在着商品生

---

[1] 《马克思恩格斯全集》第30卷，人民出版社1995年版，第608页。
[2] 《马克思恩格斯全集》第30卷，人民出版社1995年版，第507页。
[3] 《马克思恩格斯文集》第7卷，人民出版社2009年版，第995页。

产，只不过资本主义社会的商品生产表现得更加突出、更加明显。但是，资本主义生产商品的形式发生了变化，这种生产方式的当事人主要有两方：一方是资本家，另一方是雇佣工人，生产形式已经不再是自由自觉的劳动过程，而是变成了雇佣劳动形式。在这种形式中，"资本家和雇佣工人，本身不过是资本和雇佣劳动的体现者，人格化"[1]，即资本家和雇佣工人的关系反映的是资本和劳动（雇佣劳动）的关系，这种关系在商品经济中并非不正义的。原因在于，商品生产的目的是实现其价值，资本主义的商品交换并没有违反商品经济规律，交易双方平等自愿完成交易，是自我意志的表达，因而是正义的。甚至马克思承认，劳动力的买卖也是正义的，因为交易丝毫没有违反交换规律，"货币最初转化为资本，是完完全全符合商品生产的经济规律以及由此产生的所有权的"[2]。马克思看到，劳动和资本的对立关系体现在商品生产和交换中是一种正义的关系，即资本家和劳动者都遵循商品生产和交换的等价原则和一般规律，这种关系是共同利益的体现，"这丝毫不触犯与商品生产相适应的所有权"[3]，因而不能将之评判为不正义的。马克思的这种分析视角，是和他秉持的历史唯物主义的方法论完全契合的，是基于历史尺度对资本主义作出的事实评判。

另一方面，在剩余价值的生产、分割中，劳动力受到了剥削和不平等对待，因而表现出不正义的一面。马克思分析指出，正是因为资本家看到每次进行的劳资交换符合交换规律，并不违反契约和法权，所以资本家总是想方设法购买劳动力，这样一来，"以商品生产和商品流通为基础的占有规律或私有权规律，通过它本身的、内在的、不可避免的辩证法转变为自己的直接对立物"[4]。也就是说，资本家试图以等价交换规律的正义性掩盖剩余价值生产的不正义性，

---

[1] 《马克思恩格斯文集》第 7 卷，人民出版社 2009 年版，第 996 页。
[2] 《马克思恩格斯文集》第 5 卷，人民出版社 2009 年版，第 675 页。
[3] 《马克思恩格斯文集》第 5 卷，人民出版社 2009 年版，第 677 页。
[4] 《马克思恩格斯文集》第 5 卷，人民出版社 2009 年版，第 673 页。

但这样的做法只是把资本家和工人的交换关系变成"一种与内容本身无关的并只是使它神秘化的形式"。马克思认为,资本主义剩余价值生产的形式是劳动力的买卖,但生产的内容是压榨活劳动本身。从表面来看,资本家购买的劳动力是属于他的合法财产,剩余价值是由自己的"合法财产"创造的,但其实质是"工人为了取得对象化在他身上的劳动时间的等价物,就要提供他的能够创造价值和增殖价值的活劳动时间"①。工人在这个过程中创造了多于自身价值的价值,但这部分价值没有得到该得的报酬。"工资关系根本就不是一种交换关系,而是一种明确的剥削关系:它完全是资本家对未付酬劳动的剥削。"② 在资本主义生产方式中,工人失去了对自己劳动的支配权、所有权,"工人对自己劳动的关系,转变成了对他人财产的关系"③。显然,在剩余价值生产中,工人遭到了剥削,基于剥削的生产,就是不正义的。为此,马克思经常以盗窃来谴责剥削,"马克思的批判不仅仅是说资本主义的劳动过程是剥削的,他的批判是说资本主义社会彻头彻尾都是剥削的。"④

所以,"资本与劳动"的对立内蕴着资本主义生产方式特有的正义悖论,它确证了资本主义自身的自反性,是资本主义自身矛盾的体现。从马克思的理论立场来看,他对资本主义的分析是基于事实和价值相统一的科学性分析,只有正确认识和合理把握资本主义生产方式的共性和个性,才能给予资本主义正确的评价。因此,在关于"马克思与正义"的争论中,"与其说是'马克思反对马克思',毋宁说是'资本主义反对资本主义'"⑤。正如 R. W. 米勒所指出的

---

① 《马克思恩格斯全集》第 31 卷,人民出版社 1998 年版,第 69 页。
② [美]约翰·罗尔斯:《政治哲学史讲义》,杨通进等译,中国社会科学出版社 2011 年版,第 356 页。
③ 《马克思恩格斯全集》第 31 卷,人民出版社 1998 年版,第 70 页。
④ [美]艾伦·布坎南:《马克思与正义》,林进平译,人民出版社 2013 年版,第 55 页。
⑤ 王峰明:《资本主义生产方式的二重性及其正义悖论——从马克思〈资本论〉及其手稿看围绕"塔克—伍德命题"的讨论》,《哲学研究》2018 年第 8 期。

那样，马克思"没有一处文本可以绝对地、明确地声明资本主义是正义的"。"即使马克思真的相信资本主义交易是正义的，那么从马克思有代表性的、通常的观点来看，也没有必要把这个判断转移到资本主义生产中，或者转移到典型的资本主义制度上去。"① 所以，马克思对"劳动与资本"关系的解释，是我们开解资本主义正义悖论的理论钥匙。马克思对资本的批判和对劳动的赞美构成其政治经济学批判的鲜明色彩。他对劳动的阐释、褒扬和对劳动异化的追认、批判，表达了劳动解放的终极意义，预指了人类走向真正共同体正义的解放之路。

---

① ［美］Richard. W. 米勒：《分析马克思——道德、权力和历史》，张伟译，高等教育出版社2009年版，第87页。

第五章

"自由—真正共同体"与正义的重构

人类向好，世界大同，这是马克思思想中不朽的要素。马克思对"虚幻—抽象共同体"的批判预指了一条通往"自由—真正共同体"的人类解放的正义之路。"自由—真正共同体"是"人类社会"的真正显现，也是马克思"自由人联合体"思想的实践形态，更是马克思批判理论的价值旨归。马克思对"自由—真正共同体"的构想建立在他对历史规律科学把握的基础之上，是人类历史从"自然—本源共同体"经过"虚幻—抽象共同体"最终迈向"自由—真正共同体"的逻辑必然，也是人类自身从"局部的原始发展"经过"异化的片面发展"最终实现"自由的全面发展"的必经过程。在人类历史演进的序列上，"自由—真正共同体"最终指向人类的双重胜利："一个是克服了阶级统治的胜利，另一个是克服了异化畸变的胜利。"[1] 人类历史是一个永无止境的过程，"自由—真正共同体"最终通向无阶级、无剥削、无异化的正义的社会，这个社会形态与马克思正义概念的最高序列（实质正义）相互映衬，是马克思高阶

---

[1] [美]罗伯特·L.海尔布隆纳：《马克思主义：赞成与反对》，马林梅译，东方出版社2016年版，第50页。

正义观念的实践表达。因此,"共产主义社会无疑是正义的。"① 尽管马克思只勾画了未来社会的"草图",但他对"自由—真正共同体"一般特征的描绘充溢着他的正义理想,代表了马克思正义思想的最高理论旨趣。

第一节 "自由—真正共同体": 人类解放的正义之路

马克思既是资本主义的"病理学家",也是未来社会的开拓者。② 马克思对未来社会的开创性贡献体现在他建构了"自由—真正共同体"理论模型,为人类解放之途的开启铺就了路基。可以说,没有任何一个思想家能像马克思那样把对人类未来的预测置于科学理论的基础上,马克思对"自由—真正共同体"的理论建构"是从历史事实和发展过程中得出的确切结论"③,因而具有划时代的理论价值和指导意义。"自由—真正共同体"作为共产主义社会形态的构成要素和实践表达,是马克思共同体理论的最高形态,也是社会正义的最高序列,更是人的发展的最高界域,这样的共同体,无疑克服了虚幻性和抽象性,实现了真实性、统合性,是人类自我实现、社会冲突和解、人与自然共生的"自由人联合体",是人类解放的正义之路。正如有学者所言:"'真正的共同体'一定是正义的共同体。"④

---

① [美]约翰·罗尔斯:《政治哲学史讲义》,杨通进等译,中国社会科学出版社 2011 年版,第 385 页。
② [日]不破哲三:《马克思还活着》,有邻译,中共中央党校出版社 2017 年版,第 95 页。
③ 《马克思恩格斯文集》第 10 卷,人民出版社 2009 年版,第 548 页。
④ 张全胜、袁祖社:《也谈马克思"正义的共同体"——兼析西方正义论的局限性》,《理论探索》2022 年第 5 期。

一 "个体"与"共同体"关系之辨

没有个体就没有共同体,没有共同体就没有个体。个体是构成共同体的元素、基础,共同体是个体形成群体、集体的构成方式,是以一定结构、关系将个体联系起来的组织,是个体生存的前提。个体与共同体相互依存、相得益彰。共同体是个体的社会化的联合体,个体是共同体的核心要素。马克思对"自由—真正共同体"的理论论证与他对"个体"与"共同体"概念所作的区分紧密关联。"个体"和"共同体"是马克思历史理论中十分重要的概念,也是相互映射、对应的概念。一般而言,个人与社会相对应,个体与共同体相对应,马克思在论及未来社会时,往往选用个体和共同体这对范畴,旨在强调未来社会是"人的社会",这种社会的人已经超越了"个人之人"而成为"人格个体",这种社会本身已经超越了异化社会(市民社会)而成为"真正的共同体"。尽管个人和社会是指称历史发展的重要概念,但共产主义不同于以往社会的地方在于它的"真实性",它的个人实现了自由个性,获得了独立人格,因而成为"人格个体"。所以,共产主义"自由全面发展的人,则是具有人格的'人格个体'"[1]。我们在理解马克思"真正的共同体"概念时,也要注意区分其指涉的具体语境,并从"个体"与"共同体"的内在联系中予以阐释。

首先,人是特殊的个体,个体以共同体确证自我,个体是共同体中的个体。"人是特殊的个体,并且正是人的特殊性使人成为个体,成为现实的、单个的社会存在物"[2]。人的特殊性,特就特在人是现实的、感性的存在物;特就特在人具有"特殊的人格",即人本身具有的"社会特质"[3] 和社会关系本质;特就特在人是"一种合

---

[1] 侯才:《马克思的"个体"和"共同体"概念》,《哲学研究》2012年第1期。
[2] 《马克思恩格斯文集》第1卷,人民出版社2009年版,第188页。
[3] 《马克思恩格斯全集》第3卷,人民出版社2002年版,第29页。

群的动物"①，也是能够思维的存在物。正是人的这些特殊性使人能够在共同体中确证自我，使人成为共同体中的个体。马克思认为，自人猿揖别以来，人就以共同体的形式存在，共同体是哺育人类生存、发展的母体。在原始状态下，单个人依赖、从属于较大的整体，是"共同体的一个天然的成员"②，个人的活动局限于较小的范围，人处于相互依赖的关系中。这一时期，单个人无法脱离共同体的"脐带"，"正像单个蜜蜂离不开蜂房一样"③。随着共同体的扩展和生产力的发展，人的交往活动随之扩大化、普遍化，由此促使单个人逐渐切断了与血缘共同体之间的"脐带"，使人成为"社会化的人"。人的社会化并非意味着人与共同体彻底断裂，而是指人重新陷入新的松散的异化的共同体中。马克思认为，近代政治国家和资本共同体就是一种异化的共同体形式，是统治人、压迫人的新手段和工具。马克思强调，共同体在原本意义上是人的关系的集合体、联合体，但随着近代市民社会的出现，共同体采取了虚幻的、异化的形式，使人再度陷入抽象的统治，人依然无法真正实现自己的个性和自由。所以，在"必然王国"阶段，个体或多或少地受到共同体的约束，个体只能在共同体中确证、改变和提升自我。

其次，共同体是个体的实践方式、交往形式，共同体造就着个体的个性和自由。人之所以是特殊的个体，还因为人的实践活动、交往活动。马克思认为，实践活动是人的本质属性，没有人的实践活动就无法形成共同体和社会关系，"全部社会生活在本质上是实践的。"④ 人的实践活动、交往形式是通过共同体实现的，共同体既是人的活动的结果，也是人的活动的载体。人在共同体中存在、发展和维持自我生命，必然刻筑上共同体的烙印，受共同体的制约。个人受共同体的制约在不同的历史条件下有不同的表现。在"自然共

---

① 《马克思恩格斯文集》第8卷，人民出版社2009年版，第6页。
② 《马克思恩格斯文集》第8卷，人民出版社2009年版，第140页。
③ 《马克思恩格斯文集》第5卷，人民出版社2009年版，第388页。
④ 《马克思恩格斯文集》第1卷，人民出版社2009年版，第501页。

同体"中，这种制约主要表现为人的不独立性和依赖性，他们在自然面前无能为力，必须群居而存，即人是共同体的肢体，是"共同体锁链上的一环"①，只有在共同体中才能生存。随着阶级关系、统治关系和奴役关系的出现，个人受共同体的制约主要表现为人总是隶属一定的阶级，总是在阶级关系中生存和发展，因而总是"阶级的个人"②。马克思认为，人在阶级关系中是不自由的，阶级关系本身就是异化的共同体形式，在这种关系中，个人受阶级的制约。"各个人的社会地位，从而他们个人的发展是由阶级决定的，他们隶属于阶级。"③ 在阶级关系下，个人在表面上获得了自由权利，实现了一定的发展，但个人总是处于等级关系中，这种认为人在等级、阶级关系中得到了发展的观点，"是对历史的莫大侮辱"④。马克思强调，处于阶级关系中的人，总是绕不开阶级意识、阶级关系的影响，"他们的个性是由非常明确的阶级关系决定和规定的"⑤，因而，个人在阶级关系中不可能真正实现个性自由。

当然，马克思从另一个视角指认，阶级关系既制约着个人的发展，同时也在孕育着人的个性。马克思强调："有个性的个人与阶级的个人的差别，个人生活条件的偶然性，只是随着那本身是资产阶级产物的阶级的出现才出现。"⑥ 也就是说，"有个性的个人"以无产阶级的产生为现实条件，他们的个性通过个人之间的竞争、冲突和斗争展现出来，而无产阶级的个性是与统治阶级的意志相矛盾的，统治阶级试图证明无产阶级比先前的阶级更自由，但是"他们当然更不自由，因为他们更加屈从于物的力量"⑦。这说明，在虚幻共同

---

① 《马克思恩格斯文集》第8卷，人民出版社2009年版，第147页。
② 《马克思恩格斯文集》第1卷，人民出版社2009年版，第571页。
③ 《马克思恩格斯文集》第1卷，人民出版社2009年版，第570页。
④ 《马克思恩格斯文集》第1卷，人民出版社2009年版，第570页。
⑤ 《马克思恩格斯文集》第1卷，人民出版社2009年版，第571页。
⑥ 《马克思恩格斯文集》第1卷，人民出版社2009年版，第571—572页。
⑦ 《马克思恩格斯文集》第1卷，人民出版社2009年版，第572页。

体和抽象共同体中，个人的个性得到了一定的发展，但这种个性是偶然的，他们受到抽象共同体的统治，从而陷入更加不自由的境地。马克思从世界历史的视角分析了个人的个性的发展过程，认为单个人的个性总是随着分工、交往活动的扩大而扩展，这种扩展随着工业革命的推进表现得更加明显，在这个历史进程中，个人的活动"扩大为世界历史性的活动"，他们逐步摆脱了"种种民族局限和地域局限而同整个世界的生产（也同精神的生产）发生实际联系"[1]，使个人既在现实关系上获得了丰富性，也在精神上获得了丰富性。但是，人的个性的充分展现需要借助真实的共同体，在虚幻的阶级关系中，个人依旧表现出"以物的依赖性为基础的人的独立性"，他们依旧受"世界市场的力量的支配"[2]，依然受抽象共同体的统治。

最后，只有在"真正的共同体"中，个体才能实现自己的人格自由，才能与共同体发生直接的关系，才能与共同体实现有机统一。马克思通过分析市民社会和资本共同体发现：市民社会与政治国家的分离致使个人的人格发生二重分化，即分裂为"个人"与"个体"或"公人"与"私人"。在市民社会中，人表现为"自然人""私人""非政治的人"或"利己的人"；在政治国家中，人表现为"政治人""法人""人为的人"或"公人"[3]。马克思说："市民社会的成员，即非政治的人，必然表现为自然人……而政治人只是抽象的、人为的人，寓意的人，法人。"[4] 政治解放就是要把二重化的人回归于人自身，即把市民社会中的人变成独立的"个体"，变成公民和法人。马克思批评国民经济学家对社会和个人的误解，指出他们把一切都归结为个人，把社会归结为市民社会，"在这里任何个人

---

[1] 《马克思恩格斯文集》第1卷，人民出版社2009年版，第541页。
[2] 《马克思恩格斯文集》第1卷，人民出版社2009年版，第541页。
[3] 侯才：《马克思的"个体"和"共同体"概念》，《哲学研究》2012年第1期。
[4] 《马克思恩格斯文集》第1卷，人民出版社2009年版，第45—46页。

都是各种需要的整体……个人只为别人而存在，别人也只为他而存在"①。实际上，马克思认识到人的解放和人的自由个性的实现是一个历史过程，不可能一蹴而就，更不可能在阶级关系中实现，而人的真正解放之路是建立真正的共同体。马克思说："在真正的共同体的条件下，各个人在自己的联合中并通过这种联合获得自己的自由。"② 真正的共同体是个人人格获得自由的条件，也是人的个人利益与共同利益达成和解的体现。在真正的共同体中，个体克服了利己性，达到了人格的自由，共同体的利他性与个人的利益实现了统一。换言之，真正的共同体中的个人是具有完满人格的个体，而真正的共同体本身是各个自由个人联合而成的联合体。

二 "人类社会"开引人的自我实现

马克思曾提出了一个关涉政治哲学问题域的重大论断："旧唯物主义的立脚点是市民社会，新唯物主义的立脚点则是人类社会或社会的人类。"③ 马克思的这个简明扼要的结论性论断预指了以"人类社会"替代"市民社会"的理论构想，宣告了新唯物主义的理论根基和事实基础就是"人类社会"，也就是说，马克思的全部哲学观点归根结底都与"人类社会"的理论模型直接相关，"人类社会"构成了马克思思想的"地基"，或者说"阿基米德之点"。那么，马克思缘何要把新唯物主义这个理论大厦放置于"人类社会"的地基之上呢？实际上，这与旧唯物主义解释世界的理论路径有关，旧唯物主义一贯的套路就是在"市民社会"中画地为牢，从而无法解决理想化的"市民社会"图景与现实社会之间的矛盾和错位。马克思遵循实践唯物主义的批判性要旨，把"改变世界"作为目的，通过批判旧唯物主义及其立脚的市民社会，在"实践"意义上勾勒了人类

---

① 《马克思恩格斯文集》第1卷，人民出版社2009年版，第236页。
② 《马克思恩格斯文集》第1卷，人民出版社2009年版，第571页。
③ 《马克思恩格斯文集》第1卷，人民出版社2009年版，第502页。

社会理想模型，从而为通达正义和人的自我实现开引了崭新道路。

市民社会并不是抽象的理念存在，而是现实的实践存在，是在近代历史中随着资本关系的出现而形成的。市民社会作为历史的产物，它以财产关系为根本内容，并把个体的自由和权利标榜为普遍的法权。黑格尔就把市民社会看作通过人的劳动并使人得到满足的"需要的体系"，认为财产关系和契约关系在市民社会中受到法律的维系、保护和规约，市民的人格得到法权的确证并有法律效力。但黑格尔构想的市民社会只是理想的存在，它是虚幻的形式，因为在资本主义发展的历程中，黑格尔的市民社会模型并没有真正出现。相反，市民社会呈现出的真实图景是个人主义大行其道，普遍盛行的是"人人互为手段"的信条。黑格尔说，"在市民社会中，每个人都以自身为目的，其他一切在他看来都是虚无。"① 这种社会中的个人利益诉求与普遍的群体利益处在相互对立的格局中，人的平等权利是虚幻的权利，是抽象之人的权利，"个别的人，作为这种国家的市民来说、就是私人，他们都把本身利益作为自己的目的。"② 实际上，黑格尔的市民社会并不是理想社会模式，但他处在市民关系中无法洞察市民社会的真相，因而对市民社会持褒扬的态度。与黑格尔相似，洛克也曾把市民社会图景看作人的权利和需要完全统合的形式，他大加赞扬市民关系中的个人实现了财产自由。在洛克看来，市民社会中的"权利和生活需要是并行不悖的；因为一个人有权享受所有那些他能施加劳动的东西，同时他也不愿为他所享用不了的东西花费劳力。这就不会让人对财产权有何争论，也不容发生侵及他人权利的事情"③。可见，在自由主义哲学家看来，市民社会是人类最理想的

---

① ［德］黑格尔：《法哲学原理》，范扬、张企泰译，商务印书馆2018年版，第224页。

② ［德］黑格尔：《法哲学原理》，范扬、张企泰译，商务印书馆2018年版，第229页。

③ ［英］洛克：《政府论》下篇，叶启芳、瞿菊农译，商务印书馆2018年版，第32页。

生活方式和共同体形式，他们不可能站在市民社会之外来观察市民社会中的劳动异化、利益冲突和社会矛盾。而建立在自由主义发展路向之后的旧唯物主义在解释市民社会时，依然囿于市民社会本身的框架中，因而无法指证市民社会的深层矛盾和阶级对立。

马克思与自由主义、旧唯物主义和资产阶级国民经济学家解释市民社会的理论路径判然有别，他真正站在市民社会之外并以物质生产生活方式为"锁钥"开启了探寻实现人的真正自由、平等和正义的"人类社会"之路。在马克思看来，市民社会无法超出利己主义，市民社会的人权、自由、正义是利己的人的"专利"，因为市民社会作为人的外部框架，是对私人利益、财产和利己的人身的保护，这种自私自利的权利是与人的解放背道而驰的。马克思认为，尽管欧洲爆发了资产阶级革命（法国大革命），但诉诸革命的先进分子、启蒙学者都没有彻底批判市民社会，欧洲早期的政治革命也没有从根本上撬动市民社会的根基，相反，"它把市民社会，也就是把需要、劳动、私人利益和私人权利等领域看做自己持续存在的基础……看做自己的自然基础。"[①] 这样来看，近代资产阶级革命并没有动摇和瓦解市民社会的根基，而是进一步巩固了市民社会的法权制度。所以，恩格斯在《反杜林论》中指出，启蒙思想家希望建立理性的国家和理性的社会，但事与愿违，"同启蒙学者的华美诺言比起来，由'理性的胜利'建立起来的社会制度和政治制度竟是一幅令人极度失望的讽刺画"[②]。这说明，近代西方思想家试图改变市民社会的理论进路最终都没能真正通达胜利的彼岸，反而加固了资产阶级统治的基础。据此，马克思认为，认识世界的目的并非对现存世界进行小修小补，而是以革命方式改造世界。新唯物主义就是诉诸实践，并在实践的意义上推翻市民社会，建构"人类社会"。马克思指出："对实践的唯物主义者即共产主义者来说，全部问题都在于

---

① 《马克思恩格斯文集》第 1 卷，人民出版社 2009 年版，第 46 页。
② 《马克思恩格斯文集》第 9 卷，人民出版社 2009 年版，第 273 页。

使现存世界革命化，实际地反对并改变现存的事物"①。马克思跳出了抽象哲学的藩篱，超越了旧唯物主义的局限，赋予了"人类社会"的实践意蕴，并以"改造世界"为思想坐标和行动路标，开拓了实现真正自由、平等、正义和人的自我实现的实践路线。

毫无疑问，"人类社会"通达正义实现之路，开引人的自我实现。马克思认为，市民社会是产生人的异化效应和社会两极分化的总根源，在市民社会中，人的财产同人分离，发生"转让"，人的情感发生疏离，发生"异化"，人的劳动变成异己的活动，劳动产品变成他人的占有物，人的类本质、自由、意志、能力发生"物化"，市民社会是异化、畸形的社会，是人的发展的羁绊，"在这个社会中，人作为私人进行活动……成为异己力量的玩物"②。马克思通过揭露、分析、批判市民社会以及建立在其上的旧唯物主义，指出了扬弃异化、实现社会正义以及人的自我实现的道路。马克思认为，"共产主义是对私有财产即人的自我异化的积极的扬弃，因而是通过人并且为了人而对人的本质的真正占有"③。共产主义作为"人类社会"形态，是马克思设计的扬弃私有财产和破解人的异化的形式，是解决人的矛盾、个体和类的矛盾的方案。这个方案是个体和共同体之间利益分化的重塑和弥合，"在这种社会里，人的创造活动的多元性将成为目的本身，而且与这种动态的多元性相一致的最宽泛的自由也将成为这一目的最重要的部分。"④ 这就是说，"人类社会"将比"市民社会"更具优越性，它将克服人的自我实现和共同体需要之间的矛盾，从而在更加正义的社会形态上重塑人的生产生活关系，重建个人的财产占有关系。所以，马克思的"人类社会"构想在理论上符合社会发展规律，具有科学性、超越性；在实践上符合

---

① 《马克思恩格斯文集》第1卷，人民出版社2009年版，第527页。
② 《马克思恩格斯文集》第1卷，人民出版社2009年版，第30页。
③ 《马克思恩格斯文集》第1卷，人民出版社2009年版，第185页。
④ [加]阿兰·桑德洛：《马克思主义的正义理论?》，王贵贤译，载李惠斌、李义天《马克思与正义理论》，中国人民大学出版社2010年版，第369页。

人的创造活动，具有前瞻性、可行性；在价值上符合人的自我实现目标，具有普遍性、可欲性。"人类社会"作为新唯物主义的立脚点，在批判尺度上充当了马克思谴责资本主义的重要参照。马克思"对资本主义的控诉是暗含'比较的'，并且比较的标准是外在于资本主义的：仅有通过引入共产主义作为参照，资本主义的饥饿、死亡、耗竭和孤独才被看为可避免的，也才因之是非理性的。"① 由此可以判定，人类社会不仅在价值指涉上倡导人的发展和人的自我实现，更在规范性意义上代表了一种更加合理、正义的社会建构目标，代表了人类理想的共同体形态。

三 "自由人联合体"：正义的最高论域

处于社会关系中的人是塑造共同体的基本实体，人类社会是人的社会，真正共同体是人的共同体。任何一种社会形态和共同体形态都不可能脱离人而存在。人既是社会的主体，也是共同体的主体。社会是人借助中介进行交往的共同体，共同体是无须中介构成的人的交往的社会。市民社会就是人与人之间交往的间接关系的再现，是一种以分工和交换为主要内容的共同体形式。而在更高的层次上，人的交往关系将扬弃异化的间接形式，实现直接的相互协作的交往形式，这种形式就是由社会化的人所组成的真正的共同体，亦即"自由人联合体"。真正的共同体是马克思世界历史图谱的最高阶段，它沿着"无中介的共同体"或"人的依赖"→"以分工、商品交换为中介的共同体"或"物的依赖"→"扬弃中介的自由人的联合体"或"自由个性"的逻辑进路展开。马克思依循这个历史图谱指出："家长制的，古代的（以及封建的）状态随着商业、奢侈、货币、交换价值的发展而没落下去，现代社会则随着这些东西同步发展起来"②。而在历史的

---

① ［美］艾伦·布坎南：《马克思与正义》，林进平译，人民出版社 2013 年版，第 34 页。

② 《马克思恩格斯全集》第 30 卷，人民出版社 1995 年版，第 108 页。

更高阶段,将是人的全部力量获得全面发展的共同体形式,是自由自觉的人进行直接交往所形成的联合体。"自由人联合体"是对现代社会和"物的依赖"的彻底扬弃,是在更高层次上向"人的依赖"的回归。

"自由人联合体"是马克思恩格斯终其一生探索的理论主题,也是科学社会主义的核心命题。马克思恩格斯曾在《共产党宣言》中精准概括了未来社会的本质规定性,这个经典命题就是:"代替那存在着阶级和阶级对立的资产阶级旧社会的,将是这样一个联合体,在那里,每个人的自由发展是一切人的自由发展的条件。"[①] 这个经典论述是真正共同体的最好概括,预指了马克思主义的终极价值追求和人类社会的最高发展形态。恩格斯认为,这个经典命题是概括"未来新时代精神"的最好"题词",除此之外,"再也找不出合适的了"[②]。可见,"自由人联合体"并非专指未来社会的个别特征,而是特指人类未来的终极走向,是对未来社会的本质特征的概括。马克思恩格斯对"自由人联合体"思想的探索和追求是一以贯之、终生践履的。马克思通过宗教批判、政治批判进而走向了货币—资本共同体批判,他在揭示货币形式的胚胎(商品)时就已经洞悉到商品世界充满的"神学怪诞",马克思认为商品世界中的物物关系如同宗教世界的幻境一般,是一种虚幻形式,这种形式是商品的拜物教性质的深刻表现。那么,究竟如何驾驭和克服商品世界的"魔法妖术"呢?马克思认为最佳选择是"设想有一个自由人联合体,他们用公共的生产资料进行劳动,并且自觉地把他们许多个人劳动力当做一个社会劳动力来使用"[③]。在这种由自由劳动者构成的联合体中,生产资料由劳动者共同占有,社会总产品也由联合体成员共同消费或把一部分重新用于生产。马克思认为,在这样的联合体中,商品拜物教、劳动异化以及产品的不公正分配被彻底扬弃了,人们

[①] 《马克思恩格斯文集》第 2 卷,人民出版社 2009 年版,第 53 页。
[②] 《马克思恩格斯文集》第 10 卷,人民出版社 2009 年版,第 666 页。
[③] 《马克思恩格斯文集》第 5 卷,人民出版社 2009 年版,第 96 页。

之间的"劳动和劳动产品的社会关系，无论在生产上还是在分配上，都是简单明了的"①。"自由人联合体"不仅在人的自身关系方面确证了人的自由、平等，保证人的自由个性，而且在生产关系方面确证了社会生产公正和分配正义，因为在这种共同体中，社会生产生活过程不是被动消极的，而是"作为自由联合的人的产物，处于人的有意识有计划的控制之下"②，这样就使货币和资本主导的抽象的共同体彻底剥离了虚幻的纱幕，从而把人的生产生活关系还原为真实的直接的关系。

"自由人联合体"也是"生产者联合体"，它预指人类未来更高层级的社会组织结构和更和谐的人际关系，在价值理念和社会制度运行方面代表并实现了人类正义。根据马克思历史辩证法来考察"自由人联合体"可以发现，未来社会是对此前的历史阶段的否定、矫正和超越。马克思对"自由人联合体"的预见是在社会生产生活关系的意义上重建一种更加符合人性和人的发展的共同体，即建立一种自由个体之间的互依性生产生活关系，这种关系以人的自由、独立性关系为基础，并以社会生产的联合为合作模式。马克思强调，只有"劳动和资本"的对立关系彻底改变，阶级差别和特权才会随之消失，那时"社会将变成自由生产者的联合体"③，人的劳动将重归于自由自觉的活动。在这种"生产者联合体"中，每个人都承认他人的自由，都为了他人的自由而行动，因为"自由人联合体"中的"人"的本性是利他的。也就是说，在这种共同体中，"不存在一个个人或一群个人对另一个个人或另一群个人的支配。毋宁说，它是一种既实现共同规划又支持每个人各有差异的规划的社会合作模式。"④ 所以，"自由人联合体"首先标识着个人的生产自由，即每个人都以自

---

① 《马克思恩格斯文集》第 5 卷，人民出版社 2009 年版，第 96—97 页。
② 《马克思恩格斯文集》第 5 卷，人民出版社 2009 年版，第 97 页。
③ 《马克思恩格斯文集》第 3 卷，人民出版社 2009 年版，第 233 页。
④ ［美］卡罗尔·C. 古尔德：《马克思的社会本体论》，王虎学译，北京师范大学出版社 2018 年版，第 154 页。

由的活动为价值追求和动力原则,这种生产自由是人的积极的活动表现,也是每个人自我实现的充分体现。正是在此意义上,恩格斯强调,共产主义社会就是"在生产者自由平等的联合体的基础上按新方式来组织生产的社会"①,在这样的社会中,社会生产已经完全由自由的劳动者进行,每个人已经"从动物的生存条件进入真正人的生存条件"②,每个人由于摆脱了对抗、劳动强制和异化,从而成为真正意义上的劳动者,他们可以自由支配自己的劳动时间,与自然发生良性的物质变换关系,从而成为"自然界的自觉的和真正的主人"。由于人人平等、人人尊贵,国家和阶级也随之消亡,人们之间无须通过中介机构调控社会生产,相反,每个人由于获得了充分发展,他们完全可以自由支配整个共同体运转。

"自由人联合体"是由社会化的人共同占有、支配生产资料和共同享有生活资料的共同体形式,因而是真正正义的共同体形式,是人类正义的最高论域。真正的正义并非按照个体的劳动和贡献得其应得,而是给予所有社会成员同等的机会满足自我需求,即最大化地使社会成员得其想得。"应得"是古典正义原则,"想得"是最高层级的正义原则。马克思所构想的"自由人联合体"就是克服了"应得正义",从而指向实质性的"想得正义"或"需要正义"。在马克思看来,"自由人联合体"的正义原则应该是共同占有生产资料,各尽所能劳动,按照需求分配。马克思认为,"自由人联合体"的自由表现为:"社会化的人,联合起来的生产者,将合理地调节他们和自然之间的物质变换,把它置于他们的共同控制之下"③,在这样的共同体中,人的需要和人的生产能力同步扩大,人成为生产的真正目的,由于社会资源丰裕,人们按照自己的需要获取生活资料。可以相信,"自由人联合体"是完全超越阶级、超越冲突的共同体,

---

① 《马克思恩格斯文集》第4卷,人民出版社2009年版,第193页。
② 《马克思恩格斯文集》第9卷,人民出版社2009年版,第300页。
③ 《马克思恩格斯文集》第7卷,人民出版社2009年版,第928页。

是人摆脱必然性限制的自由王国,在那里,"个体生存斗争停止了。"① 共同体和个体实现了良性互动,"由于每个人的创造性活动丰富了自身的发展,共产主义社会的成员意识到并逐渐获得了一种他们的活动要得到社会认可的需要。而且这表明,人们为了考虑他人的需要,将会自由地调整他们的活动。"② 所以,从马克思恩格斯对"自由人联合体"所作的理论勾绘中可以看到,共产主义社会是剥去了私有制、异化、片面性的共同体形态,是人的自主活动、自由关系的复活,是实质正义的真正运行。在这种共同体中,并不是正义的消亡、多余和超越,而是"作为互依性的正义得以实现,每个人对于积极自由的条件的平等权利得到承认"③。由此可见,"自由人联合体"在本质上是"一个彻底的集体主义的命题"④,它预设了作为社会关系最全面实现的正义原则,回答了每个人实现最全面自由的条件。可以说,"自由人联合体"是马克思主义的最核心价值,"数百万人用它来表达他们对一个更公正的社会的希望"⑤,它是指引人类走向未来的灯塔,为人类社会前进照亮了道路。

第二节 "真正共同体"正义的逻辑等级与历史次序

人类共同体是不断发展变化的过程,是从"自然—本源共同体"

---

① 《马克思恩格斯文集》第9卷,人民出版社2009年版,第300页。

② [加]阿兰·桑德洛:《马克思主义的正义理论?》,王贵贤译,载李惠斌、李义天《马克思与正义理论》,中国人民大学出版社2010年版,第370页。

③ [美]卡罗尔·C. 古尔德:《马克思的社会本体论》,王虎学译,北京师范大学出版社2018年版,第166—167页。

④ 叶汝贤:《每个人的自由发展是一切人的自由发展的条件——〈共产党宣言〉关于未来社会的核心命题》,《中国社会科学》2006年第3期。

⑤ [英]戴维·麦克莱伦:《马克思传》第4版,王珍译,中国人民大学出版社2008年版,第445页。

经过"虚幻—抽象共同体"向"自由—真正共同体"不断跃升的过程。与此相适应，正义观念也由"朴素的共同占有关系（原始平等）"经过"异化的私人所有关系（形式平等）"向"扬弃异化的共同所有关系（实质平等）"不断更新和发展。共同体演变的历史逻辑决定了正义观念变迁的历史过程，共同体的所有制形式直接决定了分配正义的形式。所以，正义和平等观念一样，它们"都是一种历史的产物"①。"真正共同体"是社会形态的"否定之否定阶段"，它是根植于资本主义社会并以此为基础不断变革、跃升的共同体形式，因此，与此相适应的正义观念也是不断发展变化的。具体而言，"真正共同体"的正义是一个复合型的逻辑等级和历史性的更替次序，即由共产主义第一阶段的"按劳分配"向高级阶段的"按需分配"运演和发展。正如埃尔斯特所言："马克思具有的是一种关于正义的等级理论"②，这个层级式的正义理论科学预判了从"贡献原则"走向"需要原则"的可能性和可行性。

一 贡献原则的相对"进步"与实质"缺陷"

在《哥达纲领批判》中，马克思提出了未来共同体内蕴的正义概念的两个历史序列：贡献原则和需要原则。其中，贡献原则是与未来共同体第一阶段相适应的分配原则，马克思对这个原则进行了辩证分析，揭示了它的相对"进步"与实质"缺陷"。

如果依循"生产方式决定正义"和"权利依赖于经济基础"的逻辑理解共同体的正义，那么，在不同的历史阶段和生产方式条件下就有不同的正义原则、分配模式。这是马克思一贯的主张，也是马克思所开创的以历史唯物主义理解正义的科学视角。但是，拉萨尔主义却离开了历史唯物主义的理论地基，背离了科学社会主义理

---

① 《马克思恩格斯文集》第 9 卷，人民出版社 2009 年版，第 436 页。
② ［美］乔恩·埃尔斯特：《理解马克思》，何怀远等译，中国人民大学出版社 2016 年版，第 222 页。

论，炮制了所谓的"劳动所得应当不折不扣和按照平等的权利属于社会一切成员"①的错误观点，在正义问题上制造了理论混乱，并以"劳动决定分配"为资本家的剥削行为"涂脂抹粉"，严重颠倒了生产和分配的关系。更为糟糕的是，拉萨尔在其被称为"工人圣经"的《公开答复》一文中提出了"铁的工资规律"②，妄图以合法手段在"不废除雇佣劳动制度"的基础上"废除工资制度"，从而围绕着"铁的工资规律"兜圈子。针对拉萨尔主义的《哥达纲领草案》在工人阶级中引发的思想混乱，恩格斯批驳"整个纲领都是杂乱无章、混乱不堪、毫无联系、不合逻辑和丢人现眼的"③。马克思通过对《哥达纲领草案》的批判重释了未来共同体的正义原则，重构了未来共同体的正义方案。可以说，《哥达纲领批判》是马克思对正义问题着墨最多的经典文献，是理解"真正共同体"正义的逻辑等级和历史次序的理论入口。

首先，贡献原则是超越资本主义"权利原则"的分配方案，是与它所依存的生产方式相一致、相适应的，因而是相对"进步"的正义原则。马克思认为，共产主义是由无产阶级夺取生产资料并不断"增加生产力的总量"所形成的新社会。但从总体上考察共产主义社会，它又是一个渐次发展的阶段性过程：一是"在资本主义社会和共产主义社会之间，有一个从前者变为后者的革命转变时期"④。这个时期通常被称为"过渡时期"，它是向共产主义发展的"必然的过渡阶段"⑤。恩格斯也认为，这个阶段是实现"新的社会制度"（即共产主义社会）的必经阶段，是无法逾越的"一个短暂

---

① 《研究〈哥达纲领批判〉参考史料》，生活·读书·新知三联书店1978年版，第1—2页。
② ［德］拉萨尔：《公开答复　工人纲领》，金海民、桑伍译，商务印书馆1974年版，第13页。
③ 《马克思恩格斯文集》第10卷，人民出版社2009年版，第405页。
④ 《马克思恩格斯文集》第3卷，人民出版社2009年版，第445页。
⑤ 《马克思恩格斯文集》第2卷，人民出版社2009年版，第166页。

的、有些艰苦的、但无论如何在道义上很有益的过渡时期"①。二是共产主义在过渡成功以后才算真正开启,但它可以再分为两个阶段,即共产主义"第一阶段"和"高级阶段"。列宁认为,马克思在《哥达纲领批判》中通过驳斥拉萨尔的正义理论开拓了共产主义不同阶段的分配方式。其中,第一阶段的分配方式是在生产资料已经归属于全社会所有的情况下坚持"按劳分配",而在高级阶段,"每人将'按需'自由地取用"②。事实的确如此,马克思认为,进入共产主义第一阶段(或低级阶段),由于生产资料归于集体所有,个人的劳动也直接归于社会总劳动,"每一个生产者……从社会领回的,正好是他给予社会的。他给予社会的,就是他个人的劳动量"③。这种情况相较于资本主义的私人所有制,其分配方式已经实现了彻底的变革,它突破了资本家基于所有权而独自占有劳动成果的不正当分配形式,实现了劳动者权利的平等和劳动本身的平等,使每个劳动者都能获得同等量的消费资料。所以,这种基于劳动贡献的分配是历史的进步。

其次,贡献原则仍然带有资产阶级"天然特权"的色彩,仍然带有旧社会的遗迹和弊病,它存在实质性的"缺陷"。按劳分配由于超越了基于所有权的分配方式而具有历史进步意义,它一方面确证了每个劳动者的劳动权利,即每个劳动者拥有自我劳动的支配权,扬弃了劳动异化;另一方面确证了劳动者的消费资料,即劳动者可以把消费资料转为个人财产,消费资料遵循等价原则在劳动者之间合理分配。然而,尽管按劳分配具有这种进步,但这种劳动者之间的平等权利并没有超越法权,它"仍然是资产阶级的权利",这种权利并不否定贡献大小,而是遵循法权标准并"被限制在一个资产阶级的框框里"④。具体来看,劳动者的这种"平等权利"与劳动相匀

---

① 《马克思恩格斯文集》第1卷,人民出版社2009年版,第709页。
② 《列宁专题文集 论社会主义》,人民出版社2009年版,第36页。
③ 《马克思恩格斯文集》第3卷,人民出版社2009年版,第434页。
④ 《马克思恩格斯文集》第3卷,人民出版社2009年版,第435页。

连，只是按照劳动这个尺度来计量的，并且，这种平等的权利是与劳动者提供劳动量的多少成比例的（即多劳多得、少劳少得、不劳不得），它忽略了劳动者自身体力、智力之间的差异，也无法科学地计量劳动的强度。这使得"这种平等的权利，对不同等的劳动来说是不平等的权利"①，不同等的劳动者无法获得同等的份额，因为它不承认存在着的阶级差别和个人天赋，这样就默许并把每个人不同的自然禀赋、天资差异和工作能力作为"天然特权"。因此，如果用同一尺度（劳动）去衡量不同等的个人（个人禀赋差异），最终的结果是，这种权利本身又和资产阶级的权利一样，再次陷入了不平等的泥沼。正如胡萨米所言："马克思认为，个体之间基于正当的不同待遇不能由于自然禀赋的差异而遭到贬低，因为个体不能为自己的自然禀赋负责。"② 同时，马克思举例论证道：两个不同的劳动者拥有同等的权利，但他们的家庭结构却不同：一个已经结婚，或者育有多个子女；另一个则是单身，或者子女较少。在这种情况下，他们按照自己的劳动所取得相等的份额，但最终一个家庭却比另一个家庭富裕一些。这充分说明，按劳分配所确证的劳动权利仍然是不平等的，它仅仅在形式上获得了相等的份额，但却再次引发了结果的不平等和不公正。此外，不同等的劳动者具有不同等的需要，即便那些同等的劳动者按贡献获得了同等的报酬，也不可能使每个劳动者的需求获得同等的满足。那些以同等劳动获得报酬的人由于不同需要而产生不同的消费，最终在物质上产生不平等，甚至还会导致阶层分级和社会分化。所以，马克思对贡献原则进行了辩证分析，他视野中的理想正义是超越贡献原则的需要原则。正如桑德洛所述："在共产主义社会早期阶段劳动价值理论的真正实现，非但没有体现马克思的正义概念，而且相对于共产主义观点来说，还是不

---

① 《马克思恩格斯文集》第3卷，人民出版社2009年版，第435页。
② ［美］齐雅德·胡萨米：《马克思论分配正义》，林进平译，载李惠斌、李义天《马克思与正义理论》，中国人民大学出版社2010年版，第58页。

充分的。"①

最后，贡献原则的"缺陷"是不可避免的，因为任何正义原则归根结底都受到经济结构的制约。马克思一贯主张经济结构、生产方式决定正义原则、法的关系，贡献原则必然受到生产力水平和经济结构的制约。"权利决不能超出社会的经济结构以及由经济结构制约的社会的文化发展。"② 由于共产主义低级阶段刚刚脱胎于资本主义社会，它的经济基础还不足以实现社会产品的丰裕，即社会物质条件还存在着"适度匮乏"，在这种情况下，必须通过"按劳分配"来捍卫劳动平等和分配平等。所以，马克思本人承认贡献原则会给社会带来新的"弊病"，他把这种"弊病"当作共产主义低级阶段必然存在的事物加以评判和接受。马克思直截了当地说，贡献原则的缺陷是"不可避免的"。"因为早期的共产主义社会作为一个事实必定脱胎于资本主义。但是，尽管它们不可避免，马克思仍然认为它们'有缺陷'。"③ 再者，在共产主义低级阶段，"每个人都像其他人一样只是劳动者"，他们还不是"全面发展的人"，在精神上还没有达到完全利他和自我实现，因而在一定程度上还是"抽象的人"，还不可能按照物质丰裕和人的利他主义来施行"按需分配"。所以，贡献原则是马克思设想的适应于低级阶段的"次优替代方案"，它尽管确保人们不会像在资本主义社会那样"不劳而获"，但对于消除结果的不公正和缩小同等劳动带来的贫富差距方面，依然是无能为力的。

二 需要原则是"真正共同体"正义的表征

马克思对资本主义"权利原则"的批判和共产主义第一阶段

---

① ［加］阿兰·桑德洛：《马克思主义的正义理论?》，王贵贤译，载李惠斌、李义天《马克思与正义理论》，中国人民大学出版社 2010 年版，第 359 页。
② 《马克思恩格斯文集》第 3 卷，人民出版社 2009 年版，第 435 页。
③ ［加］凯·尼尔森：《马克思主义与道德观念》，李义天译，人民出版社 2014 年版，第 81 页。

"贡献原则"之"缺陷"的评判,预指了他对基于平等的需要原则的追求、展望和建构。需要原则是马克思正义思想的核心原则,也是"真正共同体"的最高原则。在马克思关于未来社会的理论模式中,正义是不可或缺的,也是与"真正共同体"内在融通的。可以说,"正义是马克思关于未来可能的共产主义社会这一观点的中心"[1]。更确切地说,需要原则是"真正共同体"正义的重要表征,是"真正共同体"内蕴的最优正义方案。这一最高原则也可称为共享原则(community principle)即共同体原则[2],是美好生活、人的自我实现和自我完善的理论表达。

马克思在《哥达纲领批判》中提出了基于人的需要的高阶正义原则,这个原则就是在扬弃了贡献原则的基础上的"各尽所能,按需分配"[3]。基于人的需要的分配不仅是可能的,而且是可欲的。因为共产主义是人类社会历史发展的必然结果,与此相适应的权利观念也必然超越劳动者的狭隘眼界,最终在物质财富高度丰裕的生产方式下,人们可以根据自己的需要获取消费资料。当然,"按需分配"的可能性条件并不是单一的,马克思在论及这个原则时至少概括了以下条件:

(1)消除了个人奴隶般地服从分工的情况,脑体劳动的对立和差别消失;(2)人们的劳动、工作、生活高度和谐,其中,劳动是"生活的第一需要";(3)每个人达到自我实现、获得全面发展;(4)社会生产力的高度发达促使产品彻底丰裕,财富源泉充分涌流。以上这些条件综合叠加共同为"按需分配"的实现确立基础。如果抛开了这些影响因素而空谈需要原则,就会陷入"纯粹的乌托邦"。所以,列宁客观地指出,未来社会的生产力究竟以何种速度向前发

---

[1] [美]卡罗尔·C. 古尔德:《马克思的社会本体论》,王虎学译,北京师范大学出版社 2018 年版,第 124 页。

[2] 鲁克俭:《马克思是否关注分配正义——从"按需分配"的中译文谈起》,《马克思主义理论学科研究》2020 年第 2 期。

[3] 《马克思恩格斯文集》第 3 卷,人民出版社 2009 年版,第 436 页。

展,以致才能打破分工、消灭脑体对立,并把劳动促成人的生活的第一需要,"这都是我们所不知道而且也不可能知道的"①。列宁的这个评价是非常中肯的,"不知道"和"不可能知道"不代表"按需分配"不会实现,而是说,我们无法用现时代的物质条件和人的精神境界去评判共产主义高级阶段的正义原则,也无法准确预测按需分配实现的具体日期和具体形式。相反,马克思恩格斯拒绝对未来社会进行细致的描绘,他们更多地分析批判既成的事实,反对"为未来的食堂开出调味单"②。所以,对于未来社会正义的具体运行方式,马克思恩格斯坚持"提出一些最一般的暗示"③,而不是进行细致入微的论证。

从马克思对正义所作的理论"转向"来看,他视野中的正义具有更加宽广的理论内涵。马克思几乎倾覆了以往历史上把正义与"应得""权利""平等""美德"等关联起来的做法,他基于人的需要把正义扩展为更高层次的"按需所得",将平等的权利从政治层面、劳动层面扩展到人的需要和自我实现层面,强调基于自由人的社会联合而把人的需求的平等满足作为人类追求的价值目标。在马克思看来,人类的不平等,最重要的是人的需求的不平等。满足人的不同需要才是平等和正义的最高价值意义。马克思所构想的按需分配原则是超历史的,它已经克服和弥补了承认所有权平等、劳动权利平等所引发的结果的不平等,因而是涵括所有人并维护所有人的需要的规范性原则。按照马克思的构想,需要原则是与特定的历史条件和生产方式相适应的,它的合理性在于它适应于共产主义高级阶段的生产方式和客观条件。尽管马克思对高级阶段的描述极为粗略,但这恰好说明了需要原则实现的可能性和具体性。而那些企图把共产主义高级阶段描绘得淋漓尽致的人们,只会把"按需分配"

---

① 《列宁专题文集 论社会主义》,人民出版社2009年版,第36页。
② 《马克思恩格斯文集》第5卷,人民出版社2009年版,第19页。
③ 《列宁全集》第1卷,人民出版社2013年版,第156页。

作为一种抽象的蛊惑人心的承诺和经院式的主观臆造、虚构,这不仅与马克思的需要原则背道而驰,而且还消解了马克思高阶正义的历史性和实践性品格。列宁认为,马克思的"按需分配"原则暗示了共产主义高级阶段的人们"已经十分习惯于遵守公共生活的基本规则,他们的劳动生产率已经极大地提高,以致他们能够自愿地尽其所能来劳动"①。那时,人们已经超越了狭隘眼界,也不会"像夏洛克那样冷酷地斤斤计较",而是按照自己所需领取消费资料。所以,需要原则并非"空想性方案",也不是"具体性悬案",而是历史前进中必然出现的、符合共同体和个体利益的、可供社会实施的实践性原则。

从马克思考察正义的方法论来看,他对正义所作的理论构思是历史主义而非道德主义的,需要原则就是马克思基于对现存社会批判所形成的一种可以预见的结果。马克思对高级阶段分配模式的构想,不仅具有历史必然性作为理论根据,而且还以生产力全面进步为物质基础,以及以人自身的发展和人类繁荣为人性基础。由此观之,马克思构想的按需分配图景,"包含了一种人类各种力量和潜能都有可能得到完全发展的理想,它是一幅人类'各种需求都得到满足'的美景"②。在那里,由于人的各种力量和能力获得了全面发展,人们已经不仅仅把"生活"和"劳动"作为一种自觉,而是把"美好的生活"和"多样需求的满足"作为一种行动的自觉。在这种情况下,人们的"生产劳动就从一种负担变成一种快乐"③,人们的生活关系完全从异化的被动状态进入全新的自由状态。所以,需要原则作为一种历史性、实践性的分配模式,是"真正共同体"的制度确证和正义表征。正如麦克莱伦所言:"按需所得而不是应得才

---

① 《列宁专题文集 论社会主义》,人民出版社2009年版,第36页。
② [英]肖恩·塞耶斯:《马克思主义与人性》,冯颜利译,东方出版社2008年版,第203页。
③ 《马克思恩格斯文集》第9卷,人民出版社2009年版,第311页。

是他的共产主义社会的原则。"① 这个原则是对资本逻辑理性反思的结果，也是对贡献原则之"缺陷"的超越，是马克思正义理论的"制高点"和道德理论的"至高善"。

所以，只有理解了需要原则的真实意蕴，才能全面理解马克思共同体视域中的正义思想，也才能从共同体的维度理解马克思正义理论对人的关切和对共同体繁荣的关切。马克思是在人类的解放和人的自我实现的意义上来论证未来社会的分配模式的，这个分配模式是当下人们以现有的历史条件无法真正评估和全然认识的，但这种模式标识了一个无阶级社会的可能性，也预指了人类实现实质平等和实质正义的可能性。不过，需要再次说明的是，共产主义的分配模式不是严格的份额平等，也不是劳动量的平等，而是基于人的不同需要的平等。马尔科维奇认为，这种平等的实现方法，"既不是统一性，也不是纯粹的多样性，而是基本的人的潜力和需要的一种一般认同的结构中的个体多样性和群体多样性"②，因为共产主义并非一种严格意义上的完全平等的社会，它至少存在着社会分层和社会角色差别。在这样的社会中，当社会财富彻底丰裕时，分配的标准应当是人的需求。而在适度匮乏的社会中，基于需要的分配是虚幻的泡影。只有在共产主义高级阶段，人们才不会把利益最大化作为社会活动的目的，每个人的个体需要才会得到最大限度的满足，人们也才会实现真正的平等和自由。正如尼尔森在论及共产主义时所述的那样：

> 在一个真正的公社中，人们将民主地管理自己的生活，设计他们的社会，因此将不再存在干涉人们自由的阶级统治的工具。人们将是自己的主人，他们会有这样一种心理，他们会按

---

① ［英］戴维·麦克莱伦：《马克思传》第 4 版，王珍译，中国人民大学出版社 2008 年版，第 443 页。

② ［南斯拉夫］米哈依洛·马尔科维奇：《当代的马克思：论人道主义共产主义》，曲跃厚译，黑龙江大学出版社 2011 年版，第 142 页。

照"我们"来思考,而不仅仅是按照最基本的"我"来思考,后者的核心是保护自己的权利。而且,那时候的社会将会这样组织:合作意义重大,而不仅是为了避免回到"自然状态"。社会将是一个相对富裕的安全的社会。……在这样一个社会中每个人的需要都将被满足。在合理的增长范围内,社会将为了每个人进行最大化的调节,尽可能平等地满足人们的需要,一个大致的平等主义模式将会存在于一个稳定状态中,而不必通过持续地修补来维持这种模式。在这种安全的形势下,人们将不会有强烈的占有欲,不会渴望获得什么或传给后人,这种获取心将不再是人们心理的主要特征。而且,考虑到生产出的社会财富,也就不必担心现实中的某些时候分配是否会摇摆于平等的标准。每个人都非常富有而且有保障;人们不是专心于积聚的、着迷于关注我的还是你的那种占有欲强烈的个人主义者。而且,任何人都绝不会变成一个资本家去剥削别人,而且人们绝少有这种动机去这样做。[1]

可见,在"真正共同体"中,人们之间的互依性关系全面呈现,人与共同体同尊同荣、和谐共生,"人们相互结成'社会性'的关系"[2],并在共同体中确证自我、实现自我、满足自我。这种真正的共同体,是社会化的人类所构成的命运共同体,人们在共同体之中互惠互利,"在人人都必须劳动的条件下,人人也都将同等地、愈益丰富地得到生活资料、享受资料、发展和表现一切体力和智力所需的资料"[3]。并且,真正共同体由于满足了每个人的不同需求,人们彼此之间已经不存在严重的利益冲突,人们可以依循自己的愿望做

---

[1] [加]凯·尼尔森:《平等与自由:捍卫激进平等主义》,傅强译,中国人民大学出版社2015年版,第73—74页。

[2] [日]柄谷行人:《跨越性批判:康德与马克思》,赵京华译,中央编译出版社2018年版,第319页。

[3] 《马克思恩格斯文集》第1卷,人民出版社2009年版,第710页。

他们想做的事情。① 也只有在此意义上，我们才能真正理解马克思恩格斯所强调的那句富有前瞻性的判断，即在共产主义高级阶段，人们可以"随自己的兴趣今天干这事，明天干那事，上午打猎，下午捕鱼，傍晚从事畜牧，晚饭后从事批判"②。

三　正义实现的历史次序：权利→贡献→需要

很多反对马克思持有正义思想的西方学者认为，马克思在正义问题上总是模棱两可、似是而非，甚至存在大量自相矛盾、模糊晦涩的论述。有人甚至认为，马克思在正义问题上陷入了一种"价值中立"或"价值无涉"的困境。很明显，马克思在正义问题上既无自相矛盾，也无价值中立。因为马克思对一切正义问题的讨论都是在历史唯物主义的视域中推进的，马克思讨论正义问题坚持历史主义的分析方法，他是在共同体演变的历史逻辑中考察正义的具体内容的。马克思把正义看作一种社会历史现象，看作一种意识形式，他把不同共同体下的正义原则看成不同历史条件的产物，并用历史的方法进行建构。正如塞耶斯所说："马克思并没有试图以绝对的方式、依据普遍的原则来评判资本主义制度。相反，他的解释完全是历史的和相对的，因而更具现实性也更为实用。"③ 所以，要理解马克思的正义思想，必须坚持历史主义分析正义的方法，必须将之作为不同的历史序列来看待，也必须将之置于无产阶级的理论立场来看待。在历史序列上，马克思的正义思想是具有三个不同位阶的历史相对主义的正义论。在阶级立场上，马克思的正义思想是基于无产阶级解放和无产阶级利益的社会合作的最高善。只有分清不同的位阶和站稳阶级立场，才能真正把握马克思正义思想的真谛和旨趣。

---

① ［美］约翰·罗尔斯：《政治哲学史讲义》，杨通进等译，中国社会科学出版社 2011 年版，第 383 页。

② 《马克思恩格斯文集》第 1 卷，人民出版社 2009 年版，第 537 页。

③ ［英］肖恩·塞耶斯：《马克思主义与人性》，冯颜利译，东方出版社 2008 年版，第 153 页。

马克思的正义思想与共同体的变革内在一致，具有三个不同层级的位阶，这三个位阶是梯次递进的三个正义序列，即所有权（权利原则）、按劳分配（贡献原则）和按需分配（需要原则）。其中，马克思对权利原则持批判的态度，因为资本主义的所有权原则确证了剥削的合理性，但这种基于所有权的原则违背了贡献原则。马克思对贡献原则持双重态度，一方面肯定其超越权利原则的正当性、合理性，另一方面又对其"缺陷"进行了分析，指出贡献原则仅仅是形式上的正义。需要原则是马克思的高阶正义原则，它是对贡献原则缺陷的弥补，也是实质正义的真正实现。所以，对于马克思来说，他以贡献原则批判权利原则，以需要原则批判贡献原则，他的正义理论沿着权利→贡献→需要的逻辑等级和历史次序依次更替。

从马克思对正义的批判性语境来看，权利原则、贡献原则和需要原则依次推进，分别适应于资本主义、社会主义和共产主义三个重要阶段，它们构成相互影响、缺一不可的低阶、中阶和高阶正义序列。如果说基于权利的正义是近代资产阶级叫嚣和推崇的重要价值，那么高阶正义则是马克思为无产阶级和全人类构想的核心价值。毫无疑问，马克思对权利原则嗤之以鼻，这是《资本论》及其手稿折射的重要结论。实际上，马克思批判了资本主义的权利原则，但他不是从绝对的正义的视角来进行道德层面的谴责，而是以历史主义的方法为基础，解剖资本主义制度的运行机理及其剥削对劳动者的贡献的违背。如果说贡献原则是社会主义阶段的正义模式，那么马克思对这个原则也表现出不满和批驳，原因是，贡献原则依旧是不完善的过渡性的分配模式，它位于正义的中间位阶。马克思真正诉诸高阶正义原则，他把高阶正义作为最高意义的权利，并且以此作为评判权利原则、贡献原则的核心尺度。马克思指出："如果说较高级的权利形式必须由较低级的权利形式来证实这一结论是正确的，那么把较低级的领域用作衡量较高级领域的尺度则是错误的了"①。显然，马克思在批判权利原则的基础上设置了符合历史规律的高阶正义原则，又以高阶正义为参照和尺度来综合评介权利原则和贡献原则。马克思的这一辩证思维是基于历史辩证法对共同体内蕴的正义模型的合理考量。在马克思看来，正义是在不同历史的不同生产方式中形成和发展的，随着历史的变迁，正义也以新的方式呈现，而新的正义终将被更高的形式所取代。对应于社会形态的变迁，正义理论也随着历史事实而不断完善发展。

需要进一步分析的是，马克思正义思想的三个历史序列分属于不同的层面，权利原则属于解构的层面，贡献原则和需要原则属于建构的层面。我们既不能把马克思对"虚幻—抽象共同体"内蕴的权利原则的批判作为"马克思拒斥正义"的依据，也不能把马克思对"自由—真正共同体"内蕴的贡献原则和需要原则的建构作为马克思正义思想的总括。相反，马克思的正义思想本身就包括"解构—建构"的双重层面，离开了马克思的正义批判理论，马克思的正义建构理论就失去了应有的根基。正如同未来社会必须孕育于资本主义的胎胞中一样，马克思的贡献原则和需要原则也必须建立在对权利原则的批判的基础上。正是马克思坚持了历史主义的分析方法，他才把正义看作与特定的生产方式相适应的上层建筑。在共同体形态上，马克思"彻底地运用了唯物主义辩证法……把共产主义看成是从资本主义中发展出来的"②。在正义序列上，马克思同样把正义看成随着生产方式变革而发展的权利范畴。正如尼尔森所言："在具备不同生产方式的不同社会里，我们拥有特定的正义原则……在资本主义社会中，我们的原则是'各尽所能，按其所拥有或控制的东西进行分配'。在处于转型的社会主义社会中，则成了'各尽所能，按劳分配'。而在未来的共产主义社会……我们的原则就是'各

---

① 《马克思恩格斯全集》第1卷，人民出版社1995年版，第190页。
② 《列宁全集》第31卷，人民出版社2017年版，第94页。

尽所能，按需分配'。"① 这三种社会形态对应的不同正义序列，都是马克思正义思想的重要组成部分。只不过，马克思是在批判"谁占有，谁正义"和"谁控制，谁正义"的资产阶级的法权观念中重构未来社会的正义原则的。马克思的这些正义原则"以层级的方式被安排在一个发展性质的框架里，而这些社会也成为越来越正义、越来越高级的社会存在形态"②。如此一来，我们就不难理解马克思的正义思想中包含的"层级式辩证法"。马克思对正义的思考涵括着层级式的发展的类型学，只有在"三个位阶"和"双重层面"的复合结构中，才能把一个符合历史辩证法的正义思想归之于马克思的名下。否则就会像塔克和伍德那样把马克思塑造成反正义的形象。

概言之，只要在历史辩证法的思维中思考正义，就必定不能把正义看成永恒的抽象的范畴，而应看成具体的历史的范畴。马克思就是在这种历史思维中探究正义的本质的。相较于其他思想家从观念、精神中构造正义的理论尝试而言，马克思走得更远、思考得更深入。一方面马克思从历史的辩证法中把正义还原为具体的历史的产物，另一方面他又把历史中的正义与特定的物质事实和生产关系关联起来，这样就从源头上厘定了正义的发生场域和历史场景。所以，很多西方思想家由于忽略了这个事实，从而忽略了马克思不仅批判了资本主义的权利原则，而且还建构了新的分配模式。当然，马克思对权利原则的批判是以共同体演变历程中"劳动与所有"的分离为前提的，因为从"劳动与所有"的分离到"劳动与资本"的对立，集中反映了资本主义不正义的发生过程和"原罪"。马克思说："亚当吃了苹果，人类就有罪了。"③ 资本原始积累的原罪同神

---

① ［加］凯·尼尔森：《马克思主义与道德观念》，李义天译，人民出版社2014年版，第348页。

② ［加］凯·尼尔森：《马克思主义与道德观念》，李义天译，人民出版社2014年版，第348页。

③ 《马克思恩格斯文集》第5卷，人民出版社2009年版，第820页。

学的原罪一样，表现为"大多数人的贫穷和少数人的富有"①。这就是马克思找到的资本主义不正义的原罪式起点。在马克思那里，"资本一开始就有一个不干净的出身。"② 即便资本主义在具体的运转中表现得多么合情合理，资本主义的关系表现得多么稳定，它的不正义性也是与生俱来的。所以，马克思不仅看到了权利原则遮掩下的资本主义的罪恶，而且还以未来社会的视角揭示了超越权利原则的可行性，即以贡献原则和需要原则克服资本主义本身的弊病。因此，"马克思具有一种既支持其对剥削的谴责又支持其共产主义观的正义理论。"③ 这个正义理论是解构性和建构性的统一，是批判性话语和重构性话语的双重统一的复合型正义理论。

第三节　共产主义高级阶段超越正义吗？

马克思恩格斯对共产主义高级阶段作了一般性论证，他们仅仅提出了一般性的适用原则，而不是对之加以具体的描绘，因为对未来社会"越是制定得详尽周密，就越是要陷入纯粹的幻想"④。并且，从马克思毕生的理论著述来看，他"对未来共产主义社会特征的所有阐述都是极为粗略的。他说得更多的是资本主义，而不是共产主义"⑤。但是，就马克思所建构的共产主义的需要原则而言，却是一个存在着很大争论的问题。近年来，西方学界围绕"需要原则"展开讨论，形成了针锋相对的两种代表性观点，从而再次将马克思

---

① 《马克思恩格斯文集》第5卷，人民出版社2009年版，第821页。
② 王新生：《马克思政治哲学研究》，科学出版社2018年版，第267页。
③ ［美］乔恩·埃尔斯特：《理解马克思》，何怀远等译，中国人民大学出版社2016年版，第166页。
④ 《马克思恩格斯文集》第9卷，人民出版社2009年版，第274页。
⑤ ［英］戴维·麦克莱伦：《马克思传》第4版，王珍译，中国人民大学出版社2008年版，第439页。

的共产主义正义理论推向了"风口浪尖"。这场争论伴随着罗尔斯《正义论》的发表而逐渐在学界开显，引起了人们的关注、参与和讨论。其中，"共产主义超越正义论"也随着"塔克—伍德命题"而被罗尔斯优先抛掷出来，从而引发了共产主义的"正义多余论""正义消亡论"以及"正义终结论"。这些看似颇为合理的观点，实际上已经同马克思关于真正共同体"需要原则"的经典语境渐行渐远，从而引发了很多学者对"需要原则"的理论辩护。实际上，共产主义与需要原则所表达的实质正义内在兼容、相互融通，"需要原则"的实现并非正义的"消亡""多余"和"超越"，而是马克思理想的正义跃升到更高的位阶，是马克思的高阶正义思想在实践中的真正运行。

一 正方的控诉：共产主义社会超越正义

其实，塔克不仅是"马克思拒斥正义"的始作俑者，而且还是共产主义超越正义的倡导者。塔克一贯主张，马克思的共产主义社会并不是正义的王国，尽管马克思在《哥达纲领批判》中建构了著名的按需分配原则，但由于共产主义不是围绕分配兜圈子，所以它是超越正义的社会。[1] 罗尔斯率先对塔克的观点进行了简略评价，他认为，塔克所论及的共产主义实际上是"一种所有人都能在其中获得他们的全部利益的社会，亦即一种在其中人们没有任何冲突的要求"[2]，这样的社会排除了对正义的诉求，它在一定意义上是超越正义的。罗尔斯把马克思的理想社会看成人类的"理想情景"，但这样的社会由于社会关系高度和谐，以至于"引发分配正义的环境条件

---

[1] Robert C. Tucker, *The Marxian Revolutionary Idea*, London: George Allen & Unwin Ltd., 1970, p. 36.

[2] ［美］约翰·罗尔斯：《正义论》，何怀宏等译，中国社会科学出版社 1988 年版，第 282 页。

被超越了"①，人们也不需要在日常生活中关注正义问题。罗尔斯的论证依据依赖于休谟关于正义起源的相关论述，他得出共产主义超越正义的结论完全与休谟关于正义产生的条件有关。与罗尔斯相似，佩弗、卢克斯、布坎南等人也论证了共产主义高级阶段对正义的超越，从而把共产主义说成不需要正义的社会形态。

首先，"正义超越论"者认为，马克思的需要原则既不是正当原则，也不是正义原则。罗尔斯对马克思的需要原则进行了细致入微的解读，他用"生产者自由联合的社会"来指称马克思的共产主义社会。不过，罗尔斯强调，可以把"生产者自由联合的社会"分为社会主义阶段和完全共产主义阶段，这两个阶段恰好和马克思在《哥达纲领批判》中对未来社会阶段的划分相对应。但值得商榷的是，罗尔斯认为在这两个阶段，"意识形态意识都消失了"②。并且，罗尔斯认为在这样的社会中，由于社会成员认同和理解他们的社会，具有高度的正义觉悟，因而不会用主观设想的正义观念来评判该社会的运行机制。如此一来，由于身处"生产者自由联合社会"中的人们的意识形态观念消失了，他们不会以利己主义看待他物和自身，所以人们不会以另类的眼光看待社会正义，也不会对他们在社会中的角色产生"错觉"。更为突出的是，在这样的社会中，"经济活动是按照一种根据民主程序而由人们共同决定的经济计划来进行的"③，社会的异化和剥削也消除了，人们参与民主而公开的计划过程，每个人都承担自己的责任。由此，罗尔斯推导出结论：在共产主义社会，"我们关于正当和正义的日常意识、关于道德义务的日常

---

① ［美］约翰·罗尔斯：《政治哲学史讲义》，杨通进等译，中国社会科学出版社2011年版，第334页。

② ［美］约翰·罗尔斯：《政治哲学史讲义》，杨通进等译，中国社会科学出版社2011年版，第372页。

③ ［美］约翰·罗尔斯：《政治哲学史讲义》，杨通进等译，中国社会科学出版社2011年版，第373页。

意识都消失了"①。罗尔斯甚至认为，共产主义社会是不需要诉诸道德训教的社会，也是不具有严重利益冲突的社会，因而是超越了正义的社会。实际上，罗尔斯没有严格区分马克思对共产主义两个阶段不同正义原则的论述，他笼统地把共产主义称作"生产者自由联合的社会"，既没有将正义看作历史的动态实践的过程，也没有对需要原则的历史语境进行科学分析，而是通过剥削消失、异化消失、冲突消失、意识形态意识消失等假设性前提来类推出了"正义消失"。很显然，罗尔斯在一定意义上误读了共产主义的需要原则，将之看成一种"目的论"价值。显然，马克思并未宣告一种走向"消失"的终极正义价值，也并未诉求于超越历史的价值，他更多的是为未来社会提供正义的实践方案。正如塞耶斯所言，马克思"是在历史的和相对标准的基础上评价现在和未来，并且这种标准是从目前活跃的和内在的各种力量和趋势中产生的"②。可见，罗尔斯忽视了马克思的历史主义方法，他强调"按需分配"原则"不是一条正义的原则，它也不是一条正当的原则。只是一个描述性的概念或原理"③。所以，即使需要原则是描述性的概念，它也表达了规范性的正义要求。应该说，它是马克思基于权利原则、贡献原则的内在缺陷而在历史序列上设想的规范性价值，它是共产主义高级阶段的正义表征。

其次，"正义超越论"者尝试把共产主义高级阶段论证为超越了正义发生条件的社会。有学者把马克思的正义思想归结为传统的正义思想，即将之划归以休谟为代表的传统正义流派。休谟认为，正义并不是适应于所有社会的普遍价值，而是起源于某种具体的环境：

---

① [美]约翰·罗尔斯：《政治哲学史讲义》，杨通进等译，中国社会科学出版社2011年版，第383页。

② [英]肖恩·塞耶斯：《马克思主义与人性》，冯颜利译，东方出版社2008年版，第188页。

③ [美]约翰·罗尔斯：《政治哲学史讲义》，杨通进等译，中国社会科学出版社2011年版，第384页。

相对匮乏的社会条件以及人的利己性。[1]"正义超越论"者把马克思的高阶正义看作"多余"的价值,因为他们默认共产主义高级阶段已经超越了休谟所说的正义的环境和运行条件。当共产主义在物质上实现丰裕、多产以及人性达到利他和自我实现时,正义的环境和条件就被彻底扬弃了,正义的发生机制也就不复存在。实际上,这样的诠释完全依赖于休谟的解释路径,也把马克思的正义归结为一种在历史中达到顶峰并走向消亡的价值。正是如此,卢克斯断言,在共产主义高级阶段,"不仅将不再有资产阶级的权利,而且将不再有法权、法律和道德规则……因为物质上的丰富,需求将会全部得到满足,而不会有相互冲突的要求。"[2] 在这种情况下,正义就会成为次要的价值,甚至最终将会变成被超越的一个神话和古语。在一定意义上,卢克斯把正义作为阶级社会的产物,他认为阶级划分在未来社会终将被克服,在无阶级的社会,正义终将会被人们忘却,正义原则注定要消亡。R. W. 米勒解释道:"在马克思的大量著作中,他认为共产主义的魅力在于:共产主义能够减少障碍从而实现合理的社会选择,它凭借对大多数人的真正利益的诉求,并且凭借建构这样一个社会,即当社会前景发展得越来越和谐时,这个社会的基本选择最终由所有人的利益来决定。"[3] 米勒也认定共产主义高级阶段超越了正义的环境,因为社会冲突必将在未来"某一刻消失",特别是在社会主义更高阶段消失,社会冲突的消失意味着正义不可能再起作用,因而,正义原则会成为无用的价值。伍德就是基于这样的假设而将共产主义高级阶段看成超越正义的社会形态,他

---

[1] 参见休谟《人性论》中的一个重要观点:"正义只是起源于人的自私和有限的慷慨,以及自然为满足人类需要所准备的稀少的供应。"该观点通常被用于解释正义产生的环境和条件。([英]大卫·休谟:《人性论》,关文运译,商务印书馆2016年版,第532页。)

[2] [英]史蒂文·卢克斯:《马克思主义与道德》,袁聚录译,高等教育出版社2009年版,第70页。

[3] [美] Richard. W. 米勒:《分析马克思——道德、权力和历史》,张伟译,高等教育出版社2009年版,第48—49页。

说："随着阶级社会的终结，社会也不再需要那些容纳'权利'、'正义'等概念的国家机器和司法制度。"① 实际上，马克思确实强调共产主义高级阶段是无国家、无阶级的社会，但马克思没有一处文本否认"需要原则"会像国家一样走向消亡，他并没有把正义作为多余的价值排除在外，相反，马克思是在建构的意义上指认了需要原则在高级阶段的真正运行。

最后，"超越正义论"者以历史虚无主义的眼光把共产主义的正义看成"既走向超越又不可欲求"的虚幻价值。罗尔斯对"共产主义与正义"的关系存在自相矛盾的见解，他一方面认为共产主义超越了正义的环境，特别是超越了正义发生的客观条件（适度匮乏）和主观条件（利益冲突、人性自私），另一方面又宣称共产主义是一个正义的社会，即共产主义实现了"没有强制的、激进的平等主义"②，基于平等的共产主义无疑是正义的。但是，罗尔斯最终亮明了自己的观点："正义的逐渐消失既是不值得欲求的，也是在实践中难以实现的。"③ 他的言外之意是，尽管正义会走向超越，但正义不会最终消失，共产主义既超越了正义，又不可能最终销蚀正义。罗尔斯的论证陷入了模棱两可的困局，顺着他的解读思路就会得出以下结论：正义的消失既是不可行的，也是不可欲的。这实际上又回到了马克思的原初语境，即共产主义的正义不会趋向消亡。为了修补罗尔斯的观点，布坎南力主共产主义与正义没有必然的联系。在他看来，无论如何，"共产主义社会都不是一种'正义的'社会或者维护任何一种'权利'（无论权利是否以强制作为后盾）的社

---

① [美] 艾伦·伍德：《马克思对正义的批判》，林进平译，载李惠斌、李义天《马克思与正义理论》，中国人民大学出版社2010年版，第28页。
② [美] 约翰·罗尔斯：《政治哲学史讲义》，杨通进等译，中国社会科学出版社2011年版，第384页。
③ [美] 约翰·罗尔斯：《政治哲学史讲义》，杨通进等译，中国社会科学出版社2011年版，第385页。

会。"① 布坎南赞成罗尔斯的判断，认为共产主义是一个民主的平等社会，它已经超越了稀缺，若以正义的要求看待这个社会，无疑显得多此一举。不过，布坎南比罗尔斯更前进了一步，他认为即使共产主义超越了正义，但仍然会存在着利益冲突，因而不能冒昧宣称正义在共产主义社会会完全消失或变得多余。

可见，"正义多余论""正义消失论"和"正义超越论"如出一辙、异曲同工，它们都是抛弃历史唯物主义而对马克思正义思想的另类建构和虚无主义解读，这种解读和建构预设了正义发生的特定环境和条件，从而没能从历史主义的原则厘定正义的历史序列和高级阶段正义运行的可能性。应该说，"共产主义超越了狭义的正义环境，但没有超越广义的正义环境，在此意义上，正义之于共产主义具有构成意义。"② 在马克思共同体的正义模型中，未来共同体是真实的人的联合体，这种联合体对适度匮乏、人性自私、社会冲突的超越不等同于对正义本身的超越。与其说未来共同体超越了正义，毋宁说它是正义的真正实践方式。在马克思共同体演进的次序中，"人将超越通常意义上的正义概念，因为他们不再从权利的角度思考问题。……公民自愿对他们参与的集体事业做出贡献，他们的所得属于自己，因为生产的唯一合理目标是满足人的需求，分配的唯一合理原则是'按需'。"③ 换句话说，需要原则是未来共同体唯一可能的最佳分配模式，如果说真正共同体不需要正义，那也只能说它克服了带有阶级底色的正义传统。所以，那些一贯宣称"权利和正义也将变得多余"④ 的论点既缺乏文本依据，也不符合马克思对正

---

① [美]艾伦·布坎南：《马克思与正义》，林进平译，人民出版社2013年版，第31页。

② 汪行福：《共产主义与正义——对罗尔斯和布坎南理论的批判与扩展》，《中国人民大学学报》2019年第3期。

③ [英]阿兰·瑞安：《论政治》下卷，林华译，中信出版社2016年版，第465—466页。

④ [美] R. G. 佩弗：《马克思主义、道德与社会正义》，吕梁山等译，高等教育出版社2010年版，第349页。

义所作的实践性解读。

二 反方的驳析：共产主义不会终结正义

"共产主义超越正义"的观点是基于"休谟—罗尔斯条件"① 所得出的理论判断，这个条件并非与马克思在《哥达纲领批判》中所论及的"按需分配"的条件相同。马克思认为，按需分配只有在脑体劳动差别消失、劳动成为生活的第一需要、社会实现彻底丰裕、个人达到自我实现时才能真正实现。而罗尔斯、布坎南等人则反其道而行之，认为这些条件的实现恰好超越了正义的环境。为了还原需要原则的正义意蕴，有学者重新解释了共产主义的正义环境，从而在理论上为"共产主义与正义兼容"作了辩护。

首先，利益冲突和角色差别不会在共产主义高级阶段完全消除。反方认为，共产主义不会终结正义的首要依据是共产主义高级阶段仍然存在人的角色差别和局部社会利益冲突，基于差别的社会不会排除正义。毫无疑问，共产主义社会一定是人人平等、社会关系高度和谐、社会财富极大丰裕、个人获得全面发展的社会。但这样的社会并非没有角色差别和利益冲突的社会。很多学者认为，共产主义之所以不是正义的终结和超越，是因为共产主义即便满足了所有人的需要，但也无法克服天然的性别差异、社会角色的差别以及局部的利益冲突。马尔科维奇在《当代的马克思》中辩护道："马克思很清楚地认识到个人之间的天然差别以及这样一个事实，即这些差别在那些对社会歧视和不平等有利的体制消失的时候将愈发重要。他远没有把共产主义看做一个严格平等的社会，其中，所有个人都

---

① 罗尔斯对正义起源的论述遵循休谟《人性论》和《道德原则研究》中的解释。罗尔斯在《正义论》中指出："正义的环境可以被描述为这样一种正常条件：在那里，人类的合作是可能和必需的。"这个判断与休谟所述的"正义的环境"内在一致，学界一般将罗尔斯的这个判断和休谟的"正义的环境"合称为"休谟—罗尔斯条件"。

会得到平等的报酬并培育出一种统一的生活方式。"① 马尔科维奇认为，只有那些非马克思主义者才把共产主义看成没有角色差别和自然能力差异的社会，而这样的人完全是执迷不悟的，因为在每一个社会或共同体中，个人的能力、性格、角色和天赋都是有差异的，企图把共产主义看成严格平等的社会并要求它消除人的角色差别，既是不可能的，也是不良的。对此，尼尔森指出："一个完全平等的社会不仅是无阶级的，而且也应当是没有社会分层的社会。但它不是一个没有社会角色差别的社会"②。尼尔森强调，未来社会应该考虑到人的需要的差别以及"非社会经济环境"的差异，应该在此基础上进行财富的平等分配。根据尼尔森的观点，严格的平等主义容易营造一个灰色的千篇一律的世界，在那里，人们的自由、创造性、个性都会遭到毁灭性的破坏。显然，这样的平等主义和马克思的按需分配原则相去甚远。所以，遵循需求差别并坚持按需分配才是平等主义的要求，也是未来共同体的正义价值之所在。

共产主义高级阶段是否存在利益冲突？这是人们一直争论的问题。对这个问题的回答，是解决"共产主义是否超越正义"的重要突破口。在马克思的视域中，人的利益和需要是引发冲突的内在根源。显然，马克思通过建构需要原则，为解决由人的利益和需要引发的社会冲突提供了方案。马克思不仅承认人的利益和需要的差异性，而且确证了人的需要对历史发展和社会变革的深远意义。马克思考察了人的诸多需要及其历史形式，他把人的需要等同于人的内在本性，人性观念总是牵涉人的需要及其满足需要的方式。马克思还把人的需要扩展到社会历史领域，强调人的需要推动着人的历史创造活动，是历史发展的原动力。历史的第一

---

① [南斯拉夫]米哈依洛·马尔科维奇：《当代的马克思：论人道主义共产主义》，曲跃厚译，黑龙江大学出版社 2011 年版，第 135 页。
② [加]凯·尼尔森：《平等与自由：捍卫激进平等主义》，傅强译，中国人民大学出版社 2015 年版，第 65 页。

个活动就是生产满足人的需要的生活资料,"没有需要,就没有生产。"① 没有生产,就没有历史。马克思认为,尽管人们处于不同的历史境遇下,但为了生存,各个时代的人们必须从事满足自身需要的活动,因而必须融入各种不同的社会关系中,这个过程就是历史活动的生成过程。马克思对人的需要的关注表明,普遍的人性正在于,人都在追求自我需要,人的需要总是随着社会生产条件的不同而不同,也随着人的差异而具有多样性。在这种情况下,满足不同人的不同需要便是社会的最大正义。按需分配就是基于对不同人的不同需要给予同等关照的社会正义模式。这个原则不是平均主义原则,也不是差别原则,而是在每个人都有不同需要的情况下最大限度地满足所有人的需要。

应该说,共产主义的人们任由所需,而且能够按需所得,这是高级阶段需要原则代表的正义意蕴。在这样的社会中,尽管"人们之间的社会冲突将更少,他们对自己的利益也不再那么孜孜以求,但是,世界上仍会有某种利益冲突存在"②。尼尔森举例指出,共产主义社会中的夫妻可能也会离婚,甚至会在离婚时为了得到孩子或其他东西而发生利益冲突。而且,共产主义社会中的人们可能会在某些目标上发生重叠(比如两个人想在同一所大学任职),尽管社会或共同体可以设置多个职位满足人们的需要,但这并不意味着共产主义是消除社会角色差别和利益冲突的社会。尼尔森甚至认为,即便国家消失了,即使我们可以省去法律,也仍然不偏不倚地需要正义和道德来处理社会的某些冲突。所以,"声称道德在无阶级社会里不可能存在,这是荒谬的。"③ 尼尔森试图通过人口日益增长与人的欲望无限来证明人类也许无法真正摆脱稀缺,以至于人类终究无法

---

① 《马克思恩格斯全集》第30卷,人民出版社1995年版,第33页。
② [加]凯·尼尔森:《马克思主义与道德观念》,李义天译,人民出版社2014年版,第309页。
③ [加]凯·尼尔森:《马克思主义与道德观念》,李义天译,人民出版社2014年版,第310页。

超越需要调控社会的正义原则。在尼尔森看来，即使共产主义不必然包含法权观念，也可能没有阶级冲突，"但是可能仍然存在一些利益冲突，因此我们不可能完全超越正义的环境。"① 由此来看，反对共产主义超越正义的学者把人的角色差别和利益冲突作为共产主义的一种必然存在加以接受，并且以此判定马克思的需要原则就是基于差异和解决差异的正义原则，共产主义不可能因为人的需要的差异而超越正义，也不可能因为利益重叠而排斥正义。"如果这是事实，那么即使是在共产主义社会，为了解决可能发生的争执，正义原则也将是必需的。"②

其次，即便共产主义高级阶段超越了"休谟—罗尔斯条件"，但也无法超越人的主观欲望的差异和非物质性"稀缺"，基于稀缺的社会仍然需要正义。为了澄清共产主义不会超越正义，有学者提出了共产主义的稀缺问题。如果共产主义存在稀缺，那么共产主义就不会超越正义，因为解决稀缺问题的可能性方案就是分配正义。那么，共产主义究竟存在稀缺吗？这个问题既非常诱人，也极其恼人。从马克思的相关论述来看，共产主义是物质极大丰裕的社会，在物质资源上已经克服了稀缺而实现了彻底富足。但人们存疑的地方在于，物质资源稀缺的克服不等同于人的主观愿望的满足，也并非利己主义冲突的消除，即人们依旧存在"非物质资源的稀缺"，在很多事情上无法达成主观共识。布坎南相信，共产主义一方面克服了物质资源稀缺（正义的客观条件），因而超越了正义的环境；但另一方面又无法克服人的价值冲突和欲望差异（正义的主观条件），因而又需要正义调节。布坎南把人的主观偏好和非物质稀缺作为支撑共产主义正义的核心论据，他认为，马克思对共产主义稀缺问题的理解基于

---

① ［加］凯·尼尔森：《马克思论正义：对塔克—伍德命题的重新审视》，林进平等译，载李惠斌、李义天《马克思与正义理论》，中国人民大学出版社 2010 年版，第 215 页。

② ［加］阿兰·桑德洛：《马克思主义的正义理论？》，王贵贤译，载李惠斌、李义天《马克思与正义理论》，中国人民大学出版社 2010 年版，第 365 页。

两个视角：一是对正义原则的依赖，取决于不必要的稀缺资源引发的阶级和利己主义冲突；二是随着共产主义对阶级和利己主义冲突的替代，稀缺会大大减少。显然，这两个视角是内在一致的，它们共同确证了共产主义正义的运行条件和运行方式。但是，布坎南认为马克思的这种构想存在着可疑之处，即"即使在没有阶级冲突的情况下，也可能存在非利己主义的利益或观念的冲突，它仍然会严重到需要正义原则"①。也就是说，布坎南认为，马克思仅仅考虑到了"利己主义冲突"的消除，但马克思忽略了"非利己主义冲突"是无法消除的。原因在于，人们在对共同的善的追求以及如何获得最大化幸福方面存在着分歧，这种分歧不是利己主义导致的，而是利他主义引发的。布坎南由此推定：正义并非像马克思需要原则预设的那样仅仅同"利己主义冲突"发生勾连，也应该和"非利己主义冲突"相联系。同样，个人的不同需要会引发稀缺和冲突，集体的需要也可能会引发稀缺和冲突。这样一来，即便共产主义超越了基于个人需要的稀缺，也可能无法超越基于共同体或集体需要的稀缺。因而，共产主义并未超越利他主义意义上的正义的环境。

值得一提的是，布坎南把正义的环境扩展到生产资料的公共控制及其稀缺领域，认为利他性的稀缺不一定会在共产主义社会大大减少。他举例指出，"延长人的寿命和改善人类生活的医疗研究看来可能要吸收几乎无尽的资源，宇宙探索也是"②。再者，即使人们在共产主义获得了各方面的满足，在资源占有方面达成了一致，但还存在着对后代的责任问题。也就是说，"对后代的正义问题"也应该是共产主义的人们考虑的利他主义问题，这个问题同样需要正义原则的引导和调控。同时，布坎南认为，共产主义中人们具有自由选择的权利，而选择的需要也可能引发必要的社会分歧，这也要求规

---

① [美]艾伦·布坎南：《马克思与正义》，林进平译，人民出版社2013年版，第197页。

② [美]艾伦·布坎南：《马克思与正义》，林进平译，人民出版社2013年版，第198页。

范性原则的引导和调节。可以看出，布坎南对马克思的需要原则进行了修补，这种补充性论证是基于正义的主观条件的论证。布坎南提出了一种基于非利己主义的稀缺假设，这种假设把利他性的冲突作为正义发生作用的依据，在一定意义上反驳了"共产主义超越正义论"。应该说，哪里存在稀缺、冲突和分歧，哪里就应该有正义、道德和法权。所以，反对共产主义超越正义的学者一般把高级阶段存在稀缺、冲突和分歧作为正义存在的条件。所以，"即使在一个由马克思称之为'社会的''公有的''类'或'共产主义的'个人所组成的物质'极大丰富'的社会中，可能也需要一个正义的观念和理论。"[1]

最后，历史发展具有前进的、上升的必然趋势，共产主义高级阶段的动态变化和必然趋势意味着需要原则不会终结。那些宣称共产主义超越正义的学者在很大程度上陷入了虚无主义和绝对主义的困境，他们在历史观上忘却了历史发展的必然趋势，忽略了即使人类实现了共产主义，这样的社会也不可能是一成不变的。马克思正义序列中的各原则不是永恒的，而是历史的和相对的。马克思之所以把按需分配作为共产主义高阶正义原则加以论证，根本上是历史的必然性逻辑使然，而不是凭空的头脑臆测和主观构想。那么，需要原则的实现是否同时意味着正义的多余和超越？显然，"历史唯物主义的逻辑使得共产主义社会……不能将一种正义概念作为多余的东西排除在外。"[2] 历史不可能走向终结，马克思的共产主义及其内蕴的高阶正义代表了一种信念，这种信念不是超然的理论虚构，而是基于历史合理性的科学预判，它顺应了人类走向更高级更美好社会的理想，并且，这种理想本身就是趋向现实的运动。所以，马克

---

[1] [美] R. G. 佩弗：《马克思主义、道德与社会正义》，吕梁山等译，高等教育出版社2010年版，第351页。

[2] [加] 阿兰·桑德洛：《马克思主义的正义理论?》，王贵贤译，载李惠斌、李义天《马克思与正义理论》，中国人民大学出版社2010年版，第349—350页。

思确切地指出,共产主义"是那种消灭现存状况的现实的运动"①。共产主义不会消除正义的根本原因是这种社会本身是动态变化的,它不是历史的终结,而是代表了人类历史在高级阶段继续发展的方向。正如恩格斯所言:"历史同认识一样,永远不会在人类的一种完美的理想状态中最终结束……一切依次更替的历史状态都只是人类社会由低级到高级的无穷发展进程中的暂时阶段。"② 在共产主义高级阶段,历史依然处于变化的逻辑中,与之相适应的社会关系依旧会发生新的变更,这种变化意味着共产主义中的各种关系依然存在着矛盾,因而需要正义加以规约。基于此,有学者给出了三点理由驳斥了共产主义超越正义论。"首先,与共产主义社会相适应的制度都会一直服从于变化;其次,共产主义社会不被理解为历史的终结;最后,共产主义社会的制度形式和实践不能被简单地从人性概念中推导出来。"③ 因此,共产主义的正义是人类最理想的价值,对这种价值的追求是人类应有的信念,是人类值得为之奋斗的崇高理想。

三 共产主义与正义内在兼容、相互贯通

"共产主义与正义"的理论分歧和思想争执,归根结底是"历史唯物主义与正义"的理论分歧和思想争执。"共产主义超越正义论"归根结底是误导性的"经济决定论",即把经济的高度发展和财富的充裕作为超越正义的条件。历史唯物主义的必然性预设(共产主义)不会排除正义,而是需要原则的真正运行。马克思对共产主义的勾勒代表了自由王国应该具有的正义样态,它允许所有人都实现自我、满足自我,从而表达了人人互惠互利的共同体的正义规范。"随着无阶级社会的到来,与历史上此前任何时期相比,有更多

---

① 《马克思恩格斯文集》第1卷,人民出版社2009年版,第539页。
② 《马克思恩格斯文集》第4卷,人民出版社2009年版,第270页。
③ [加]阿兰·桑德洛:《马克思主义的正义理论?》,王贵贤译,载李惠斌、李义天《马克思与正义理论》,中国人民大学出版社2010年版,第369页。

的利益可以而且将会得到满足,并且是更加平等的满足。"① 马克思本人也表明,在共产主义高级阶段,人们尽其所能,得其想得,按需分配。尽管这样的社会存在着差别,但马克思指出:"活动上,劳动上的差别不会引起在占有和消费方面的任何不平等,任何特权。"② 恩格斯也表示,共产主义的正义特性是确定不疑的,在资源丰裕的情况下,人们不会奢谈平等和权利,因为平等和权利已经真正实现,"谁如果坚持要求丝毫不差地给他平等的、公正的一份产品,别人就会给他两份以示嘲笑"③。可以肯定,共产主义作为制度形态,它与实质正义是相互贯通、内在兼容的,如果共产主义失去正义属性,那么,共产主义就失去了它的本真价值。"共产主义的正义不仅是明天的正义,而且是今天的正义。"④ 马克思不仅赋予了共产主义社会的正义特性,更赋予了通达这种正义的实践意蕴。

马克思真正共同体视域中的正义思想,按其本质来说是批判的和革命的⑤,它破除了以往思想家从精神中构造理想正义的做法,把正义从精神王国中拔除,使之挺立在历史唯物主义所铺就的雄厚而坚实的理论路基上。马克思对真正共同体正义的理论诠释并没有脱离他所生活的社会现实,也没有脱离生活于现存时代的现实之人。从马克思的致思逻辑和研究方法来看,他的共产主义正义奠基于对"虚幻—抽象共同体"的批判的基础上,他通过深入研究人类社会的所有制演变形式,分析批判资本主义的经济事实,观照现实人的生存境遇,最终科学判定:要消除不正义,实现普惠所有人的真正正义,就必须彻底消灭私有制。从这个层面来讲,共产主义社会中的

---

① [加]凯·尼尔森:《马克思主义与道德观念》,李义天译,人民出版社2014年版,第323—324页。

② 《马克思恩格斯全集》第3卷,人民出版社1960年版,第638页。

③ 《马克思恩格斯文集》第9卷,人民出版社2009年版,第354页。

④ 汪行福:《共产主义与正义——对罗尔斯和布坎南理论的批判与扩展》,《中国人民大学学报》2019年第3期。

⑤ 《列宁选集》第1卷,人民出版社2012年版,第82页。

一切关系都是对现存社会关系的超越,都是与它自身的生产方式相适应的,因而是正义的。马克思虽然没有详细勾勒共产主义的正义图景,但从隐性的方式来看,作为资本主义替代物而出场的共产主义,其正义性恰恰以马克思勾画的人的自我实现、自由王国、自由人联合体、"按需分配"等图景而得到彰显。我们完全有理由确认,马克思就是从"人类社会""自由人联合体""按需分配"的语境中来阐发其正义思想的,更是以这些美好蓝图为参照来批判资本主义的。正义不可能在马克思共产主义的图景中失色,相反,只有共产主义社会才能把人类期望的正义蓝图变成现实。

列宁说:"把社会主义看成一种僵死的、凝固的、一成不变的东西的这种观念,是非常荒谬的"①。同样,我们在理解真正共同体的正义思想时,也应该将之看成历史的、变化的价值,看成是处于历史生成中的实践性概念。诚然,有学者误解了马克思真正共同体的正义思想,从而机械地把马克思的高阶正义指摘为"乌托邦"和"抽象善",这种一厢情愿的想法,根本没有厘清言说正义所秉持的革命性方法,而是抛弃了解释正义的历史主义视角。可以确证,马克思的共产主义以实现真正正义为价值指向,坚持对"现存的一切进行无情的批判",代表无产阶级的正义要求,为人类正义梦想的最终实现指明了道路。马克思认为,在阶级社会中,不可能有一个正义原则得到所有阶级的普遍认同,阶级社会中正义理念的冲突实际上就是经济利益的冲突。并且,只要存在私有制,社会正义就是虚幻的泡影,实质正义永远不可能实现。马克思拒绝在"词句里革命",他认为要使"批判的武器"改变现存世界,必须借助"武器的批判"。无产阶级要变阶级社会为无阶级社会,实现高阶正义,必须在变革社会的过程中消灭束缚正义实现的一切因素,在解放全人类的过程中实践正义。也就是说,马克思的高阶正义是真正人的正义,是基于每个人解放的正义。"要不是每一个人都得到解放,社会

---

① 《列宁专题文集 论社会主义》,人民出版社 2009 年版,第 39 页。

也不能得到解放"①。马克思真正共同体的正义向人们昭示,高阶正义是对一切虚假正义的扬弃,是基于每个人利益和需要的正义,这种正义既是可能的,也是可欲的。

尽管马克思"不是一个从水晶球中窥探天机的占卜术士,而是一个谴责世间非正义的预言家"②。但马克思真正共同体的正义足以令现存世界的人们欢欣鼓舞。即便"有太多人倒在了通往共产主义的路上,壮志未酬,烟消云散"③,但这都无法否认共产主义内蕴的正义的科学性、价值性和实践性。马克思倾注毕生的精力为了建立一个正义的新世界,他为此创立了指引人类获得解放的正义理论。这一理论赋予了无产阶级斗争的使命,没有哪一种正义理论能够把代表最广大人民利益的阶级紧紧凝聚在一起,也没有哪一种正义理论像马克思的正义理论那样让理论的旗帜飘扬在为人类正义事业而斗争的运动中。真正共同体的正义作为马克思理论的重要组成部分,它反映了绝大多数人的正义诉求,代表了实现人的可能性需要的希望,实现了正义思想的革命性变革。

---

① 《马克思恩格斯文集》第9卷,人民出版社2009年版,第310页。
② [英]特里·伊格尔顿:《马克思为什么是对的》,李杨等译,重庆出版社2017年版,第51页。
③ [英]特里·伊格尔顿:《马克思为什么是对的》,李杨等译,重庆出版社2017年版,第62页。

第 六 章

马克思共同体的当代表现与正义探索

马克思虽去，但他的思想依旧活着。"马克思给我们留下的最有价值、最具影响力的精神财富，就是以他名字命名的科学理论"①。这个理论是当今人类认识现存世界的"解码器"，也是改造现存世界的"利器"。当今人类依然处于马克思历史唯物主义所指明的历史大时代，尽管这个时代与马克思所生活的机器大工业时代不可同日而语，但马克思对"货币—资本共同体"的批判依旧是我们反思当下人的生存境遇的"范本"。"只要资本主义还存在一天，马克思主义就必然存在"②。在资本驱动信息技术、人工智能的现时代，资本主义生产方式内蕴的矛盾及其产生的恶果依旧存在，资本逻辑引爆的危机时而登台重演，甚至在全球化的历史舞台上愈演愈烈。特别是2008年国际金融危机以来，资本全球扩展加剧的不平等、不公正愈加明显，并以信息、数据的形式扩大了各国发展鸿沟。面对当代资本主义共同体催生的全球问题，无论是新自由主义还是政治自由主

---

① 习近平：《在纪念马克思诞辰200周年大会上的讲话》，《人民日报》2018年5月5日第2版。

② [英]特里·伊格尔顿：《马克思为什么是对的》，李杨等译，重庆出版社2017年版，第3页。

义，都无法破解 21 世纪的人类难题。那么，人类如何才能寻获走向真实共同体的最佳航向和最好"渡船"？我们如何才能在日益加固的资本霸权中破解危机和赤字？我们认为，回到马克思的共同体理论和正义思想，以真正共同体的价值为指引携手构建人类命运共同体，以人类共通的发展逻辑驾驭资本本身的逻辑，推进全球协同治理和促进全球正义，或是人类纪时代走向大同世界的最佳选择。

第一节　数字资本主义："虚幻—抽象共同体"的当代形式

马克思对资本主义的批判奏响了 19 世纪批判理论的最强音，他对社会主义必然胜利的证明，是迄今为止最具说服力、影响力的经典诠释。马克思对历史规律的揭示为人类跨越发展难题提供了锁钥。今天，人类不仅身处于马克思终其一生所批判的资本逻辑和资本共同体的统治之中，而且，资本主义已然披上了由信息、智能机器和大数据共同编织的华丽外衣，驱动新技术、新媒体实现着价值增殖，以全新且更加隐秘的方式统治着人类。西方左翼学者哈特（Michael Hardt）和奈格里（Antonio Negri）认为，当今资本主义正在向一种前所未有的新形式转变，即正在向无边无垠的帝国转变，这个帝国就是"新的全球主权形式"，是"一个无中心、无疆界的统治机器"[1]。戴维·哈维（David Harvey）也指出，当今世界"一个'新的帝国'已经拔锚起航"[2]，人类可以选择的方案是在全球实行"新政"，把资本积累的逻辑从新自由主义的链条中解放出来。在马克思逝世后，资本共同体已经从垄断资本主义、金融资本主义过渡到帝

---

[1] ［美］麦克尔·哈特、［意］安东尼奥·奈格里：《帝国——全球化的政治秩序》，杨建国、范一亭译，江苏人民出版社 2003 年版，第 2 页。

[2] ［美］戴维·哈维：《新帝国主义》，付克新译，中国人民大学出版社 2019 年版，第 3 页。

国资本主义,这种变化的催化剂就是技术、信息、互联网的资本化应用。尽管资本主义在后马克思时代呈现出新的特征,甚至在缓和劳资冲突、阶级矛盾等方面做出了努力,但资本主义的性质和矛盾并没有以此发生改变。正如席勒(Dan Schiller)所言:"资本主义不但持续存在,而且在数字化时代更为普遍化了。过去四十年来,资本主义种种矛盾的爆发,总是伴随其自身进一步的完善与发展。"[①] 今天,资本主义依然处于马克思政治经济学批判的论域中,人类依旧处于资本共同体的笼罩下,马克思的方案依旧有效。

那么,当代资本主义最本质的特征是什么?资本共同体的劳动形式发生了怎样的改变?资本剥削率升高了还是降低了?很多思想家借助政治经济学批判对资本主义的劳动形式、剥削方式进行了分析。其实,马克思早在"机器论片段"中就已经预言了"一般智力"在未来社会发展中的作用。马克思指出,"一般社会知识,已经在多么大的程度上变成了直接的生产力,从而社会生活过程的条件本身在多么大的程度上受到一般智力的控制并按照这种智力得到改造"[②]。这说明,随着人类对机器体系的应用,一般智力将会成为一种占统治地位的主导力。自20世纪90年代以来,人类就进入了物联网时代,这个时代就是以全球数字网络的普及并促生了普遍的自动化为标志的时代,"网络在今天对我们而言,就像铁路对人类纪的初期而言那样的意义重大。"[③] 可以说,互联网、人工智能技术如同魔术,既更新人类生活,也催生巨大能量,既创造不朽贪欲,也可能威胁大千世界。"智能技术"似乎是人类处于死阴幽谷时的"救命稻草",也犹如历史长河中的滚滚波浪,不断推动人类生产生活向前发展。应该说,网络、信息和媒体技术的发展使社会生活发生了

---

① [美]丹·席勒:《信息资本主义的兴起与扩张》,翟秀凤译,北京大学出版社2018年版,第252页。

② 《马克思恩格斯文集》第8卷,人民出版社2009年版,第198页。

③ [法]贝尔纳·斯蒂格勒:《论数字资本主义与人类纪》,张义修译,《江苏社会科学》2016年第4期。

翻天覆地的改变，这是技术对人类生活的积极影响和伟大贡献。与此同时，网络、信息、媒体技术与资本的结合也促使资本主义走向了新的形态，即进入了数字化时代。

互联网、数字化时代的资本主义就是"数字资本主义"，也即是"信息时代的资本主义"[①]。西方左翼学者乔蒂·狄恩指出："'数字'将我们引向了交往资本主义之势"[②]。与数字资本主义、交往资本主义相关的一个概念是"认知资本主义"，是指20世纪70年代以来由技术创新引发的人的知识与资本结合的新形态，人们一般把认知资本主义看成"继重商资本主义、工业资本主义后资本主义发展的新阶段"[③]。如果说认知资本主义是披着后福特制外衣并在知识经济时代的另类呈现，那么数字资本主义则是数字化技术驱动资本主义在21世纪的最新表现。正如席勒所言："在扩张性市场逻辑的影响下，因特网正在带动政治经济向所谓的数字资本主义转变。"[④] 数字资本主义凭借对数字、信息的占有，通过数字化的运行模式获得利润，在一定意义上改写了资本主义的外在形态。但是，数字资本主义仍然是资本主导的共同体，是"虚幻—抽象共同体"在21世纪的表现。

一 数字资本共同体是抽象共同体的最新表现

数字资本主义把数据、数字和信息与资本结合，是新技术与资

[①] 白刚：《数字资本主义："证伪"了〈资本论〉？》，《上海大学学报》（社会科学版）2018年第4期。

[②] Jodi Dean, *Critique or Collectivity? Communicative Capitalism and the Subject of Politics*, David Chandler and Christian Fuchs eds., *Digital Objects, Digital Subjects: Interdisciplinary Perspectives on Capitalism, Labour and Politics in the Age of Big Data*, London: University of Westminster Press, 2019, p. 172.

[③] 蔡万焕：《认知资本主义：资本主义发展阶段研究的新进展》，《马克思主义研究》2018年第8期。

[④] ［美］丹·席勒：《数字资本主义》，杨立平译，江西人民出版社2001年版，第15—16页。

本的耦合形态，尽管它延展了获取剩余价值的形式，改换了资本增殖的途径，把数据、数字和信息资本化，进一步掩盖了"劳动力创造剩余价值"的真相，但它并没有改变资本主义的剥削机制、剥削规律以及劳动者相对贫困的事实，而是以更加隐匿的剥削形式代替了机器大工业时代赤裸裸的剥削方式。在当今万物互联的时代，与其说人类处于资本的荫蔽下，毋宁说人类正处于数字资本共同体霸权的时代。不可否认，"今天，整个星球都是资本主义的工厂。"① 在这种情况下，我们应该重审数字资本共同体的本质，反思数字资本主义的劳动形式及其造成的异化后果，从而在马克思主义的解放理想中探寻替代性方案。

首先，从历史唯物主义来看，数字资本主义是由技术进步推动的资本共同体的新形态。社会历史发展离不开科学技术的进步，离不开生产工具的革新。技术是推动历史跃迁的重要杠杆，也是推动人类发展的重要的生产力。马克思恩格斯认为，科技是对人类社会历史"起推动作用的、革命的力量"②。资本主义之所以能够产生，并且在近代获得了狂飙式的发展，其中的一个重要原因是工业革命的推动。"蒸汽和新的工具机把工场手工业变成了现代的大工业，从而使资产阶级社会的整个基础发生了革命。"③ 当资本主义的生产方式获得了霸权地位时，资本家又想方设法以机器代替人力，从而攫取更多的剩余价值。马克思在《资本论》及其手稿中分析了机器的资本主义应用及其产生的后果，即技术的资本化应用最终使机器沦为了资本的奴仆，使机器成为工人的主人，使工人成为机器的附庸。马克思认为，资本家为了使商品更便宜，更具有市场占有率，他们会把机器变成价值增殖的手段。尽管机器不创造价值，但它可以提

---

① ［英］克里斯蒂安·福克斯：《数字劳动与卡尔·马克思》，周延云译，人民出版社2020年版，第368页。
② 《马克思恩格斯文集》第3卷，人民出版社2009年版，第602页。
③ 《马克思恩格斯文集》第9卷，人民出版社2009年版，第277页。

高效率；尽管机器是"人的手创造出来的人脑的器官"①，但它可以成为服务于资本的力量；尽管机器是"死的生产力"，但它可以支配活的劳动、驾驭活的劳动。机器的广泛应用既能缩短社会必要劳动时间，也能排挤工人人数，既能为资本家创造更多的剩余价值，也能为社会创造更多的失业人口。由此产生的悖论就是："缩短劳动时间的最有力的手段，竟变为把工人及其家属的全部生活时间转化为受资本支配的增殖资本价值的劳动时间的最可靠的手段"②。更进一步说，资本家越是应用技术，越是依靠机器，工人就越依附于机器，人就越成为可支配物，资本家也就越能获利，越能实现资本积累。当整个资本主义都采用新技术、新机器时，全部社会的经济基础和上层建筑将会发生革命性的变化。

马克思认为，随着技术的进步以及资本对技术的支配，作为劳动资料的机器，会成为同人相分离的异己的力量，由此必然产生一个结果："生产过程的智力同体力劳动相分离，智力转化为资本支配劳动的权力"③。马克思的这个判断充分地说明了智力在资本主义发展中的作用。他在"机器论片段"中把"一般社会知识"和"一般智力"作为资本占有和吸纳的对象，作为资本借以增殖和实现宰制的"软工具"，认为随着资本主义的发展，资本会愈加吸纳"一般社会知识"，从而必然导致资本主义走向崩溃。实际上，随着技术的进步，资本的逐利本性促使它总是占有技术、支配技术，而且，随着信息技术和知识经济的崛起，资本吸纳一般智力、占有一般社会知识的情况愈加凸显。从资本主义发展进程可以看出，资本总是为了最大限度地吸纳一般智力、利用一般智力以追求利润。马克思曾经断定，在资本主义的发展中，就连科学本身也会被应用到物质生产中去，资本为了生产的需要，总是"利用科学，占有科学"④。在

---

① 《马克思恩格斯文集》第8卷，人民出版社2009年版，第198页。
② 《马克思恩格斯文集》第5卷，人民出版社2009年版，第469页。
③ 《马克思恩格斯文集》第5卷，人民出版社2009年版，第487页。
④ 《马克思恩格斯文集》第8卷，人民出版社2009年版，第357页。

这种情况下，资本与科学技术的结合将是一种不可逆转的趋势，这种趋势促使那些"搞科学的人为了探索科学的实际应用而互相竞争……发明成了一种特殊的职业。因此，随着资本主义生产的扩展，科学因素第一次被有意识地和广泛地加以发展、应用并体现在生活中，其规模是以往的时代根本想象不到的"①。马克思预测到资本主义将在利用和占有一般智力的过程中获得发展，也会在利用和占有一般智力的过程中激化矛盾。事实表明，马克思的这个预言不仅是科学的，而且"认知资本主义""数字资本主义"的产生充分证明了其正确性。可以说，数字资本主义就是资本吸纳一般智力的结果，也是信息、数据的资本化应用的体现。

在马克思逝世后，资本主义获得了新的发展，其中，资本对技术的应用达到了前所未有的程度，资本对一般智力的吸纳逐渐普遍化。可以说，在机器大工业时代，机器和工具必须适应人的机体，但随着自动化和智能机器的出现，人的机体必须适应工具。在资本主义的发展过程中，"机器体系代替了作为工具的载体的人力，也就是取消了人的力量同劳动对象的直接接触，从而完全改变了劳动者和生产资料之间的关系。"② 如今，随着人工智能的发展，以智能机器为代表的生产资料已经并入劳动者，彻底改变了人的劳动形式。这实际上就是一般智力的普遍化应用。马克思认为，只要资本主义存在，资本对一般智力的吸纳就不会停止，应该说，计算机的广泛应用已经把马克思预测的"资本吸纳一般智力"的情况彻底变成了现实，现如今的大数据、区块链更是以惊人的速度并入资本，如此一来，资本主义已经发展到与大数据、智能机器无法分割的时代，已经以数字化的形式代替了传统的运行模式。正如维尔诺所言："后

---

① 《马克思恩格斯文集》第 8 卷，人民出版社 2009 年版，第 359 页。
② ［法］路易·阿尔都塞、［法］艾蒂安·巴里巴尔：《读〈资本论〉》（第二版），李其庆、冯文光译，中央编译出版社 2017 年版，第 282—283 页。

福特制是马克思'机器论片段'的经验实现。"① 所以，数字资本主义不仅没有消解马克思的判断，而且证实了《资本论》所揭示的资本主义的发展规律。在数字资本主义的宰制下，"人类个体也变成了'物'，他们的状态和活动在其不知情的情况下持续不断被记录和传播：他们的身体行动、金融交易、健康状况、饮食习惯，他们买卖什么，读什么，听什么，看什么，所有这些都被收集在数字网络中，数字网络比他们自己更了解他们。"② 数字资本主义催生了人的存在方式的转变，使人的活动方式和劳动形式走向非物质化、数字化。

其次，从马克思的劳动本体论来看，数字资本主义以"非物质劳动"替代了物质劳动，是以数字劳动为基础的资本共同体形态。马克思的劳动本体论还原了劳动对于人类史的真实意义。劳动是人的本性，是社会历史存在的前提。"劳动首先是人和自然之间的过程，是人以自身的活动来中介、调整和控制人和自然之间的物质变换的过程。"③ 人在劳动中确证自己，创造人自身的关系，创造对象化的世界，创造社会历史。不仅如此，马克思还确证劳动是价值的源泉，他说："一切劳动……就相同的或抽象的人类劳动这个属性来说，它形成商品价值。……就具体的有用的劳动这个属性来说，它生产使用价值。"④ 可以说，离开人的劳动就无法形成价值。正是人的劳动在创造着社会财富。马克思把劳动本体论、劳动价值论运用于资本主义社会，分析了资本主义的生产过程是劳动过程和价值增殖过程的统一，其中，价值增殖是由劳动力这个特殊的商品创造的。在马克思生活的时代，资本主义主要依托工人和机器的组合进行物质性劳动，即机器大工业时代资本主义占主导地位的劳动形式是

---

① ［意］保罗·维尔诺：《诸众的语法——当代生活方式的分析》，董必成译，商务印书馆2017年版，第130页。

② Slavoj Žižek, *The Relevance of the Communist Manifesto*, Cambridge, UK: Polity Press, 2019, p. 11.

③ 《马克思恩格斯文集》第5卷，人民出版社2009年版，第207—208页。

④ 《马克思恩格斯文集》第5卷，人民出版社2009年版，第60页。

"物质劳动"。与此相适应,物质生产是主导的生产形式,物质产品是主导的生产成果。但是,这并不是说机器大工业时代没有非物质劳动。马克思认为,任何一个社会,既存在物质生产,也存在精神生产,既有物质性活动,也有非物质性活动。这些不同的生产形式把人们的生活划分为不同的领域,各领域相互影响、相互制约,又在共同体中相互统一。马克思指出:"最蹩脚的建筑师从一开始就比最灵巧的蜜蜂高明的地方,是他在用蜂蜡建筑蜂房以前,已经在自己的头脑中把它建成了"①。马克思充分肯定了人的智力对社会历史发展的影响,从而在劳动本体论的意义上区分了人与动物的差别。人作为一种精神存在,必然有精神的需要,也必然促使人从事精神生产和精神活动以满足自我需要。马克思多次提及"精神生产领域""精神产品""精神劳动"等概念,并且强调它们对于"物质生产领域""物质产品"和"物质劳动"的依附性以及能动性。"思想的历史除了证明精神生产随着物质生产的改造而改造,还证明了什么呢?"精神总是离不开物质,物质劳动总是制约着精神劳动。"但是,在一个超越利益的分裂……的合理状态下,精神要素自然会列入生产要素"②。在马克思那里,物质劳动和精神劳动具有辩证统一性,也具有一定的差别。马克思更多地从物质劳动和物质生产研究历史,也更多地以此来分析资本主义的生产形式。

20 世纪 70 年代以来,资本主义发展逐渐进入"专业化 + 网络化"模式的新阶段。在这个阶段,"抽象智力和非物质的信号在我们生存的'后福特制'经济体系中已经成为主要生产力,正在深刻地影响着当代的结构和心态。"③ 在此背景下,欧陆思想界开始重新思考马克思对资本主义所作的诊断,并把关注的目光投向"非物质劳动"。最早提出"非物质劳动"概念的学者是莫利兹奥·拉扎拉托

---

① 《马克思恩格斯文集》第 5 卷,人民出版社 2009 年版,第 208 页。
② 《马克思恩格斯文集》第 1 卷,人民出版社 2009 年版,第 67 页。
③ [意] 保罗·维尔诺:《诸众的语法——当代生活方式的分析》,董必成译,商务印书馆 2017 年版,第 1 页。

(Maurizio Lazzatato)，他在《非物质劳动》一文中指出，后工业时代社会经济的生产形式在"非物质领域"得以呈现，这个领域主要涉及音像制品、软件、广告、信息以及文化活动，与此相关的劳动已经与马克思对劳动的经典定义相去甚远，因而需要重新定义劳动概念。拉扎拉托强调，非物质劳动不同于马克思的劳动概念，它是"以网络和流动的形式存在的劳动模式"，即"生产商品信息和文化内容的劳动"①。这里的"信息内容"是指生产商品的新技能，即由计算机管控的技能和商品信息沟通技能；这里的"文化内容"是指与艺术、时尚、品味直接相关的生产活动以及公共舆论等信息活动，即"大众智能"领域的活动。拉扎拉托注意到，这些非物质劳动已经渐渐成为主导，并且持续不断地修改着人们沟通和交流的条件。"非物质劳动首先要生产的是一种社会关系——它不单是在生产商品，而更是在生产一种资本关系。"② 在拉扎拉托看来，非物质劳动已经成为信息时代生产资本的重要形式，是资本的内在动力源泉。

如果说马克思的物质劳动概念更多地指向生产场所的劳动，那么拉扎拉托的非物质劳动概念则进一步模糊了生产和生活的界限，更多地将之锁定为生产信息商品和文化内容的劳动，即这种劳动是兼具物质性和非物质性的劳动形式。作为意大利自治主义马克思主义的代表，奈格里修正了拉扎拉托的非物质劳动概念。他早在《〈大纲〉：超越马克思的马克思》中就考察了资本主义的发展形态及其革命主体的转变。奈格里的主要关注点是资本主义从福特制向后福特制的转变及其对革命主体的重新界定，他认为福特制条件下的工人已经转变为"大众工人"，而后福特制下的工人则从事"信息生产"，他们已经由"大众工人"转变为"社会工人"。基于此，奈格

---

① ［意］莫利兹奥·拉扎拉托：《非物质劳动》，霍炬译，载罗岗《帝国、都市与现代性》，江苏人民出版社2006年版，第139页。
② ［意］莫利兹奥·拉扎拉托：《非物质劳动》，霍炬译，载罗岗《帝国、都市与现代性》，江苏人民出版社2006年版，第148页。

里把后福特制工人的劳动引申和扩展为"非物质劳动",认为在后福特制中,"社会工人构成非物质劳动的组织,这是一个作为由民众管理的生态政治统一体的生产的和政治权力的组织"①。在奈格里看来,由于福特制下工人的劳动形式以"非物质劳动"为典型形式,所以马克思的工人阶级概念也需要进一步修正,他把"社会工人"看成一种适应于资本主义新形态的"新无产阶级",它已经不再是经典意义上的从事工业劳动且有高度革命性的无产阶级,而是被资本所控制并从事非物质劳动的新力量。奈格里对"非物质劳动"的补充解释还体现在《帝国》中,他认为非物质劳动涉及知识、交往和语言等领域,主要包括三个层面:(1)由信息网络关联的"通讯交往劳动";(2)分析象征、解决问题的交互式劳动;(3)生产和操纵情感的劳动。② 这三个层面构成了非物质劳动的类型。奈格里把"情感劳动"融入非物质劳动,扩展了非物质劳动的内涵,在一定意义上更加准确地诠释了信息时代人类劳动发生的转向。特别是在《狄俄尼索斯的劳动:对国家—形式的批判》中,哈特和奈格里进一步区分了后现代人类劳动的多维样态,指出"劳动正在变成非物质劳动,其中包括智识劳动、情感劳动、科技劳动以及赛博格劳动"③。但是,奈格里较为机械地把非物质劳动和物质劳动进行严格区分,在一定意义上误解了劳动的本质。应该说,劳动是兼具人的智力和体力的综合性耗费,是兼具物质性和非物质性的活动形式,只有那种直接以生产智力产品为主导的劳动才体现出较为突出的非物质性。所以,奈格里为了弥补非物质劳动的漏洞,主张用"生命政治劳动"来代替非物质劳动。

---

① [意]奈格里:《〈大纲〉:超越马克思的马克思》,张梧等译,北京师范大学出版社2011年版,第11页。

② [美]麦克尔·哈特、[意]安东尼奥·奈格里:《帝国——全球化的政治秩序》,杨建国、范一亭译,江苏人民出版社2003年版,第30页。

③ [美]迈克尔·哈特、[意]安东尼奥·奈格里:《狄俄尼索斯的劳动:对国家—形式的批判》,王行坤译,西北大学出版社2022年版,第20页。

从整体上看，近年来西方学界对马克思劳动价值论的改写、补释主要关涉免费劳动、非物质劳动和数字劳动等问题。如果说非物质劳动理论是数字资本主义产生的劳动价值论基础，那么数字劳动理论则是数字资本主义的直接劳动形式。从理论分歧来看，意大利自治主义马克思主义把数字劳动看成非物质劳动的最新形式，形成了以非物质劳动为核心的数字劳动理论。这种数字劳动理论进一步模糊了劳动、生活和工作的界限，突出合作、虚拟和情感性层面的劳动。其中，"产消合一、情感交往和合作性生产是数字劳动的三大核心性质。"[1] 与此不同，西方学者克里斯蒂安·福克斯（Christian Fuchs）认为，数字劳动仍然是马克思主义意义上的物质性劳动，它并没有超越马克思对劳动二重性的分析，也没有脱离资本的控制。福克斯认为，对马克思劳动概念的理解应该遵循恩格斯在英文版《资本论》中提到的一个注解："创造使用价值的并且在质上得到规定的劳动叫做 work，以与 labour 相对；创造价值的并且只在量上被计算的劳动叫做 labour，以与 work 相对。"[2] 即马克思那里的同一劳动概念具有不同指涉。福克斯据此提出，工作（work）就是指那种创造使用价值并具有质的规定性的劳动，而劳动（Labour）则是指创造价值并在量上可计算的劳动。[3] 福克斯对劳动的这种区分有利于进一步揭示信息时代人们的劳动行为。在福克斯看来，信息时代的数字化劳动并没有脱离马克思劳动概念的外延和指涉，数字时代的劳动蕴含三个重要的过程：即认知工作（大脑、器官等）、传播与交流工作（群组、符号互动）以及合作（新社区、网络关系）。这三个层面的数字工作都是基于人的大脑、数媒等进行的创造性工作，会创造出新的数字劳动产品，这些产品就是信息、虚拟社交关系以及网络共同体。福克斯认为，数字工作的三个环节

---

[1] 谢芳芳、燕连福：《"数字劳动"内涵探析——基于与受众劳动、非物质劳动、物质劳动的关系》，《教学与研究》2017年第12期。

[2] 《马克思恩格斯文集》第5卷，人民出版社2009年版，第61页。

[3] Christian Fuchs, *Digital Labour and Karl Marx*, New York: Routledge, 2014, p. 26.

附加着对人的器官、神经的耗费，依然没有离开经典的劳动概念所指涉的主体—客体交互性关系，因此，数字劳动依然是物质性的劳动。

尽管人们对数字劳动的解释存在差异，但是人们较为一致地认为，数字资本主义就是基于数字劳动的资本主义体系。这个体系是信息时代资本主义发展的最新形态，也是信息时代人的劳动形式发生新转向所催生的资本攫取剩余价值的新形态。"数字资本主义的概念指向五百年历史长河中一次新的变革"①，它完全可以和工业资本主义相提并论，只不过数字资本主义是以数字化领域为根本增长极的新形态。

最后，从资本的本质来看，数字资本主义以一般数据为数字资本的存在方式，是在资本化的信息、数据的基础上形成的虚幻而抽象的体系。资本既是一种自然性存在，也是一种社会性存在；既是一种个体性力量，也是一种社会性力量。资本归根结底是一种社会关系，是一种抽象的共同体。在信息占统治地位的时代，由于人的劳动采取了以"一般智力"为特征的数字化形式，资本的存在方式也采取了新的形式。这种新的资本形式就是信息和数据。但是，并不是所有的数据和信息都是以资本的形态存在的。信息和数字领域的资本存在不是以单个的数据为基础，而是以社会化的"一般数据"为基础。在信息和数字化时代，资本不断侵染着数据和信息领域，"资本对网络连接性的占用与专有，实际上彻底改造了大工业的劳动过程：以往因为劳动分工而彼此互不连属的生产部门，被网络整合成集体协作的生产过程，并与更高级的劳动过程直接对接。"② 这种情况扩充和改写了资本的特征，使资本逐渐与云计算界面的一般数据关联起来。具体来说，在云计算和各种 App 平台中，用户浏览信

---

① [美] 丹·席勒：《数字化衰退：信息技术与经济危机》，吴畅畅译，中国传媒大学出版社 2017 年版，第 9 页。

② [美] 丹·席勒：《数字化衰退：信息技术与经济危机》，吴畅畅译，中国传媒大学出版社 2017 年版，第 13 页。

息、购物所形成的庞大的数据已经不是单个的力量,而是资本化的社会力量,它可以直接转化为数字资本。马克思曾说:"资本首先来自流通,而且正是以货币作为自己的出发点。"① 这是对资本缘起的经典概括。在数字时代,马克思的这个概括依旧有效。应该说,数字资本是一种崭新的资本形态,它依然来自流通领域,只不过它已经不仅仅以货币为自己的出发点,而是扩展为以一般数据为出发点。一般数据并非具体数据,也并非个体力量的产物,它从一开始就是庞大数据平台上难分彼此的各种数据和信息的集合体。在这个意义上,一般数据是集成性的社会关系存在。但是,一般数据的根本特质在于,它由大众创造却被平台(大数据公司)垄断和独占。这样一来,"一般数据因为这种私人占有关系变成了数字资本,而数字资本为数字资本家在今天赢得了巨大的权力,让他们成为了数字资本主义呼风唤雨的英雄。"② 所以,数字资本主义最直接的资本形态就是数字资本,它以一般数据的形式存在于人们日常的数字劳动及其产品的各种关系中。正如迪恩所言:"通过互联网,通过个人之间的交往和信息技术,资本主义已经找到了更为直接的榨取价值的方式"③。

二 数字资本共同体的劳动异化及其内在危机

数字资本共同体是"虚幻—抽象共同体"的当代形式,从表面上看,它的劳动形式和资本形态已经发生了巨大的改变。但是,数字资本共同体变化的仅仅是劳动形式和运转方式,它催生的创造剩余价值的新机制不仅没有改变劳动的性质和剥削机制,甚至还诱发了新的异化和危机。应该说,数字资本共同体不是政治经济学方面的"革命",而是政治经济学的"变形",它以更加隐匿的形式掩盖

---

① 《马克思恩格斯全集》第 30 卷,人民出版社 1995 年版,第 208 页。
② 蓝江:《数字资本、一般数据与数字异化——数字资本的政治经济学批判导引》,《华中科技大学学报》(社会科学版) 2018 年第 4 期。
③ Jodi Dean, *The Communist Horizon*, London; New York: Verso, 2012, p. 129.

了劳动、异化和剥削的真相。

从根本上说，技术的资本化应用是引发数字资本主义劳动异化的总根源。技术是一种工具，更确切地说，它是人类生存的基本条件。技术从一开始就是人的主观意志和客观对象的统一，是物化和人化的结合。但是，在资本的引诱下，技术也会扮演成攫取剩余价值的工具，以至于会对人类生存造成不可估量的危机。为此，海德格尔曾发出感慨，人类已经深受"技术座架"的奴役和统治，并且"终有一死"，"只还有一个上帝能救渡我们。"[①] 而今，资本裹挟着技术已经像空气一样渗透到人类生活的方方面面，对人类的生产生活特别是劳动形式产生前所未有的影响。在信息技术时代，智能机器在模拟人脑和延展人的认识能力方面取得了巨大进步，甚至以智力劳动替代了人的体力劳动，从而把人的劳动延展为"认知劳动"。认知劳动就是人的劳动借助于计算机、网络、云计算等技术，对虚拟的对象进行认知加工，创造出智力劳动产品的数据性劳动。这种劳动以技术的进步为前提，是依托人工智能技术推进的劳动形式。抛开资本的因素来讲，数字劳动反映的是人的智力与对象的交互性关系，是人的器官参与的劳动形式，它并没有否定劳动的物质性、认知性。但是，信息时代的智力劳动并非单纯的"人性和物性的和谐统一"，它往往在资本的诱导和控制下发生作用，因而具有非人性的一面和异化属性。

"我们的一切发明和进步，似乎结果是使物质力量成为有智慧的生命，而人的生命则化为愚钝的物质力量。"[②] 技术进步带来的最大影响就是使人处于技术的对立面，甚至成为技术奴役的对象。自工业革命以来，机器的资本化应用就促生了非人性的结果，当然，我们不能对技术进步本身进行否定，而是要认清资本与技术的结合给

[①] [德] 马丁·海德格尔：《海德格尔选集》下卷，孙周兴编译，上海三联书店1996年版，第1306页。

[②] 《马克思恩格斯文集》第2卷，人民出版社2009年版，第580页。

人类带来的负面结果。在当代信息技术和智能技术进步的过程中，资本驱动技术造成的异化现象愈加明显，"技术创新成了反映资本家欲望的一种拜物对象。"① 这种技术异化带来的恶果已经远远超过了机器大工业酿成的苦果。在当今时代，资本携带技术扩张的趋势正好印证了马克思的判断："资本不创造科学，但是它为了生产过程的需要，利用科学，占有科学。"② 技术异化是由资本诱发的，资本是驱使技术产生"非人效应"的罪魁祸首，技术在资本的驱使下往往成为资本家致富的手段。技术发展的这种趋势正好印证了马尔库塞的论断：资本驱动的技术进步＝社会财富的增长＝奴役的扩展。③ 数字资本主义就是建立在技术基础上的庞大体系，它正是资本占有算法技术、智能技术、网络技术的深刻体现。数字资本主义以万物互联所产生的数据链、信息链为一般数据，它构成支撑这个庞大系统的基座。可以想象，当今没有任何一种力量能像资本吸纳数字技术那样把人们凝聚于数字平台上，也没有任何一种力量能像数字资本那样促使人们结成庞大的共同体。可以说，数字资本共同体是当今最典型最庞大的虚幻—抽象共同体，这个共同体使人人创造信息、人人生产数据，也使人人的数字劳动变成无酬的免费劳动，使人人成为数字资本共同体的实体性肢体，成为数字资本的对象性存在，成为数字资本家生财之道的"工具"。

从表象上看，数字资本共同体不存在劳动异化，但数字劳动仍然是身处资本逻辑主导下的人们进行的兼具物质性和非物质性的劳动，是由资本控制的劳动，因而依然存在着异化属性。只要资本吸取活劳动的根本特性没变，劳动异化就必然会发生。劳动异化是"资本和劳动"之间张力的外显，只要资本统治着劳动，劳动必然沦为异化劳动。马克思认为，"同资本这个已设定的交换价值相对立的

---

① ［美］大卫·哈维：《资本社会的17个矛盾》，许瑞宋译，中信出版社2016年版，第99页。
② 《马克思恩格斯文集》第8卷，人民出版社2009年版，第357页。
③ Herbert Marcuse, *Counterrevolution and Revolt*, Boston: Beacon Press, 1972, p. 4.

使用价值，就是劳动。"① 劳动并非资本，但资本家换取劳动以后，它就变成了资本的生产力，也就是一种隶属资本本身的力。"劳动是酵母，它被投入资本，使资本发酵。"② 在马克思政治经济学的论域中，创造剩余价值的是劳动力，具体而言，就是活劳动。在资本与劳动的关系中，劳动作为使用价值与资本交换，资本家支配劳动力的使用价值，从而获得剩余价值。需要注意的是，"资本换进的这种劳动是活劳动，是生产财富的一般力量，是增加财富的活动。"③ 如此一来，活劳动才是资本家发家致富的真正源泉。但在资本主义跨入数字化、智能化时代，似乎剩余价值的决定性因素已经由"活劳动"转向了"死技术"，似乎"数字劳动"替代了"雇佣劳动"而成为决定性的劳动形式。有人据此强调发展数字资本主义才能真正通往共产主义。实际上，不断崛起的数字资本主义强有力地推动资本的重新积累，它以对死的技术的崇拜遮掩了"活劳动"的核心作用，以宣告雇佣劳动的终结而称赞数字劳动的丰功伟绩，殊不知，数字资本主义依然是资本主义，数字劳动依然是雇佣劳动，剩余价值的源泉依然是现实的活生生的劳动者的劳动。

由此我们可以肯定，数字资本共同体的数字劳动是资本控制下的异化劳动，是现实的人的劳动，是依附于资本的劳动。数字劳动的异化属性是由信息网络技术的资本化应用造成的，它是雇佣劳动在信息时代的表现。具体而言，数字资本共同体的劳动异化体现在以下几个方面：

（1）人的数字劳动产品成为不依赖于人的独立存在。马克思在《资本论》中指出，资本主义的财富代表是"庞大的商品堆积"，单个商品是社会财富的基本元素。在数字化时代，社会财富不仅涵括物质性的商品，还表现为"庞大的数据堆积"。在数字资本共同体

---

① 《马克思恩格斯全集》第30卷，人民出版社1995年版，第232页。
② 《马克思恩格斯全集》第30卷，人民出版社1995年版，第256页。
③ 《马克思恩格斯全集》第30卷，人民出版社1995年版，第266页。

中，信息（数据）是最基本的商品，也是数字资本主义的细胞。那么，信息和数字商品究竟是谁创造的？显而易见，这种商品是由现实的人的数字劳动创造的。具体而言，"在数字资本主义时代，数十亿人在工作以及政治和日常生活中使用脸书、谷歌、推特、微博、苹果手机、音乐播放器（Spotify）、网上银行、在线新闻网站以及其他媒体"[1]，这些都是数字劳动的发生"场域"。在数字平台上，人们浏览信息、购买商品、移动支付、借贷以及充值，都会形成海量的数据和信息，这些数据就是由数字劳动生产的庞大的数字商品，它们是参与数字劳动的人们共同完成的，但最终由数字资本家垄断。也就是说，数字劳动的异化首先表现为劳动者同自己创造的由数字资本家独占的一般数据的对立，即一般数据成为人的异己的力量和产物。

（2）人同人自身异化。人本身是一种实体，也是一种共同体存在。人因劳动而安身立命，劳动是人的本质。但在数字资本共同体中，人改变了自我的存在方式，人的劳动变成了认知劳动，人的实体性关系逐渐虚幻化。"在数字化的'全球化'时代当中，社会亲近性与物理邻近性之间越来越脱节了……同样的，社会相关性也与空间邻近性脱节开来。"[2] 人在现实关系中是一种实体存在，但在数字界面和网络世界中，人则是一种虚体存在。虚体是实体性的人在数字网络中的映现，一个实体性的人可以在多个平台和数字化界面中映现，这说明，一个实体可以对应多个虚体。在数字资本共同体中，实体性的人的交往以虚体化的数字交往呈现，数字交往已经演变成主流的交往形式。如今，人们只需要一部安装了多种 App 的智能手机就能实现数字交往，这种交往活动逐渐贬黜了人的现实关系，使人的社会关系本质逐渐被虚幻的共同体关系取代。所以，人们越

---

[1] ［英］克里斯蒂安·富克斯：《信息时代重读马克思的〈资本论〉》，曲轩译，《国外理论动态》2017 年第 12 期。

[2] ［德］哈特穆特·罗萨：《新异化的诞生：社会加速批判理论大纲》，郑作彧译，上海人民出版社 2018 年版，第 118 页。

是在数字资本共同体中扩大交往活动、拼命进行劳动，人们在现实世界中就越是窄化自己的固有关系和固有本质，他的虚体的关系越丰富，他的实体的关系就越贫乏；他越重视对虚体的塑造，他就越依赖于虚体。在这种情况下，虚体变成了无法脱离实体的"人的身体"的一部分，变成了实体在认知上的延展。如果说，马克思时代的异化主要是人的劳动的异化，表现为"人同自己的劳动产品、自己的生命活动、自己的类本质相异化"以及"人同人相异化"[1]，那么，数字时代人的异化则扩展为人的数字交往关系的异化以及人的心灵、精神的异化。在数字时代，人们每天都在建构自己的虚体，浏览网络虚拟世界，人们从中展开交往，丰富精神世界，然而，人们一旦脱离了虚体、离开了数字世界，人的孤独感、焦虑感就会油然而生，甚至会成倍增加。并且，人越是在数字共同体中建构自我，他越依赖于数字共同体；他越是有丰富的虚体世界，他一旦离开这个世界就越孤独、越空虚，越觉得会被大众所排斥。简言之，人们在虚拟世界中"发布更多的真实的自我表达，参与更多的人际交往，他们就将更为物化"[2]。

（3）人成为数字资本共同体的依附物。人本身是一种社会关系存在和共同体存在，人会随着共同体的改变而改变自己的社会关系。马克思说："社会……是人们交互活动的产物。"[3] 随着人的交互关系的扩大，共同体也会更加丰富和多元。数字资本共同体是人的活动开创的衍生共同体，这种共同体是由资本和数据为基础结成的虚幻而抽象的体系，这个体系不仅扩大了人的交往范围和交往能力，而且还催生了人的各种虚体的关系。今天，人们已经习惯性地以虚体的身份置身于数字世界中，成为数字化链条上的重要纽结。数字世界已经成为人的生活世界的组成部分，成为不可脱离人的存在的

---

[1] 《马克思恩格斯文集》第1卷，人民出版社2009年版，第163页。

[2] ［瑞典］福克斯、［加］莫斯可主编：《马克思归来》上，"传播驿站"工作坊译校，华东师范大学出版社2016年版，第106页。

[3] 《马克思恩格斯文集》第10卷，人民出版社2009年版，第42页。

存在。马克思在《资本论》中深刻地揭示,商品是简单而平凡的东西,但商品具有神秘性,它"把人们本身劳动的社会性质反映成劳动产品本身的物的性质"①,也就是把人与人的关系反映成物与物的关系,由此产生了"商品拜物教"。同样,货币作为一种特殊而永久的商品,它本是人的产物,但"人们信赖的是物(货币)"②,"人则向它顶礼膜拜"③,由此形成"货币拜物教"。在资本统治的世界,资本获得了神秘的力量,它把一切都吸纳在自己的宝座之下,创造了"一个着了魔的、颠倒的、倒立着的世界"④,由此形成了"资本拜物教"。今天,我们仍然生活在"拜物教"世界里,有所不同的是,当今人们不仅崇拜商品、货币和资本,更崇拜信息、数据。正如席勒所言,当今人们的"愿望、渴求、梦想、压迫,全都被信息化的要素侵染"⑤。"信息拜物教"把人们吸纳在信息世界,让人们对信息唯命是从,使人们成为信息的制造者和依附物。更为重要的是,"数字化极大地提高了资本增殖的机会,加速了生产线的运转"⑥,如此一来,社会更加尊崇数据,把数据视为新的上帝。"目前最耐人寻味的新兴宗教正是'数据主义'"⑦。数据拜物教真正使人成为虚拟现实的奴隶,成为数字资本共同体的依附物。在数字资本共同体中,人与人的关系沦为异化的关系,人与共同体重新陷入更加虚幻的境遇中,人二重化为现实与虚拟的双重存在。特别是资

---

① 《马克思恩格斯文集》第5卷,人民出版社2009年版,第89页。
② 《马克思恩格斯全集》第30卷,人民出版社1995年版,第110页。
③ 《马克思恩格斯文集》第1卷,人民出版社2009年版,第52页。
④ 《马克思恩格斯文集》第7卷,人民出版社2009年版,第940页。
⑤ [美]丹·席勒:《信息拜物教:批判与解构》,邢立军等译,社会科学文献出版社2008年版,第74页。
⑥ [美]提姆·鲁克:《应对数字鸿沟——计算机世界里的严峻现实》,梁枫译,《马克思主义与现实》2001年第6期。
⑦ [以色列]尤瓦尔·赫拉利:《未来简史:从智人到智神》,林俊宏译,中信出版社2017年版,第331页。

本操控智能算法将人类裹挟进永不停歇的"24/7 式的资本主义"①世界里,在其中,人类个体被智能技术进行改造、美化、模拟和建构,人类进入了"后人类"时代,在此阶段,人类不再是纯粹的自然人或生物人,"而是经过技术加工或电子化、信息化作用形成的一种'人工人'。"②

数字资本共同体的劳动异化和拜物教特性必然隐含着新的危机,这种危机既是数字技术异化的结果,也是人的劳动异化的体现。在数字化时空中,"作为劳动者的人被牢牢地绑在数字的战车上,已越来越陷入了通往奴役之路的'数字牢笼'"之中。"③ 一方面,数字资本共同体创造着新的无产阶级,使数字资本家和数字劳动者的矛盾进一步呈现。一般而言,数字资本家是位居数据链顶端的剥削者,也是数字技术和数字资本的占有者,广大劳动者则是没有数字资本的普通人。在这种情况下,马克思所揭示的劳资双方的矛盾依旧存在,数字资本主义的阶级矛盾依然是资本家和无产者的矛盾。左翼思想家齐泽克认为,当代核心科技公司垄断了人类交往的编码语言程序,核心生物工程公司垄断了实验数据,人类已经被剥夺了对自然对象的控制权。并且,当代资本主义已经圈占了水源、空气、文化、数据以及人类基因,它带来明显的对抗性:(1)生态灾难;(2)知识财产私人占有;(3)私人资本操控核心技术;(4)阶级分化(被包容者和被排除者分离)。齐泽克认为,前三种对抗涉及人类的生存问题,第四种对抗则是正义问题。④ 也就是说,当代资本主义不仅制造着威胁人类生存的危机,还制造着新的阶级对立、分裂和

---

① "24/7 式的资本主义"是美国学者乔纳森·克拉里在《24/7:晚期资本主义与睡眠的终结》中提出的概念,24/7 即一天 24 小时和一星期 7 天的缩写,意指资本主义浸染到人的生活的全部,人类为资本提供着全天候的服务。

② [美]乔纳森·克拉里:《24/7:晚期资本主义与睡眠的终结》,许多、沈河西译,南京大学出版社 2021 年版,第 179 页。

③ 白刚:《数字资本主义:"证伪"了〈资本论〉?》,《上海大学学报》(社会科学版)2018 年第 4 期。

④ Slavoj Žižek, *First as Tragedy, Then as Farce*, London; New York: Verso, 2009, p. 98.

排斥。所以，哈特和奈格里认为，在全球化的进程中，资本已经完全摆脱了驾驭它的"缰绳"，它不仅反制着地球，而且还控制、宰制并剥削着所有的社会生命。因此，"在新的主导性生产形式下——这种生产形式涉及信息、符码、图像和感受——生产者需要越来越多的自由，同时也需要更多地参与到共同性之中，尤其是其社会形式，如交往网络、信息银行以及文化圈。"①

另一方面，数字资本无孔不入，它到处侵染，到处创造虚体，使数字化衰退成为可能。席勒认为，数字资本主义最大的危机就是数字化衰退，2007—2008年的危机就是数字化衰退的表现。"金融投机行为，连同资本全方位地将数字（化）体系整合进当前的政治经济结构之中，两者共同导致了当前的金融危机。"② 更为突出的是，数字资本把人的良心、道德、声誉、婚姻都卷入数字共同体中，人们通过各种数字平台参与交往，最终生产出无尽的数据和信息，这些信息在一定意义上侵染着人的生存，生产着人的生命政治。并且，"信息资本主义的强制属性也与资本家内部日益激烈的竞争融合到了一起，有可能使信息和文化的斗争更趋尖锐。"③ 所以，数字资本共同体仍然是资本主宰的共同体，只要有资本在发酵，危机便不可消除。

三 数字资本共同体的剥削机制及其不正义性

资本主义的绝对规律是"生产剩余价值或赚钱"④，这也是资本主义剥削的表现。马克思揭示了资本主义的剥削是资本驱使活劳动

---

① ［美］迈克尔·哈特、［意］安东尼奥·奈格里：《大同世界》，王行坤译，中国人民大学出版社2016年版，第3页。

② ［美］丹·席勒：《数字化衰退：信息技术与经济危机》，吴畅畅译，中国传媒大学出版社2017年版，第9页。

③ ［美］丹·席勒：《信息拜物教：批判与解构》，邢立军等译，社会科学文献出版社2008年版，第74页。

④ 《马克思恩格斯文集》第5卷，人民出版社2009年版，第714页。

以更长的时间或超负荷的工作量来生产商品的过程，即资本家利用劳动对资本的从属来榨取工人剩余劳动的过程。"榨取剩余劳动是所有阶级社会的共同特征。"① 如果说前资本主义社会是通过非市场的剥削来实现对剩余劳动的榨取，那么资本主义社会则通过市场剥削来实现对劳动力的剩余劳动的掠夺。市场剥削的前提是劳动力成为可以买卖的商品，而剥削的发生机制以流通中的等价交换和生产中的劳动强制为主要形式。

那么，数字资本主义到底有没有剥削？如果说数字劳动者遭到了剥削，那么这种剥削的发生机制是什么？数字劳动者是否遭到了不公正对待？事实上，数字资本主义的剥削是必然的，因为尽管数字资本共同体中的劳动有自觉自愿的成分，但数字媒介和智能技术本身是资本驱动的谋利的新工具、新手段。马克思认为，资本积累所采用的手段就是占有机器、利用机器，而今，数字工具已经成为资本化、智能化的机器，是资本谋利的最强有力的物质力量。恩格斯说："机器的改进就造成人的劳动的过剩"②。智能机器、数字媒体技术的革新正是资本排挤人的劳动的表现。但是，这个过程也是资本吸纳高级技术劳动者的过程。在数字技术发展的今天，"资本不但寻求对劳动过程内容的重组，更寻求……在已经重建了的商品链中，对工业管理程序、空间布置以及生产管理的重组。"③ 资本家一方面利用智能机器排挤工人，另一方面也利用智能机器吸纳具有创新技术和应用技术能力的劳动者。这个过程是资本"筛选"和重组劳动者的过程，也是资本制造阶级对立、贫富分化和剥削奴役的过程。

首先，数字资本主义的剥削体现为对数字劳动者自由时间的占

---

① ［美］乔恩·埃尔斯特：《理解马克思》，何怀远等译，中国人民大学出版社2016年版，第167页。

② 《马克思恩格斯文集》第9卷，人民出版社2009年版，第290页。

③ ［美］丹·席勒：《数字化衰退：信息技术与经济危机》，吴畅畅译，中国传媒大学出版社2017年版，第17页。

有。数字资本主义是以数据、信息、管理为特征的生产方式，这种生产方式主要以智能技术、网络媒介、App 平台为依托，它已经完全打破了生产和生活的界限，使得劳动者的必要劳动和剩余劳动的界限逐渐模糊。从数字资本主义的运营模式来看，每个数字公司都雇佣了数字劳动者，这些劳动者各司其职，有的从事数字管理，有的从事数字化服务，有的从事数据统计与数字分析，也有的从事网络销售、直播、广告和推送。这些"栖息"于数字平台的劳动者按照劳动合同和契约完成特定的工作，并且以工资的形式获得收入。他们的劳动仍然是雇佣劳动，他们的工资仍然表现为"对一定量劳动支付的一定量货币"[1]，他们的劳动时间仍然分为必要劳动时间和剩余劳动时间。但是，与机器大工业不同，数字资本主义利用数字媒体技术，极大地提高了生产力，大大提升了数字平台的使用效率，全面迎合消费者（用户）的需要，使得消费者（用户）随时随地、不分昼夜地利用 App 平台，进行网购、咨询、娱乐、社交，这样就需要受雇于数字平台的劳动者及时、高效地工作以满足消费者（用户）的各种在线咨询、访问以及其他需要。这样就大大增加了数字劳动者、管理者的劳动负荷，延长了他们的劳动时间。他们必须更热情地服务、更细心地工作才能在竞争中不被淘汰。所以，从表面上看，数字劳动者的劳动时间更加自由，他们甚至可以自由支配，但实质上他们在更加自由的时空中耗费了大量的自由时间。因为网络消费者的消费时间是不固定的，甚至是随机的、偶然的。"现代资本主义社会中的所有非睡眠时间都属工作时间。"[2] 最为重要的是，消费者（用户）购买商品、浏览信息、关注推送、分析广告、观看推销直播等，也会花费大量的自由时间，他们的这些数字活动行为甚至也生成了大量数据，为平台资本家分析消费者（用户）的消费

---

[1] 《马克思恩格斯文集》第 5 卷，人民出版社 2009 年版，第 613 页。
[2] Smythe, "Communications: Blindspot of Western Marxism", *Canadian Journal of Political and Social Theory*, Vol. 1, No. 3, 1977, pp. 1 – 27.

偏好提供了依据。

其次,数字资本主义的剥削体现为对数字劳动生产的剩余价值的占有。数字平台资本家雇佣劳动者从事数字劳动的过程就是榨取剩余价值的过程,就是资本追逐利润的过程。数字资本主义不像工业资本主义那样进行实物性商品生产,也不像工业资本主义那样有固定的生产场所,更不像工业资本主义那样有固定的劳动对象和劳动时间。数字资本主义主要进行数字商品的生产、消费和交换,同时也在数字平台为实体性商品做推送广告、销售服务。因此,数字资本主义主要生产和加工数据、信息,这些数据和信息源于现实生活中的个体及其日常生活、交往活动,也就是说,每个置身于数字资本共同体中的人都是数据和信息的生产者。其中,有一部分数据和信息并没有实现交换,它只是数字产品,另一部分是用于交换的数字产品,即数字商品。这种商品因凝结了人的智力等一般劳动而具有价值,它是生产者、消费者、管理者之间社会关系的呈现;这种商品也因能够满足人的娱乐、分享、复制、分割而具有使用价值,它是数字商品自然属性的呈现。数字商品的生产是智力主导的生产,其价值取决于活劳动的抽象劳动,其使用价值取决于数字商品的使用频次、传播面、受众性以及可复制性。一般而言,越是由核心尖端技术决定的数字商品的价值越高,越是受众面广、可复制性强、使用频次高的数字商品的使用价值也越高。那么,数字资本家究竟如何获得利润呢?一方面,在数字商品交易中,消费者(用户)和数字平台按照市场规律进行等价交换,不存在不平等和不公正关系,但每次交易(成功或失败)的数据被平台资本家占有,并成为分析消费者偏好的依据。另一方面,受雇于数字平台的数字劳动者不仅从事必要劳动,还从事剩余劳动,甚至还会牺牲自己的自由时间进行附加劳动,他们的剩余劳动是创造剩余价值的真正源泉,也是资本家剥削的对象。并且,数字资本共同体的生产关系建立在隐含的社会契约之上,数字企业的占有方有权修改用户生产的数字产品,

"当用户沟通和社交能力被改写时，他们的劳动同样成了剥削的对象。"① 所以，数字资本主义的剥削是双重的：一方面通过垄断和独占消费者的消费数据并将之上升为数字商品加以抛售，另一方面通过延长或强化数字劳动者的剩余劳动实现价值增殖。事实上，当代资本主义存在着两级剥削：Ⅰ级是资本剥削体能劳动，Ⅱ级是资本剥削智力和创造力，"这两种剥削形式可以在同一活动中共存。"② 应该说，数字资本共同体是攫取剩余价值的新形式，它通过隐匿的剥削遮掩了对劳动者权利的侵犯。

再次，数字技术是数字资本主义剥削的新手段，它赋予了数字资本家的所有权，数字劳动者是没有生产资料的数字劳工。"资本主义中的技术变革，源自数种不同原动力和体制的活动。资本促进技术变革，同时也贪婪地利用其成果。"③ 没有技术的突破，就没有数字资本主义的发展，技术是数字资本主义的杠杆。数字资本主义之所以存在剥削，是因为数字资本家占有数字技术，拥有对数字技术的绝对所有权。就全球数字资本主义的发展来看，无论是领航世界的科技巨头（苹果、Facebook、谷歌等），还是零售界的庞大集团（亚马逊、沃尔玛），它们都拥有领航世界的核心数字技术和高端科学技术，这些数字技术是资本家的生产资料，是他们借以获取利润的手段。对于广大消费者和用户而言，他们不仅没有生产资料，甚至还需要通过学习提升使用数字商品的能力。应该说，普通劳动者仅仅能够勉强使用，并在使用中创造了一般数据，而资本家不仅占有数字技术，还占有了用户生产的一般数据。所以，在数字资本共同体中，最大的不平等仍然是生产资料占有的不平等，最大的不正

---

① ［瑞典］福克斯、［加］莫斯可主编：《马克思归来》上，"传播驿站"工作坊译校，华东师范大学出版社 2016 年版，第 98 页。

② Yann Moulier Boutang, *Cognitive Capitalism*, Cambridge, UK: Polity Press, 2011, p. 92.

③ ［美］大卫·哈维：《资本社会的 17 个矛盾》，许瑞宋译，中信出版社 2016 年版，第 98 页。

义仍然是基于所有权的权利的不正义。数字资本主义的剥削必然加剧社会两极分化，导致数字分配的不正义。在当今时代，数字技术和剥削引发的"经济差异并非均衡地分布于全球；相反，世界范围内不平等现象四处蔓延"[1]。由此一来，必然会使阶级矛盾再度激化。西方左翼正是看到了数字帝国的崛起才发起了唤起共产主义的理论尝试，力主"共产主义观念的复兴"，重塑了对抗数字帝国的政治主体，推出了"诸众""被排除者""无分者""神圣人"等一系列主体概念，构成了信息时代的"新无产阶级"，他们是处于贫穷、焦虑和恐慌之中的"信息工人"。"这些群众需要用幂律分布的'长尾'这一术语来理解——即 99% 比 1%。"[2] 其中，1% 是处于数字资本"食物链"顶端的"超级巨星"，而 99% 则是"底层大众"。近年来世界经济发展的事实表明，"由于贫富差距的持续扩大，劳动的普遍不稳定，和全球新资本主义危机的发生，新自由主义不再被视为共识。全世界都认识到了资本主义的阴暗面及其导致的不断升级的阶级冲突。"[3]

最后，数字鸿沟是数字资本主义剥削的必然结果。"数字鸿沟指的是在制定信息资源生产和分配政策方面的社会权力差距。"[4] 数字鸿沟是资本主义制造的新的不平等现象，是全球范围内的信息鸿沟。应该说，数字鸿沟是数字资本主义酿造的愈发不平等现象的典型形式，它是剥削的必然结果，也是贫困问题产生的重要根源。席勒曾

---

[1] ［美］丹·席勒：《数字化衰退：信息技术与经济危机》，吴畅畅译，中国传媒大学出版社 2017 年版，第 27 页。

[2] Jodi Dean, *Critique or Collectivity? Communicative Capitalism and the Subject of Politics*, David Chandler and Christian Fuchs eds. , *Digital Objects, Digital Subjects: Interdisciplinary Perspectives on Capitalism, Labour and Politics in the Age of Big Data*, London: University of Westminster Press, 2019, p. 178.

[3] ［瑞典］福克斯、［加］莫斯可主编：《马克思归来》上，"传播驿站"工作坊译校，华东师范大学出版社 2016 年版，第 5 页。

[4] ［美］丹·席勒：《信息拜物教：批判与解构》，邢立军等译，社会科学文献出版社 2008 年版，第 76 页。

预言,"信息资本主义必然具有一种走向十足的威权主义的强烈冲动。"① 事实证明,数字资本主义不仅内蕴着异化、剥削和强制,更制造着数字异化和信息赤字,使人的关系淡漠、情感疏离。在当今数字化主宰的时空中,"数字异化代表着真实的个体在社会交往关系层面必须依赖于一个数字化的虚体而存在。"② 人已经无法脱离数字化虚拟空间而生存,人的生活已经无处不沾染上数字化烙印。正如有学者指出:"人工智能已经像空气一样无处不在"③。数字资本主义在全球的席卷已经深深改变了数字技术的占有格局,也进一步扩宽了发展差距。"信息商品已经变成当代资本在世界市场体系内、为了世界市场体系而进行扩张的必要条件。"④ 尽管数字鸿沟埋藏在公共关系的烟雾中而在政策层面表现得不太明显,但它依然在全世界的范围内引发着分化和斗争。所以,数字资本共同体因生产资料的私人占有而充溢着不平等和不正义,因内蕴的剥削而使人类依旧处于资本的枷锁之中。

第二节 "人类命运共同体":"真正共同体"的当代确证

实现真正的共同体是一个漫长的历史过程,是一代代人在接续奋斗中不断建构自己的历史活动的过程。但是,人们创造历史并向真正的共同体迈进的进程并不是绝对的,而是在不同的时代有

---

① [美] 丹·席勒:《信息拜物教:批判与解构》,邢立军等译,社会科学文献出版社 2008 年版,第 73 页。
② 蓝江:《一般数据、虚体、数字资本——数字资本主义的三重逻辑》,《哲学研究》2018 年第 3 期。
③ [英] 卡鲁姆·蔡斯:《人工智能革命:超级智能时代的人类命运》,张尧然译,机械工业出版社 2017 年版,第 14 页。
④ [美] 丹·席勒:《信息拜物教:批判与解构》,邢立军等译,社会科学文献出版社 2008 年版,第 16—17 页。

不同的表现形式。"人类命运共同体"就是"真正共同体"的当代确证。

  人们自己建构自己的生活，自己建构自己的历史。但人们不是孤立地随心所欲地建构生活、创造历史，而是在共同体和社会关系中完成这个创造性活动。马克思说："历史是人的真正的自然史。"人在与自然的对象性关系中发展自我、占有对象，在自我生产和自我建构中创造历史，使人们结成交互性关系；形成一定的共同性，塑造共同的命运。在人的生存和发展过程中，人的普遍本质和普遍生活表露出来，这种普遍本质就是人的"类本质"，这种普遍生活就是人的"类生活"。应该说，人的类存在使人与动物区别开来，从而具有了主体性意义。但是，人的类存在在根本上是一种共同体存在，是受共同体支配的存在。在前资本主义社会，人在整体上依赖于共同体，共同体是确证人的存在的主要方式，也是支配人的主要实体。在"自然—本源共同体"中，作为类的人受制于"抽象权力"。在资本主义社会，人获得了一定的独立性，但人依旧是共同体中的人。在"虚幻—抽象共同体"中，作为类的人在一定意义上摆脱了"抽象权力"的统治，却深陷于新的统治力量，即受制于"资本逻辑"的统治。按照马克思的观点，人要摆脱抽象权力和资本逻辑的统治，必须实现人的联合，建构"社会化的人类"，回归人的类生活，形成社会化的人所组成的联合体。并且，人类在发展的过程中必将破除"抽象对人的统治"，必将以真正"类本质""类生活"的形式重新掌握自己的命运。就当今世界而言，尽管人类依旧在抽象的资本共同体之中，但世界各国愈加"成为你中有我、我中有你的命运共同体"。"人类命运共同体"正是马克思"人类社会"以及"自由人联合体"的当代确证，代表了历史前行的方向，是走向"真正共同体"的必经之途和重要环节。

一　世界历史的生成与人类命运共同体的出场

世界历史是"人通过人的劳动而诞生的过程"①，真正的世界历史是在近代市民社会开启以后才开始的，"市民社会是全部历史的真正发源地和舞台"②。如果说"自然—本源共同体"阶段的历史是"民族历史"，那么肇始于市民社会并呈现在"虚幻—抽象共同体"阶段的历史则趋向于"世界历史"。历史从"民族历史"向"世界历史"的转变，是生产力发展的必然结果，也是社会分工细化、共同体裂变和人的交往扩大的过程。在唯物史观的论域中，世界历史是在人们的普遍性交往中形成的，这个过程始终贯穿着生产力和生产关系的辩证运动，体现为一种以物质事实为基础的客观的必然趋势。

在人类原初的意义上，并不存在世界历史，也没有整体世界历史的概念。由于地理条件的阻隔和生产力的落后，不同民族和区域的人们只是生活于相对封闭的共同体中，人们甚至并没有形成对世界的整体性认识，人们更多地以"群体本位"察省世界。在前资本主义社会，人类分居于世界不同的区域，并没有发生普遍的联系，个人总是依赖于共同体、依赖于民族国家，甚至个体在政治上处于"家国同构"的形式中。在这种相对闭塞的形式中，人类的历史只能以"共同体历史"和"民族历史"的形式呈现，人们也往往把自我所依附的共同体或民族作为人类的普遍尺度。就全球而言，"新航路的开辟"以及随之而来的"地理大发现"，对世界各大洲的民族历史进程产生了深远的影响，为世界历史的萌芽提供了条件。随着旧式的共同体的瓦解，市民社会在旧的生产关系的废墟上得以确立，在市民社会的启蒙与刺激下，人们的交往进一步扩大，个体才开始真正思考自我命运和人类的命运。黑格尔对世界历史和人类命运的

---

① 《马克思恩格斯文集》第1卷，人民出版社2009年版，第196页。
② 《马克思恩格斯文集》第1卷，人民出版社2009年版，第540页。

理解是非常思辨和深邃的,但他的世界历史是普遍精神的历史,他对人类命运的论说归根结底走向了"理念"创造的永恒生命。黑格尔认为,历史本身是精神的形态,而"世界历史是理性各环节光从精神的自由的概念中引出的必然发展,从而也是精神的自我意识和自由的必然发展"①。因此,世界历史就是精神运演的历史,是精神的必然环节和精神的绝对权利。黑格尔甚至认为,各民族的精神就是各种具体的理念,它在世界精神中具有自己的规定,它们处于世界精神的周围,是世界精神的现实化的执行者、见证者。而"各民族在其相互关系中的命运和事迹是这些民族的精神有限性的辩证发展现象"②。在黑格尔那里,人的命运无法脱离精神的约束,抽象精神是世界历史运演的核心。

与黑格尔完全相反,马克思以人类自己的生产实践为基础揭示了世界历史的始因。马克思指出:"各民族之间的相互关系取决于每一个民族的生产力、分工和内部交往的发展程度。"③ 在"自然—本源共同体"阶段,不同民族、不同地区和国家仅仅在一种封闭的状态中延续和发展,真正促使世界历史萌芽的动力要素是生产力、分工和交往。具体而言,这个演进逻辑是:生产力发展→社会分工发展→交往扩大→市场开拓→形成世界市场→形成世界历史。应该说,由生产力普遍发展推动的世界市场的形成,标志着"民族历史"向"世界历史"转变的开启。马克思明确指出:"只有随着生产力的这种普遍发展,人们的普遍交往才能建立起来"④,而普遍交往的建立在一定意义上促使普遍竞争形成,使各民族的发展和变革在普遍竞争中相互依赖,使"地域性的个人为世界历史性的、经验上普遍的

---

① [德]黑格尔:《法哲学原理》,范扬、张企泰译,商务印书馆2018年版,第399页。
② [德]黑格尔:《法哲学原理》,范扬、张企泰译,商务印书馆2018年版,第398页。
③ 《马克思恩格斯文集》第1卷,人民出版社2009年版,第520页。
④ 《马克思恩格斯文集》第1卷,人民出版社2009年版,第538页。

个人所代替"①。普遍交往、普遍竞争在资本主义条件下表现得愈加明显，资本的原始扩张和增殖本性使大量劳动和资本隔绝、对立，使劳动者由于竞争而陷入绝境，这种情况是以工业革命引发的世界市场为前提的。资本主义世界市场的形成是旧式的分工发生瓦解的结果，也是资本在世界扩展的体现。世界历史就是在世界市场的形成中逐渐形成的。在整个共同体演变和世界经济的发展过程中，就某个单个的国家而言，生产的发展必然引起分工的发展，分工的发展必然促使交换的扩大，当生产力高度发展并使本国的市场不能满足经济发展的需要时，必然导致分工的跨国发展和交换的跨国发生，最终使得国际分工、国际交换和世界市场形成。当世界市场确立以后，各国的生产活动必然会突破自给自足的封闭状态，各民族的生产活动也逐渐打破了狭隘的地域限制，各国会在发展中依附于世界市场，甚至受到整个世界性生产活动和交换活动的支配、影响。所以，马克思恩格斯在《共产党宣言》中指出："资产阶级，由于开拓了世界市场，使一切国家的生产和消费都成为世界性的了。"②

世界历史形成的真实动因只能隐含在历史本身的事实中，只能从历史本身的事实中寻找，只能以物质生产方式为始因。"历史向世界历史的转变，不是'自我意识'、世界精神或者某个形而上学幽灵的某种纯粹的抽象行动，而是完全物质的、可以通过经验证明的行动"③。尽管如此，世界历史只有在资产阶级统治的时代才得以开创，因为资产阶级使世界性的交往关系成为可能。马克思举例指出，英国的机器发明和革命（工业革命）席卷世界，打破了传统手工业，剥夺了很多亚洲劳动者的饭碗，最终引起了生产形式的变革，英国的机器发明就具有世界历史性。同样，拿破仑为牵制、反对英国而颁布了大陆封锁政策，这个大陆体系又引起了砂糖和咖啡的匮乏，

---

① 《马克思恩格斯文集》第1卷，人民出版社2009年版，第538页。
② 《马克思恩格斯文集》第2卷，人民出版社2009年版，第35页。
③ 《马克思恩格斯文集》第1卷，人民出版社2009年版，第541页。

最终引爆了 1813 年德意志解放战争，砂糖和咖啡在这里也具有了世界历史意义。① 如果说资产阶级在自己发展的过程中推动了世界历史的开创，那么无产阶级则是世界历史的真正完成者，它担负着解放人类的历史重任。"无产阶级只有在世界历史意义上才能存在"②，它们也只有在世界历史意义上才能联合起来，无产阶级的解放事业也必须是世界历史性的事业，因为"每一个单个人的解放的程度是与历史完全转变为世界历史的程度一致的"③。

马克思逝世后的世界历史发展进程表明，人类在全球化的轨道上愈加不可分割，人类命运相互交织，在多方面有着共同的利益和价值。在资本逻辑的宰制下，全球各民族、各国家无不屈服于资本的统治，资本逻辑诱发的生态危机、贫困危机、经济危机在全球肆虐，使得各国不可能独善其身，而只能在互助合作中推进全球治理。应该说，资本越是在全球化的意义上征服和统治人类，各民族的历史则愈加趋向世界历史，各国的人民所面临的问题和出路也愈加趋同。正如马克思所言："不同民族之间的分工消灭得越是彻底，历史也就越是成为世界历史"④。人类今天正生活在一个矛盾的世界之中。一方面，各国人民在世界历史的境遇中相互联系、相互依存，全球命运与共、休戚相关。另一方面，人类面临共同的挑战和风险：恐怖主义、难民危机、环境恶化、殖民霸权此起彼伏，贫困与失业以及各国差距拉大依旧摆在全人类面前。在这样的情况下，我们"应该牢固树立命运共同体意识，顺应时代潮流，把握正确方向，坚持同舟共济"⑤。可以说，人类之间的联系从来没有像今天这样紧密。"今天，人类交往的世界性比过去任何时候都更深入、更广泛，

---

① 《马克思恩格斯文集》第 1 卷，人民出版社 2009 年版，第 541 页。
② 《马克思恩格斯文集》第 1 卷，人民出版社 2009 年版，第 539 页。
③ 《马克思恩格斯文集》第 1 卷，人民出版社 2009 年版，第 541 页。
④ 《马克思恩格斯文集》第 1 卷，人民出版社 2009 年版，第 541 页。
⑤ 《习近平谈治国理政》，外文出版社 2014 年版，第 330 页。

各国相互联系和彼此依存比过去任何时候都更频繁、更紧密。"① 人类的历史和现实的相互交汇、彼此依存已经跨越了时空,没有哪个国家可以独善其身,也没有哪个国家可以包打天下,构建人类命运共同体是全球的必然选择,"中国推动构建人类命运共同体的脚步不会停滞!"②

人类命运共同体集中体现了世界历史发展的当代趋向,是人类在世界历史的境遇中共同谋求发展的可行方案。人类群居而存,世界命运与共,这是近代以来人类对自身生存于其中的共同体的理性认识。人类命运共同体,就是各民族、各国家的命运与共、荣辱与共、前途相连。各民族、各国家应该把我们共有的家园建成一个和睦的大家庭,把人类对美好生活的共同向往变成现实。当今人类正处于马克思所论及的世界历史发展的进程中,也正处于资本逻辑在全球纵深扩张的阶段。正是在资本的全球扩张并由此带来的人们的普遍性交往中,人类的命运在全球化的界面上不断交汇、融合,人类逐渐在后现代的历史轨道上谋求共同发展之路。今天,人类的每一时刻都是马克思所说的"世界历史"中的全球性时刻。守望相助、同舟共济、共同发展已成为全球化时代的"符号"。在世界历史和全球化深入发展的今天,世界各国相互依赖空前加深,从"自然环境"到"经济社会"再到"政治外交",联动效应无处不在,表现为一荣俱荣、一损俱损。今天,各国、各民族既是命运共同体,更是利益共同体、责任共同体。树立人类命运共同体理念,能够促进各国相互合作,实现互利共赢。构建人类命运共同体,能够凝聚世界各国利益的"最大公约数",从而解决人类共同面临的世界性难题。习近平总书记指出:"人类只有一个地球,各国共处一个世界。"③"人类是一个整体,地球是一个家园。"④ 构建人类命运共同体就是

---

① 《习近平著作选读》第2卷,人民出版社2023年版,第166页。
② 《习近平著作选读》第2卷,人民出版社2023年版,第215页。
③ 《习近平谈治国理政》,外文出版社2014年版,第330页。
④ 《习近平著作选读》第2卷,人民出版社2023年版,第543页。

在人类生活在同一"地球村"这样的时代背景下所做的全新选择。

二 人类命运共同体承袭了真正共同体的理念

人类命运共同体是包容、开放的共同体,它是全球化时代世界历史发展的必然结果,也是人类应对风险挑战、解决发展问题和弥补发展错位的必然选择。尽管人类命运共同体的出场是世界历史的逻辑延续,但它本身并不是马克思所设想的真正的共同体,也不具有社会形态性质。应该说,人类命运共同体是应对"虚幻—抽象共同体"的可行性方案,是在资本逻辑全球控制背景下破解各国发展难题的中国方案。显然,人类命运共同体既超越了资本共同体的发展困境,也承袭了"自由—真正共同体"的价值观念,借鉴了马克思"人类社会""自由人联合体"等设想的思想资源,因而代表了当今人类走向未来的正确方向,是当代人谋求共生共赢的实践方案。

从人的发展形态看,人类命运共同体把人的"类本位"置于首位,并以"类本位"取代"个体本位",这是对真正共同体的人的自由个性的当代求索。人区别于动物并确证人之为人的本质规定是人的"类存在","人最初表现为类存在物"[①]。人的类存在本质确证人的类生活和类特性。但是,人的类本质、类特性并非"一种内在的、无声的、把许多个人纯粹自然地联系起来的共同性",而是人之为人的普遍的、共同的属性。也就是说,人的类本质、类特性是现实之人的生命活动的共同性,是具体的共同性,是有差别的共同性,是在主客体的交互性关系中呈现的整体性。马克思指出,"一个种的整体特性、种的类特性就在于生命活动的性质,而自由的有意识的活动恰恰就是人的类特性。"[②] 人通过改造现实存在而改变自身,也通过改变世界而确证自我。正是在改造世界的活动中,人真正地认识到自己的类本质、类特性,人才把自身看作类存在物。但是,人

[①] 《马克思恩格斯全集》第 30 卷,人民出版社 1995 年版,第 489 页。
[②] 《马克思恩格斯文集》第 1 卷,人民出版社 2009 年版,第 162 页。

与他物最大的区别是人具有"自由的有意识的活动",这是人作为"类"而存在的本性。人诞生于自然界,但最终又独立于自然界,特别是人具有了"自由的自我意识"之后,人就成了自己思维的对象。但是,人对自我的认识从来不是完满的,人并不把自己仅仅作为"单数"来看待,而是在"类""同类"中把握自我的个性,而"人类"就是无数个具有自我个性的"类"的复合形式,是作为复数存在的整体。在马克思的视域中,人在起初是以"群体本位"立世的,人在很大程度上依附于群体、依附于共同体。特别是在"人的依赖阶段",人总是受到客观必然性的限制,因而必须坚持"群体本位"才能生活。在以普遍交换、货币—资本共同体为基础的"物的依赖阶段",人的群体本位让位于人的个体本位,人具有了一定的独立性和个性,但这种独立性、个性是有限的、局部的,人依然受抽象的统治。人要真正摆脱必然性的限制、复归人的自由自觉的类本质,人就必须重归人的"类本位"。"类本位"是人超越"个体本位"而达到的更高的"群体本位",是人类必然要达到的阶段。只有在"类本位"下,人才能获得真实的自由。

人类命运共同体理念把人的"类本位"作为人的个性自由的生长点,把人作为世界历史中的具有共同命运、共同特性和共同追求的存在,使人能够在"人类"的意义上认识自我、认识他物,使人能够以"类本位"抑制"个体本位",把人的集体性、类特性释放出来,使人能够带着全球视野思考自身和他物的命运。在马克思看来,人类历史必将沿着"世界历史"的轨道发展,而人类自身也将"摆脱种种民族局限和地域局限而同整个世界的生产(也同精神的生产)发生实际联系"[1],人类在"世界历史"的发展中"获得利用全球的这种全面的生产(人们的创造)的能力"[2]。人的这种发展倾向在整体上是人的"类本位"的回归,是人同"人类"发生交互性关

---

[1] 《马克思恩格斯文集》第1卷,人民出版社2009年版,第541页。
[2] 《马克思恩格斯文集》第1卷,人民出版社2009年版,第541—542页。

系的开始,也是人以"人类"为思想坐标采取共同行动的开始。所以,人类命运共同体是人的发展的逻辑必然,也是走向人的"类本位"的必然选择。当代人只有在"人""人类"和"共同体"的统一中认识世界,才能促进人类的共同发展,进而实现作为类存在的人的自由个性。

从社会的共同价值观念看,人类命运共同体强调相互尊重、平等相待,主张合作共赢、共同发展,坚持共建共享、兼容并蓄,把平等参与、利益共享、公平正义作为共同价值,这是对真正共同体内蕴的自由、平等、公正等价值的自觉运用。马克思认为,人们的历史创造活动并不是随心所欲的,"而是在直接碰到的、既定的、从过去承继下来的条件下创造"①。尽管人们在不同时空中从事物质生产活动,但人类的这种创造活动却存在着共性,这种共性是人的普遍本质在实践活动中的显现,也是人类的共同意志在实践活动中的生成,应该说,人类在不同的时空中创造着历史,但也在不同的历史活动中生成共同的价值。在阶级社会,不同的阶级持有不同的价值观念,这些价值的差异是与本阶级的利益直接勾连的。在真正的共同体中,由于社会阶级冲突、利益分化和经济匮乏得以扬弃,人们的个人利益与普遍利益实现了合一,整个社会实现了共产共有,人们同尊同荣,社会关系高度和谐。真正共同体使人成为真正的人,成为自身的主人,使社会实现了平等、正义,这样的共同体是真正人的共同体,是自由人的联合体,是平等正义的社会集合体,它克服了各种异化关系,实现了人类共同追求的理想和信念。从人类共求的价值观念来看,人类命运共同体超越了"虚幻—抽象共同体"对人的共同价值的贬抑状态,是对以往的个体本位和个人主义价值观的扬弃,它更加符合马克思关于真正共同体的理论设想和价值预设。

"历史都总是按照自己的规律向前发展,没有任何力量能够阻挡

---

① 《马克思恩格斯文集》第 2 卷,人民出版社 2009 年版,第 470—471 页。

历史前进的车轮。"① 如果说"真正的共同体"是人人平等自由的共同体，是社会公平正义的共同体，是人与自然和谐共生的生态共同体，那么，人类命运共同体所内蕴的持久和平、普遍安全、共同繁荣、开放包容、清洁美丽的价值观念则是对真正共同体的共同价值的当代培育和运用。马克思认为，"真正的共同体"是没有冲突、压迫的正义的共同体，是使每个"个人全面发展和他们共同的、社会的生产能力成为从属于他们的社会财富这一基础上的自由个性"②的共同体，是人类共生共存、共产共享的共同体。而"人类命运共同体"深深浸润着马克思真正共同体思想的价值底色和文化底蕴，深刻彰显了"自由—真正共同体"在当代世界的示范意义。习近平总书记指出："推动构建人类命运共同体，不是以一种制度代替另一种制度，不是以一种文明代替另一种文明，而是不同社会制度、不同意识形态、不同历史文化、不同发展水平的国家在国际事务中利益共生、权利共享、责任共担，形成共建美好世界的最大公约数。"③ 构建人类命运共同体就是顺应"自由—真正共同体"的历史必然性逻辑而提出的努力方向和目标，是把"自由—真正共同体"内蕴的崇高理念植入当代世界所做的尝试，其根本目的是共同创造人类更加美好的未来。

人类命运共同体是持久和平的共同体。马克思指出，"同那个经济贫困和政治昏聩的旧社会相对立，正在诞生一个新社会，而这个新社会的国际原则将是和平"④。和平是马克思建构的新社会的国际原则，也是真正共同体的底色和重要价值，这个价值是人类交往的崇高道义。人类命运共同体理念就是以人类普遍的价值为引领并对这个崇高道义的当代呼吁。习近平总书记指出："现在，世界上的事情越来越需要各国共同商量着办，建立国际机制、遵守国际规则、

---

① 《习近平著作选读》第1卷，人民出版社2023年版，第105页。
② 《马克思恩格斯文集》第8卷，人民出版社2009年版，第52页。
③ 《习近平著作选读》第2卷，人民出版社2023年版，第543页。
④ 《马克思恩格斯文集》第3卷，人民出版社2009年版，第117页。

追求国际正义成为多数国家的共识。"① 只有呼吁和平、践履和平、相互尊重、平等相待、"商量着办",才能实现人类的持久和平。习近平总书记指出:"和平与发展是当今时代的主题,也是时代的命题,需要国际社会以团结、智慧、勇气,扛起历史责任,解答时代命题,展现时代担当"②。当今时代,和平、发展、合作、共赢既是主旋律,也是构建人类命运共同体的首要条件和客观基础。"求和平、谋发展、促合作、图共赢,是我们共同的愿望和责任。"③ 构建人类命运共同体,首要的前提即坚持和弘扬和平与发展理念,不断把人类和平与发展的崇高事业推向前进。"没有和平,一切都无从谈起。和平是我们最大的共同利益,也是各国人民最大的共同期盼。"④《联合国宪章》序言早已指出,为保护人类和尊重人权,需要世界各国"力行容恕,彼此以善邻之道,和睦相处",这是人类实现和平的希望所在,也是当今世界各国重构国际新秩序应当遵循的国际原则。人类命运共同体理念坚定维护《联合国宪章》的宗旨、原则,把人类对和平的追求作为处理国际关系的基本准则,是走向"大同世界"的价值依循。党的十八大以来,我们高举和平发展合作共赢的旗帜,坚定不移走和平发展道路,致力于为促进世界各国和平发展贡献中国力量、中国智慧和中国方案。习近平总书记指出:"和平发展、合作共赢才是人间正道。"⑤ "只要坚持走和平发展道路,同各国人民一道推动构建人类命运共同体,就一定能够迎来人类和平与发展的美好未来!"⑥

人类命运共同体是普遍安全的共同体。在资本逻辑的浸染下,

---

① 习近平:《论坚持推动构建人类命运共同体》,中央文献出版社 2018 年版,第 259 页。
② 《十九大以来重要文献选编》(上),中央文献出版社 2019 年版,第 640 页。
③ 《习近平谈治国理政》,外文出版社 2014 年版,第 323 页。
④ 《习近平谈治国理政》第 4 卷,外文出版社 2022 年版,第 441 页。
⑤ 《习近平谈治国理政》第 4 卷,外文出版社 2022 年版,第 487 页。
⑥ 《习近平谈治国理政》第 4 卷,外文出版社 2022 年版,第 78 页。

人的生命财产总会受到资本的干扰，从而给人的生存带来危险和威胁。追求普遍安全的共同体模式是马克思未来社会的重要特征，因为在超越资本逻辑的人的自由个性阶段，"个体生存斗争停止了。"[1] 人们能够自由自觉地达到他们活动预期的结果，那些威胁人的安全的阻碍因素也会越来越微不足道，以至于人们能够掌控异己的力量，能够自觉地创造历史。当今时代，安全问题依旧是关乎人类共同发展的重大问题。各国安危与共、唇齿相依，因而必须坚持共同治理。营造公道正义、共建共享的安全格局，是打造命运共同体的题中之义。习近平总书记强调："安全是发展的前提，人类是不可分割的安全共同体。"[2] "世上没有绝对安全的世外桃源，一国的安全不能建立在别国的动荡之上，他国的威胁也可能成为本国的挑战。"[3] 推动建设一个普遍安全的世界，需要坚持以对话解决争端、以协商化解分歧，反对一切形式的恐怖主义。当代中国以马克思提出的真正的共同体为参照，秉持共建共享原则，坚决维护国际秩序，通过对话协商共担责任，促进不同安全机制间互补合作，为解决地区热点问题提供方案，为实现普遍安全和共同安全做出了巨大努力。习近平总书记指出："统筹发展和安全，增强忧患意识，做到居安思危，是我们党治国理政的一个重大原则。"[4] 党的十八大以来，以习近平同志为核心的党中央统筹发展和安全，一方面把维护国家安全贯穿党和国家工作各方面全过程，确保了国家安全和社会稳定；另一方面，积极参与全球治理体系改革和建设，创造性提出"全球安全倡议"，积极参与全球安全规则制定，加强国际安全合作，积极参与联合国维和行动，为维护世界和平和地区稳定发挥了建设性作用。

人类命运共同体是共同繁荣的共同体。真正的共同体是生活于世界历史中的人联合起来的共同体，它代表了人类最美好的愿景，

---

[1] 《马克思恩格斯文集》第 9 卷，人民出版社 2009 年版，第 300 页。
[2] 《习近平谈治国理政》第 4 卷，外文出版社 2022 年版，第 451 页。
[3] 《习近平著作选读》第 1 卷，人民出版社 2023 年版，第 566 页。
[4] 《习近平著作选读》第 2 卷，人民出版社 2023 年版，第 20 页。

是世界历史向好、人类繁荣进步的根本方向。马克思主义"宣称以社会主义为其奋斗目标的发展,是人类'文明'的一种进步"①。自20世纪90年代以来,新自由主义驱动资本在全球扩张,使得全球1%的富人所拥有的财富可能比其余99%全球人口财富的总和还要多。要缩小各国发展差距、实现全球共同繁荣,必须坚定不移走互利共赢之路。"只有相互合作、互利共赢,才能做大共同利益蛋糕,走向共同繁荣。"② 当今人类最大的不平等和不公正不是各国内部的不平等和不公正,而是发达国家与发展中国家的不平等和不公正,是南北发展的不平衡和不协调,而要解决全球差距,必须弥合发展鸿沟,重构全球经济正义规则,把促进经济正义、分配正义作为经济全球化的重要议题,以建设一个共同繁荣的世界。正如习近平总书记所言:"我们应该坚持你好我好大家好的理念,推进开放、包容、普惠、平衡、共赢的经济全球化,创造全人类共同发展的良好条件,共同推动世界各国发展繁荣,共同消除许多国家民众依然面临的贫穷落后,共同为全球的孩子们营造衣食无忧的生活,让发展成果惠及世界各国,让人人享有富足安康。"③

人类命运共同体是开放包容的共同体。习近平总书记指出:"人类文明多样性是世界的基本特征,也是人类进步的源泉。世界上有200多个国家和地区、2500多个民族、多种宗教。不同历史和国情,不同民族和习俗,孕育了不同文明,使世界更加丰富多彩。"④ 世界多彩、文明多样,人类在多彩的世界中既具差异性,也具统一性,整个人类社会是一个开放包容的共同体。文明多样性并不排斥人类价值的共同性,从价值维度看,真正的共同体就是由"人类社会或

---

① [英]肖恩·塞耶斯:《马克思主义与人性》,冯颜利译,东方出版社2008年版,第211页。

② 习近平:《论坚持推动构建人类命运共同体》,中央文献出版社2018年版,第215页。

③ 《习近平谈治国理政》第3卷,外文出版社2020年版,第434页。

④ 《习近平谈治国理政》第2卷,外文出版社2017年版,第543—544页。

社会的人类"聚合而成的价值共同体、文明共生体,这样的共同体无疑是差异与多样的统一,是包容开放的体系。真正的共同体"不仅存在利益的和谐,而且存在利益的一致性"[①]。人类命运共同体与马克思设想的真正的共同体具有价值相通性,人类命运共同体之所以强调各国命运与共,就是因为它打破了人类的共同利益与各国自身的利益之间的对抗,强调全球利益的共同性、一致性,强调各国存在利益共享的价值链,坚持在求同存异中建设开放包容的世界。习近平总书记指出:"不同文明凝聚着不同民族的智慧和贡献,没有高低之别,更无优劣之分……要尊重各种文明,平等相待,互学互鉴,兼收并蓄,推动人类文明实现创造性发展。"[②] 尽管各国文明迥异,但文明因"异"而"同",因"异"而"立",因"异"而释放光彩。人类命运共同体在根底上是文化多元体、文化融合体、文明共同体,构建文化多彩并存、文明多样共通的共同体,迫切需要增进各国彼此理解,促进文化丰富多彩、文明欣欣向荣。当代中国致力于推进不同文明之间的交流互鉴,积极弘扬全人类共同价值,创造性提出"全球文明倡议",致力于"同国际社会一道,努力开创世界各国人文交流、文化交融、民心相通新局面,让世界文明百花园姹紫嫣红、生机盎然"[③],旨在建设一个开放包容的世界。

人类命运共同体是清洁美丽的生态共同体。习近平总书记指出:"生态文明建设关乎人类未来,建设绿色家园是人类的共同梦想"[④]。人与自然是生命共同体,二者共生共存,伤害自然最终将伤及人类。实现人与自然和谐共生,是人类实现永续发展的共同期盼。马克思恩格斯认为,真正的共同体是人与自然和谐共生的生态共同体,这

[①] [美] 艾伦·布坎南:《马克思与正义》,林进平译,人民出版社 2013 年版,第 209 页。

[②] 《习近平谈治国理政》第 2 卷,外文出版社 2017 年版,第 524—525 页。

[③] 习近平:《携手同行现代化之路——在中国共产党与世界政党高层对话会上的主旨讲话》,《人民日报》2023 年 3 月 16 日第 2 版。

[④] 《习近平著作选读》第 2 卷,人民出版社 2023 年版,第 174 页。

种共同体实现了"人与自然的和解",是"自然主义"与"人道主义"的统一。今天,资本主义带来的生态灾难已经严重影响人类共同的福祉,令人担忧的是,在这场愈加逼近的危机中,没有哪个国家可以置身事外。在此背景下,我们应该激活真正共同体的生态和谐思想,以真正共同体的生态价值观引领全球生态文明建设。习近平总书记指出:"我们不能吃祖宗饭、断子孙路,用破坏性方式搞发展。绿水青山就是金山银山。我们应该遵循天人合一、道法自然的理念,寻求永续发展之路。"[①] 当代中国明确把生态文明建设列入中国特色社会主义事业总体布局,坚持走绿色低碳发展之路,把"碳达峰""碳中和"纳入生态文明建设整体布局,努力建设人与自然和谐共生的现代化,旨在建设一个清洁美丽的世界。当代中国的生态文明建设之路,本质上是对传统工业文明的扬弃,是对资本主义发展模式的深刻反思。当代中国秉持人类命运共同体理念,积极推动实现联合国 2030 年可持续发展目标,将应对气候变化作为应尽的国际义务,在气候变化谈判和气候治理行动中展现出诚意、决心和智慧,体现出强烈的大国担当。事实证明,"我国已成为全球生态文明建设的重要参与者、贡献者、引领者,主张加快构筑尊崇自然、绿色发展的生态体系,共建清洁美丽的世界。"[②] 可以说,人类命运共同体蕴含的生态价值观是人类实现与自然共生共存、永续发展的指导性价值。

从实践机制看,人类命运共同体以"一带一路"为建设平台,推动沿线国家共同发展,是实现全球正义的路径选择。实现全球正义是当代世界最重要的议题之一,各国政要、思想家都为之做出了探索。从现有的方案和取得的成效看,没有一种实践方案能够与"一带一路"相媲美。"一带一路"倡议是中国探索的全球治理新模式,是携手构建人类命运共同体的重要路径。在人类历史发展的进

[①] 《习近平著作选读》第 1 卷,人民出版社 2023 年版,第 568 页。
[②] 《习近平著作选读》第 2 卷,人民出版社 2023 年版,第 174—175 页。

程中，国际分工、国际交往是世界发展进步的重要体现，真正的共同体就是以"世界历史"和"国际交往"为前提。今天，"一带一路"紧紧抓住了发展这个最大公约数，着眼于世界各国人民追求共同的梦想，为全球合作发展提供了创新思想。"共建'一带一路'顺应了全球治理体系变革的内在要求，彰显了同舟共济、权责共担的命运共同体意识，为完善全球治理体系变革提供了新思路新方案。"① 共建"一带一路"倡议不是地缘政治工具，而是务实合作平台；不会重复地缘博弈的老套路，而是合作共赢；不搞势力范围，而是一起加入朋友圈；不是另起炉灶，而是优势互补；不是一枝独秀的小利，而是百花齐放的大利；不是推倒重来，而是实现战略对接、优势互补。这一重大合作倡议，为相关各国实现共同发展提供了重要平台。

三　人类命运共同体：通往真正共同体的环节

人类是荣辱与共的命运共同体。人类命运共同体是"民族历史"向"世界历史"转变过程中的必然结果，也是人类从"个体本位"向"类本位"复归的必然要求，更是超越资本逻辑全球化统治、走向人类自身繁荣的必经之途。习近平总书记指出："构建人类命运共同体所具有的广泛感召力，是应对人类共同挑战、建设更加繁荣美好世界的人间正道"②。需要注意的是，并不能把人类命运共同体等同于"自由人联合体""真正的共同体"以及"人类社会"，也不能将人类命运共同体看成超越意识形态的普适性价值，更不能把人类命运共同体理解为"只求和平，不讲斗争"的中国方案。实际上，人类命运共同体是资本主义和社会主义两种制度相互并存、相互竞争背景下的产物，是以历史唯物主义所预指的人类大方向、大图景

---

① 习近平：《坚持对话协商共建共享合作共赢交流互鉴　推动共建"一带一路"走深走实造福人民》，《人民日报》2018年8月28日第1版。
② 《习近平著作选读》第2卷，人民出版社2023年版，第350页。

为参照而建构的当代人类共存的理想模式，它代表了马克思美好生活信念和真正共同体的价值要求，是当今世界各国应对全球问题、推进全球共治的可行性方案。

人类命运共同体是走向"自由—真正共同体"的"过渡性共同体"。马克思共同体理论的历史逻辑揭开了人类社会从"自然—本源共同体"到"虚幻—抽象共同体"再到"自由—真正共同体"发展的历史序列，根据这个历史序列，世界历史是在"虚幻—抽象共同体"阶段由资产阶级开创的，它是通往真正共同体的逻辑起点，也是开创共产主义的必要前提。"共产主义……只有作为'世界历史性的'存在才有可能实现"①。应该说，没有生产力的推动和资产阶级扩大的交往活动，就没有世界历史的转变过程，没有世界历史的最终形成，就没有真正共同体的发生前提。当今人类正处于从"虚幻—抽象共同体"向"自由—真正共同体"的过渡阶段，在这个阶段，整个人类依旧受"虚幻—抽象共同体"的统治，甚至有些民族、国家还行进在通往"虚幻—抽象共同体"的阶段，从世界整体发展态势看，"虚幻—抽象共同体"依旧是当今时代的主宰。尽管如此，资本主义发展的矛盾已经在世界范围内凸显，"虚幻—抽象共同体"内蕴的危机已经显示出了自我否定的征兆，人类走向未来共同体的进程已经启幕。但这个过程必然是漫长的、曲折的。

人类命运共同体就是超越资本主义但又与资本主义并列的过渡性的、松散的共同体形态。资本主义在本质上是异化、抽象的共同体，它在经济上以市场共同体为纽带，在政治上以虚幻的政治国家为统治工具，在文化上宣扬"个体本位"的价值观，在社会上以原子化、微粒化和碎片化的社会模式处理社会关系，在本质上是以货币—资本为主导的物欲阶段的共同体形式。人类命运共同体主张"各美其美、美人之美、美美与共"，它以集体本位超越个体本位，以互利共赢超越孤立发展，以全球协同治理的"双赢"理念替代

---

① 《马克思恩格斯文集》第 1 卷，人民出版社 2009 年版，第 539 页。

"零和博弈"思维,以利益共享、责任共担替代推诿对抗,旨在"把我们生于斯、长于斯的这个星球建成一个和睦的大家庭,把世界各国人民对美好生活的向往变成现实"①。由此来看,人类命运共同体具有双重功能和使命:一是对资本逻辑主导下的抽象共同体的批判功能,即致力于建构一个彰显人的"类本位"的世界,改善全球治理体系,变革全球发展模式,以优化的国际关系、国际秩序替代现代性的弊端。二是基于真正的共同体为参照的建构功能,即致力于把未来社会的美好蓝图和价值观寓于当代发展的现实,把真正共同体的理念植入当代社会的土壤,矫正发展错位和发展中的机械思维,秉持"天下一家"的理念,构筑一个"大道之行,天下为公"的理想的共同体。

人类命运共同体并不是定型的共同体形态,也不是超意识形态的共同体形式,它是容纳资本主义但又不是在消灭阶级对立的基础上建立的共同体,而是在尊重各国发展差异、秉持各国不同发展道路的基础上,致力于打造共建共享、共生共赢、多元开放的全球化时代的大同世界。因此,人类命运共同体并不是成形的社会形态,也不是超阶级、超意识形态的体系,它是基于差异的松散的共同体,是基于共同利益的利益共同体,是基于凝聚不同地域、不同民族、不同信仰和不同文化之"共识"基础上的包容性共同体。因此,在构建人类命运共同体的过程中,各民族国家、主权国家依旧是国际社会的主体,全球范围内的阶级冲突、意识形态斗争和私有制依然是虚幻—抽象共同体内部冲突的根源。只不过,人类命运共同体以国家间、民族间的共生共赢为主要理念和制度构想,把资本主义和社会主义之间的"双赢"作为合作的出发点,以此建构一个互不贬损、互不伤害、互不排斥的共同体。马克思曾经指出:"代替那存在着阶级和阶级对立的资产阶级旧社会的,将是这样一个联合体,在

---

① 习近平:《论坚持推动构建人类命运共同体》,中央文献出版社2018年版,第510页。

那里，每个人的自由发展是一切人的自由发展的条件。"① 自由人联合体是人类进入完全共产主义社会以后，由自由全面发展的人所组成的集合体，是人类迈向自由王国的开端。由此来看，人类命运共同体并不是自由人联合体，也不是高度发达的社会形态，它是把马克思的美好社会信念植入当代世界发展进程的理论运用和实践尝试，是与民族历史向世界历史转变进程相适应的过渡性的共同体形态。

在世界历史上，每次重大危机之后，总会引发世界格局的变革和民粹主义等极端行为，从而对人类的命运产生重大影响。20世纪30年代的"大萧条"催生了意、德、日等独裁政府；20世纪70年代的"石油危机"促发了英国第一次"公投"。2008年国际金融危机发生后，美国爆发了"占领华尔街"运动，人们强烈呼吁改变"99%与1%贫富对立"的现象。今天，相似的一幕若隐若现。"逆全球化"思潮涌动，英国"脱欧"已成定局，"美国优先"逐渐回潮，"黑天鹅""灰犀牛"事件频发，各项国际条约深受挑战，西方之乱持续上演。近年来，数字资本、金融资本诱发的国际社会失序现象并非局部的、个别领域的危机，而是制度性、系统性的危机，它标志着资本主导下的制度及其价值观正在褪色。党的二十大报告指出："世纪疫情影响深远，逆全球化思潮抬头，单边主义、保护主义明显上升，世界经济复苏乏力，局部冲突和动荡频发，全球性问题加剧，世界进入新的动荡变革期"②。在此背景下，世界又一次站在历史的"十字路口"，何去何从取决于各国人民的理性抉择。

在数字资本共同体愈发凸显的时代，和平赤字、发展赤字、安全赤字、治理赤字愈发加重，构建人类命运共同体是人类走向前方的最优选择和最佳方案。正如习近平总书记所言："构建人类命运共

---

① 《马克思恩格斯文集》第2卷，人民出版社2009年版，第53页。
② 习近平：《高举中国特色社会主义伟大旗帜　为全面建设社会主义现代化国家而团结奋斗——在中国共产党第二十次全国代表大会上的报告》，人民出版社2022年版，第26页。

同体是世界各国人民前途所在。"① 数字资本主义正在引发新的矛盾、冲突和危机，也正在把崇尚资本的国家引向发展的死胡同。数字资本共同体对全球资源进行新一轮的圈占、夺取和耗费，对世界市场规则重新配置，对国际规则和交往原则进行重构，它是资本逻辑在全球扩展的新形式。在这种形式的主导下，资源分配不公、代际发展不公、数字鸿沟进一步加剧，全球生态问题、贫困问题、和平问题进一步凸显，人类面临的风险、挑战和治理难题与日俱增，人类共同的命运面临前所未有的挑战。可以说，"今天世界最大的危机就是人类命运的危机和人的幸福危机"②。在当今人类正处于百年未有的大变局之际，人类究竟是合作还是对抗？是互利共赢还是以邻为壑？各国正面临新的重大抉择。人类能够选择的正确道路是消除对抗、冲突，走向合作和共同发展，构建人类命运共同体。习近平总书记指出："偏见和歧视、仇恨和战争，只会带来灾难和痛苦。相互尊重、平等相处、和平发展、共同繁荣，才是人间正道。"③ 所以，我们只有在历史唯物主义的大视野和大历史中坚持各国一律平等，摒弃以大压小、以强凌弱和以富欺贫的思维和行径，坚持以正义为基，以公道为念，以消除贫困为使命，才能推进全球协同治理，解决全球共同危机，构建全球正义秩序。

所以，构建人类命运共同体是各国人民的共同期盼，也是化解国际冲突和利益分歧的最佳道路。"世界上没有放之四海而皆准的发展模式，也没有一成不变的发展道路。"④ 人类命运共同体理念容纳了资本主义和社会主义发展道路，强调两种发展模式相互包容借鉴，取各自之长，补发展缺陷，为解决当代发展问题指明了合理的选择。

---

① 《习近平著作选读》第 1 卷，人民出版社 2023 年版，第 51 页。
② 赵汀阳：《论可能生活》第 2 版，中国人民大学出版社 2010 年版，第 7 页。
③ 习近平：《论坚持推动构建人类命运共同体》，中央文献出版社 2018 年版，第 230 页。
④ 习近平：《论坚持推动构建人类命运共同体》，中央文献出版社 2018 年版，第 51—52 页。

马克思的共产主义理想是人类共同的愿望，也是人类命运共同体内蕴的价值遵循，我们应该以人类未来大同理想为指引，摆脱战争枷锁，摒弃"弱肉强食"，在人类利益和价值的相关性、共生性中共谋发展之路，缔造和谐家园。

第三节 信息时代超越资本共同体的替代性选择与正义方案

从历史发展的大视野审视当代世界，尽管资本主义和社会主义相互并存、共同发展，但资本主义对人类的影响已经渗透到各个方面，可以说，人在资本统治的世界中已经发生了全面异化，这种异化已经从劳动领域扩展至人的本质、心灵和精神之中，以至于人类在抽象的资本统治中愈发失去了自我，人的主体性逐渐置换为"工具性"。特别是在数字、信息统治的世界，人的主体性看似获得了提升，人能够自由自在地参与数字化、信息化生存，但是"精确信息的泛滥，枯燥游戏的普及，在提高人的才智的同时，也使人变得更加愚蠢"[1]。随着信息技术的普及，数字技术的进化使人自身可以被高度解析，从而把马克思意义上的"完整的人""社会关系的人"解析为"微粒人""原子人"，使人在高度微粒化的社会中变成"否定性的空无"[2]，变成了阿甘本所论及的丢掉了"生命政治"的赤裸化的"神圣人"。可以说，在信息时代，寄存于现代资本主义世界中的个体，已经在资本的侵蚀中丢弃了自我主体性，其"生命被排除在它本应受到保护的空间外。生命遭到了弃置，被缩减为赤裸生命

---

[1] [德]马克斯·霍克海默、西奥多·阿道尔诺：《启蒙辩证法：哲学断片》，渠敬东、曹卫东译，上海人民出版社2003年版，第4页。

[2] 林哲元：《从当代资本主义的四种对抗到新无产阶级——论齐泽克的革命主体论》，《国外理论动态》2017年第7期。

(神圣生命)"①。在这样的背景下，只有回到马克思，再度激活真正共同体的正义思想，才是超越资本共同体的替代性选择。

一 回到马克思：激活真正共同体的正义思想

"马克思在社会主义的理论和价值两方面都是思想的巨人。"② 马克思为人类冲破资本的牢笼、实现人的和解指明了实践道路，他的真正共同体正义思想彰显了科学维度和价值意蕴，体现了人类的自由倾向和追求自我解放的道德意义，是当下人类改造自身、改造现存世界的理论指引。事实已经证明，"无论马克思在解释资本主义的未来时存在何种问题，他对资本主义的现在的分析大部分得到了证实。"③ 实践还将继续证明，"共产主义不是存在于遥远未来的境况，它存在于对可替代选择的希冀中，体现在人们与资源、所有权、财富、知识、食物、住房、社会保障、自主决定、平等、参与、表达、健康、准入权等各种贫困类型的斗争之中。正是以多数人为代价换取少数人利益的全球分化体系造成了这些类型的贫困。因此，共产主义存在于人们抵制资本主义、争取自主空间的每一处。"④ 所以，无论人类在发展中面临怎样的问题，马克思真正共同体的正义思想始终具有实践指导意义。

"一个幽灵，共产主义的幽灵，在欧洲游荡"，这是马克思恩格斯在170余年前对共产主义运动的开启。今天，共产主义作为一种理论、制度和运动，尽管已经在世界范围内广泛传播，但是，资本主义在全球的圈占和扩张已经挤占了共产主义的空间，这似乎使得共产主义运动在经历了跌宕起伏后陷入了低谷，以至于有思想家宣

---

① ［意］吉奥乔·阿甘本：《神圣人：至高权力与赤裸生命》，吴冠军译，中央编译出版社2016年版，第35页。
② ［英］戴维·麦克莱伦：《马克思传》第4版，王珍译，中国人民大学出版社2008年版，第445页。
③ ［美］罗伯特·L. 海尔布隆纳：《马克思主义：赞成与反对》，马林梅译，东方出版社2016年版，第100页。
④ ［瑞典］福克斯、［加］莫斯可主编：《马克思归来》上，"传播驿站"工作坊译校，华东师范大学出版社2016年版，第5页。

称，历史已经终结，无产阶级已经不复存在，共产主义理想已经沦为了一种全新的"乌托邦"。然而，值得称道的是，2008年席卷国际的金融危机再度使资本主义坠入幽谷，也再次证明了马克思主义的理论预见力。人们在反思资本主义的危机中逐渐达成共识，即开启一种面向问题本身的社会主义，使共产主义在21世纪重新"复活"。在众多理论反思和回应中，以齐泽克、哈特、奈格里、巴迪欧为代表的西方激进左翼的观点引发了人们的极大关注，他们力主共产主义观念的复兴和回归，把共产主义的思想之旗倡扬在欧陆思想界，开创了后马克思主义时代的共产主义的政治话语，在一定意义上能够为人们探寻超越资本逻辑指引新的道路。

今天，回到马克思，激活马克思的共产主义思想，重构马克思真正共同体的正义观念，已经成为激进左翼思想家的核心话语。他们之所以集体亮相，公开宣称"回归共产主义"，最根本的原因是"金融危机诱导"。但是，左翼思想家对共产主义的倾注并非仅仅是资本主义危机的刺激，还在于他们对社会主义理论和实践的"背弃"。从某种程度上说，左翼思想家"坚持共产主义而否定社会主义"，甚至在思想传统上与社会主义分道扬镳，在实践指向上完全放弃了社会主义运动。因为社会主义在东欧和苏联的失败，使他们不再把社会主义视为可供替代的选择，而是主张回到"彻底的平等主义"，完全超越现存秩序。左翼思想家对共产主义的理论重塑和实践重置，是基于对当代资本主义向新帝国主义、认知资本主义、数字资本主义发展进行批判和回应的结果，是对当代资本主义新的"对抗形式"[①]进行的批判

---

① 齐泽克在《如何从头开始》一文中提出了当代资本主义的四种对抗形式：(1) 生态灾难的赫然而至的威胁；(2) 私有产权与知识财富之间的不一致性；(3) 新的技术—科学发展，尤其是生物工程领域的发展所包含的社会伦理意义；(4) 社会隔离的新形式——新的隔离墙和贫民窟。在这四种对抗形式中，第四种对抗，即被包容者和被排斥者之间的对抗，是当代资本主义最关键的对抗，没有它，其他的对抗都失去了颠覆力。齐泽克以此建构了当代资本主义的阶级对立，并为共产主义找到了新的主体，即"被排斥者"。

性反思所得出的救治之道。马克思指出:"哲学不消灭无产阶级,就不能成为现实;无产阶级不把哲学变成现实,就不可能消灭自身。"① 在资本共同体占霸权地位的时代,只有使马克思主义的哲学精神与无产阶级的历史使命相互激荡,才能把共产主义的宏伟蓝图变成现实,也才能以真正的共同体替代虚幻—抽象的共同体。欧洲激进左翼思想家遵循马克思主义哲学的精神,把马克思主义哲学的批判性与共产主义的政治主体(无产阶级)结合起来,在抽象共同体统治的世界中呼吁"通过思想进程(其特点通常是全球的或普遍的)和政治进程(通常是局部的或个案的,但却是可传达的)的结合,在我们的意识之中、在大地之上重新打造共产主义假设"②。这种理论尝试的目的在于,通过共产主义观念的复兴抑制资本共同体的缺陷,以真正共同体的正义、平等解决当代世界中的对抗和危机。

"从资本主义迈向社会主义,乃是迈向一种越来越人道的、更充分满足人类愿望并且日益更加公正的社会制度。"③ 就当代资本共同体向真正共同体的过渡而言,重新激活共产主义观念和真正共同体的正义思想,并将之植入当代社会发展的现实中,能够把马克思主义的社会解放理想和人的解放目标变成当代人的现实生活追求,从而为社会主义注入新的活力,为当代社会发展指引航向。虽然马克思主张以暴力推翻资本主义制度,但当代资本主义发展的现实条件、社会主义发展的多样性特点不允许以暴力的方式变革现存的制度,而只能以马克思真正共同体的正义图景、美好生活蓝图为参照变革既有的生产方式,为社会主义的进一步发展铺就路基。当然,回到马克思真正共同体的思想,不能局限于"观念上的复兴"和"理论上的证明",还要在实践向度、政治主体和规范诉求等层面激活共产

---

① 《马克思恩格斯文集》第 1 卷,人民出版社 2009 年版,第 18 页。
② [法]阿兰·巴迪乌:《共产主义假设》,罗久译,载《当代国外马克思主义评论》第 8 册,人民出版社 2010 年版,第 42 页。
③ [加]凯·尼尔森:《马克思主义与道德观念》,李义天译,人民出版社 2014 年版,第 324 页。

主义的现实意义，因为共产主义本身就是"那种消灭现存状况的现实的运动"①。当此人类处于百年未有之大变局时代，共产主义代表了人类共同的发展方向，蕴含人类共同的价值追求，指引人类共同的生活期盼。只有把共产主义置于当代社会发展的现实，才能在实践中变革既有的生产方式，使社会的集体性、主体性获得新的形式，推动社会迈向一个愈加公正、平等和自由的制度形态。

在后马克思主义时代激活马克思真正共同体及其正义思想，还应该重新塑造共产主义的政治主体。"共产主义不是一个理念。它是生活的某种现实形式。"② 把共产主义置于当代社会现实，必然需要政治主体"在场"，政治主体"缺位"会让共产主义陷入全新的"乌托邦"。在马克思的语境中，共产主义运动的政治主体就是"被戴上彻底的锁链的阶级"③，是资本与劳动的对立在历史主体中的显现，也是资产阶级的"掘墓人"。然而，在资本驱动技术席卷全球的当代世界，无产者和资产者之间的矛盾随着股份制、福特制、后福特制的推行而渐趋缓和，以至于共产主义的政治主体在资本的洪流中被渐渐淹没，无产阶级似乎已经沦为"不像无产阶级样子"的"诸众""无分者"和"被排除者"，所以有学者率先提出了"告别工人阶级"④ 的断言，甚至有人宣称作为资本主义"掘墓人"的政治主体首先进入了坟墓，即使依然存在的无产者也被资本主义制度所"同化"，失去了革命性。因此，回归和复兴马克思的共产主义思想，不是让政治主体"缺位"和"空场"，而是重回马克思的批判性主张，重塑政治主体，对全球资本主义秩序发起正义批判与反抗，建构更加公正的世界秩序、更加平等的发展机会、更加民主的政治

---

① 《马克思恩格斯文集》第 1 卷，人民出版社 2009 年版，第 539 页。
② ［法］雅克·朗西埃：《共产主义：从现实性到非现实性》，林晖译，载《当代国外马克思主义评论》第 8 册，人民出版社 2010 年版，第 98 页。
③ 《马克思恩格斯文集》第 1 卷，人民出版社 2009 年版，第 16 页。
④ Andre Gorz, *Farewell to the Working Class: An Essay on Post-industrial Socialism*, London: Pluto Press, 1982, pp. 66 – 67.

形式。

二 始终坚持以"人的逻辑"驾驭"资本逻辑"

马克思终其一生都在为批判资本逻辑而战斗,资本逻辑是导致现代化恶果的罪魁祸首,是当今全球经济问题、生态恶化、贫富分化、发展赤字的诱导性因素。今天,资本逻辑带来的人的生存问题和社会发展问题已经在全球化的银幕上闪现,资本的增殖本性、扩张逻辑引发的冲突、紧张关系已经在国际关系中深刻呈现,资本逻辑已经在现实中威胁着当代人的生存。就当代社会而言,资本逻辑遮盖下的贩卖人口、走私、色情、暴力、恐怖主义、跨国犯罪等行径,已经严重困扰和威胁着人们的正常生活。我们知道,马克思对资本怒目而视,他以历史唯物主义的思想武器揭开了资本的神秘面具,痛斥资本逻辑的原始罪恶和现实后果,在批判中形成了基于"人的逻辑"的美好生活信念,为人类摆脱资本逻辑的绑锁预指了方向、铺就了道路。如果说"人的逻辑"是内隐于整个马克思思想的"暗线",那么资本逻辑则是他的整个思想的"明线"。以"人的逻辑"驾驭"资本逻辑"是马克思社会解放思想的价值旨归,也是当代社会发展问题、人的生存问题的破解之道。

资本逻辑把人与人的关系贬斥为物与物的关系,把物的增值作为人类社会发展的目的,把人的主体性降格为手段。资本逻辑在根本上是高抬"物性"贬低"人性"的发展方式,是以资本为社会的最高存在和主体,把人当作资本的附庸和工具,在资本与人的关系上颠倒了主客体关系。资本逻辑由于解决不了"人"的问题而使人的发展受限,甚至使人的关系紧张、人的本质异化。人的逻辑是超越资本逻辑的发展方式,它围绕人的生存境遇、共同命运和个性自由构筑属于人的生活方式,坚持人的主体地位,把人的发展作为社会进步的目标,集中解决人类所面临的共同问题。人的逻辑遵循以人为本,是人的发展的内在要求,把改善人的生活、提升人的境界、促进人的发展作为社会变革的价值目标,是历史进步、人类向好的价值指引。马克思说:"全部历史是为了使'人'成为感性意识的对象和使'人作为人'的需要成为需要而作准备的历史（发展的历史）"①。在历史进步的意义上,人的逻辑是历史规律内蕴的善的逻辑。如果说,资本逻辑是历史过程中衍生的逻辑,那么,人的逻辑则是贯穿历史始终的本真逻辑。如果说,资本逻辑是"自然—本源共同体"解体中的次生性逻辑,那么,人的逻辑则是人类生产方式特有的原生性逻辑。马克思明确地指出:"全部人类历史的第一个前提无疑是有生命的个人的存在。"②"人们为了能够'创造历史',必须能够生活。但是为了生活,首先就需要吃喝住穿以及其他一些东西。"③ 历史活动本身就是人的活动,历史发展本身就是作为历史主体的人的发展。人的逻辑是合乎人性、人的生存发展的价值逻辑。

坚持以"人的逻辑"驾驭"资本逻辑",必须为资本设限,在发展中聚焦人的生活需要,"防止资本无序扩张、野蛮生长"④。资本逻辑是"物性"驾驭"人性"的体现,是以自由市场共同体为表现的增殖逻辑。在当代世界,资本逻辑驱动技术创新实现价值增殖,把技术发明和应用作为生财之道。资本逻辑越是驱动技术获得高额利润,人就越是受技术异化的圈占和排挤。资本圈占的世界越多,人的世界就越少。要使人的逻辑成为当代抽象共同体的主导性逻辑,就必须为资本设限,"为资本设置'红绿灯'"⑤,通过聚焦人的生活需要、解决人面临的现实问题回归人的目的性。人的目的性通过人的主体性和人的生活需要来确证,人的需要是人与生俱来的规定性,也是人们进行历史创造活动的内在动因,更是人性的基础和发展的根据,"他们的需要即他们的本性,以及他们求得满足的方式,把他

---

① 《马克思恩格斯文集》第1卷,人民出版社2009年版,第194页。
② 《马克思恩格斯文集》第1卷,人民出版社2009年版,第519页。
③ 《马克思恩格斯文集》第1卷,人民出版社2009年版,第531页。
④ 《习近平谈治国理政》第4卷,外文出版社2022年版,第173页。
⑤ 《习近平谈治国理政》第4卷,外文出版社2022年版,第211页。

们联系起来"①。以人的逻辑驾驭资本逻辑必须让资本为人服务,必须把人作为资本增殖的目的,满足人的需要,注重人的长远的发展,使人能够在资本挤占的世界获得全新的生活方式,使人在发展中达到马克思所构想的自我实现状态,"以一种全面的方式,就是说,作为一个完整的人,占有自己的全面的本质"②。因此,资本逻辑因物的增值而使人贬值,人的逻辑就应该颠倒资本的逻辑,使人的主体性、价值性、目的性获得全面提升。

坚持以"人的逻辑"驾驭"资本逻辑",必须在资本逻辑中解放人、发展人。现代人的解放意蕴在于从资本逻辑中解放人、提升人和发展人。马克思曾指出,资本主义社会使"人作为私人进行活动,把他人看做工具,把自己也降为工具,并成为异己力量的玩物"③。当代人的生存非但没有摆脱资本逻辑的束缚,反而人在资本统治的世界愈加受到限制,人的发展的空间因受到资本的挤占而压缩。应该说,在资本逻辑中解放人,必须"使人的世界即各种关系回归于人自身"。但是,当代人的解放之途依然任重道远,资本逻辑的宰制依然具有强大的生命力。人类要摆脱资本逻辑的扩张、宰制和限制,必须全面革新资本主义制度,在制度设计中凸显人性、抑制物性,在制度变革中促进人的发展。"马克思主义是革命性变革的一大力量,可以振奋世界上受压迫的人。"④ 只有把马克思主义的社会建设目标、共产主义理想植入当代人的现实生活,以此规约资本的扩张性,倡扬人的主体性,才能使现代人从资本逻辑的枷锁中解放出来,也才能在现代化的轨道上实现人的现代化。从某种程度上说,人的现代化必然意味着在资本逻辑中推进人的主体性的复归,人的现代化就是打破资本宰制人、束缚人、贬低人的格局的现代化,

---

① 《马克思恩格斯全集》第 3 卷,人民出版社 1960 年版,第 514 页。
② 《马克思恩格斯文集》第 1 卷,人民出版社 2009 年版,第 189 页。
③ 《马克思恩格斯文集》第 1 卷,人民出版社 2009 年版,第 30 页。
④ [美] 罗伯特·L. 海尔布隆纳:《马克思主义:赞成与反对》,马林梅译,东方出版社 2016 年版,第 11 页。

就是促进人的发展、提升人的境界的现代化，就是满足人的多样化需要、促进人的自我实现的现代化。在当代中国，我们党成功推进和拓展了中国式现代化，这种现代化成功破解了"资本逻辑"与"人的逻辑"的悖论，既激活了"资本的文明面"，又有效促进了"人的发展"，走出了一条协同"促进物的全面丰富和人的全面发展"①的新路，有效规避了资本逻辑对人的发展造成的控制和"异化"。

坚持以"人的逻辑"驾驭"资本逻辑"，必须在资本逻辑中管控技术。技术是资本逻辑扩张的重要杠杆。在现代化的语境中，没有技术的革命性变革，就没有资本逻辑的出场。近代历史上的工业革命促使资本逻辑获得了统治地位，当代世界的新技术革命促使资本逻辑又进入了狂飙式的发展阶段，技术"在18世纪是劳动分工，在19世纪是工具机问题，在20世纪是自动化，在21世纪将是人工智能。"② 近现代技术变革的历史，就是资本占有技术、利用技术为自身服务的历史，资本逻辑驱动技术的上升带来了人的主体性的降格，使当代人把资本封为新的上帝。在马克思的视域中，技术对人类历史的影响是双面的，但是，在资本的诱导下，"任何足够先进的技术都等同于魔术"，资本逻辑的扩张性在很大程度上表现为想方设法占有技术，它为了迎合生产过程的需要，总是利用技术。资本与技术的结合往往会使技术发生异化，从而对人类产生负面影响。因此，任何技术都可能在资本逻辑的圈占和诱导下走向异化。需要说明的是，技术异化并不意味着技术本身具有否定性，技术异化主要不是强制的结果，而是技术应用的结果。所以，当代人要摆脱资本逻辑的宰制，就应该全面管控资本逻辑借以扩张的技术载体，就应

---

① 习近平：《高举中国特色社会主义伟大旗帜　为全面建设社会主义现代化国家而团结奋斗——在中国共产党第二十次全国代表大会上的报告》，人民出版社2022年版，第23页。

② ［德］埃伯哈德·伊尔纳：《技术问题：从斯密到马克思》，鲁路译，《现代哲学》2019年第1期。

该在资本逻辑中管控技术的革新和应用。更确切地说，在资本逻辑中管控技术，就是让技术为人类服务，而不是让技术沦为资本增殖的工具。

三 合作与共享：跨越发展鸿沟实现全球正义

进入21世纪，随着科学技术和全球化的纵深发展，"虚幻—抽象共同体"发生了新的变革，取得了新的成就，推动资本主义跨入数字化生存时代。资本主义金融资本、数字资本的全球扩张在给人类带来物质丰裕和社会福祉的同时，也进一步催生了世界范围内的发展鸿沟、贫富差距和幸福危机。尽管"私人资本主义连同其自由市场的发展成了我们一切民主自由的发展的先决条件"①，但是，当代资本主义新的生产方式带来的是"私人获益，公众痛苦"。"今时今日，我们已经达到了资本主义消极后果远远超过其积极物质收益的临界点。"② 也就是说，资本主义已经进入全面控制人类的新阶段，这个阶段最大的问题就是各国发展鸿沟愈加明显，全球发展差距进一步拉大，特别是信息化、数字化带来的私有化程度的加深为全球正义带来了新的挑战。在此背景下，唯有坚持合作与共享的理念，才能跨越发展鸿沟、实现全球正义。

合则强，孤则弱。经济全球化风起云涌，地球村联系更加紧密，唯有互利合作才能托举起人类发展的梦想。马克思的世界历史理论和全球化实践进程共同表明，守望相助、同舟共济、共同发展已成为信息化时代的"符号"，但无论世界变局朝向何方，也无论世界形势如何变化，人类总会面临诸如全球公正、全球治理、气候变暖、领土完整等共同的难题，总会在解决世界面临的民主、生态、财富分配等关键问题方面需要凝聚共识，从而为人类主动对抗全球不公、

---

① ［英］冯·哈耶克：《通往奴役之路》，王明毅等译，中国社会科学出版社1997年版，第102页。
② ［加］埃伦·米克辛斯·伍德：《资本主义的起源》，夏璐译，中国人民大学出版社2016年版，第147页。

调节冲突提供启迪。当今世界深刻复杂的变化和错综复杂的关系不会从根本上改变和平与发展这一时代主题。和平与发展、合作与共赢依旧是人类不可阻挡的时代潮流。"和平而不是战争，合作而不是对抗，才是人类社会进步的永恒主题。"① 从历史来看，第二次世界大战以来旧的殖民体系已然土崩瓦解，争霸称雄的热战已经鲜有发生，冷战遗留的集团对抗已经不复存在，世界事务已经不可能被某个国家或集团单独主宰，国际力量对比继续朝着更加有利于世界和平与发展的方向发展。面对世界向好的趋势，今天的人类比以往任何时候都更能够迈向和平与发展的目标，也更需要构建互利共赢的新型国际关系，在这个过程中，合作是解决各国面临的共同问题的根本之道。可以说，当今时代最大的特点就是各国相互联系、相互依存空前加强，这为人类走向合作提供了可能性条件。习近平总书记指出："人类是一个一荣俱荣、一损俱损的命运共同体。任何国家追求现代化，都应该秉持团结合作、共同发展的理念，走共建共享共赢之路。"② 人类命运与共，说到底在于人类必须在发展中合作，在合作中发展，携手创造更加广阔的合作平台与合作空间，通过合作实现共同的发展目标，最终形成全球发展共同体。

建构全球发展共同体要以马克思的全球正义理论为指导推进全球治理。马克思所构想的"真正的共同体"及其内蕴的全球正义的价值诉求和人类美好生活的理想信念，对于建构普惠人类共同福祉的生活方式依旧充满现实的希望，也无疑最具吸引力。马克思以历史唯物主义为解构资本逻辑的利器，在批判中建构了适应于生产方式的人类劳动正义观，在谋求人类解放中表达了全球平等互惠的正义追求，在对未来共同体勾画中呈现了人与自然和谐共生的全球生态正义图景。马克思的全球正义论与人类命运共同体思想内在融通，

---

① 习近平：《在南京大屠杀死难者国家公祭仪式上的讲话》，人民出版社 2014 年版，第 5 页。

② 习近平：《携手同行现代化之路——在中国共产党与世界政党高层对话会上的主旨讲话》，《人民日报》2023 年 3 月 16 日第 2 版。

是我们今天反思全球问题从而推进全球治理和实现全球正义的思想指引。

马克思论及的适应于生产方式的人类劳动正义论，是从资本逻辑的天然正义走向人类自身的劳动正义的必然选择。马克思对人类正义的关注和论说起始于他对人类物质生产方式的探寻和转向，他拒绝把人类的正义原则作为抽象的原则加以阐释和运用，也拒绝离开人类物质生产生活本身来谈论正义，而是在批判"永恒正义论""抽象正义论"和资产阶级意识形态掩盖下的"虚假正义论"的基础上还原了正义的本真意涵和"物质动因"。马克思认为，在人类历史活动中，劳动是最本体的范畴，也是人类活动不变的主题，一方面，"劳动创造了人本身。"[1] 另一方面，劳动创造了历史，"全部人的活动迄今为止都是劳动"[2]。可以说，历史唯物主义的逻辑起点正在于从现实之人的吃喝住穿出发揭示了人类社会关系的物质根源，还原了人类以劳动为存在方式所塑造的历史事实和真相。马克思的正义理论与以往的正义理论最大的区别，就在于他从人类物质生产生活本身出发揭示了正义的根源，即正义作为一种法的关系，源于人类劳动及其所构成的物质关系。没有基于劳动的物质生活关系，就没有正义。正义"是一种反映着经济关系的意志关系"[3]。在此意义上，马克思在历史唯物主义的理论架构下明确了人类生产方式与正义的"主次"关系，强调生产方式相对于正义的优先性。马克思对全球正义的评判是基于人类物质生产活动的事实性评判，表达了正义对于生产方式的次生性，也蕴含正义会随着生产方式的变革而发生动态性变化。同时，我们可以确定，马克思所追求的人类社会的正义并不是凌驾于社会之上的先验的永恒的规范，恰恰相反，它是根植于人类劳动并调控人类在劳动中所引发的利益冲突的规范。

---

[1] 《马克思恩格斯文集》第9卷，人民出版社2009年版，第550页。
[2] 《马克思恩格斯文集》第1卷，人民出版社2009年版，第193页。
[3] 《马克思恩格斯文集》第5卷，人民出版社2009年版，第103页。

这种冲突既包括基于劳动资料占有的生产性冲突，也包括劳动过程中"所付"和劳动产品分配中的"所得"之间的冲突。事实表明，马克思正是在对资本主义的批判中实现了从资本的天然正义向人类自身劳动正义的彻底转变，从人的生存的意义上表达了一种适应于物质生产方式的人类劳动正义论。今天，我们仍然没有真正实现马克思的全球正义理想，即我们仍然处于从资本正义向人类劳动正义的转变阶段，在这个阶段，人类的劳动应该受到尊重，人的劳动的机会应该得到平等的对待，人的劳动的成果应该得到公正的分配。

马克思论及的基于人类解放的平等互惠正义论，是实现全球互利共赢和共同福祉的重要指引。马克思对正义的追求建立在世界历史生成与演变的基础上，是基于历史演进、人类解放和人的自我实现的规范性表达。当今资本逻辑统治对世界带来的发展鸿沟和不公，对人的价值的扭曲和贬损，对人类普遍不平等、不公正的进一步激化，已经深深浸染到世界各国的发展历史与实践中。从总体上看，资本主义制度侵犯了世界上绝大多数人的利益而使极少数人变得富有，这种制度尽管具有历史的必然性，但在道义上应该加以谴责。随着全球化的深入发展和世界历史的逐步生成，资本主义虚假的共同体逐渐暴露出致命的缺陷，只有在真正的共同体中，人类才能获得解放和达到自我实现，实现人人互惠的普遍性正义理念。所以，马克思极力批判资本家的生财之道侵犯了人人互惠的普遍性正义，他在领导工人运动中把正义称为"至高无上的准则"[①]写进国际工人协会成立宣言，表达了一种全球正义诉求。同时，马克思的"按需分配"原则，指明了人类最终通向实质正义的理想之途。可以看出，马克思对正义的论说是基于人类历史大框架和"人类社会"大图景的世界性表达，具有世界主义的鲜明特征和全球正义的理论要旨，是基于人类整体福祉和实现人类整体繁荣所得出的超越性正义原则。这种正义原则无疑具有世界历史意义，是人类实现共同福祉

---

① 《马克思恩格斯文集》第3卷，人民出版社2009年版，第14页。

的重要价值。

马克思论及的基于人与自然和谐共生的全球生态正义论,是构建清洁美丽的全球生态共同体的实践方案。人类的实践活动可以分为两类:对自然的改造以及对人自身的改造。人改造自然,形成人与自然的对象性关系,在与自然的关系中确证人的主体性,自然也因人的活动而具有"人化"的倾向和特性。人改造自身,形成人的主体关系的建构,在改造自身中规范人的主观世界,重塑人与自然的关系。所以,人与自然本身就是互依互存的关系,"自然是人的无机的身体"。在马克思的视域中,人与自然是生命共同体,人以自然而立,自然因人而多彩,人是自然的主体。只不过,工业革命以来,人的自然的"原始和谐"关系因资本逻辑的扩张而出现了裂缝,人与自然之间的"物质变换"和"新陈代谢"关系在资本逐利的操控和物欲观念的诱导下出现了难以弥合的鸿沟。应该说,资本主义的危机已经从经济领域全面侵入生态领域,生态危机成为资本主义内在矛盾的新的表现形式,在生态危机的刺激下,人与自然的共同体关系变成了异化的断裂关系。那么,人类如何才能弥合生态共同体的断裂?生态危机的破解之道在哪里?马克思把资本逻辑批判拓展到生态批判,揭示了生态危机的救治之道,即从资本主义虚幻的共同体走向人与自然之间的生命共同体,实现人与自然关系的和解。具体来说,马克思破解生态危机的方案与他的社会理想内在合一,体现在他所设想的以公有制为社会经济运行方式的未来社会模型中,也就是说,未来共同体本身就具有生态意蕴,真正的共同体本身就是生态共同体。今天,全球生态危机已经全面呈现,"资本主义已无法通过改革得以挽救"[1],而要实现全球生态共同体,必须拓展马克思的全球生态正义理论,并以此培育有机生态思维,建设有机生态的共同体,在全球治理中重点推进生态治理。2019年,令全球瞩目

---

[1] [美]菲利普·克莱顿、贾斯廷·海因泽克:《有机马克思主义——生态灾难与资本主义的替代选择》,孟献丽等译,人民出版社2015年版,第1页。

的澳大利亚森林火灾和南美洲亚马孙森林大火引发了人们的深思，这两场大火对地球造成的负面影响是可想而知的，但由于资本逻辑的作祟和国际规则的不明晰，扑火、救火步履维艰，最终给人类带来了伤痛，给自然造成了伤害。所以，马克思人与自然和谐共生的全球生态正义论是当今人类构建清洁美丽的全球生态共同体的重要理论指导和实践方案。

在数字化生存时代，解决全球治理难题，还需要超越数字鸿沟，实现数字共享。当代资本主义私有化加固的重要表现是数字资本、信息资本获得了统治地位，数字资本和信息资本隐匿着新的异化形式、剥削方式。突破数字资本、信息资本在全球扩张带来的数字鸿沟、发展错位和经济差距，是当今全球治理的重要课题。其中，坚持共享理念对于弥补发展裂缝具有重要的价值。一方面，数字资本是私人资本，它由数字资本家掌控，数字劳动者创造的一般数据越多，可供资本家增殖的数字资本的集聚就越多，由此带来的社会两极分化就越明显。基于此，坚持数据共享能够在一定程度上缓解数字垄断带来的发展差距。另一方面，一般数据、信息是消费者和数字劳动者创造的劳动产品，其中一部分用于交换，具有价值和使用价值，是一种数字商品，而有一部分则是人们通过数字平台自发创造出来的免费产品，是人的数字活动的自主生成，这部分产品也由数字平台（资本家）无偿占有，成为数字资本家的生财方式。所以，为了从源头上遏制数字化带来的发展差距，必须坚持数字共享，把公有制理念贯穿于数字化管理和应用中，从而能够有效缓解数字资本共同体对人类的控制，能够为数字治理提供新思路、新举措。习近平总书记指出，要"推动实施国家大数据战略，加快完善数字基础设施，推进数据资源整合和开放共享，保障数据安全，加快建设数字中国，更好服务我国经济社会发展和人民生活改善。"[①] 在数

---

① 习近平：《审时度势精心谋划超前布局力争主动 实施国家大数据战略加快建设数字中国》，《人民日报》2017年12月10日第1版。

字经济发展的现时代，我们始终坚持共享原则，建构和完善以人为本原则下的数字共享机制，培育数字时代利益共享的价值链，推动"私人数据"的价值补偿和"公共数据"的共管共享，积极探索数据要素参与分配的体制机制，为人类摆脱数字资本的钳制提供了全新的中国方案。

  习近平总书记指出："和平、发展、公平、正义、民主、自由，是全人类的共同价值，也是联合国的崇高目标"①。当代中国始终坚持做世界和平的建设者、全球发展的贡献者、国际秩序的维护者。中国发展的历史和实践深刻证明，马克思主义具有无限生命力，以马克思主义为指导，践行马克思的共同体理论、正义思想，能够为人类走出发展中遇到的困境提供指导，也能够为推进全球治理、迈向真正的共同体指引方向。尽管各国意识形态不同、历史文化传统各异，但在推进全球共同体治理、构建人类命运共同体方面具有共同的价值，我们相信，人类文明的交流互鉴、人类价值的包容共存、人类发展目标的共通共融，能够为全球携手走向未来提供新的希望。

---

① 《习近平谈治国理政》第 2 卷，外文出版社 2017 年版，第 522 页。

结　　语

　　2018年以来，国内外对马克思的关注不断升温，政界和学界通过召开纪念大会、学术研讨会，登载社论、文章，出版著作、画册，发布报告、宣言，举办展览和播映影视节目，以此表达对马克思的纪念。2018年5月4日，中国共产党隆重举行纪念马克思诞辰200周年大会，向这位思想巨人致敬，昭示我们的理想信念。与此同时，德国、英国、俄罗斯、法国、比利时、美国、加拿大、印度、巴基斯坦、巴西、菲律宾、越南、古巴、委内瑞拉、阿根廷、墨西哥等国的官方或民间也纷纷举办了不同形式的纪念活动，表达对马克思的追忆和缅怀。

　　在人类漫长的思想史上，流芳百世之人物如众星闪耀，为什么马克思的名字依旧响亮？人类思想的天空星汉灿烂，既有苏格拉底、柏拉图、黑格尔等思想贤哲，也有牛顿、爱因斯坦、霍金等科学泰斗，为什么世界各国不约而同地致敬马克思的思想？200多年来，人类发生了前所未有的巨变，很多思想家的名字、理论逐渐被人们忘却，为什么马克思依旧"活着"？

　　宋代大儒张载说："为天地立心，为生民立命，为往圣继绝学，为万世开太平。"如果要找这句话的最恰当体现者，那非马克思莫属。马克思的一生既立德、立道，更立心、立命，既为往圣继绝学，更为万世开太平。马克思不仅仅同广大劳动者同心同德，为广大劳动者谋求幸福生活，他更是有思想有情怀有革命指向的科学家。他视现世浮华为过眼烟云，却心里装着天下苍生，这样的他尽管生前穷困潦倒，但在身后却耸立起了一座丰碑。

世界对马克思思想的尊重和对这位伟人的缅怀，绝不是"空穴来风"。一方面是因为他活着的时候是为了多数人更好地活着，他逝世后自然多数人会把他抬举起来，人们没有也不会忘记他。另一方面，因为他是一位"思想巨人"，他拼毕生之精力，研资本之精髓，立人类大同之言，谋世界和平进步之势，是全人类的"普罗米修斯"，是正义的代言人。并且，马克思的思想依旧影响着这个世界，马克思主义已经成为一种代表正义、自由的思想文化，世界各国的劳苦大众用它来表达对美好生活的希冀和对正义王国的憧憬，人类绕不开他，人类也离不开马克思主义。

马克思主义对资本剥削发起的正义批判，对人类历史走向的深刻洞见，对人类美好生活的理论描绘，是他那个时代批判理论所奏响的时代之声，时至今日，这种声音仍然在全球泛起有力回响。如今，每当社会出现重大经济动荡，国家在政治、经济、社会领域遭遇重大危机时，都会掀起对马克思主义的重新认识。无数事实证明，当今时代的问题，无论是全球化、逆全球化、贸易保护主义、国际金融危机、难民危机，还是人工智能等科技领域的具体议题，不管从哪门哪派思想入口，只要达到深刻，我们就能体味到萨特那句名言的真知灼见：马克思主义是不可超越的。

马克思主义之所以在当代逐渐受到人们的理解和尊敬，很大程度上是因为，它为人类指明了依靠人民推动历史前进的人间正道。有人说，高尚是高尚者的墓志铭。何为高尚？何为正义？马克思主义认为，高尚就在于为人类服务。世界上没有比自私的逻辑更恶劣的东西了。人只有为同时代人的幸福而工作，才能使自己达到完美。今天，我们也当关心身边的人，心系国家发展，关注人类进步，至少不做精致的利己主义者，就像马克思所言，"如果一个人愿意变成一头牛，那他当然可以不管人类的痛苦，而只顾自己身上的皮。"①

---

① 《马克思恩格斯文集》第 10 卷，人民出版社 2009 年版，第 253 页。

在资本逻辑统治的现时代，尽管旧秩序的辩护者们企图抹杀马克思，或者诬蔑马克思的学说，甚至以"历史终结论"来消解唯物史观，但马克思所揭示的历史规律是永远驳不倒的，他所预见的人类进步的大趋势是不可逆转的。正如戴维·麦克莱伦所言："马克思在社会主义的理论和价值两方面都是思想的巨人。无论其中一些理论多么令人感到疑惑……走过了20世纪的马克思主义的历史，都是人类对这种共同生活新方式寻求的不可分割、永恒的一部分。"[①] 今天，我们必须承认马克思主义对20世纪的人类历史所产生的划时代影响，也必须看到马克思主义还会给人类未来发展带来巨大的改变。因为世界向好的理想和美好生活的信念是马克思精神中永不磨灭的要素，而人类的自由和繁荣则是内蕴其中的核心元素。人类进步向好，马克思必须"在场"。

一方面，资本逻辑依然是束缚人类进步向好的主导逻辑，马克思的政治经济学批判依然是破除资本逻辑的锁钥。资本逻辑在根本上是"物"的逻辑，是资本占有劳动和全面奴役人的生活的逻辑，它以不惜一切代价攫取剩余价值为目的，把人与人之间的关系贬黜为冷酷无情的"纯粹的金钱关系"，把整个社会关系完全空虚化、利益化，表现为社会关系的全面异化。今天，资本的全球扩张在给人类带来物质丰裕和社会福祉的同时，也进一步催生了世界范围内的经济危机、生态恶化、贫富差距和幸福危机。正如埃伦·米克辛斯·伍德所言："今时今日，我们已经达到了资本主义消极后果远远超过其积极物质收益的临界点。"[②] 也就是说，人类不仅没有摆脱资本逻辑的种种缠绕，反而面临着与日俱增的风险和层出不穷的挑战。特别是在当代社会发展中，资本逻辑驱动人工智能在全球运转，数字资本主义逐渐崛起，金融资本和数字资本在全球的扩张加速了各

---

① [英] 戴维·麦克莱伦:《马克思传》第4版，王珍译，中国人民大学出版社2008年版，第445页。

② [加] 埃伦·米克辛斯·伍德:《资本主义的起源》，夏璐译，中国人民大学出版社2016年版，第147页。

国不公正和不平等的升级，使社会阶层出现了新的分化，全球治理和全球正义面临更加严峻的威胁。

那么，人类从后工业时代迈向成功彼岸的最好"渡船"是什么呢？人们尝试给出了不同的答案：有人主张"新自由主义"，有人开辟"第三条道路"，有人提倡"生态社会主义"，有人强调"有机马克思主义"，有人呼吁以"全球正义"构建新的世界体系，有人赞赏走"市场社会主义"道路。但这些方案都没有抓住问题的实质，没有找到解决问题的根本途径。实际上，当今资本逻辑强加给人类的种种冲突、对抗和矛盾依然没有脱离马克思政治经济学批判的"问题域"，而资本主义的贪欲和榨取剩余价值的本性依旧是蹂躏和掠夺人类自身的罪魁祸首，马克思所倡导的人类美好生活期许和自由全面发展的价值观，对于建构面向人类共同福祉的生活方式依旧具有很强的吸引力，马克思共同体内蕴的正义思想依旧是指引人类前进的思想明灯。正如有学者所言："推进公平正义理论创新和实践进步，要坚持以马克思主义唯物史观为根本方法，坚持以人民为中心的根本立场，坚持把马克思主义公平正义的理论创新作为推进公平正义实践进步的先导。"[①]

另一方面，人的逻辑是驾驭资本逻辑的最佳选择，马克思的共产主义学说是指引人类摆脱种种枷锁、实现美好生活的"路标"。马克思毕生都在为批判资本逻辑而战斗，但他并非仅仅停留在对资本逻辑的驳斥上，他的整个思想理论的价值走向是回归人的逻辑。人的逻辑在根本上是"善"的逻辑，它把人作为历史进步和人类向好的主体，把人的自我实现和美好生活作为历史进步的旨归。马克思在《德意志意识形态》《资本论》《共产党宣言》《哥达纲领批判》等著作中建构了人类走向"自由人联合体"的方案，描绘了"按需分配""人人互惠""人与自然和解"的普遍正义的"人类社会"图

[①] 冯颜利：《中国共产党对马克思主义公平正义观的践行与发展》，《中共中央党校（国家行政学院）学报》2022年第3期。

景，是人类共求的美好生活的理论表达和逻辑书写，是人类从自然、社会和精神的枷锁中得以解放的理论指引。

所以，面向未来的发展之途，人类绕不开马克思。马克思的思想将在解决世界面临的民主、生态、财富分配等全球难题方面展现出不可估量的价值。只有激活马克思关于人类历史、现实和未来的重大思想，并以此为理论武器驾驭资本逻辑，人们才能摆脱资本的压迫和精神的枷锁，从而走出治理赤字、发展鸿沟和种种缠绕，迈向全人类共同期许的真正的共同体，实现按需分配的真正正义。当然，让马克思"在场"绝不是把他神秘化、神圣化，也不是把马克思主义当成包治百病的灵丹妙药和解决所有问题的现成答案，而是在时代的发展和进步中"与马克思对话"，在实践中发展马克思主义。

总而言之，历史的巨大遭遇和巨大灾难总会以时代的巨大进步和巨大繁荣作为补偿。马克思为人类历史留下的思想遗产和精神财富与全人类所共持的道德和精神信念内在汇通，从来都没有人能够阻止它的传播。我们不能因为马克思所开创的事业顺利而将他神话，也不能因为他的事业受到挫折而将他抛弃。我们纪念马克思，就是要秉承他的遗志，继承他的伟大精神和初心使命，用他那样的阶级情怀和历史眼光，把他的事业继续推进下去，让他的思想所内蕴的价值观念在指导人类迈向美好生活中焕发出无限生机与活力。

参考文献

一 经典文献

《马克思恩格斯文集》第1—10卷,人民出版社2009年版。
《马克思恩格斯选集》第1—4卷,人民出版社2012年版。
《马克思恩格斯全集》第1卷,人民出版社1995年版。
《马克思恩格斯全集》第21卷,人民出版社2003年版。
《马克思恩格斯全集》第25卷,人民出版社2001年版。
《马克思恩格斯全集》第30卷,人民出版社1995年版。
《马克思恩格斯全集》第31卷,人民出版社1998年版。
《马克思恩格斯全集》第32卷,人民出版社1998年版。
《马克思恩格斯全集》第33卷,人民出版社2004年版。
《马克思恩格斯全集》第34卷,人民出版社2008年版。
《马克思恩格斯全集》第35卷,人民出版社2013年版。
《马克思恩格斯全集》第36卷,人民出版社2015年版。
《马克思恩格斯全集》第45卷,人民出版社1985年版。
《列宁专题文集》,人民出版社2009年版。
《列宁选集》第1—4卷,人民出版社2012年版。
《习近平谈治国理政》,外文出版社2014年版。
《习近平谈治国理政》第2卷,外文出版社2017年版。
《习近平谈治国理政》第3卷,外文出版社2020年版。
《习近平谈治国理政》第4卷,外文出版社2022年版。

《习近平著作选读》第1—2卷，人民出版社2023年版。

《习近平书信选集》第1卷，中央文献出版社2022年版。

《习近平关于中国特色大国外交论述摘编》，中央文献出版社2020年版。

《习近平关于网络强国论述摘编》，中央文献出版社2021年版。

《习近平关于社会主义经济建设论述摘编》，中央文献出版社2017年版。

习近平：《在南京大屠杀死难者国家公祭仪式上的讲话》，人民出版社2014年版。

习近平：《论坚持推动构建人类命运共同体》，中央文献出版社2018年版。

习近平：《论把握新发展阶段、贯彻新发展理念、构建新发展格局》，中央文献出版社2021年版。

习近平：《高举中国特色社会主义伟大旗帜　为全面建设社会主义现代化国家而团结奋斗——在中国共产党第二十次全国代表大会上的报告》，人民出版社2022年版。

二　中文专著

陈先达：《被肢解的马克思》，中国人民大学出版社2016年版。

段忠桥：《马克思的分配正义观念》，中国人民大学出版社2018年版。

龚群：《追问正义——西方政治伦理思想研究》，北京大学出版社2017年版。

韩庆祥：《现实逻辑中的人——马克思的人学理论研究》，北京师范大学出版社2017年版。

蓝江：《一般数据、虚体与数字资本——历史唯物主义视域下的数字资本主义批判》，江苏人民出版社2022年版。

李佃来：《马克思的政治哲学——理论与现实》，人民出版社2015年版。

李惠斌、李义天:《马克思与正义理论》,中国人民大学出版社 2010 年版。

李旸:《分析的马克思主义的政治哲学转向》,重庆出版社 2020 年版。

林进平:《马克思的"正义"解读》,社会科学文献出版社 2009 年版。

刘同舫、陈晓斌:《青年马克思政治哲学思想研究》,中国社会科学出版社 2018 年版。

刘同舫:《人类命运共同体的历史唯物主义沉思》,人民出版社 2023 年版。

聂锦芳主编:《重读马克思:文本及其思想》第 11 卷,中国人民大学出版社 2018 年版。

欧阳康主编:《当代英美哲学地图》,人民出版社 2005 年版。

孙麾、陈振明、杨振斌等编:《马克思思想资源中的社会公正》,中国社会科学出版社 2014 年版。

王广:《正义之后——马克思恩格斯正义观研究》,江苏人民出版社 2010 年版

王新生:《马克思政治哲学研究》,科学出版社 2018 年版。

魏传光:《马克思正义思想与现实》,人民出版社 2022 年版。

徐斌:《中国特色社会主义制度的大众认同与完善发展》,人民出版社 2017 年版。

杨耕:《重建中的反思——重新理解历史唯物主义》,北京师范大学出版社 2017 年版。

姚大志:《当代西方政治哲学》,北京大学出版社 2011 年版。

姚大志:《正义与善——社群主义研究》,人民出版社 2014 年版。

张文喜、臧峰宇:《马克思主义政治哲学史》,中国人民大学出版社 2017 年版。

张一兵:《当代国外马克思主义研究》,北京师范大学出版社 2017 年版。

周延云、闫秀荣：《数字劳动和卡尔·马克思》，中国社会科学出版社 2016 年版。

三　中文译著

［英］阿兰·瑞安：《论政治》上、下卷，林华译，中信出版社 2016 年版。

［匈牙利］阿格妮丝·赫勒：《超越正义》，文长春译，黑龙江大学出版社 2011 年版。

［英］埃里克·霍布斯鲍姆：《如何改变世界：马克思和马克思主义的传奇》，吕增奎译，中央编译出版社 2017 年版。

［美］埃里克·沃格林：《没有约束的现代性》，张新樟、刘景联译，华东师范大学出版社 2007 年版。

［加］埃伦·米克辛斯·伍德：《资本主义的起源》，夏璐译，中国人民大学出版社 2016 年版。

［美］艾伦·布坎南：《马克思与正义》，林进平译，人民出版社 2013 年版。

［德］安德雷亚斯·莱克维茨：《独异性社会：现代的结构转型》，巩婕译，社会科学文献出版社 2019 年版。

［英］安东尼·吉登斯：《资本主义与现代社会理论——对马克思、涂尔干和韦伯著作的分析》，郭忠华、潘华凌译，上海译文出版社 2018 年版。

［古希腊］柏拉图：《理想国》，郭斌和、张竹明译，商务印书馆 1986 年版。

［意］保罗·维尔诺：《诸众的语法》，董必成译，商务印书馆 2017 年版。

［日］柄谷行人：《跨越性批判——康德与马克思》，赵京华译，中央编译出版社 2018 年版。

［日］不破哲三：《马克思还活着》，有邻译，中共中央党校出版社 2017 年版。

［加］查尔斯·琼斯：《全球正义——捍卫世界主义》，李丽丽译，重庆出版社2014年版。

［英］大卫·利奥波德：《青年马克思——德国哲学、当代政治与人类繁荣》，刘同舫、万小磊译，中山大学出版社2017年版。

［英］大卫·休谟：《人性论》，关文运译，商务印书馆1980年版。

［英］大卫·休谟：《道德原则研究》，曾晓平译，商务印书馆2001年版。

［美］戴维·哈维：《新帝国主义》，付克新译，中国人民大学出版社2019年版。

［英］戴维·麦克莱伦：《马克思思想导论》（第三版），郑一明、陈喜贵译，中国人民大学出版社2016年版。

［英］戴维·麦克莱伦：《马克思主义与宗教》，林进平等译，天津人民出版社2018年版。

［美］戴维·施韦尔特：《反对资本主义》，李智译，中国人民大学出版社2008年版。

［美］丹·布鲁德尼：《罗尔斯与马克思：分配原则与人的观念》，张祖辽译，上海人民出版社2017年版。

［美］丹·席勒：《数字资本主义》，杨立平译，江西人民出版社2001年版。

［美］丹·席勒：《数字化衰退：信息技术与经济危机》，吴畅畅译，中国传媒大学出版社2017年版。

［美］丹·席勒：《信息资本主义的兴起与扩张》，翟秀凤译，北京大学出版社2018年版。

［美］E. 博登海默：《法理学—法哲学及其方法》，邓正来、姬敬武译，华夏出版社1987年版。

［美］菲利普·克莱顿、贾斯廷·海因泽克：《有机马克思主义——生态灾难与资本主义的替代选择》，孟献丽、于桂凤、张丽霞译，人民出版社2015年版。

［德］斐迪南·滕尼斯：《共同体与社会》，林荣远译，商务印书馆

1999年版。

［英］G. A. 柯亨：《马克思与诺齐克之间》，吕增奎编，江苏人民出版社2008年版。

［英］G. A. 科恩：《卡尔·马克思的历史理论：一种辩护》，段忠桥译，高等教育出版社2008年版。

［英］G. A. 科恩：《拯救正义与平等》，陈伟译，复旦大学出版社2014年版。

［英］哈夫洛克：《希腊人的正义观——从荷马史诗的影子到柏拉图的要旨》，邹丽、何为译，华夏出版社2016年版。

［德］哈特穆特·罗萨：《新异化的诞生——社会加速批判理论大纲》，郑作彧译，上海人民出版社2018年版。

［德］哈特穆特·罗萨：《不受掌控》，郑作彧、马欣译，上海人民出版社2022年版。

［德］韩炳哲：《精神政治学》，关玉红译，中信出版社2019年版。

［美］汉娜·阿伦特：《马克思主义与西方政治思想传统》，孙传钊译，江苏人民出版社2012年版。

［古希腊］荷马：《伊利亚特》，罗念生等译，人民文学出版社1994年版。

［美］赫伯特·马尔库塞：《理性和革命——黑格尔和社会理论的兴起》，程志民等译，上海人民出版社2007年版。

［古希腊］赫西俄德：《工作与时日·神谱》，张竹明、蒋平译，商务印书馆2018年版。

［德］黑格尔：《法哲学原理》，范扬、张企泰译，商务印书馆1961年版。

［德］黑格尔：《小逻辑》，贺麟译，商务印书馆2016年版。

［德］黑格尔：《历史哲学》，王造时译，上海书店出版社2006年版。

［英］霍布斯：《利维坦》，黎思复、黎廷弼译，商务印书馆1985年版。

［英］霍布斯：《论公民》，应星、冯克利译，贵州人民出版社 2003 年版。

［新西兰］吉莉安·布洛克：《全球正义：世界主义的视角》，王珀、丁祎译，重庆出版社 2014 年版。

［美］J. 范伯格：《自由、权利和社会正义——现代社会哲学》，王守昌、戴栩译，贵州人民出版社 1998 年版。

［英］卡尔·波普尔：《开放社会及其敌人》第 2 卷，郑一明等译，中国社会科学出版社 1999 年版。

［美］卡罗尔·C. 古德尔：《马克思的社会本体论》，王虎学译，北京师范大学出版社 2018 年版。

［加］凯·尼尔森：《马克思主义与道德观念》，李义天译，人民出版社 2014 年版。

［加］凯·尼尔森：《平等与自由：捍卫激进平等主义》，傅强译，中国人民大学出版社 2015 年版。

［德］康德：《历史理性批判文集》，何兆武译，商务印书馆 1990 年版。

［德］康德：《法的形而上学原理》，沈叔平译，商务印书馆 1991 年版。

［德］康德：《道德形上学探本》，唐钺译，商务印书馆 2012 年版。

［意］康帕内拉：《太阳城》，陈大维、黎思复、黎廷弼译，商务印书馆 2010 年版。

［英］克里斯蒂安·福克斯：《数字劳动与卡尔·马克思》，周延云译，人民出版社 2020 年版。

［德］克里斯多夫·库克里克：《微粒社会：数字化时代的社会模式》，黄昆、夏柯译，中信出版社 2018 年版。

［德］拉萨尔：《公开答复　工人纲领》，金海民、桑伍译，商务印书馆 1974 年版。

［法］雷蒙·阿隆：《想象的马克思主义——从一个神圣家族到另一个神圣家族》，姜志辉译，上海译文出版社 2012 年版。

［德］理查德·大卫·普雷希特：《我们的未来——数字社会乌托邦》，张冬译，商务印书馆 2022 年版。

［美］列奥·施特劳斯：《什么是政治哲学》，李世祥等译，华夏出版社 2014 年版。

［法］卢梭：《论人类不平等的起源和基础》，李常山译，商务印书馆 1996 年版。

［法］卢梭：《社会契约论》，李平沤译，商务印书馆 2011 年版。

［法］路易·阿尔都塞：《保卫马克思》，顾良译，商务印书馆 2016 年版。

［法］路易·阿尔都塞、［法］艾蒂安·巴里巴尔：《读〈资本论〉》（第二版），李其庆、冯文光译，中央编译出版社 2017 年版。

［美］路易斯·亨利·摩尔根：《古代社会》上册，杨东莼等译，商务印书馆 1997 年版。

［美］罗伯特·C. 塔克：《卡尔·马克思的哲学与神话》，刘钰森、陈开华译，天津人民出版社 2018 年版。

［美］罗伯特·L. 海尔布隆纳：《马克思主义——赞成与反对》，马林梅译，东方出版社 2016 年版。

［美］罗伯特·布伦纳：《马克思社会发展理论新解》，张秀琴等译，中国人民大学出版社 2016 年版。

［美］罗伯特·诺齐克：《无政府、国家和乌托邦》，姚大志译，中国社会科学出版社 2008 年版。

［加］罗伯特·韦尔、［加］凯·尼尔森：《分析马克思主义新论》，鲁克俭等译，中国人民大学出版社 2002 年版。

［英］罗素：《西方哲学史》上下卷，何兆武、李约瑟译，商务印书馆 2016 年版。

［英］洛克：《政府论》下篇，叶启芳、瞿菊农译，商务印书馆 1964 年版。

［德］马丁·海德格尔：《海德格尔选集》下卷，孙周兴编译，上海三联书店 1996 年版。

［意］马塞罗·默斯托主编：《马克思的〈大纲〉——〈政治经济学批判大纲〉150 年》，闫月梅等译，中国人民大学出版社 2016 年版。

［美］玛莎·C. 纳斯鲍姆：《正义的前沿》，陈文娟、谢惠媛、朱慧玲译，中国人民大学出版社 2016 年版。

［美］麦金太尔：《伦理学简史》，龚群译，商务印书馆 2019 年版。

［美］麦金太尔：《追寻美德：道德理论研究》，宋继杰译，译林出版社 2011 年版。

［美］迈克尔·J. 桑德尔：《自由主义与正义的局限》，万俊人等译，译林出版社 2011 年版。

［美］迈克尔·哈特、［意］安东尼奥·奈格里：《狄俄尼索斯的劳动——对国家—形式的批判》，王行坤译，西北大学出版社 2022 年版。

［美］麦克尔·哈特、［意］安东尼奥·奈格里：《帝国——全球化的政治秩序》，杨建国、范一亭译，江苏人民出版社 2003 年版。

［南斯拉夫］米哈依洛·马尔科维奇：《当代的马克思——论人道主义共产主义》，曲跃厚译，黑龙江大学出版社 2011 年版。

［意］奈格里：《〈大纲〉——超越马克思的马克思》，张梧等译，北京师范大学出版社 2011 年版。

［日］内田弘：《新版〈政治经济学批判大纲〉的研究》，王青等译，北京师范大学出版社 2011 年版。

［法］蒲鲁东：《什么是所有权》，孙署冰译，商务印书馆 2007 年版。

［加］普殊同：《时间、劳动与社会统治——马克思的批判理论再阐释》，康凌译，北京大学出版社 2019 年版。

［英］齐格蒙特·鲍曼：《共同体》，欧阳景根译，江苏人民出版社 2003 年版。

［斯洛文尼亚］齐泽克：《无身体的器官：论德勒兹及其推论》，吴静译，南京大学出版社 2019 年版。

[美]乔恩·埃尔斯特:《理解马克思》,何怀远等译,中国人民大学出版社2016年版。

[美]乔纳森·克拉里:《24/7:晚期资本主义与睡眠的终结》,许多、沈河西译,南京大学出版社2021年版。

[美]乔治·麦卡锡:《马克思与古人:古典伦理学、社会主义和19世纪政治经济学》,王文扬译,华东师范大学出版社2011年版。

[美]Richard. W. 米勒:《分析马克思——道德、权力和历史》,张伟译,高等教育出版社2009年版。

[日]山之内靖:《受苦者的目光:早期马克思的复兴》,彭曦等译,北京师范大学出版社2011年版。

[英]史蒂文·卢克斯:《马克思主义与道德》,袁聚录译,高等教育出版社2009年版。

[美]斯蒂芬·A. 雷斯尼克、[美]理查德·D. 沃尔夫:《马克思主义理论的新起点》,王虎学译,中国人民大学出版社2015年版。

[美]涛慕思·博格:《康德、罗尔斯与全球正义》,刘莘、徐向东等译,上海译文出版社2010年版。

四 中文期刊

白刚:《作为"正义论"的〈资本论〉》,《文史哲》2014年第6期。

白刚:《从"资本正义"到"劳动正义"——〈资本论〉的"正义转向"》,《贵州师范大学学报》(社会科学版)2018年第5期。

白刚:《数字资本主义:"证伪"了〈资本论〉?》,《上海大学学报》(社会科学版)2018年第4期。

卜祥记、张玮玮:《马克思"社会公正"理论的当代意义》,《哲学研究》2014年第4期。

卜祥记、邹丽琼:《马克思对"正义"合法性的劳动本体论奠基》,《马克思主义与现实》2021年第4期。

蔡万焕:《认知资本主义:资本主义发展阶段研究的新进展》,《马克思主义研究》2018年第8期。

谌林：《马克思对正义观的制度前提批判》，《中国社会科学》2014年第3期。

段忠桥：《马克思认为"与生产方式相适应，相一致就是正义的"吗？——对中央编译局〈资本论〉第三卷一段译文的质疑与重译》，《马克思主义与现实》2010年第6期。

段忠桥：《正义在马克思的论著中是价值判断而不是事实判断》，《江海学刊》2011年第5期。

段忠桥：《马克思正义观的三个根本性问题》，《马克思主义与现实》2013年第5期。

段忠桥：《何为分配正义？——与姚大志教授商榷》，《哲学研究》2014年第7期。

段忠桥：《历史唯物主义与马克思的正义观念》，《哲学研究》2015年第7期。

段忠桥：《再谈"历史唯物主义与马克思的正义观念"》，《马克思主义与现实》2017年第6期。

段忠桥：《对"伍德命题"文本依据的辨析与回应》，《中国社会科学》2017年第9期。

段忠桥：《马克思和恩格斯对正义概念的两种用法——兼评伍德的两个误解》，《中国社会科学》2020年第6期。

段忠桥：《"塔克—伍德命题"辨析》，《中国人民大学学报》2023年第3期。

冯颜利：《基于生产方式批判的马克思正义思想》，《中国社会科学》2017年第9期。

冯颜利：《中国共产党对马克思主义公平正义观的践行与发展》，《中共中央党校（国家行政学院）学报》2022年第3期。

龚培渝、周光辉：《论正义的维度》，《政治学研究》2014年第3期。

龚秀勇：《马克思主义的公平正义思想及其当代意义》，《马克思主义与现实》2008年第4期。

韩立新：《中国的"日耳曼"式发展道路（上）——马克思〈资本

主义生产以前的各种形式〉的研究》，《教学与研究》2011 年第 1 期。

韩立新：《劳动所有权与正义——以马克思的"领有规律的转变"理论为核心》，《马克思主义与现实》2015 年第 2 期。

韩立新：《"物"的胜利——以〈政治经济学批判大纲〉的〈货币章〉为中心》，《哲学研究》2017 年第 12 期。

何干强：《唯物史观的正义论及其当代价值》，《马克思主义与现实》2012 年第 1 期。

贺来：《"关系理性"与真实的"共同体"》，《中国社会科学》2015 年第 6 期。

贺来：《马克思哲学的"类"概念与"人类命运共同体"》，《哲学研究》2016 年第 8 期。

侯才：《马克思的"个体"和"共同体"概念》，《哲学研究》2012 年第 1 期。

黄建军：《唯物史观论域中的分配正义及历史生成逻辑》，《中国社会科学》2021 年第 8 期。

黄志军：《历史唯物主义关于未来共同体的构想》，《马克思主义与现实》2018 年第 2 期。

贾可卿：《马克思主义与正义》，《道德与文明》2011 年第 2 期。

蓝江：《一般数据、虚体、数字资本——数字资本主义的三重逻辑》，《哲学研究》2018 年第 3 期。

李佃来：《马克思与"正义"：一个再思考》，《学术研究》2011 年第 12 期。

李佃来：《论马克思正义观的特质》，《中国人民大学学报》2013 年第 1 期。

李佃来：《马克思正义思想的三重意蕴》，《中国社会科学》2014 年第 3 期。

李佃来：《论历史唯物主义与政治哲学的内在会通》，《中国人民大学学报》2015 年第 1 期。

李佃来:《再论历史唯物主义与政治哲学的关系——回应段忠桥教授的"质疑"》,《中国人民大学学报》2017 年第 1 期。

李根蟠:《"亚细亚生产方式"再探讨——重读〈资本主义生产以前的各种形式〉的思考》,《中国社会科学》2016 年第 9 期。

李其庆:《关于马克思〈资本论〉第三卷一段论述的理解与翻译——对段忠桥教授质疑的回应》,《马克思主义与现实》2011 年第 1 期。

李荣山:《共同体与道德——论马克思道德学说对德国历史主义传统的超越》,《社会学研究》2018 年第 2 期。

李旸:《建构剥削不正当的规范依据与批判当代自由主义正义理论——分析的马克思主义者转向政治哲学的两种基本进路》,《教学与研究》2013 年第 2 期。

李旸:《马克思主义正义观的合法性问题辨析》,《中国特色社会主义研究》2012 年第 6 期。

李义天:《认真对待"塔克—伍德命题"——论马克思正义概念的双重结构》,《中国人民大学学报》2018 年第 1 期。

李义天、刘畅:《马克思的正义概念及其辩证层级结构——凯·尼尔森的论证与意义》,《马克思主义与现实》2020 年第 1 期。

林剑:《论马克思历史观视野下的社会正义观》,《马克思主义研究》2013 年第 8 期。

林进平:《艾伦·布坎南对马克思批判正义的阐释》,《现代哲学》2013 年第 1 期。

林进平:《面向事实本身——反思"马克思与正义"问题的研究方法》,《马克思主义与现实》2013 年第 5 期。

林进平:《拯救正义而又彰显历史唯物主义——从艾伦·布坎南对"马克思与正义"论题的诠释说起》,《哲学研究》2013 年第 8 期。

林进平:《从宗教批判的视角看马克思对正义的批判——兼与段忠桥先生商榷》,《中国人民大学学报》2017 年第 3 期。

林进平:《再论马克思为何拒斥、批判正义》,《学术研究》2018 年第 1 期。

林育川:《正义的谱系——对分析马克思主义学派正义观的一种解读》,《哲学研究》2013 年第 1 期。

林育川:《正义的解构与马克思主义正义原则的建构》,《中国人民大学学报》2016 年第 6 期。

林育川:《从正义原则到共同体原则——兼论柯亨的社会主义方案的启示》,《马克思主义与现实》2017 年第 4 期。

刘同舫:《马克思唯物史观叙事中的劳动正义》,《中国社会科学》2020 年第 9 期。

刘钰森、王颖:《关于"马克思与正义"的争论综述》,《理论视野》2014 年第 1 期。

柳平生:《马克思正义理论的主题、维度及诉求》,《马克思主义研究》2013 年第 7 期。

鲁克俭:《马克思是否关注分配正义——从"按需分配"的中译文谈起》,《马克思主义理论学科研究》2020 年第 2 期。

马俊峰:《马克思主义公正观的基本向度及方法论原则》,《中国社会科学》2010 年 6 期。

马拥军:《历史唯物主义的"实证"性质与马克思的正义观念》,《哲学研究》2017 年第 6 期。

沙健孙:《马克思恩格斯关于原始社会历史的理论及其启示》,《思想理论教育导刊》2016 年第 7 期。

史瑞杰:《马克思分配正义理论的若干思考》,《天津社会科学》2019 年第 4 期。

孙亮:《马克思拜物教批判语境中的"正义"概念》,《华东师范大学学报》(哲学社会科学版)2014 年第 5 期。

谭德礼:《马克思恩格斯关于社会公正思想的探讨》,《马克思主义与现实》2007 年第 2 期。

谭清华:《马克思的正义理念:事实还是价值?》,《哲学研究》2015 年第 3 期。

田鹏颖：《历史唯物主义与"人类命运共同体"》，《马克思主义研究》2018年第1期。

涂成林：《亚细亚生产方式类型与东方发展道路》，《哲学研究》2014年第5期。

汪行福：《超越正义的正义论：反思"马克思与正义"关系之争》，《江海学刊》2011年第3期。

汪行福：《共产主义与正义——对罗尔斯和布坎南理论的批判与扩展》，《中国人民大学学报》2019年第3期。

王峰明：《资本主义生产方式的二重性及其正义悖论——从马克思〈资本论〉及其手稿看围绕"塔克—伍德命题"的讨论》，《哲学研究》2018年第8期。

王贵贤：《原始积累与共同体的解体》，《马克思主义与现实》2017年第1期。

王南湜：《马克思的正义理论：一种可能的建构》，《哲学研究》2018年第5期。

王新生、李琛：《马克思是否主张剥削是非正义的——对伍德重释马克思剥削理论的批判性考察》，《哲学动态》2023年第6期。

王新生：《马克思正义理论的四重辩护》，《中国社会科学》2014年第4期。

魏传光：《马克思正义思想的历史唯物主义转向——以市民社会为核心的考察》，《哲学研究》2020年第5期。

文兵：《基于正义的批判与基于批判的正义——兼论马克思主义理论的科学维度与价值维度》，《学术研究》2012年第7期。

谢芳芳、燕连福：《"数字劳动"内涵探析——基于与受众劳动、非物质劳动、物质劳动的关系》，《教学与研究》2017年第12期。

熊建生、张振华：《马克思的分配正义观及其现实启示》，《马克思主义研究》2014年第5期。

姚大志：《再论分配正义——答段忠桥教授》，《哲学研究》2012年第5期。

叶汝贤：《每个人的自由发展是一切人的自由发展的条件——〈共产党宣言〉关于未来社会的核心命题》，《中国社会科学》2006年第3期。

易小明：《分配正义的两个基本原则》，《中国社会科学》2015年第3期。

臧峰宇：《马克思政治哲学的正义视界》，《马克思主义与现实》2008年第5期。

张国清：《分配正义与社会应得》，《中国社会科学》2015年第5期。

张文喜：《唯物史观语境中的正义理论之基本特征》，《马克思主义与现实》2013年第5期。

张文喜：《马克思对"伦理的正义"概念的批判》，《中国社会科学》2014年第3期。

张文喜：《马克思对正义观的重新表达》，《北京大学学报》（哲学社会科学版）2017年第4期。

张文喜：《重新发现唯物史观中的法与正义》，《中国社会科学》2017年第6期。

周凡：《历史漩涡中的正义能指——关于"塔克尔—伍德命题"的若干断想》，《马克思主义与现实》2011年第3期。

周凡：《正义批判的增补及其不满（上）：论艾伦·布坎南"内外兼顾"的激进困局》，《江海学刊》2015年第5期。

周凡：《正义批判的增补及其不满（下）：论艾伦·布坎南"内外兼顾"的激进困局》，《江海学刊》2015年第6期。

邹广文、杨雨濛：《马克思正义思想对构建人类命运共同体的启示》，《山东社会科学》2018年第3期。

五 中文报纸

习近平：《携手构建合作共赢新伙伴　同心打造人类命运共同体》，《人民日报》2015年9月29日第2版。

习近平：《推动全球治理体制更加公正更加合理　为我国发展和世界

和平创造有利条件》，《人民日报》2015年10月14日第1版。

习近平：《在纪念马克思诞辰200周年大会上的讲话》，《人民日报》2018年5月5日第2版。

习近平：《坚持对话协商共建共享合作共赢交流互鉴　推动共建"一带一路"走深走实造福人民》，《人民日报》2018年8月28日第1版。

习近平：《正确理解和大力推进中国式现代化》，《人民日报》2023年2月8日第1版。

习近平：《携手同行现代化之路——在中国共产党与世界政党高层对话会上的主旨讲话》，《人民日报》2023年3月16日第2版。

韩庆祥：《从资本逻辑走向人的逻辑》，《光明日报》2017年9月18日第15版。

刘同舫：《对马克思劳动正义问题的三重追问》，《中国社会科学报》2021年9月30日第3版。

谭苑芳：《构建人类命运共同体的哲学意义》，《光明日报》2019年4月8日第15版。

臧峰宇：《"事实—价值"的辩证法与马克思的正义论》，《光明日报》2018年10月29日第15版。

六　外文专著

Aaron Bastani, *Fully Automated Luxury Communism*, London; New York: Verso, 2019.

Alain Badiou and Peter Engelmann, *Philosophy and the Idea of Communism*, Cambridge, UK: Polity Press, 2015.

Alasdair MacIntyre, *After Virtue*, Indiana: University of Notre Dame Press, 1984.

Alasdair MacIntyre, *Whose Justice? Which Rationality?*, Indiana: University of Notre Dame Press, 1988.

Christian Fuchs, *Digital Labour and Karl Marx*, New York: Routledge,

2014.

David Chandler and Christian Fuchs, *Digital Objects, Digital Subjects: Interdisciplinary Perspectives on Capitalism, Labour and Politics in the Age of Big Data*, London: University of Westminster Press, 2019.

Herbert Marcuse, *Counterrevolution and Revolt*, Boston: Beacon Press, 1972.

Jodi Dean, *The Communist Horizon*, London; New York: Verso, 2012.

Michael Walzer, *Spheres of justice*, New York: Basic Books, Inc., 1983.

Paolo Virno and Michael Hardt, *Radical Thought in Italy: A Potential Politics*, Minneapolis: University of Minnesota Press, 1996.

Richard Barbrook and Andy Cameron, *The Internet Revolution: From Dotcom Capitalism to Cybernetic Communism*, Amsterdam: Institute of Network Cultures, 2015.

Robert C. Tucker, *The Marxian Revolutionary Idea*, London: George Allen & Unwin Ltd., 1970.

Robert C. Tucker, *Philosophy and Myth in Karl Marx*, Cambridge: Cambridge University Press, 1961.

Slavoj Žižek, *First as Tragedy, Then as Farce*, London; New York: Verso, 2009.

Slavoj Žižek, *Heaven in Disorder*, New York; London: OR Books, 2021.

Slavoj Žižek, *Pandemic! Covid – 19 Shakes the World*, New York; London: OR Books, 2020.

Slavoj Žižek, *The Relevance of the Communist Manifesto*, Cambridge, UK: Polity Press, 2019.

Yann Moulier Boutang, *Cognitive Capitalism*, Cambridge, UK: Polity Press, 2011.

七 外文期刊

Agnes Heller, "Marx, Justice, Freedom: The Libertarian Prophet", *Philosophica, Vol. 33, No. 1, 1984.

Alan Shandro, "A Marxist Theory of Justice", *Canadian Journal of Political Science*, Vol. 22, No. 3, 1989.

Allen W. Wood, "Justice and Class Interests", *Philosophica*, Vol. 33, No. 1, 1984.

Allen W. Wood, "The Marxian Critique of Justice", *Philosophy & Public Affairs*, Vol. 1, No. 3, 1972.

Andrew Levine, "Toward a Marxian Theory of Justice", *Politics and Science*, Vol. 11, No. 3, 1982.

Evgeny Morozov, "Critique of Techno-Feudal Reason", *New Left Review*, No. 133/134, Jan/Apr, 2022.

Jessica Whyte, "'A New Use of the Self': Giorgio Agamben on the Coming Community", *Theory and Event*, Vol. 13, No. 1, 2010.

Jodi Dean, "Communism or Neo-Feudalism?", *New Political Science*, Vol. 42, No. 1, 2020.

Joseph McCarney, "Marx and Justice Again", *New Left Review*, No. 195, Sept/Oct, 1992.

Kai Nielsen, "Arguing about Justice: Marxist Immoralism and Marxist Moralism", *Philosophy & Public Affairs*, Vol. 17, No. 3, 1988.

Leo Apostel, "Theory and Practice in Marxism", *Philosophica*, Vol. 34, No. 2, 1984.

Michael Hard and Antonio Negri, "Empire, Twenty Years On", *New Left Review*, Vol. 120, Nov/Dec, 2019.

Michael Hardt, "The Common in Communism", *Rethinking Marxism*, Vol. 22, No. 3, 2010.

Norman Geras, "The Controversy about Marx and Justice", *Philosophica*, Vol. 33, No. 1, 1984.

Philippe Van Parijs, "Social Justice and Individual Ethics", *Philosophica*, Vol. 52, No. 2, 1993.

Philippe Van Parijs, "What is Intrinsically Wrong with Capitalism?", *Philosophica, Vol.* 34, No. 2, 1984.

Robert J. Vander Veen, "The Marxian Ideal of Freedom and The Problem of Justice", *Philosophica*, Vol. 34, No. 2, 1984.

Roger Hancock, "Marx's Theory of Justice", *Social Theory and Practice*, Vol. 1, No. 3, 1971.

Ronald Commers, "Marx's Concept of Justice and the Two Traditions in European Political Thought", *Philosophica*, Vol. 33, No. 1, 1984.

Shoshana Zuboff, "Big Other: Surveillance Capitalism and the Prospects of an Information Civilization", *Journal of Information Technology*, Vol. 30, No. 1 (March), 2015.

Stuart White, "Needs, Labour, and Marx's Conception of Justice", *Political Studies*, Vol. 44, Issue 1, 1996.

William McBride, "The Concept of Justice in Marx, Engels, and Others", *Ethics*, Vol. 85, No. 3, 1975.

Ziyad Husami, "Marxon Distributive Justice", *Philosophy & Public Affairs*, Vol. 8, No. 1, 1978.

索 引

A

安全共同体 335

按劳分配 24，25，40，45，54，219，238，265，267—269，276，277

按需分配 11，14，15，21，22，24—27，40，45，54，115，219，238，265，269—272，276，278，280，282，286—288，291，293，294，356，363，364

B

拜物教 131，202，204，261，315，316

必然王国 44，113，203，253

剥削正义 3，21，46—48，215

C

财产 23，44，46，55，56，63，75，79—81，85，88，89，93—96，98，100，102—104，112，114，134，135，139，143—148，150—153，156—160，162，163，166—171，175，176，178—187，194，195，199—203，220，221，230，235，248，257—259，267，316，335

抽象共同体 50，63，109，111，113，114，154，185，189—191，203，204，210，220，237，238，240—244，250，255，265，277，293，297，299，309，311，324，325，330，332，340，341，347，350，353

D

道德哲学 4，16，18，42，82

《德意志意识形态》 31，98，

100，102，112，141，151，195，363

等价交换　9，10，18，29，47，202，215—217，222，242，247，318，320

帝国　34，35，65，297，306，322，346

F

法的关系　5，8，52，53，57，100，101，191，228，231，234，240，269，355

法权　8，9，12，13，18，21，22，37，38，51—54，56，57，59，63，64，82—86，89—91，100，101，114，136，160，161，189，192，194，195，198，199，214—220，224，226，228，230，232—240，247，257，258，267，278，283，289，291

非物质劳动　303—307

分配正义　5，6，12，13，16，18，19，22，25，44—46，48，49，64，65，74，75，79，126，127，132，133，156，166，168—170，189，215，220，225—229，262，265，280，289，336

分析的马克思主义　20，126，127

封建所有制　99，141—143，152—154

G

《哥达纲领批判》　5，13，24，61，88，114，115，132，215，229，265—267，270，280，281，286，363

革命观念　7，15，49

各尽所能，按需分配　25，115，270，278

共产主义　2，7，11—15，19，22，24—29，35，43，44，46，49，54，60，61，64，95，110—112，115，130，132，143，159，160，219，225，226，245，251，252，258—260，263—273，275—277，279—295，312，322，340，342，344—348，351，363

共同体　2，11，12，14，18，22，26，31，35，36，49—70，72—77，80，81，86—115，118—122，124—127，129—139，141—172，174—187，189，190，193—215，

217，218，220—222，225，240，242—246，250—256，258—266，272—278，285，287，288，290，292，296—300，303，304，307—309，311—318，320，321，323—345，347，350，354，356—359，363

共同体正义　58—62，64—66，72，73，77，81，86—89，91，93，101，115，121，126

古典古代　55，56，100，138，141—143，146—150，168，177

H

猴体解剖　53

货币共同体　101，107，204—207

货币—资本共同体　105，110，111，113，189，190，198，204，212，244，245，261，296，331

J

机器论片段　298，301，303

激进左翼　19，34，61，346，347

拒斥正义　2，5，6，8，10，15，16，18，37，38，42，43，48，60，220，229，234，236，277，280

L

劳动正义　36，45，50，64，179，184，189，220，223—225，235，354—356

历史唯物主义　2，9，11，15，18，26，27，30，31，36—38，40—43，45，46，49，50，52—55，57，58，60，63—65，86—88，93，97，98，101，109，111，118，134—137，161，165，174，184，185，189—191，195，203，211—215，219，220，223，224，226，231，234，235，237—242，247，265，275，285，291—293，296，300，339，343，349，354，355

伦理共同体　82，84

M

马克思的正义观　2，5，6，15，37，41，45

P

普罗米修斯　1，28，65，69，70，211，361

Q

契约共同体 76,77,80,116,200

前资本主义 53—56,101,104,135,136,139,141—143,153,156,161,166,170,181,196,215,221,246,318,324,325

权利 8,12,13,16—18,22,25,27,28,33,46,54,56,57,59,64,65,76—82,84,85,89,91,114,115,117,119—121,128,145,160,168,171,173,180,191,194,198—200,202,215,231,234—237,239,254,257,258,264—271,274—279,282—285,290,293,321,322,326,333

全球发展共同体 354

全球文明倡议 337

全球正义 31—34,36,50,61,64,297,338,343,353—356,363

R

人的自我实现 18,22,43—45,132,133,213,219,220,238,256,257,259,260,270,273,294,352,356,363

人类命运共同体 64,297,323—325,329—344,354,359

人类社会 23,32,44,50,52,57,59,60,70,88,93,97,98,114,139—141,157,159,189,224,226,233,250,256—261,264,270,292—294,300,324,330,336,339,340,349,354—356,363

人体解剖 53,102,135,190

日耳曼 55,56,58,103,138,139,141,143,149—153,169

S

神圣人 35,322,344

生产方式 6,8—11,13,14,16,18,21,28,36—40,43,46,47,49,50,52—55,57,58,63,64,99,102,105,134—137,139—141,143,144,152,156,157,160,162,164—166,168,171,174,177,183,187,204,205,211,213—215,218,219,223,224,

226，227，229，230，235，238，240—242，245—248，265，266，269—271，277，294，296，300，319，327，347，348，350，353—356

生产正义　45，48，49，64，189，220，223，225，226，228，229，235

生态文明　337，338

剩余价值　10，16，18，29，30，47，54，110，175，211，215—218，221，222，225，234，246—248，300，301，308—310，312，317，320，321，362，363

世界历史　58，255，260，325—331，335，336，339，340，342，353，356

市民社会　41，42，44，54—59，85，87—93，96—102，107，109，111，136，150，152，153，191，193—202，205，244，252，253，255—260，325

数字劳动　303，307—313，320

数字资本主义　297，299，300，302，303，307—313，316—323，343，346，362

所有权　18，20，23，44，46，47，50，54，56，57，78—80，84，85，114，127—129，135，145，161，169—171，178，180，181，187，216，218，219，222，225，235，242，247，248，267，271，276，321，322，345

T

天然正义　10，47，156，221，224，228，355，356

W

乌托邦　17，24，32，73，114，116，119—121，126，270，294，346，348

无分者　35，322，348

物质劳动　162，201，303—305

X

虚幻的共同体　54，56，59，104，111—113，191，192，194，196—203，313，357

需要原则　18，22，24，26，28，46，64，132，242，265，268—273，276，277，279—282，284—292

Y

亚细亚 55, 138—147, 149, 150, 152, 166—168, 171

一般智力 298, 301, 302, 308

原初状态 116—118, 121—123, 134, 197

Z

真正的共同体 52, 54, 59, 64, 100, 111—113, 115, 197, 203, 251, 252, 255, 256, 260, 274, 323, 330, 332, 333, 335—337, 339, 341, 347, 354, 356, 357, 359, 364

真正共同体 31, 54, 60, 63, 64, 86, 87, 110—113, 115, 249—252, 260, 261, 264—266, 269, 270, 272, 274, 277, 280, 285, 293—295, 297, 324, 330, 332, 333, 338—341, 345—348

政治哲学 18, 19, 36, 40—42, 57, 60—62, 64, 76, 77, 86, 89, 98, 115, 116, 124, 126, 127, 190, 191, 239, 240, 256

《资本论》 5, 7, 31, 38, 44, 49, 61, 88, 113, 129, 139, 141, 143, 185, 214, 217, 225, 240, 276, 300, 303, 307, 312, 315, 363

资本逻辑 32, 45, 49, 64, 101, 113, 184, 190, 196, 202, 204, 213, 215, 217, 219—221, 228, 243—245, 273, 296, 297, 311, 324, 328—330, 334, 335, 339, 341, 343, 346, 349—358, 362—364

资本正义 64, 189, 220—225, 235, 356

资本主义生产方式 7, 47, 49, 53, 152, 164, 204, 213, 215, 218, 225, 229, 245, 248, 296

自由人联合体 250, 251, 260—264, 294, 324, 330, 339, 342, 363

后　　记

生命如诗，岁月如歌。时光，默默地走。岁月，慢慢地行。转眼间，博士研究生毕业已经三年之久，回首往昔，昨日读博的流光，已经成为永远的回忆。掩书停笔，眼前的拙著，已经画上圆满的句点。此时此刻，心里的余波难以平复，因为完成这份小小的成果是我求学以来的学术梦想。

拙著是在我的博士论文的基础上修改而成。陋文于此，深深感谢恩师徐斌教授！2013年10月，我有幸获得推免研究生资格，在我求学的关键阶段遇到了徐老师，最终成为徐老师的学生。徐老师博学强识，哲思学术，行文论道，似若泉涌。在攻读学位期间，徐老师教导我学习经典著作，研习马列人学，从师门的每次"对话马经典"读书会中，都能获得很多真知灼见。能入徐门，是我的荣幸。此篇拙文，从硕士阶段开始思考，到今天成型，但凡选题构思、斟酌纲目、斧正行文、矫正句读、打磨定稿，皆受到徐老师倾心指教，在此深表谢意！

回想读博的时光，往事历历在目、尽数不完。感谢缘分，让我在徐门结识了生命当中挥之不去的师门情谊，是"对话马经典"团队让我的学习生活充满了色彩。师门一起读书，侃侃而谈，讨论争执，这是一种喜悦和福分。

感谢我的爱人张雯博士。在我忙于指导学生、申请课题和修改论文期间，她总是默默地支持和鼓励我。在我投入繁忙的工作期间，她总是将家庭繁杂琐事打理得有条不紊。她的支持和鼓励是支撑我不断前进的动力。

进入北京航空航天大学工作以来，在教学和科研方面，我受教于马克思主义学院各位领导和同事的指导与帮助，在此谨向各位领导和老师表示感谢。同时，感谢我的研究生贾路云、李彦甫在书稿的文献校对中所付出的辛勤劳动。

拙著是国家社会科学基金博士论文出版项目"马克思共同体视域中的正义思想研究"的最终成果，该成果的出版有幸得到全国哲学社会科学工作办公室的基金资助，谨向相关部门及领导表示感谢。我要特别感谢中国社会科学出版社的程春雨老师，感谢她对书稿提出的修改建议和付出的辛勤劳动。

人生漫漫，梦如晨星。雨露泽地，文以化人。感谢生命中的每一次相识、每一份温暖、每一个默契。前路茫茫，又是新的起点，唯愿丹心在怀中，希冀未来春暖花开！

巩永丹

2023年9月于晨光家园